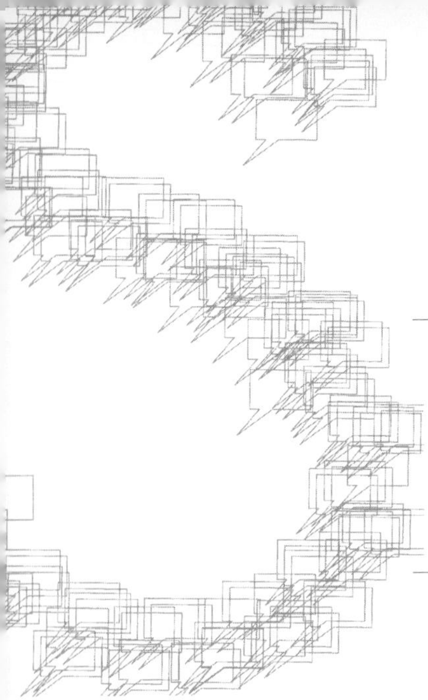

社会学译丛
理论前沿系列

制度与组织

思想观念、利益偏好与身份认同（第4版）

Institutions and Organizations
Ideas, Interests and Identities
(4th Edition)

[美] W．理查德·斯科特 著
W. Richard Scott
姚伟等 译

中国人民大学出版社
·北京·

献给妻子乔伊（Joy）——不断为我们许多人建立和维护有价值的制度之人

作者简介

W. 理查德（迪克）· 斯科特［W. Richard (Dick) Scott］毕业于芝加哥大学并获哲学博士学位，目前是斯坦福大学社会学系、商学研究生院、教育学院与医学院名誉教授，1972—1975 年任斯坦福大学社会学系主任，1972—1989 年兼任斯坦福大学组织与精神健康培训项目主任，1988—1996 年任斯坦福大学组织研究中心主任。

斯科特是一位组织社会学家，主要研究各种专业组织，包括教育组织、工程设计组织、医学组织、研究组织、社会福利组织和非营利倡导组织等。在过去三十多年中，他的研究与著作主要围绕组织间关系与组织环境等主题而展开。他先后出版了数十本专著，发表了二百多篇学术论文。

斯科特曾是斯坦福大学医学研究所的成员（1975），曾担任美国《社会学年度评论》（*Annual Review of Sociology*）主编（1987—1991）、社会学研究协会主席（2006—2007），1988 年、2013 年两次获得美国管理学会管理与组织理论分会的杰出学者奖，1996年因对管理研究做出的杰出学术贡献而获得美国管理学会的理查德·D. 埃尔文奖（Richard D. Irwin Award），2000年美国社会学会组织、职业与工作分会设立了W. 理查德·斯科特奖（W. Richard Scott Award），每年颁发给该领域的优秀论文作者，2000年、2001年、2010年先后被哥本哈根商学院、赫尔辛基经济与商业学院、丹麦奥尔胡斯大学授予名誉博士学位。

第 4 版序言

在今天的社会科学中，制度理论是最具活力和发展最快的领域之一。在 1970 年代，制度理论与组织研究开始合流，并由此使得管理理论、组织社会学、制度经济学等学科出现巨大的变革和转向，对政治学的制度研究以及国际工商管理、会计与社会、社会运动理论等众多领域产生了重大影响。

我发现，长期以来，人们都希望得到一本关于与组织相关的制度理论的简明扼要、内容充实、谱系清晰的介绍性读物。本书的目的，就是力求满足大家的这种需要。初涉本领域的学者，如果没有这种介绍性读物的帮助，面对如此众多的制度和组织研究学者和如此纷繁复杂的理论谱系，定会晕头转向，难以抓住其所讨论的中心话题，就更别说可以参与对话并发表有价值的见解了。

然而，更重要的是，在这个领域中，还有很多概念与理论问题需要厘清。我们如何理解制度以及制度过程？既有的文献充满了相互冲突的看法，理论假定和预设也各有不同，争论与歧见处处可见。本书第1版出版于1995年。自第1版开始，我就试图理清制度理论的主要内容，并一直力求为“制度”下一个具有包容性的定义，提出一个覆盖广泛的理论框架，以涵盖各种主要的制度理论流派，同时指出它们之间存在的差异。我讨论了每种理论流派的研究，并比较了它们之间的异同。而在后来的第2、3版中，我又进一步厘清和阐述了主要的制度理论传统，并力求发现它们之间存在的共同之处。但是，随着这个领域的不断发展，新的概念和理论不断涌现，新的经验研究取得重大的进展，人们对本书所归纳的制度理论的主要内容又提出了一些质疑，我很有必要加以回应，因此本书又出版了第4版。

与前三版一样，本版主要有三大目的：

(1) 对本领域的研究历史进行回顾，理清其理论演化的谱系。我力求体现制度思想本身的丰富多彩，既回溯其发展历史，又呈现其当前进展，并阐述从19世纪晚期到21世纪初期那些最重要、最伟大的制度理论学者的深刻思想。我把重点放在阐述1970年代晚期以来到现在的研究上，但也会指出这些研究的理论渊源和早期奠基者。

(2) 强调并指出这个领域具有跨学科的性质。由于我本人是一位社会学家，接受的是社会学的训练，所以我对具有社会学色彩的相关文献着墨更多。但是，我也尽力对其他学科的相关文献进行尽可能全面的描述和讨论。本书力求涵盖不同时期和不同学科领域的思想，但不同时期不同学科领域的学者，甚至是同一时期同一学科领域的学者，常常会用同一术语来表达不同的概念，也会用不同的术语来表达同一含义，所以读者在阅读时极有可能会遇到不少困扰。不过，我会竭力澄清各个学科领域中的制度理论，揭示其各自的一般主张和总体特征，并指出其各自的优势与不足。

(3) 把理论研究与经验研究贯穿起来。我尝试把各种理论主张和与之相关的经验研究联系起来，着力描述各种理论派别的经验研究直到最近的进展。不过，好的经验研究案例实在太多，本书不可能一一收纳，不得不忍痛舍弃很多好的经验研究案例。不过，不管怎样，我都会竭力展现制度研究中丰富多彩的理论流派及其各自的独特之处，勾勒出制度理论的发展轨迹，展示其广阔的理论前景。

与前三版一样，本版也得到了诸多良师益友的帮助，他们中有我的老师，有我的同事，也有我的学生。在此我无法一一列出他们的名字。在本书的新修和写作过程中，他们与我一路走来，给我教诲、给我陪伴、给我诤言。感谢堪萨斯大学和芝加哥大学的老师们，感谢斯坦福大学的同事们，感谢我们的本科、硕士和博士学生们，是你们丰富了我的思想，充实了我的生活。还有，我要感谢 1970 年到 2000 年我在斯坦福大学建立的跨学科团队。我认为，他们是我们这个研究领域中历史上最强大和最具创造力的共同体（Schoonhoven & Dobbin，2010），我们中的很多人，当然包括我自己，至今仍然受益于该团队那时提出的诸多思想。

时至今日，我仍然认为，对于现代社会中的组织以及当代生活的诸多其他层面，制度理论提供了一种最具前景和最可能取得丰硕成果的透镜或视角。在本书中，我将努力呈现制度理论让人激动的美好前景，并且希望本书能够让那些无论是制度理论的初学者还是更高水平的研究者，都从此迷上制度理论，并坚定地加入我们的行业，推进我们的事业。

W. 理查德（迪克）· 斯科特

于美国加利福尼亚州斯坦福

第4版前言

自1970年代中期以来，制度理论日益成为社会科学研究中的重要概念框架与研究传统之一。我们甚至可以认为，在其1850年代到1920年代的初创时期中，这种理论路向或视角就开始支配各个社会科学领域的研究。不过，由于诸多原因（下文将会再次提及这些原因），在整个20世纪的很多年代中，它都销声匿迹了，直到1970年代才被重新发现和出现新的发展。从那时起直到现在，制度理论不仅日益成长和发展，而且逐渐繁荣，成为指导组织与管理研究的支配性理论框架。 *xi*

这种理论路向或视角处理的是组织世界中存在的颇为棘手的问题：

- 同一类型的组织，如众多的学校（或医院），尽管分散于不同的地方，但为什么彼此之间却如此相似？
- 各种各样的制度类型已经存在了数千年，但其中哪些特殊的制度类型与组织的出现有关？

- 我们如何看待组织背景中的行为？其是对理性利益的追求，是有意识的选择，还是主要受习俗、惯例、习惯的影响？
- 在社会生活中，自由与控制之间存在什么样的关系？
- 为什么个人和组织会遵守各种制度？是因为这样做可以得到报酬，或者是因为他们认为他们有遵守规范的义务，或者是因为他们想不到另外的行为方式？
- 人们经常看到，组织中的参与者的行为，常常会偏离组织的正式规则与既定目标，这又是为什么呢？
- xii 如果组织的正式规则在很大程度上被人们视而不见，那么为什么很多资源与精力确实又被用来维持这些正式结构呢？
- 利益源于何处？它们是源于人类本性呢，还是社会情景的建构和体现？
- 正式的和非正式的控制结构为什么以及是如何出现的？人们是自愿地建构规则系统，然后以之约束他们自己的行为的吗？
- 控制系统只有在激励——报酬和惩罚——的协助下才能发挥其作用吗？或者有时是别的什么过程在发挥作用？
- 文化信念的差异，会如何影响组织的性质与运行？
- 如果制度规制和建构着人们，那么人们又如何才能有望变革他们嵌入其中的制度呢？

与其他理论视角相比，制度理论视角除了处理与组织化的社会生活相关的诸如此类的基本问题外，还可以为我们提供指导与支持，使我们能够：

- 把过去与现在的各种过程与事件联结起来。
- 弥合各种社会科学学科及子学科之间的分歧和差异，把过去与现在的各种过程与事件联结起来。
- 跨越和连接各种宏观与微观理论视角，并获得对社会结构与过程的全新理解。

本书第一章和第二章回顾关于制度的各种早期理论与研究，并指出人们最初是如何把制度与组织联系起来的，并取得了哪些丰硕的成果。第三章和第四章建构了一个概念框架，来描述构成制度的那些核心的、独特的

要素和过程，强调它们的基础性假设、各种不同的承载者和实施者，以及
它们运行的各种层次。第五章讨论一些十分关键的问题，包括制度是如何
建构的、由谁建构的等等。第六章关注的是各种制度过程，特别是制度维
持的各种方式，它们如何在时空中扩散和传播，以及最后如何弱化、衰落
和被淘汰抛弃。第七章讨论制度的后果，特别是制度如何影响组织的结构
和过程。第八章则进一步运用本书的概念框架，分析“组织场域”——一
个能够产生丰富成果的新研究领域——层次上运行的各种制度过程，并举 xiii
例说明跨层次分析的重要价值。最后一章则回顾制度视角的独特重点，并
总结过去半个多世纪制度与组织研究的合流和取得的主要进展。最后本书
向制度研究者们提出一点告诫和建议，以推动制度研究的进一步发展。

第3版中文版序言

本书中文版译者请我为中国读者写一篇简短的序言，我欣然接受了这一任务。本书初版由美国世哲出版社出版于1995年，现在读者看到的是本书2008年在美国出版的第3版。为了跟踪和反映组织的制度分析领域不断拓展和深化之状况，本书会不断出版修订版。

17世纪以来的三四百年里，组织的数量不断增加，影响不断扩大。特别是随着18世纪现代国家的产生、19世纪产业革命过程中公司的出现，组织得到了更快的发展。在当今社会中，组织遍布人类社会的生产、交易、管理、政治活动之中，遍布医疗、卫生、教育、福利、娱乐等等服务领域。早在半个世纪之前，塔尔科特·帕森斯（Talcott Parsons）就指出，“在高度分化的社会中，组织的产生和发展，为我们实现那些仅凭个人力量根本不可能实现的目标，提供了重要的机制和手段”（Parsons，1960：41）。而这种情况在今天更是如此。

组织研究在出现后的较长时间内，主要关注组织内部活动与关系，如组织内部的各种工作关系、权力关系和同辈群体压力/要求等。后来，研究者才逐渐认识到，组织的环境对于组织的运行十分重要，并开始关注技术与市场因素对组织的影响。再后来，研究者开始关注权力机构对组织运行所提出的要求或所产生的压力。但是，只有到了1970年代，特别是随着制度视角的再度复兴并应用于组织研究，研究者才渐渐认识到文化与规范因素也会对组织产生重要影响。

我认为，这种制度视角对于理解不同时空中组织过程的差异非常有帮助，也为我们对组织进行理论比较与分析提供了至关重要的概念和思想基础。世界各国（包括中国）的经济生产组织、商业服务组织以及公共组织，都经历了一个快速现代化的过程。在这个过程中，组织越来越受到外部的政府以及各种团体所确立的文化模式和规范的影响，当然同时也受到组织自己的独特传统和过去经验的影响（Child，2000；Scott，2002）。

我希望，本书的翻译出版，能促使更多的中国学者参与到关于组织与制度的历史发展与变迁的全球性对话与思想交流中。因为在很多方面，我们都应相互学习，这对于我们形成新的国际性制度来影响和服务我们的21世纪至关重要。

W. 理查德（迪克）· 斯科特

于美国加利福尼亚州斯坦福

2008年12月

目　录

第一章

早期的制度主义者

人们在日常生活和各种复杂社会活动中，并不会像一个自动机器人，简单遵照其一出生就所处的各种制度和习俗。思想、信念、情绪和情感等等因素，是人们进行各种复杂活动的直接动机（Rivers，1914，Vol. 2：595）。 1

——W. H. R. 里弗斯（W. H. R. Rivers）

这里并不打算对早期制度理论进行一个综合的、全面的回顾，但是完全无视早期制度理论的思想与主张则是无法原谅的错误。要成为一个制度理论家，首先就得承认当下的行动者与事件在很大程度上是由过去的活动形塑的，并且是它们的持续产物。我们所说的“当下的”背景，都是之前的那些活动的遗物（residue）。尽管早期制度主义者的关注点与当今的已经有了很大的不同，但当今很多的制度思想都是这些先驱们的思想的再发现或者重塑和改造。

在回顾和讨论早期制度主义著作时，我们应该认识到，今天的研究者在阅读这些文本时，往往会夹杂自己的私货。正如杰弗里·亚历山大所指出的，"'阅读'是一切理论策略的重要部分，如果所讨论的著作完全可以进行不同的理解，那么今天的研究者在理解早期的制度研究时，当然也可以夹杂自己的私货"（Alexander，1983，Vol. 1：
2 119）。当被讨论的理论家在其一生中的不同时期曾经改变自己的观点时，人们就完全可能得出相互矛盾的理解。因此，例如，似乎存在着一个"早期的"埃米尔·涂尔干（Émile Durkheim）和一个"晚期"的埃米尔·涂尔干。而当某理论家在同一时间内所提出的观点相互矛盾或模棱两可时——如马克斯·韦伯（Max Weber）就是如此——读者的理解就更可能出现冲突，例如，似乎同时存在多个马克斯·韦伯。

我把早期的制度研究归入不同的学科（尽管这样做多少有点武断，因为正如稍后我们就会看到的，学科阵营内部的分歧往往比学科阵营间的分歧还要大），并对从19世纪晚期到20世纪中期在经济学、政治学与社会学等学科中对制度思想做出杰出贡献的学者们进行简要的回顾。

一、经济学中的早期制度理论

1. 欧洲人之间的争论

首先我要指出的是，在经济学中不同时期的制度理论之间缺少逻辑一致性。在很多方面，"老"制度经济学与社会学家和组织学者们提出的各种"新"制度理论存在更强的知识"亲缘"关系，而与"新"制度经济学隔得更远。反过来，新制度经济学则应更多地感谢老制度经济学的那些批判者，而不是那些老制度经济学家本身。最早的制度思想出现于19世纪晚期的德国与奥地利，是那次著名的"方法论之战"（Methodenstreit）① ——社会科学中关于研究方法的争论——的副产品。在那时，一群经济学家受到先前浪漫主义运动（Romantic Movement）以及康德（Kant）和黑格尔（Hegel）思想的影响和启迪，对"经济学可以简化和还原为一系列普适法则"的传统教条提出了挑战。这群经济学家逐渐形成了以古斯塔夫·施穆勒

① 即发生在19世纪最后25年中以古斯塔夫·施穆勒为代表的德国"经济学历史学派"与以门格尔为代表的奥地利经济学派之间关于研究方法论的漫长论战。——译者注

（Gustav Schmoller）为首的德国经济学历史学派，其主张经济过程是在社会结构中展开的，而这种社会结构又是由一系列的文化与历史力量塑造的（Schmoller，1900—1904）。他认为，要洞悉某一经济系统的特征，就必须对其进行历史的和比较的研究。而且，施穆勒等人还呼吁经济学放弃其过于简单的“经济人”假设，转而支持更具现实性的人类行为模型。

在这场方法论之战中，奥地利维也纳经济学家卡尔·门格尔（Carl Menger）是古典经济学及其工具理性假设的首要辩护者和捍卫者。他坚持认为，简洁的理论假设有利于经济学开展研究，既抽象又永恒的经济学原则也非常重要。门格尔并不否认更宽泛的社会制度因素的重要性，但认为 3
制度本身还是一种有待理论解释的社会现象（Menger，1883/1981）。美国康涅狄格大学的经济学家理查德·N. 朗格卢瓦（Richard N. Langlois）认为，正是由于这个原因，“新制度经济学而非经济学的早期制度主义者，更有可能视门格尔为守护神”（Langlois，1986a：5）。

那时候很多知识分子都加入了这场旷日持久的大论战，论战各方通过论战磨砺并完善了自己的主张，但是彼此都无法让对方信服。只有下一代的学者才试图调和与综合双方的观点，其中最值得关注的是韦伯，我们稍后将讨论他的著作。

2. 美国制度经济学家

德国经济学历史学派的很多思想，都得到了美国老制度经济学家的继承和进一步发展，这些老制度经济学家大多在德国受过教育和训练。在19世纪中期，美国就出现了一批德国经济学历史学派的拥趸，但是这些人的研究并没有获得多少关注。然而，到了19世纪20世纪之交，有三位老制度经济学家的影响越来越大，他们就是索尔斯坦·凡勃伦（Thorstein Veblen）、约翰·康芒斯（John Commons）和温斯特利·米切尔（Westley Mitchell）。虽然他们的观点存在很大的差异，但都批判各种传统经济学模型的非现实的假设，以及不注意历史的变迁。

凡勃伦关注的是经济变迁，但他并不赞同德国历史学派。他认为德国历史学派满足于对产业和资本主义的发展进行一种叙述性说明，这样的处理是不恰当的。他既和德国历史学派也和新古典经济学家保持了距离，坚持认为经济学必须提供一种以现实主义的个体经济行动者模型为基础的经济变迁理论，并且认为他们的理论必须建立在动态的而非静态的经济或社会模型之上。

凡勃伦对新古典经济学关于个体行为的诸多基础假定提出了严重的批判。他嘲笑新古典经济学只不过把人视为“一种快乐与痛苦的快速计算器”（Veblen，1898：389）。凡勃伦坚持认为，个体的诸多行为都受习惯与惯例的支配。他说：“个体的行为不仅要紧紧依靠和沿着他与其群体成员之间存在的各种习惯性关系才能进行，并受这些关系的指引；而且，这些关系体现着某种制度的特征，会随着制度场景的变化而变化。”（Veblen，1909：245）实际上，凡勃伦把制度界定为“人们普遍共有的、已经相对固定的思
4 维习惯”（Veblen，1919：239）。他赞成实证主义的个体概念，即个体深度嵌入持续性社会环境中，他们彼此能够心照不宣，每个个体都“通过一种持续展开的活动，寻求自我实现和表达”（Veblen，1919：74）。

与此同时，凡勃伦认为，经济学应把自己重新定向为一种演化科学，改变把均衡视为正常状态而非均衡即不正常的非此即彼的立场（Veblen，1998）。他认为，应建立一门关于累积性因果关系的科学。与下文将要讨论的马克思一样，凡勃伦也认为是一系列的内在矛盾在推动经济的动态发展；不过，凡勃伦强调的是产业系统与商业系统之间的矛盾，产业系统关注的是技术、生产和协调，而商业系统关注的是采购、竞争、消费和销售。凡勃伦对商业系统的诸多发展趋势提出了批判，特别是认为金融市场投机“不可避免地会浪费和损害整个经济系统”（Hamilton & Petrovic，2009：357）。

与凡勃伦一样，康芒斯同样反对新古典经济学把分析的重点放在个体的选择行为上，并认为“交易”（transaction）——他从法学中借用的一个概念——才是经济学更恰当的分析单位（Commons，1924：7）。他说：“交易涉及给予、获取、劝说、强制、欺骗、命令、遵守、竞争或支配与否的两种或多种意愿，涉及稀缺世界中的这些行为机制和规则。”这里康芒斯提及的“行为规则”，就是社会制度。我们有必要用制度性规则来限定个人与公司追逐其目标的边界（Commons，1950/1970）。

康芒斯认为，在某个特定时期中，既有的制度只不过是协调以往冲突

的不完善的、实用主义式的解决办法；这些解决办法就是制度，其包括一套权利和义务安排、一个实施这种安排的权威机构，以及对“审慎理性行为”之集体规范的某种程度的支持（Van de Ven，1993：142）。

凡勃伦、康芒斯和米切尔都强调变迁的重要性，批判正统经济学家未把变迁作为研究的中心。凡勃伦拥护演化理论，主张真正的经济学应强调技术变迁的作用，探索经济变迁的阶段。康芒斯同样强调变迁的中心性，认为经济是“一种不断运动、变迁的过程”（Commons，1924：376），而公司就是持续的营业（Ansell，2009：474）。米切尔认为，传统经济学使人们 5
看不到经济的周期性，所以他花了大量精力来研究经济变迁。他与大多数制度主义者一样，都批判理性选择论，否定经济均衡的假定。米切尔是美国经济研究署的创立者之一，并主持出版了多卷本的大型系列报告《最新社会趋势》（President's Research Committee on Social Trends，1934）。他率先汇集了经济运行的总体数据以及行业数据，主张经济学原则应以事实为基础，而不应仅仅建立在抽象的、演绎的理论之上。

美国的老制度经济学家，特别是凡勃伦和康芒斯，不仅受到德国历史学派的影响，还受到由杜威（John Dewey）、詹姆斯（William James）、皮尔斯（Charles Peirce）等人推崇的美国本土哲学——实用主义——的影响（Menand，1997）。实用主义视角的核心特征就是强调个体是在历史的、社会的背景中以明智的和有目的性的方式展开活动的。第三章将对这种理论路向进行详细阐述。

美国加利福尼亚大学的经济史学家斯坦福·雅各比（Sanford M. Jacoby）认为，老制度经济学家们所提出的理论路向在如下四个方面很大程度上偏离了主流的新古典经济学家们所采用的理论路向：

- 非决定性 vs. 决定性。正统的经济模型“持有完全竞争与唯一均衡的假定；而老制度经济学家强调，即使在竞争条件下，也普遍存在市场强权与非决定性”（Jacoby，1990：318）。
- 偏好的内在决定 vs. 外在决定。新古典经济学家假定偏好或需要是个人内生的；而老制度经济学家主张，某些偏好是由社会制度形塑和建构的，因此经济学的研究对象应该是社会制度的运行。

- 行为的现实主义假定 vs. 简化（还原论）假定。老制度经济学家认为，经济学应该采用更为实用的和在心理学上更为现实的经济动机模型，而不是采用天真幼稚的功利主义假定。
- 历时性分析 vs. 共时性分析。老制度经济学家不仅不承认新古典经济学家的“超越时空”的抽象假定，而且进一步提出经济学家应探讨和确定“经济是如何获得其特征的，以及导致这些特征因时因地而变化的各种条件”（Jacoby，1990：320）。[1]

6 不管早期制度经济学家对正统经济学的指责是否正确，也不管他们自己的主张是否正确，他们最终没有成为经济学的主流；相反，新古典经济学理论则取得了胜利，而且其支配地位一直持续到现在。在1970年代新制度经济学出现之前，只有屈指可数的少数几位经济学家试图继续推进老制度主义经济的研究议程，其中最有名的当数约瑟夫·熊彼特（Joseph A. Schumpeter）、卡尔·波兰尼（Karl Polanyi）、约翰·加尔布雷思（John K. Galbraith），以及冈纳·缪尔达尔（Gunnar Myrdal）（Swedberg，1991）。我们有充分的根据认为，这些老制度经济学家的遗产所影响的经济学分支或领域非常少，如仅限于劳动经济学（这是康芒斯擅长的领域）、产业关系学（主要关注影响经济结构与过程的各种社会与政治因素）、产业经济学（主要研究不同的产业结构及其对个体公司的策略与绩效的影响）等。

为何早期制度主义者的影响日益衰微？今天的评论者提出了各种解释。毫无疑问，首要的原因是德国经济学历史学派过分强调不同经济系统的独特性，而低估了理论分析的价值。即使那些同情老制度经济学的评论者，也认为凡勃伦明显敌视“‘人类有着与历史演化力量对等的智慧力量，能够理性地建立制度’的观点”（Hodgson，1996：211）。而康芒斯的观点，也因为“使用特殊的术语和非系统的推理风格”，而难以理解和广泛传播（Vanberg，1989：343）。但是，老制度经济学家们还有一个更严重的缺陷，即他们的研究往往逐渐沦为幼稚的经验主义和历史相对论。他们在强调特殊时间、地点、历史环境的重要性的同时，也越来越局限于“描述政治经济制度的性质和功能”（Hodgson，1991：211）。

“新”制度经济学教父罗纳德·科斯（Ronald Coase）更是傲慢地指出，

“老”制度经济学“如果没有自己的理论，就没有任何东西可以传承下来。如果他们收集的大堆描述性材料没有一种理论来分析，就毫无价值，只能付之一炬”（Coase，1983：230）。其评判虽然尖刻，但确实指出了老制度经济学日益衰败的首要原因。

即使是当代的制度理论家们，仍需做出极大的努力，才能在概念和理论的特殊件与一般性之间、时间性与无时间性问题上做出正确的抉择。

二、政治学中的早期制度理论

在 19 世纪后半叶到 20 世纪头 20 年里，制度理论在欧美政治学中均处于支配地位。这里我主要讨论美国的情况，但首先回顾托克维尔（Alexis 7
de Tocqueville）关于制度和组织的研究。他的相关研究非常著名，却又常常被人忽视。托克维尔生活在 19 世纪中期法国革命前夕，在 1830 年代初来到美国，表面上是研究美国的监狱制度，但实际上是为了直接观察美国民主的形成和发展（Brogan，2006）。托克维尔因为揭示了志愿团体对美国民主的重要促进作用而闻名于世，但从更广的角度看，实际上他的著作也是政治学中的早期制度理论的重要代表，因为其分析的是各种制度背景中的组织运行问题（Swedberg，2009），以及均衡或非均衡条件下文化与制度之间的关系（Meyer，2003）。托克维尔区分了两种制度，其一是法律，其二是与之相关的惯例、习惯以及风俗（民德），包括规范、态度、意见等。他关于法国革命前的法国贵族的研究，指出国家对于制度的强调使贵族无法注意到法国民德与法律的严重背离程度，无法意识到法国的民德已经不再支持国家的法律。唯有 1789 年的法国大革命，才把国家与社会这两种框架日益整合到一起。托克维尔认为，国家权力的集中使公民如此依赖于国家的行动，以至于他们忘记了如何形成团体来追求自身的利益（Tocqueville，1856/1998，2001）。相反，正如托克维尔所指出的，在整个 19 世纪，美国国家的暗弱创造了一种环境，自下而上的运动和社团纷纷涌现、不断壮大，并形成了一种积极而活跃的公共部门或公共领域（Tocqueville，1835/2004）。

而美国本土的政治学家们，诸如约翰·伯吉斯（John William Burgess，

1902）、伍德罗·威尔逊（Woodrow Wilson，1889）与韦斯特尔·伍德伯利·威洛比（Westel Woodbury Willoughby，1896/1904）等人，并不像托克维尔那样进行相对深入的比较制度分析，而是更加直接地以宪法和道德哲学为基础进行分析。这些学者撰写长篇大作，花了很大篇幅来讨论那些确定特定治理结构（主要是民族-国家）之特征的立法框架与行政安排。其中很多著作从历史的角度对特定政体的产生根源，以及产生过程中存在的争论与妥协进行了深入探讨。一些分析显然是比较分析，阐述了不同治理机制的各自功能与优势，以及各自的主要问题和缺陷。但是，规范性研究
8 是这类著作的基调，因为“在主流的政治学中，道德哲学始终遮蔽了客观实证的描述研究”（Simon，1991：57）。

詹姆斯·比尔（James A. Bill）与罗伯特·哈德格雷夫（Robert L. Hardgrave）等人认为，在19世纪20世纪之交出现的这种政治学早期制度学派具有如下五大特征（Bill & Hardgrave，1981；Peters，1999）。其一，其集中研究的是正式结构与立法系统。“它把政府组织和外显的制度作为研究重点，几乎仅仅关注宪法、内阁、国会、法院和行政科层制度等等”（Bill & Hardgrave，1981：3）。其二，政治学早期制度学派强调对特定的政治系统进行详细的说明，这导致了“形态描述”（configurative description），即对相关的规则、权利和程序进行复杂、烦琐的描述性说明（Bill & Hardgrave，1981：3）。其三，从其强调制度根源而非持续变迁来看，政治学早期制度学派是保守的。“他们根据演化发展的观点来研究政治制度，在即时的和当下的存在中寻找政治制度得以实行的根据。然而，在他们的视野中，这些政治制度尽管有过去，却很明显似乎没有将来”（Bill & Hardgrave，1981：6）。他们认为政治制度是一种已经完成的产品。其四，政治学早期制度学派在很大程度上并非理论性的研究学派，因为其主要关注对各种具体制度形式进行历史的重构。其五，政治学早期制度学派的色调似乎更接近道德哲学而非经验科学。因为那些学者更关注对规范性原则的说明，而不是归纳和建立可验证的理论。

政治学家哈里·艾克斯坦（Harry Eckstein）尽管承认政治学中的早期制度主义者都具有上述共同特征，但是又认为他们还是把一种不成熟的实

证主义引入了政治学（Eckstein，1963）。因此，政治学中的早期制度主义者又与那些主要从哲学命题出发推论抽象政治系统的先辈不同，前者更倾向于研究现实世界、确实而有形的事实。不过，他们又认为：

> 最原始的、最纯朴的实证主义，坚持和主张研究确实的事实，不容置疑的、无可争议的事实，以及不证自明和不言而喻的事实，而还有什么政治事实比在正式法规中发现的事实更确实，更加不证自明呢？（Eckstein，1963：10）

另外，这些学者还从另一种意义上关注现实世界：他们之所以特别强调正式的政治制度，诸如宪章、法规与行政管理规则等等，部分是因为“19 世纪是一个伟大的立宪时代”（Eckstein，1963：10）。

自 1930 年代中期以来，政治学中的这种制度视角逐渐受到行为主义视角的挑战，并在 1960 年代最终被后者取代（请不要把这种行为主义与心理学中的“行为主义”相混同）。政治学中的行为主义视角试图切断政治学与 9
道德哲学之间的联系，把政治学重新确立为一种理论导向的经验科学（Easton，1965）。更重要的是，这种行为主义视角使人们的关注点从政治结构转向政治行为。

> 政治学中的行为主义者主张，如果要理解政治、解释政治的结果，分析者就应集中关注权力的非正式分配、政治态度与政治行为，而非政治制度的正式属性（Thelen & Steinmo，1992：4）。

政治学中的行为主义者关注投票行为、政党的组建与公共舆论。政治学中的行为主义者也是简化还原论者，他们把关注重点从政治规则与结构转向政治行为。这种转向与功利主义化相伴而生，视行动是“计算性的利己主义的产物”，接受工具主义的政治观，认为“政治生活的核心问题就是资源的分配”（March & Olsen，1984：735）。那么，研究政治就是研究“谁在何时如何获得什么”（Lasswell，1936）。

政治学中与行为主义相联系的那些理论视角，在 1970 年代与 1980 年代得到了当时出现的“理性革命”的支持，并因此而得以巩固和深化。正如本书以后各章将要讨论的，理性选择理论——把经济学的假设运用于政治行为——为政治学带来了根本性的变革。政治学家B. 盖伊·彼得斯(B. Guy Peters）认为，行为主义运动与理性运动具有如下共同的特征：（1）两者都强调更严格的、演绎性的理论与方法论；（2）两者都倾向于反对规范性的、说明性的理论路向；（3）两者都持有方法论的个人主义——假定只有个人才是行动者，并且个体行动者是由功利最大化驱动的；（4）两者都是“输入主义”者，它们的关注焦点都不再是政治系统的内部运转即这种制度结构可能对政治结果的影响，而是社会对政治系统——制度性的政治结构——的输入（如投票、利益群体的压力、金钱）（Peters，1999）。

虽然政治学的制度理论的重要分支之一是应用理性选择理论来解释制度的建立与维持，但政治学的“新制度主义”是在反对行为主义革命过度扩张的过程中出现的。当今的政治学新制度主义者再不会去“对历史进行形态描述”，而是试图重新强调规范框架与规则系统对于社会与政治行为具有重要的导向、制约、赋权作用。

10 三、社会学中的早期制度理论

与经济学家和政治学家相比，社会学家对制度的关注要持久得多。但是，社会学中的制度理论流派更多，各自所使用的术语与关注的重点则明显不同。不过，我们发现，从早期的赫伯特·斯宾塞（Herbert Spencer）和威廉·格雷厄姆·萨姆纳（William Graham Sumner），经由金斯利·戴维斯（Kingsley Davis），再到最近的罗杰·弗利兰德（Roger Friedland）和罗伯特·阿尔弗德（Robert R. Alford），从查尔斯·库利（Charles Horton Cooley）、威廉·托马斯（W. I. Thomas）和赫伯特·布鲁默（Herbert Blumer）到埃弗里特·休斯（Everett C. Hughes）及其团队成员安德鲁·阿波特（Andrew Abbott）、霍华德·贝克尔（Howard S. Becker）和艾略特·弗里德森（Eliot Freidson），从早期的卡尔·马克思（Karl Marx）、埃米尔·涂尔干、马克斯·韦伯，经由塔尔科特·帕森斯（Talcott Parsons），再到保罗·迪马吉奥（Paul DiMaggio）与沃尔特·鲍威尔（Walter Powell），从早期研究心灵与自我的社会根源的乔治·米德（George Herbert Mead）与阿尔弗雷德·舒茨（Alfred Schutz）到强调认知过程与知识系统的彼得·

伯格（Peter Berger）与托马斯·拉克曼（Thmoas Luckman）以及约翰·迈耶（John Meyer）与布莱恩·罗恩（Brian Rowan），其都存在很大的连续性。

1. 斯宾塞与萨姆纳

毫无疑问，在整个20世纪，主流社会学最为流行的、最有影响的制度概念源于斯宾塞的著作。斯宾塞把社会视为一种不断进化的有机系统。这个系统通过专门化的“器官”来实现对环境的适应，而这些器官就是各种制度子系统（Spencer，1876/1896/1910）。斯宾塞著作的主要内容就是对这些制度进行比较研究，试图通过比较这些制度子系统在不同社会中的运行情况的异同，来获得一般性结论。

萨姆纳在其重要著作《社会习俗》（*Folkways*）中支持并拓展了斯宾塞获得的各种一般性结论（Sumner，1906）。该书以丰富的人类学材料和历史材料为基础，提出了众多关于社会习俗与民德（mores）的起源、延续与变迁的命题（不过，其中很多命题有着强烈的生物心理学或精神生物学基础）。萨姆纳认为，“任何制度，都是由一种思想观念（概念、主张与利益等）和一种结构构成的”（Sumner，1906：53）。“思想观念”确定这种制度的目标和功能，而“结构”体现这种制度的思想观念，并提供把这种思想观念付诸行动的手段。社会的进化是一个从个体活动开始，逐渐形成社会习俗、民德，再到形成成熟而完备的制度的过程。这类制度是“自己渐渐成长起来的”，即通过人们长期的、自然的、本能的努力而慢慢地演化和生成的。当然，他也认为，有些制度可能是由某些人“制定和颁布实施的”，即理性意识与创造的产物（如成文宪法）。

后来的数代社会学家抛弃了斯宾塞和萨姆纳具有强烈生物学类比色彩 11
的进化论和功能论，不过仍然认为制度是社会学关注的中心。例如，戴维斯的《人类社会》（*Human Society*）一书（在20世纪中期影响很大的一本教材）仍把制度界定为一套“围绕一种或多种功能而建立（build）起来的、相互交织的社会民俗、民德和法律”。另外，他还指出，“比起其他概念来，制度概念可以更好地表达‘规范性秩序的不同片段或部分’这一思想”（Davis，1949：71）。过去百年来，所有重要的社会学教材与课程都不仅指出了（个体、群体、社区、社会等）各个层次存在重大的区别，还指出了社会生活往往被划分为由不同规范系统主导的各种功能领域（亲属、分层、政治、经济与宗教等）。这类作为“功能专门化领域”的制度概念，在今天的组织场域理论或组织部门思想（DiMaggio & Powell，1983；Scott & Meyer，1983；也见本书第三章和第八章）中仍然存在；而且，弗利兰德和阿尔弗德的著作强烈重申了这一制度概念，他们认为存在多重的、分化的、在一定程度上相互冲突的制度领域，每个制度领域都由独特的“逻辑”主导和支配，并对社会变迁发挥重要的影响和作用（Friedland & Alford，1991）。

2. 库利、托马斯与布鲁默

库利及其追随者强调个人与制度之间以及自我与社会结构之间的相互依赖。库利认为，虽然各种重要的制度——“语言、政府、教会、财产法律和惯例，以及家庭法律与习俗”——似乎独立于并外在于个人的行为，但实际上它们都需要通过个人之间的互动才能形成和得以维持，并“作为一种心理与行为习惯而存在，而这些心理与行为习惯往往是下意识的，因为所有群体成员都会具有这种共同的心理与行为习惯。……个体始终既是制度的原因，又是制度的结果”（Cooley，1902/1956：313－314）。

托马斯和布鲁默也对社会行动者、行动与社会结构之间的复杂相互依赖关系进行了深入研究。托马斯既探讨了社会组织与文化之间的关系，又探讨了个性人格与个人行为之间的关系（Janowitz，1966）。他特别强调了理解（interpretation）的重要性，“如果人们把情境定义为真实的，那么他们的心理和行为结果也是真实的”（Thomas & Thomas，1928：572）。布鲁默则在美国实用主义的影响下，初步提出了一种结构化理论（structuration
12 theory，见本书第四章），指出制度为人们的行为提供了一个框架，但是人们必须通过符号性互动形成共同的意义，才能理解制度。

库利、托马斯与布鲁默还在经验研究的基础上，对制度过程的微观基础进行了开创性的探讨。他们的相关思想，值得今天的制度研究者进一步深入挖掘。

3. 马克思、涂尔干、韦伯与帕森斯

制度分析的欧洲传统最早是由马克思开创的，他的相关思想的影响已经渗透到经济学、政治学以及社会学之中。马克思启迪了各种理论与政治运动，但就制度理论而言，他所做出的最重要贡献就是他与黑格尔这个德国唯心主义哲学大师之间的斗争，以及对后者思想的重新理解。黑格尔认为，历史是抽象思想或“精神”（Geist）的自我实现的历史过程，客观世界是自我-创造之精神的反映，而我们多数人误以为客观世界是真实的实在，人类的任务就是克服世界不再呈现为精神的异化状态（Hegel，1807/1967；Tucker，1972）。马克思则对黑格尔的观点来了一个著名的颠倒。

马克思认为，物质世界才是真实的世界，我们所经历的异化之所以存在，是因为在既有的政治与经济结构中人类与其自身发生了疏离和异化。马克思生活于产业革命初期，他发现异化的关键在于经济领域：在该领域中，生产活动已经变成了非自愿的“劳动”。在资本主义制度中，工作不再是对创造性生产的表达，而是被异化的劳动。他认为，压迫与剥削结构已经改变了工作以及工作关系的性质与意义。这些结构——包括与之相伴的信念、规范和权力关系——是人的思想观念与实践活动的产物，但对于参与了这些结构的形成的人来说，这些结构却呈现为外在和客观的事物。思想观念与意识形态是对物质实在的反映，并试图证明物质实在的正当性，而不是相反（Marx，1844/1972；Marx，1845—1846/1972）。因此，马克思开创性地明确提出了“很多重要的（但历史上是具体的）层面都是社会建构的实在”的思想。

马克思还借鉴了黑格尔的辩证法思想，认为“冲突、对立或矛盾是获得特定结构的必要条件”（Elster，1986：34）。黑格尔认为，不仅思想观念之间是如此，特定社会条件之间也是如此。马克思也赞同这种看法，但是在分析社会变迁的条件时，更加强调后者。例如，马克思指出，资本家要 *13*
求给自己的工人支付低廉的工资以增加自己的利润，却要求其他资本家给其工人支付高的工资以创造需要，这样的矛盾将导致一种囚徒困境，所有的资本家都因为追求自己的理性利益而陷入囚徒困境之中。马克思诸如此类的分析都运用辩证法的思想，揭示了资本家遵循其私利而导致的意外后果。我们将在本书第八章中看到，今天，越来越多的学者运用马克思主义的经济与政治系统的辩证过程论来解释宏观制度的变迁。总而言之，马克思是最先“强调影响和作用于整个组织过程的外在社会因素的重要性，以及指出外在环境与组织是由阶级关系和冲突建构的”之理论巨擘（Adler，2009：78）。

另外两个欧洲巨擘涂尔干和韦伯，也创立了各自不同的社会学制度分析传统。其中法国社会学家涂尔干主要是试图理解随着产业革命的到来，社会秩序基础的变化；但是，正如上文所指出的，他似乎不断在改变自己的看法。在其早期的经典著作《社会分工论》（1893/1949）中，他认为传统社会是一种“机械团结”，而现代社会是一种“有机团结”，机械团结以整合传统社会的共同宗教与文化信念为基础，而新生的有机团结与劳动分工相联系。涂尔干最初认为，有机团结这种新生的集体秩序是以“行动是理性的，秩序可以通过个体之间成功的协商而达成”这一信念为基础的；也就说，他最初认为，社会秩序是“自利个体的无意识的聚合产物”（Alexander，1983，Vol. 3：131，134）。但是后来他改变了自己的看法，并远离了工具主义和个人主义的解释，而强调那些为契约提供“非契约性要素”的集体的、规范的框架（Durkheim，1893/1949：Book 1，Chapter 7）。

涂尔干后期相对成熟的理论，强调（象征）符号系统、信念系统与“集体表象”对于社会秩序的关键作用。他认为，这些符号系统、信念系统与“集体表象”是共同的认知框架以及图式，即便不具有明显的宗教特征，也具有某种道德或精神的特征。

> 宗教中有永恒的东西，其注定会比所有具体的符号存在更长的时间，宗教思想已经成功地把自己封入这些具体符号中。任何社会都存
> 14 在有规律地、周期性地支持与重申集体情感与集体观念的需要，而正是这些情感与观念使社会得以统一起来，并形成自己的个性（Durkheim，1912/1961：474－475）。

这些符号系统尽管是人类互动的产物，但又会被各个个体视为客观存在。这些符号系统尽管是主观地形成的，但是会逐渐“结晶化”。在涂尔干看来，它们是“社会事实”：个体所感知到的现象（对于该个体而言）既是“外在的”，又是“强制性的”（违背就会受到惩罚）（Durkheim，1901/1950）。宗教系统也是如此，仪式与典礼对于表达与强化信仰发挥着关键的

作用。宗教通过仪式与典礼，使人们形成信仰。仪式与典礼“会一起影响人的思想，也会分别地影响人的思想”（Durkheim，1912/1961：420），由于这些活动会影响情境，所以宗教通过这些活动对人们关于这些情境的信念产生影响，从而强化宗教的信仰。

涂尔干认为，这些符号系统——知识、信念与“道德权威”系统——就是社会制度。

> 涂尔干认为，制度是共同活动与团结的一种产物，共同活动与团结的结果就是会在我们之外，把某种原本是主观的和个人的行动与判断方式“固定和确立下来”。因此，制度就是涂尔干早期著作中所说的“各种结晶”（Alexander，1983，Vol. 2：259）。

另一个欧洲巨擘马克斯·韦伯也对制度理论做出了重要贡献。正如我在第二章将要更加详细阐述的，很多当代的制度理论家都声称，韦伯而非任何其他早期理论家才是他们的精神导师。韦伯并没有明确使用过“制度”概念，但其著作通篇所关注的就是要理解文化规则——实际上包括从习惯风俗到法律上确立的宪法或规则系统——如何确定社会结构与支配社会行为，包括如何确定经济结构与经济行为的方式。例如，韦伯关于行政管理系统的类型学划分——传统型、魅力型（charismatic）与法理型系统——就描述了三种权威系统。在这些系统中，为权威的实施提供合法性的信念或文化系统存在根本的差异（Weber，1924/1968：215；Bendix，1960；Dornbusch & Scott，1975：Chapter 2）。

对于如何确定韦伯的理论立场的特征，人们仍然存在诸多的争论，因为他的立场跨越了 19 世纪 20 世纪之交的三大论争。其一是视社会科学为一种自然科学的学者同视社会科学为一种文化科学的学者之间的论争（即方法论之战）；其二是与涂尔干相联系的唯心主义同与马克思相联系的唯物主义之间的论争；其三是经济学的制度主义历史学派与专注于提出一般 15
性理论的新古典学派之间的论争。与同时代的其他杰出学者相比，韦伯更试图同时与这些思想展开论战，并试图协调和综合这些存在明显冲突的思想。

韦伯认为，社会科学在根本上不同于自然科学，因为正是在前者中而不是在后者中，研究者与研究对象都会赋予事件以意义。韦伯认为，“当且仅当行动中的个体把一种主观意义赋予其行为时”，行动才是社会的（Weber，1924/1968：4）。个体并不仅仅是机械地对刺激做出反应，他们会首先理解它们，然后决定做何反应。如果研究者不考虑对社会行动具有协调作用的意义，就不可能理解社会行为。韦伯试图使用他的理解方法，来实现理论的综合，而在他提出的综合性理论中，唯物主义者如马克思所强调的物质条件与利益同涂尔干强调的唯心主义的价值观，结合在一起构成行动的动机，并指导行动（Alexander，1983，Vol.2；也见本书第三章和第九章）。

韦伯在形成他的经济社会学的过程中，支持制度主义的主张，即经济学需要补充更多的历史知识和信息，经济学的方法论也应更加注重比较分析；但是，同时他又与门格尔和古典经济学者站在一边，支持人们可以从具体的、嵌入历史的系统进行抽象，并归纳出一般性的理论模型与主张，强调一般性的理论模型与主张有其价值。韦伯认为，经济社会学可以通过既关注历史背景又重视分析理论，来弥合这一分歧（Swedberg，1991；1998）。韦伯提出，研究者通过从具体事件的特殊性和复杂性进行抽象，可以创造“理想型”来指导比较研究，并取得丰硕的成果。他认为，只要研究者足够小心，不把理想型误解为真实的实在，例如否认在任何条件下个体都会作为理性的“经济人”行事，那么这些模型就可以提供有用的图式，来指导分析研究并促进对真实世界的理解（Weber，1904—1918/1949）。更准确地说，“韦伯视合理性行为是历史地进化的，换言之，与今天的经济学家不同，韦伯很早就认为，合理性行为是一个变量，而不是一个假定”（Swedberg，1998：36）。韦伯认为，不是只有一种合理性，而是存在几种合理性，工具合理性主要是考虑通过特定手段获取物质的目的，价值合理性则是强调目的或最终价值的重要性，传统合理性则关注的是信仰在维持传统结构中的重要性（Clegg & Lounsbury，2009；Du Gay，2009；Kal-
16 berg，1980）。韦伯的思想，为后来人们提出新的理论铺平了道路。这类新的理论认为社会的各个领域或部门以及构成这些领域或部门的组织，实际上包含了关于合理性行为的多重的、竞争性的概念，也就是说包含了各种

不同的制度逻辑。

美国社会学家塔尔科特·帕森斯在建构他的唯意愿行动理论时，试图综合早期重要的理论家特别是涂尔干、韦伯与弗洛伊德（Sigmund Freud）的观点（Parsons，1937/1951）。帕森斯虽然现在已经风光不再，但在20世纪中期却是最有影响的社会理论家。[2]与韦伯一样，他试图把主观与客观的视角糅合在一起来研究社会行动，他强调规范框架独立于具体社会行动者而存在，分析者需要考虑行动者对于他们自己的“导向”。根据他的看法，在持续关系中的行动者以共同规范标准系统或价值观范式作为他们自己的活动导向的意义上，行动系统被制度化了。随着这样的规范系统逐渐内化，“对它的遵守就成为行动者自己人格结构中的一种倾向”（Parsons，1951：37）。在这个意义上，制度化的行动是由“道德性”而非工具性关注驱动的，“个体遵守制度性规范的基本动机，在于这种规范对个体所施加的道德权威”（Parsons，1934/1990：326）。行动者之所以遵守规范，是因为行动者相信某种价值标准，而不是出于自私自利的考虑。

从社会分析者的立场更加客观地看，帕森斯视制度为“调节个人之间的关系”和“界定个人之间的关系应该是什么”的规范系统（Parsons，1934/1990：327），这种看法还是比较恰当的。还有，帕森斯实际上跟随斯宾塞和萨姆纳的引导，对规范做出了抽象的类型学划分，而这些规范都是为了解决一般系统的四个问题即适应、目标获得、整合与延续（文化模式维持）问题的（Parsons，1951；Parsons，Bales & Shils，1953）。

但是，当代理论家指出，帕森斯的理论存在几大缺陷。亚历山大曾对此进行过概括，他认为虽然帕森斯试图提出一个多维度的社会行动概念，但他的制度化概念过于强调文化模式的重要性，过于强调“价值观对于行动情景的控制”，而利益、工具行动和理性选择的重要性被低估了（Alexander，1983，Vol. 4：242）。迪马吉奥与鲍威尔认为，帕森斯在理解文化影响行为的方式时，对制度理论的“微观基础”做出了贡献，这是值得肯定的。但是， *17*
他们批评帕森斯的文化概念并没有视文化为“外在于个体的一种客观导向”，相反却跟随弗洛伊德，认为文化“主要是作为内化的人格系统要素而起作用”，因此他过于强调主观想法而非客观视角的重要性（DiMaggio & Powell，

1991）。另外，他们认为，帕森斯的文化分析忽视了文化的认知维度，而强调文化的评价维度，即帕森斯仅仅将文化视为一种“价值导向”（DiMaggio & Powell，1991：17）。帕森斯体现出来的所有这些偏向性，使他不能研究社会行动中存在的工具性因素与规范性因素之间的相互影响。

4. 米德、舒茨、布迪厄、伯格与拉克曼

与库利一样，美国社会学家乔治·赫伯德·米德（George Herbert Mead）也强调自我与社会之间的相互依赖，但不同的是，他特别关注符号系统在创造人类与社会中所起的重要作用。他认为，人们在互动过程中通过手势等姿态，特别是声音的表达（语言），在自我与他人中唤起同样的反应，从而使意义得以创造或产生出来；当个体在达成自我理解中“接受、感知他人的态度”时，自我就在互动中出现了（Mead，1934）。

与米德同时代但生活于维也纳的舒茨，也对“意义”通过个人互动而得以建构的方式进行了深入研究。不过，他还讨论了更大的“社会世界的结构”，指出我们会逐渐卷入社会世界中的大量社会关系。他认为，除了亲密关系、面对面的关系外，“汝”与人们的关系、“我们”与人们的关系，同我们与我们自己的关系是一样的，我们参与了同他人形成的多重“他们”关系，而这些他人，我们是间接或非亲自了解和知悉的。只有在我们形成一种“理想类型”概念，并使我们能够对待这些必要的他者的意义上（例如，邮寄一封信，或在电梯中站在某人旁边），这样的关系才是可能的。这样的关系是以概化他人（typification of the other），以及关于互动将要以视若当然（taken-for-granted）的方式进行的假定为基础的。在这种意义上，“意义”被高度制度化（Schutz，1932/1967）。

随着历史的脚步迈向当代，法国学者皮埃尔·布迪厄（Pierre Bourdieu，1971/1973）开始努力综合马克思与涂尔干的思想，他试图通过研究阶级利益群体在符号性斗争——某些集团为了能够把其知识框架和社会实在概念强加于他人之上的权力而进行的争夺——中表达自己利益要求的各种方式，来实现这种思想的综合。布迪厄的相关研究在大约十年后才传播
18 到组织研究领域，并逐渐产生重要影响（DiMaggio，1979）。特别是自迪马吉奥和鲍威尔（DiMaggio & Powell，1983）借用布迪厄的“场域”（一种

社会斗争领域）概念来推进组织社会学对那些塑造组织的制度过程的核心场所（locus）的研究之后，布迪厄对组织研究的影响越来越大（见本书第二章和第八章）。

美国现象学社会学家和社会建构论者彼得·伯格（Peter Berger）与托马斯·拉克曼（Thomas Luckmann）是把早期的社会学制度研究与后来的组织分析的新制度主义联系起来的关键性过渡人物。伯格与拉克曼在米德特别是舒茨的影响下[3]，重新确定了知识社会学的方向，使知识社会学从早期对认识论的关注或知识史的关注转向更为主流的社会学关注。他们还坚持强调，"知识社会学应视所有'知识'为社会中的知识"（Berger & Luckmann，1967：15）。知识社会学不在于关注知识的真实有效性（validity），而在于关注知识的生产，在于关注"实在的社会创造"。伯格与拉克曼主张，社会实在是一种人类的建构、一种社会互动的产物。在他们对由社会过程调节的语言（符号系统）和认知的研究中，他们强调，对于行动得以产生、重复，逐渐在自我与他人中唤起稳定的、同样的意义等等方面，都应坚持这样的建构性立场。他们把这种过程界定为制度化过程。与涂尔干、帕森斯不同的地方在于，伯格与拉克曼强调共同知识与信念系统的创造，而不是规则与规范的生产。他们更强调认知框架而非规范系统。他们聚焦认知系统的中心地位的研究构成了组织研究的社会学新制度主义的基础（见本书第二章）。

四、小结

本章的简短回顾和评论试图确定早期的各种制度理论家们的不同兴趣、关注点和重点，也就是简单回顾了从1850年到20世纪中期出现的各种制度理论。正如我们将要看到的，这些理论家们以不同的方式，提出了被后来的分析者们重新发现的各种独特洞见。当代的经济学家们——经济史学家除外——拒斥德国经济学历史学派所提出的理论与方法，但是经济学中的一些新制度主义理论则体现了门格尔及其奥地利学派的关注。当代政治学家们也已经不再像他们的制度研究鼻祖们那样去分析制度的道德哲学根源，不过其中有一小群活跃的政治学家又开始对政治系统进行历史与比较的研究。还有一群规模更大的政治学家试图运用经济学家提出的理性选择模型，来重新解释政治制度的出现与运行。

19 当代社会学家则继续坚持和提炼他们众多前辈们的各色思想。其中一些学者继续研究构成社会的各种制度领域，一些学者则研究共同规范系统赋权与制约个体的各种方式，还有一些学者则探讨符号系统——文化规则与图式——塑造与支持社会生活的各种方式。

尽管社会学的制度研究有着这样的连续性，但是也有变革乃至进步。社会学早期关于制度的大多数研究有一个共同的局限，即给予组织的关注太少。其中一些理论家主要关注各种制度结构如宪法与政治系统、语言与立法系统，以及亲属与宗教结构等，而另一些理论家则集中分析地方性的社会互动如何建构共同意义与规范框架。然而，早期的研究者都很少把组织作为制度形式来处理，很少研究制度塑造组织的各种方式。

1940年代与1950年代的理论家们开始认识到各种具体的集体——个体组织——的存在和重要性，开始认识到这种组织实体既可能因社会制度而不同，也可能因个人行为而不同。后来，1970年代和1980年代又出现了很多理论，它们日益关注组织形式与组织场域的重要性，并且所有这些层次（即个体组织与组织场域等层次）的制度理论与研究都取得了丰硕的成果，促进了理论的进步。

注释

[1] 这些概括——特别是第一个与第四个——不太适用于以门格尔和哈耶克（Friedrich August von Hayek）为首的奥地利经济学派。这些理论家在坚持理论和简洁假设的重要性的同时，对于理解经济变迁更感兴趣，因此也同情一种更具演化色彩的经济过程研究视角与理论（Langlois，1986a）。他们的思想促进了演化经济学的形成与发展（见本书第二章）。

[2] 对帕森斯有着深入研究的美国学者卡米柯（Camic，1992）认为，帕森斯之所以策略性地选择了这些欧洲先行者，而没有选择美国的制度学者如凡勃伦和米切尔，也没有选择与这些学者有着相同兴趣的、他自己的老师们（即汉米尔顿和艾尔斯），是因为在帕森斯建构他自己的行动理论的时候，这些老制度经济学家已经失去了往日的风光与声望。因此，存在一种如何选择自己的知识先驱的“政治学”，

其可能有助于解释为什么某些先辈的著作和研究“被选择出来和人为拔高，而其他先辈的著作和研究却被打入冷宫”（Camic，1992：421）。

具有讽刺意味的是，理查德·霍尔（Richard H. Hall，1992）以同样的方式， *20*
谴责社会学制度主义者们不承认帕森斯是他们的知识先驱，从而忽视了帕森斯对社会学制度主义的重要影响（帕森斯的名声现在仍在继续衰落）。

［3］伯格报告说，他与拉克曼在1960年代初期都是社会研究新学校［NSSR，即现在的新教育大学（New School University）］的初级研究成员。伯格回忆道：

> 我们渐渐发现我们处在一种幸福的环境中，因为在这里有一群数量很小但十分活跃的年轻同事与研究生，他们有着一种大致相同的理论导向，这种理论导向是我们大家从老师舒茨那里学来的。当时舒茨有着很多还没有实现的计划，其中之一就是试图把他的现象学与韦伯传统的理论结合在一起，为知识社会学提供一种新的理论基础（Berger，1992：1）。

第二章

制度理论与组织研究的合流

21 学术界有很多学者认为，现代性是有问题的，运用新制度主义视角来研究组织是揭示现代性所存在的问题的一个有效路径。这些学者认为各种制度有其社会起源，是社会实践产生普遍法则，而不是所谓的普遍法则产生社会实践。照此逻辑，组织理论中的新制度主义，主要是研究在组织领域中的社会实践是如何产生各种行政管理规则规定的（Dobbin，1994a：123）。

——弗兰克·R. 道宾（Frank R. Dobbin）

正如我们在上一章中看到的，社会科学家很早就对制度进行了界定与分析。其中一些学者诸如韦伯、托克维尔和帕森斯等人，特别关注组织，认为组织是一种社会结构。但是，20 世纪所兴起的组织研究领域，主要是受到诸如泰勒（Taylor，1911；Shenhav，1999）之类的工程师、法约尔（Fayol，1919/1949）和西蒙（早期的著作）（Simon，1945/1997）之类的行政管理学者、切斯特·巴纳德（Chester Barnard，1938）之类的曾经的经理管理人员、梅奥（Mayo，1945）之类的产业心理学家的著作的影响。詹姆斯·马奇（James G. March，1965）把关于组织的真正学术研究的产生追溯到1937—1947年这一时期。这些人的著作，大多强调组织的技术 22
支配逻辑和工具性特征，其中有些人诸如巴纳德和梅奥等看到了组织系统的人文和社会维度，但是基本上没有人讨论过组织的外在社会和文化环境。

在“新”制度理论出现之前的1940年代到1970年代这30多年里，其实就已经出现了把组织和制度联系起来讨论的研究。这些早期的组织理论家主要被划分为四大研究流派。第一个流派是随着韦伯关于科层制的著作（Weber，1906—1924/1946，1924/1947）被译成英语而出现的相关研究者，韦伯关于科层制的著作被译成英文后，引起了哥伦比亚大学一群社会学家的极大兴趣，其中最著名的是默顿（Robert K. Merton）和塞尔兹尼克（Philip Selznick）。[1]第二个流派是芝加哥大学的埃弗里特·休斯及其同事们，他们把关于制度的研究与现代社会组织方式的研究结合在一起。第三个流派则以哈佛大学的帕森斯为代表。帕森斯不仅仅是韦伯著作的翻译者，也不仅仅是一般的社会理论家，还是那个时代美国社会学的江山一统者。在詹姆斯·汤普森（James D. Thompson）的鼓励下，帕森斯开始用他自己的“文化-制度”理论来研究组织。1956年，美国《管理科学季刊》创刊，该杂志倡导对组织进行跨学科研究。汤普森作为创刊编辑，邀请帕森斯为创刊号写一篇论文，于是帕森斯的论文《社会制度理论初论（上篇）》就在该刊物面世了。第四个流派则以卡内基技术学院（现在的卡内基-梅隆大学）的赫伯特·西蒙（Herbert Simon）为代表。西蒙关于组织决策的开创性研究，随着詹姆斯·马奇的加入，得到了进一步的拓展和扩散，在组织中理性的性质方面取得了重大的研究成果。

从1940年代到1950年代的早期研究，开始第一次明确地把制度和组织联系起来。本章的第一部分主要回顾了这一阶段的研究。第二部分则回顾了1960年代和1970年代出现的一系列新观点、新理论，而这些新观点、新理论又为近年来在某种程度上更为新颖的制度理论即新制度主义组织理论提供了重要基础。与第一章一样，本章也大致按照学科来展开讨论。

一、制度与组织：各种早期的理论视角

1. 哥伦比亚学派：默顿与塞尔兹尼克的制度模型

在1940年代晚期，韦伯关于科层制的重要著作在美国以文选的方式译
23 成英文出版，很快使哥伦比亚大学以罗伯特·默顿（Robert K. Merton）为首的一批学者重新燃起了研究科层制、科层化及其原因、科层化对组织中行为的影响之强烈兴趣（Merton，Gray，Hockey & Selvin，1952）。[2]现在学术界普遍认为，默顿的学生们针对组织所开展的一系列经验研究——塞尔兹尼克（Selznick，1949）关于田纳西河谷管理局（TVA）的研究、阿尔文·古尔德纳（Alvin W. Gouldner）关于一个石膏矿厂的研究（Gouldner，1954）、布劳关于联邦和州官僚机构的研究（Blau，1955），以及S.李普塞特（S. Lipset）、特罗、科尔曼关于一个印刷工会的研究（Lipset，Trow & Coleman，1956）——促成了社会学逐渐把组织研究确立为一个重要的研究领域（Scott & Davis，2007：9）。布劳、古尔德纳和李普塞特等人还对组织和制度的建构与变迁进行了经验研究（见本书第五章），而塞尔兹尼克则对制度及其与组织的关系进行了最具理论色彩的研究。

(1) 默顿：规则逐渐战胜工具主义

正如下文所描述的，默顿早期关于“有目的的行动会产生意外后果”的研究（Merton，1936），特别是后来关于科层行为的分析，对塞尔兹尼克产生了重要的影响。尽管默顿在他的著名论文《科层结构与个体人格》中没有直接使用“制度化”一词，但是他对组织中引导官员根据规则来定向他们的行动的各种过程进行了明确的讨论，他甚至指出“官员如果遵守这些规则，就可能妨碍组织目标的获得”（Merton，1940/1957：199）。默顿描述了在科层组织中产生规训纪律并把官员的行为引向一种被看重的规范秩序的诸多力量。这些压力与要求是如此强大，以至于官员们往往都会遵守这些规则，甚至达到死板僵化、形式主义、仪式象征性的程度。在涂尔干、休斯（以及帕森斯）等人的思想基础上，默顿阐述了他自己关于组织中的制度过程的看法：

> 在特定的职业以及特定的组织中，可能会不断发生一种神圣化的过程。……通过情感（sentiment）的形成、对科层组织中的象征符号与身份地位的情感（emotional）依赖，以及对能力与权威层面的情感性（affective）卷入，涉及道德合法性的态度逐渐获得特权地位，而处于特权地位的态度一旦把自身确立为一种价值观，就再也不被视为促进管理的技术性手段（Merton，1940/1957：202）。

(2) 塞尔兹尼克：手段逐渐被输入价值观 24

菲利浦·塞尔兹尼克是早期关于组织之制度分析的杰出代表，他的制度过程思想深受默顿的影响。[3]他的观点是在研究过程中逐渐形成并最后才得以归结的。从一开始，塞尔兹尼克就试图把视为“理性行动的结构性表达”的组织（即作为设计用来获取特定目标的机器或工具），与视为适应性的、有机的、受其参与者的社会特性及其所处环境要求的影响的系统之组织相区别。他认为，作为一种工具性的机器并为获取特定目标而创造的“组织”，随着时间的推移，会不同程度地转化为“制度”（Selznick，1948：25）。

在其早期的理论中，塞尔兹尼克在很大程度上借用了默顿关于“有目的的行动会产生意外后果”的分析（Merton，1936）。我们的行动会产生各种后果，其中一些后果是按计划出现的；但是，另一些后果则出乎我们的意料。社会行动并不是背景无涉的，而是要受到背景的制约，并且行动的结果要受到它们所处背景的影响，其中特别重要的是，行动者由于制度化的强制所产生的承诺或忠诚，对于行动者的行动会产生极大的制约作用……因为组织是一种社会系统，其目标与程序往往达到一种确定的、渗透了价值观的状态。因此，我们可以说，组织就这样逐渐被制度化了（Selznick，1949：256－257）。

塞尔兹尼克后来在关于组织领导（leadership）的研究中，又详细阐明了自己的思想：

> 制度化是一种过程。制度化是在组织的历史进程中发生的，组织的制度化过程体现了组织自身独特的历史，体现了一直在某个组织中的人们、组织所代表的群体以及他们创造的既得利益，还有组织适应

> 其环境的方式。……制度化过程最重要的意义也许在于，“制度化的过程，就是灌输当下任务技术要求之外的价值观”（Selznick，1957：16-17）。

由于渗透了价值观，组织就不再被视为一种可消耗、可牺牲的工具；组织的参与者想看到的是，组织得以维持下来。组织通过体现一套特殊的价值观，获得了一种“人格结构”、一种独特的身份。对于组织的维持，就不再只是诸如保持机器运转那样简单的工具性事务，而成了保持一套独特而唯一的价值观的斗争。塞尔兹尼克赞同巴纳德在《经理人的职能》（Barnard，1938）一书中所提出的重要观点，认为组织领导的关键作用就是界
25 定、确立与捍卫这些价值观。这些思想对后来关于组织文化的研究（Martin，2002；Schein，1985）和组织身份的研究（Albert & Whetten，1985；Whetten & Godfrey，1999）产生了重要影响。

塞尔兹尼克除了视制度化为一种过程、一种“组织在历史过程中发生的”事情外，还认为制度化是一种变量[①]：那些目标得到精确界定的组织或者要求技术非常成熟的组织，比起那些目标模糊而分散（diffuse）的组织和技术要求较低的组织，制度化的程度要轻一些（Selznick，1957）。因此，不同的组织，其制度化的程度是不同的。

比较塞尔兹尼克与默顿的思想，我们就会看到二者都强调那些十分相似的过程，正是那些过程把价值观承诺或忠诚输入超越工具效用的那些程序之中。但是，塞尔兹尼克强调的是那些形成特定组织人格的价值观承诺的独特性和重要性，而默顿强调的是与一般科层（法理性）组织的特性相关的价值观承诺的重要性。塞尔兹尼克的理论路向，偏向于描述具体组织的“自然历史”及其形成独特结构、能力和责任的历史过程。他研究了美国田纳西河谷管理局的历史演变，指出该管理局设立之初的结构和目标在长期的历史过程中因为该管理局参与者所持有的价值观的改变而改变，以及因该管理局所处环境中的强大资助者所施加的压力而改变（Selznick，

① 即不同的组织其制度化程度或水平可能不同，因此制度化是一种衡量组织属性的连续变量。——译者注

1949；也见本书第四章）。塞尔兹尼克的学生们就组织目标会发生转化这一问题进行了类似的案例研究，其中包括关于美国基督教妇女禁酒联合会（Gusfield，1955）、社区学院（Clark，1960）、非营利性医院（Perrow，1961）以及美国基督教青年会（Zald & Denton，1963）等组织目标转化的案例研究。所有这些案例研究都显示，组织的正式（official）目标不同于并掩饰着“真正”目标，在组织内外的利益群体的互动中，组织的正式目标被转化了。正如查尔斯·佩鲁（Charles Perrow）所指出的，以塞尔兹尼克为代表的制度学派，倾向于对组织进行“曝光”：组织并非它们所伪装成的那种理性生物，而是（有时偷偷摸摸地）体现价值观的工具或手段（Perrow，1986：159）。

此外，塞尔兹尼克的另一个学生亚瑟·斯廷施凯姆（Arthur Stinchcombe），以塞尔兹尼克的理论为基础，对制度的代理人及其权力的作用进行了更深入的分析（Stinchcombe，1968：107）。斯廷施凯姆把制度界定为“一种结构，在其中有权力的人们效忠于某些价值观或利益”。他强调指出，26
只有那些坚持和拥护某种价值观或利益的人们占有和保持权力，这种价值观才能得到保持，或者这种利益才能得到保护和实现。斯廷施凯姆认为，组织的制度化意味着组织在历史过程中逐渐实现稳定性，而权力占有者会使用各种方式来保持其权力。他断言，“权力占有者的下代继承者，往往会通过选择、社会化、控制任职资格和条件、英雄崇拜等方式，来再生同样的制度”（Stinchcombe，1968：111）。

总之，默顿和塞尔兹尼克这两位学者为制度过程模型奠定了思想基础。默顿描述了运行于所有或大多数科层组织中的导致官员的行为逐渐过度遵守或僵化的过程，而塞尔兹尼克分析了具体组织中产生一套独特的价值观承诺的过程。斯廷施凯姆则强调了权力的作用，并详细阐述了那些占有权力的行动者用来保证长期实现其利益和维持其价值观的机制。

2. 休斯与芝加哥学派

休斯跟随库利以及早期芝加哥学派社会学家托马斯和布鲁默的脚步，提出互动发生于特定情景之中，受到特定因素的协调，认为互动与规则系统相互依赖。休斯巧妙地将制度界定为“一种相对稳定持久的、独特的社会类别的确立”（Hughes，1936：180），并认为制度的实质要素包括“(1) 一套民德或者正式的规则，或者二者兼具；(2) 在已确立的互补性空间与职位中的人们的集体行动。前一个要素体现的是制度的持续性，后一个要素体现的是协调或组织化”（Hughes，1939：297）。

休斯认为，完全是因为互动的个体的承接传递，制度才能存在和持续。他说：“制度存在于个人的整合的和标准化的行为之中。”（Hughes，1939：319）与其同时代的制度研究者相比，休斯更加强调组织的开放性和一定程度的不确定性。他反对使用“组织化”一词，因为该词意味着“某些已知的成员形成团体或被组织在一起”（Hughes，1962/1971：54）。相反，他更喜欢使用“持续运行”（going concerns）一词，“它们以各种形式出现，并且可能正处于拥有、获得或者失去道德的、社会的、法律的或者仅仅风俗的赞成首肯”（Hughes，1962/1971：54）。休斯以此种方式，为后来相关学者提出的组织概念奠定了思想基础。这些学者认为，组织是一种开放系统，处于不断进行的组织化过程中，并强调组织是松散的耦合、有组织的混乱，具有各种网络形式（Scott & Davis，2007：Chapter 4），强调组织与社会运行理论的日益融合（Davis，McAdam，Scott & Zald，2005）。

27 休斯还认为，社会学家使用的“制度”一词“是一个伟大的名字，似乎只有那些体现人类最高价值的东西才配得上”，但是这样的用法具有误导性：

> 如果我们仅仅把那些东西称为制度，那么我们将错过社会学家的研究中重要而更迷人的那部分，即关于社会价值观和集体安排如何形成与解构的理论，事物如何出现和如何变迁的理论。我们的工作要取得进展，就需要充分关注和比较分析社会中那些尚未得到关注，尚未得到明确研究，不是那么值得关注，不是那么显眼，甚至具有明显“反”主流价值的事物（Hughes，1962/1971：53）。

近年来，诸如史蒂芬·巴利（Stephen Barley，2008）、万提尼斯卡和卡汉（Ventresca & Kaghan，2008）等学者，都看到了休斯及其学生、学派的思想的重要价值。可以说，休斯是最早把制度与组织联系起来，视二者均为“动态的”，并对社会的、经济的和组织的稳定与变迁持有一种生态学和演化观的制度研究者之一（Ventresca & Kaghan，2008：57－58）。

不过，休斯及其学派是在一系列的经验研究（Abbott，1988；Becker，1982；Freidson，1970）中提出和形成上述思想的，但是这些经验研究主要关注的是职业，特别是专业技术职业，而不是组织。然而，也有一系列的研究探讨了各种“强”组织背景，诸如精神病院和医学院（Becker，Geer，Hughes & Strauss，1961）。这些研究探讨了“个人限制制度力量的微观过程”，发现了那些使病人、学生或者其他从属性的参与者，即使是面对诸如强烈的专业培训程序或精神病院之类的“总体性制度”，也能够建构有意义的自我，获得某些自由的“社会结构之中的裂缝和漏洞”（Fine & Ducharme，1995：125，126；Goffman，1961）。

3. 帕森斯的制度视角

帕森斯最初是通过研究组织与其社会和文化环境之间的关系，而把他的一般性“文化-制度”观点用于组织分析的，他通过组织与“不同功能环境”中的“主要制度模式”相联系而得以合法化的方式研究组织的价值观系统（Parsons，1960a：20）。虽然正如我们在第一章所指出的，帕森斯的 28
大多数著作强调的是制度的“主观”维度，即认为个体行动者通过内化共同规范，使它们成为个体行动的基础；但是，他关于组织的分析却把注意力转向了他所说的制度的“客观”维度，即“‘界定个人（或组织）之间的关系’的规范系统”（Parsons，1934/1990：327）。

帕森斯认为，社会中存在的这些更大的规范结构起着对组织的存在提供合法性的作用，但是，“更具体地讲，这些更大的规范结构的作用，就是使那些实现组织的价值所必需的重要功能运行模式合法化”（Parsons，1956/1960a：21）。例如，学校通过把自己的目标与更大的文化价值如培训与教育相联系而获得合法性，以及通过使学校的结构、程序符合教育组织规定的“运行模式”而获得合法性。需要指出的是，帕森斯关于组织的看法，在某些方面重复了其关于个体层次的制度化的思想，因为他的观点主要关注的是个体单元——个人个体或组织个体——的规范系统导向。他认为，在不同功能部门中运行的组织，是根据不同的价值而合法化的，展示了不同的适应模式，并受不同的律令与规范框架的支配。而且，价值系统也存在社会分层，因此为更上层的、受尊重的价值服务的组织，往往被认为更合法，并可以获得更大份额的社会资源（Parsons，1953）。[4]

帕森斯发现，制度概念还有其他的用法。他认为，组织常常会逐渐垂直地分化为三个各自不同的层次：技术层次的组织，主要关注生产活动；管理层次的组织，主要强调控制与协调活动、资源获得与产品处理；制度层次的组织，主要关注组织与共同体、社会之规范和习俗之间的联系。每个组织都是“某个更大的社会系统的子系统，这种更大的社会系统是组织的‘意义’、合法性的根源，是使组织目标的执行得以可能的更高层次的支持根源”（Parsons，1960b：63－64）。帕森斯关于组织层次的类型划分，后来得到了汤普森的支持（Thompson，1967/2003），并已经得到人们广泛的应用。[5]

与塞尔兹尼克的理论研究相比，帕森斯关于组织的理论性研究并没有
29 引发大量的经验研究。不过，帕森斯的几个学生如乔哥保罗斯（Georgopoulos，1972）等人，应用帕森斯的一般概念图式，研究了制度基础对于具体组织类型的重要性。但是，从总体上看，帕森斯的思想并没有随后来的研究者的再发现而得到继续建构和发展。

4. 西蒙与卡内基学派

政治科学家赫伯特·西蒙提出了他的管理行为理论，以对抗和修正传统经济学理论关于个人理性夸张的、站不住脚的假定。尽管西蒙保留了经济学关于价值前提（偏好）处于分析者的范围之外的假定，即坚持经济行动者的偏好不属于经济学的分析范围的看法；但是他挑战了经济学的“经济行动者完全知道经济行动的手段及其结果”这一假定。他是最先把个人认知能力的有限性与组织结构的特征联系起来考虑的少数几位学者之一。西蒙在他的经典著作《管理行为》（1945/1997）一书中，描述了组织结构如何简化和支持组织中个人的决策，并使组织中的个人的行为实现更高层次的——虽然是“有限理性”层次的——一致性，而如果没有这种组织结构的支持，组织中的个人不可能实现行为的一致性。组织在允许个人获得组织成员资格时，期待个人接纳组织的价值偏好并指导其决策；组织通常会以组织规则、程序和习惯、惯例的形式向组织的成员灌输关于手段-结果

之间关系的信念，并以此作为个人加入组织、成为组织成员的实际前提（Simon，1945/1997：Chapter 5）。在组织中，个人的行为是理性的，因为选择受到规则的约束、个人受到规则的指引。

西蒙与马奇共同提出了“组织会影响和形塑其参与成员的行为方式”的观点，组织通过制定“执行程序”来指导参与者的习惯性行为，制定“搜寻程序”让参与者在面临非常规任务时遵守，从而影响和形塑参与者的行为。马奇与西蒙（March & Simon，1958：141－142）认为，在很多环境中，“搜寻与选择过程被大大简化。……大多数的行为特别是组织中的大多数行为，受到执行程序——为面对各种重复要求的个体预先设定的惯常程序——的支配”。这样的惯常程序大大减少了大多数组织参与者的自主决策，以至于他们实际上很少需要进行选择，或者在很大程度上只限于他们所做的那些选择。价值假定、认知框架、规则与惯例，是导致个体理性地行事的重要因素。实际上，“理性的个体是且必定是组织化和制度化的个体”（Simon，1945/1997：111）。

马奇与西蒙的观点虽然属于早期的制度理论，但是在今天，仍然是关 *30*
于各种组织的微观特征与功能运行的最清晰、最有影响的新制度主义分析之一（DiMaggio & Powell，1991：15－26）。

二、新制度理论的创立

我们现在已来到制度理论史上的一个关键时刻，此后出现的制度思想已逐渐被视为“新制度”理论。尽管新制度理论并没有表现出与过去明显的决裂，但是其确实有着自己的强调与主张。下面，我将回顾那些近年来把新制度理论与经济学、政治学、社会学等主流学科以及相关的认知心理学、文化人类学中的组织分析联系起来的共同渊源和基础性概念。然后，我将在第三章对当前各种新制度理论线路进行更加综合的分析，并指出这些理论线路在哪些地方存在共识、哪些地方存在分歧。

1. 经济学中的新制度理论

在经济学中，各种不同的研究线路混合在一起，促进了经济学的新制度理论的诞生。经济学的新制度理论“很少反映老制度经济学家们的思想，相反却更多地反映了经济学的对手们的思想”。这极具讽刺意味，同时也给我们很多启迪（Langlois，1986a：2)。大多数新制度经济学家，并不打算通过研究各种制度条件来取代正统的经济学理论，而是试图提出一种关于制度的经济学理论。

朗格卢瓦对此进行了深入的评论（Langlois，1986a），他把上文讨论的西蒙的研究、（对康芒斯略表赞同的）科斯所开创的交易成本与产权研究（Coase，1937）、深受哈耶克（Hayek，1948）影响的现代奥地利学派、熊彼特关于创新的研究（Schumpeter，1926/1961）、尼尔森和温特提出的演化理论（Nelson & Winter，1982）等等，统统纳入新制度经济学的范畴。朗格卢瓦等学者认为，这些研究大多具有如下三个共同的主题，因此可被统归为新制度经济学理论（Knudsen，1993；Langlois，1986a）。

A. 都持有广义的经济行动者概念，并抛弃了那种在一系列已知方案中选择最优方案的利益最大化行动者假定。

朗格卢瓦等人所确定的上述理论路向，在采用何种程度的广义理性概
31 念这个问题上存在很大的不同。威廉姆森关于交易成本的研究，支持西蒙的有限理性概念；而现代奥地利学派与尼尔森和温特的演化经济学，则采用了一种更加宽泛的理性概念，如以规则为基础的理性概念或“程序”理性概念（这种理性概念认为，如果行动遵守了规定程序，则不管其结果如何，都是理性的）。

B. 都把经济过程作为研究的焦点，而不再进行关于均衡状态的纯粹逻辑研究，都承认经济系统的历史演化性，并认为它在一定程度上是经济行动者的反思与学习过程。

传统的经济学把主要精力与资源放在对已实现某种均衡（即稳定和良好协调的行为）的经济系统的研究上，却很少关注均衡状态是如何出现的或者是如何打破的。传统的经济学对如何实现稳定性的问题，展开了很多特别的“叙事”，但这些叙事仅仅表现为形式化的模型（Knudsen，1993）。相反，新制度经济学则喜欢提出和验证那些过程观。新制度经济学家们并不认为制度是影响经济行为的外生变量，相反，他们思考的是影响经济交

易的制度是如何出现、维持和变迁的。博弈论者也逐渐对这些问题感兴趣，并探讨了在行动者相互作用、以设计“条约”或机制来处理冲突的过程中，规范或规则的形成与出现问题。

> C. 都认为仅以市场为交易中介，并不能实现经济活动的协调，还需要很多其他制度结构，而这些制度结构类型本身是重要的研究论题。

除了政府系统的作用以外，在这些制度结构中，最重要的就是嵌于组织中的那些制度结构。

在这里我不可能详细地讨论与这些主题相关的所有具体理论路向（Hodgson，1993/1994；Mäki，Gustafsson & Knudsen，1993；Silverman，2002；Zajac & Westphal，2002），而仅简要描述其中两种最有影响的理论路向。

（1）交易成本经济学

交易成本经济学是新制度经济学的一个重要分支，关注那些人们形成并用以调节或管理经济交易的规则与治理系统。这些系统存在于不同的层次，包括从国际层次上的宏观机制，到支配个人间微观交易的各种不成文规定等。例如，经济史学家（North，1990）主要解释了各种社会中出现的 *32*
贸易机制及其变迁，产业组织经济学家（Stigler，1968）则研究了产业系统，还有一群正在增多的组织经济学家研究了各种组织形式的根源（Milgrom & Roberts，1992）。尽管把所有这些研究都归入制度经济学并无不妥，但是稍后出现的关注公司层次的制度结构的研究，则更能体现经济学新制度主义的特征。

学术界普遍认为，经济学新制度主义的开创者是罗纳德·科斯，他的论文《企业的性质》（Coase，1937）讨论的问题是，为什么某些经济交易不直接通过或根据市场价格机制来进行，而要在由规则与等级制实施机制构成的治理结构即公司中进行。科斯认为，这一定是因为“通过市场价格机制需要成本和费用”，即“为了市场中的每次交易而进行谈判并缔结单独合约的成本或费用”（Coase，1937：389）。这些交易成本的存在是公司出现和存在的原因。

科斯的这一思想在提出后的很长时间里，并没有引起人们的真正注意，用科斯自己的话来说就是，他的这篇文章“经常被人们引用，但很少被人们使用”（Coase，1972：69），直到1970年代，在奥利弗·威廉姆森（Oliver Williamson）对科斯的这一思想得以成立的前提条件进行详细阐述之后，才得以复兴。威廉姆森认为，市场交易成本只有在如下两对条件下才会大大增加：其一是当（认知上是）有限理性的个体面临极其复杂与不确定的环境时；其二是机会主义——某些行动者出现欺骗的倾向——与缺少可选择的交易伙伴同时存在时。在这两种情况下，交换更可能从市场退出，而进入组织框架，或者仅在一个组织之内进行，并更可能刺激组织形成更精细的控制结构（Williamson，1975/1985）。威廉姆森还进一步拓展了科斯的主张，不仅是在市场与公司之间进行比较分析，而且考虑了各种广泛的替代性“治理系统”，包括从市场到混合性组织形式诸如分包或企业集群等，再到各种等级制结构诸如一元化的公司和多部门化公司等（Williamson，1985/1991）。[6]威廉姆森所代表的经济学新制度主义，利用了先前很多学者的思想，包括巴纳德强调适应是组织面临的中心问题的思想（Barnard，1938）、西蒙以有限理性概念和组织策略概念为基础的决策理论（Simon，1945/1997）、小钱德勒关于公司结构应与其策略相配套的研究（Chandler，1962）等（Williamson，2005）。

33 因此，威廉姆森的新制度经济学思想（Williamson，1991：269），主要关注的是比较中观的问题，如对“一般的替代性治理形式——市场、混合形式、等级制——在节约交易成本方面的功能”进行比较分析，而不是关注较宏观的“博弈的制度性规则即习惯、法律、政治”的根源和后果等问题，他把那些较宏观的问题留给了经济史学家与社会学家（Williamson，1994/2005）。

威廉姆森超越了传统的经济学，并严肃地对待各种制度背景或治理结构对经济行为的影响，但是他与老制度经济学家们不同的地方在于，他坚决保留了新古典经济学的传统。杰弗里·霍奇森（Geoffrey M. Hodgson）强调了这一点：

> 与其他新制度经济学家一样，威廉姆森的理论是根据原子化的与个人主义的观点建立起来的，因为他用来建构其理论的基本概念，即

> “机会主义的”个体概念，承袭自新古典经济学。他否认公司结构与文化等环境塑造个体偏好函数的可能性，在分析或理解制度时也否认公司结构与文化等环境因素的重要性（Hodgson，1994：70）。

另外，威廉姆森对治理结构的出现或转型过程并没有表现出多少兴趣。他对治理结构的解释具有明显的功能主义色彩，即根据其后果来“解释”人们为什么会选择某种特定的治理结构（Knudsen，1993；也见本书第五章）。

相反，其他经济学家诸如道格拉斯·诺斯（Douglass North）等人提出的理论则结合了类似于19世纪20世纪之交那些老制度经济学家们持有的假定。正如我们指出的，诺斯关注的是一种更高层次的分析，研究的是文化、政治与法律框架的起源，以及它们对各种经济结构与过程的影响（North，1989/1990）。作为一个经济史学家，他关注的是发展与变迁，而不是静态的比较分析（见本书第五章）。他在对经济系统的分析中尽管也关注交易成本，但更倾向于视交易成本为因变量——受到更广泛的制度框架的影响——而不是关注解释导致不同行动者选择不同治理机制的自变量（Hirsch & Lounsbury，1996）。

威廉姆森关注的是作为一种制度形式的组织，即设计用来降低交易成 34
本的治理系统，认为这种组织必须考虑产权、法律、规范与传统等“背景条件”（Williamson，1994：79）；相反，诺斯关注的则是那些更广泛的制度框架——社会的“博弈规则”，认为组织是一种试图设计策略以赢得博弈的“博弈者”（North，1990：5）。

（2）博弈理论

博弈理论是经济学的理性选择理论的重要分支，认为制度是一种均衡现象。博弈理论研究的是个体策略行为的情境，认为每个人的行为结果都要取决于其他博弈者的选择。博弈包括博弈者（即决策者）必须遵守的一套规则，他们可选择的行动，每个博弈者关于结果的偏好。每个博弈者的目标，就是在其他博弈者行动既定的情况下，最大化自己的结果。当博弈者的行为变成“不断自我强化”时，也就是每个博弈者在知晓其他博弈者会如何行事的情况下选择某种策略并不再主动改变时，均衡状态就出现了。博弈可能存在多种均衡状态，因此要验证特定的预测是不可能的（Gibbons，1992）。经济学家与理性选择政治学家已经对很多博弈情境进行了模型化的研究。

诶利诺·奥斯特罗姆（Elinor Ostrom）应用博弈理论对各种制度结构进行了研究，并特别关注各种“行动情境”中“实际使用的规则”。她研究的行动情境包括美国电话产业的规制、卡麦隆咖啡合作社的演化、韩国住宅公寓的绩效等，她还对美国社会非营利性、营利性和国家设立的日间看护中心进行了比较分析（Ostrom，2005：9，138）。她与同事一起提出了一种制度分析与发展理论（institutional analysis and development，IAD）框架。[7]该框架特别关注以下方面：一是规则，认为规则是“参与者对于何为必需的、禁止的或容许的行动等强制规定的共同理解”；二是物品的属性，诸如它们是否可以分割、转让或者是否具有排他性；三是共同体的特征，一个共同体共同的价值观、文化等（Kiser & Ostrom，1982；Ostrom，2005）。他们运用这个理论框架来分析各种行动情境，强调的是参与者的特征、相关行动者的地位及其行动。总之，这种理论视角拓展和丰富了主流的博弈理论。

35 诶利诺·奥斯特罗姆认为，规则系统是制度分析的核心，并认为这些规则系统在各种不同的层次上运行。她的研究特别强调了如下三个十分重要的运行层次：操作性规则，在日常生活情境中影响日常决策；集体选择规则，确定谁可以合法参与决策和在不同的情形下使用何种规则；立宪选择规则，这是一种根本规则，确定更深层次的框架，并规定人们能够建立和利用哪些更具体的规则（Ostrom，2005：58－62）。他们不仅在形式模型和实验模拟中应用这些理论框架来分析和比较各种行动与结果，还在对不同社会与文化背景中的质性田野研究中应用这些理论框架来研究各种受到规则限制的选择情形。

很多制度主义者，包括阿夫纳·格雷夫（Avner Greif）等人，都支持这种博弈理论路向，但是做了适当调整（Greif，2006：14）。他们认为制度不是规则或信仰框架，而是有利于建构“影响行为之结构”要素，“能动者对于这种结构的行为反应，又会再生产这种制度”。格雷夫指出有很多规则并不会得到遵守，很多信仰并不会影响那些宣称信奉这种信仰的人的行为。

因此，我们应更加关注的是：

> 内生性的制度，即那些自我强化的制度。在自我强化的制度中，行动者所有的行动动机激励都是内部提供的。每一个体会因应他人行为与预期行为所预示的制度要素，以一种促进其他行动者能够行动、为其他行动者提供指引、激励其他行动者的方式行事，而其他行动者又能够以导致这一个体开始行动时所依循的制度要素的方式行事（Greif，2006：15－16）。

除非发生了外在的变迁，这些制度类型一直会存续下去，因为“在其他行动者的行为和预期行为既定的情况下，每个行动者的行为都是最优的”（Greif，2003：150）。经济学家特别感兴趣的就是这种情形或状态，因为很多均衡是可能存在的，“例如，我们发现的不一定是最优的，而能够存续下来的并不一定是有效率的”（Greif，2003：150）。如此一来，博弈论提供了一种研究框架，使人们可以从均衡的视角而不是最优的视角来研究市场的制度基础。

格雷夫看到并承认了非经济因素对于选择行为的影响。行动者的动机可能源于各种不同的影响因素，包括许多社会文化特征、规范、信仰和认知因素。因为动机存在很大的差异，“合理性”的决策促使那些“追求最优结果”的不同个人会进行各种不同的选择。格雷夫还运用他的理论，分析 36
了很多历史案例，集中探讨了促进或制约中世纪欧洲地中海沿岸伊斯兰国家经济发展的制度条件。倪志伟等人也进行了相关的研究，利用类似的理论视角对中国与苏联市场经济转型的差异进行了分析（Nee & Lian，1994）。苏联采取的是一种正式的、自上而下的路径，中国则采取了自下而上的渐进式策略，把参与政治与经济活动的行动者的利益更紧密地捆绑在一起，而后者取得了更大的成功。

（3）演化经济学

尼尔森和温特代表了新制度经济学的第三种理论路径（Nelson & Winter，1982；Winter，1964）。他们的演化经济学与凡勃伦的思想遥相呼应，但是更多的是建立在熊彼特的创新思想（Schumpeter，1934）以及阿尔奇安（Alchian，1950）的“公司之类的经济能动者都服从于适应与选择过程”

的思想基础上（Winter，2005）。理查德·尼尔森（Richard R. Nelson）和西德尼·温特（Sidney G. Winter）支持一种类似于生态学模型的公司演化理论，这种公司演化理论把公司的“惯例”等同于植物或动物的基因。组织惯例或“能力”，来自那些承担和实施组织任务的参与者所拥有的明确的与默会的知识和技术。为了生存，一个公司必须不断再生产和修正其惯例以适应环境的变化。

尼尔森和温特把他们的研究定位于产业和组织人口层次的分析，目的是要提出一种经济变迁过程理论。他们主要是研究公司中存在的竞争过程的运行方式，即使其惯例能够最好地适应当下条件的组织兴旺繁荣，其惯例不能适应当下环境的组织停滞不前的运行方式。他们提出用累积性的知识与能力的动态模型，来取代正统经济学的静态模型（Nelson & Winter，1982）。他们把公司视为历史性的实体，把公司的惯例视为“一种内生的、基于经验的学习过程的产物”（Knudsen，1995：203）。他们还指出：

> 某些公司的外部观察者认为，公司会从各种各样的大量方案中有意识地、深思熟虑地选择一种方案，而这些各种各样的方案都是组织“可能获得的”机会。关于公司行为的这种解释是十分不恰当的。公司的备选方案并没有那么多、那么广泛，而往往少而具体；公司的方案已经被建构为公司的惯例，而公司所进行的大多数“选择”，也是根据惯例而自动完成的（Nelson & Winter，1982：134）。

37 尼尔森和温特在他们的主张中并没有使用“制度”一词，但十分清楚的是，他们的“组织惯例”概念可以视为一种制度化的行为模式。正如朗格卢瓦（Langlois，1986a：19）所指出的，他们其实把制度视为一种“可以理解为规则、规范与惯例等的行为规律性”。与交易成本经济学家相比，尼尔森与温特持有一种更为广义的制度概念，认为制度包括了影响组织行为和结构的诸多因素。还有，他们的理论视角十分偏重过程分析，而非静态的比较研究。

（4）资源基础理论

演化理论强调诸如变异、选择、保持过程等外在因素的重要性，而资源基础理论强调组织行动者策略性地管理他们所控制的资源的可能性。而分析层次，也相应地从组织人口层次转向公司层次。

组织研究的资源基础理论是由伊迪丝·潘罗斯（Edith Penrose，1959/1995）开创的。他认为公司拥有的最重要的资产，就是其资源（包括工人技能）的专业性使用，以及按要求动员这些资源形成各种不同结合体的能力。近年来，这种思想又得到诸如杰伊·巴尼（Jay Barney，1991）和戴维·蒂斯（David Teece，1982）等学者的进一步推进。巴尼及其同事指出，“可以把公司的资源与能力，视为有形和无形资产的集合，包括公司的管理技能、公司的组织程序和习惯，以及公司控制的信息与知识”，公司的竞争优势“源于公司控制了有价值的、稀缺的、无法完全模仿的和不可替代的资源与能力”（Barney，Wright & Ketchen，2001：643）。这种观点与新古典经济学完全对立，后者认为资源的供给具有价格弹性，只要价格适当，公司就可以轻易获得各种要素（资源）。而资源基础理论家们坚持认为，有些资源不具有供给弹性，需要很长的时间才能形成，因为它们是基于默会性知识而难以再生产和复制的，它们的价值取决于一系列其他十分复杂的变量和因素的相互作用。

巴尼与蒂斯都认为，管理技能对于建立、维持和修正公司的能力十分关键。在快速变化的环境中经营公司，其管理者必须掌握设计动态性的、不断变革的能力之技能，即必须敏感地抓住机会、创造机会，回避威胁，必须不断地增强和配置公司的有形与无形资产。

> 企业的动态能力包括适应不断变化的客户和技术机遇的难以复制 *38*
> 的能力，以及塑造企业所占据的生态系统的能力、开发新产品和新流程的能力、设计和实施可行的商业模式的能力（Teece，2009：4）。

资源基础理论家们认识到组织之中的制度化要素的存在及其重要性，并指出组织领导者必须面对如下挑战：培养现有能力，并设计和实施新的体制结构，以应对不断变化的挑战和机遇。

总之，当代的制度经济学家们在假设的性质、关注的焦点等方面存在重大的差异。不过毫无疑问的是，新制度经济学现在处于这样一种情况，即在新制度经济学中，那些既坚持古典经济学的理论硬核又试图拓展其边界的学者们处于支配地位。

2. 政治学中的新制度理论

正如第一章所描述的，政治学的新制度主义在一定程度上可以说是对该学科中直到20世纪中期仍处于支配地位的行为主义的一种反动。与经济学的情况一样，政治学和政治社会学中的新制度主义者也分化成两大各自不同的阵营：历史制度主义者与理性选择理论者。[8]这两大阵营在几个重要的维度上都存在分歧。

（1）历史制度主义

政治学中的历史制度主义者，在很多方面都借鉴了19世纪末20世纪初的制度主义者的思想，特别是后者关于政体和治理机制的思想，不过也受到了韦伯及其比较研究方法的影响，以及近年来社会文化视角（Le-
39 cours，2005；Thelen，1999）的影响。一方面，我们发现有很多“物质主义”理论视角特别强调治理结构，包括选举规则、政党体制、府际关系等。例如，一方面，锡伦等人认为制度“包括正式的结构以及正式结构行动的非正式规则和程序”（Thelen & Steinmo，1992：2）。另一方面，有些理论家则采取了一种更具规范性或理想性的视角，强调信仰、价值观和认识脚本等因素（Finnemore，1993；March & Olsen，1984/1989）。

历史制度主义者尽管存在这些分歧，但都关注政治体制的性质，研究这些结构影响冲突的特征与结果之方式，强调这些结构是如何在行动者之间分配权力的，以及是如何影响或塑造行动者的利益概念的（Hall & Taylor，1996）。他们强调，政治制度并非完全源于其他社会结构（如阶层结构），而且政治制度对于社会现象有自己独立的影响（Evans，Rueschemeyer & Skocpol，1985）；社会安排并非仅仅是甚至主要不是个体选择和行为的聚合性产物，而是个体行为的意外的因素和受约束性选择的结果；历史往往不是一种“有效率”的过程——一种“快速走向唯一解决方案”的过程（March & Olsen，1984：737），而是一种非决定论的和背景-依赖的过程。

这种历史学派中的一些学者，持有一种社会建构主义立场，认为“行动者的能力与偏好也就是行动者的性质，要受到更广泛的制度框架的影响，否则我们就没法理解”（Krasner，1988：72；也见本书第三章）。他们认为，个体的偏好并不稳定，且往往来源于选择而不是先于选择和决定选择。制度建构行动者，确定他们的行动方式；制度约束行动者，但同时也为行动者赋权。这个视角的分析，认为各种具体的制度形式——议程、关注、偏好和行为模式——会对个体的行为产生强烈的影响，因此试图对这些具体的制度形式进行深入研究。

历史制度主义者试图指出，政治系统不是一种中立的领域，在这个领域中外部利益群体彼此竞争；相反，政治系统是一种复杂的空间和领域，会形成独立的利益群体和优势群体，它们的规则与程序对正在进行的所有交易事件都会施加重要的影响。这一理论路向在解释这些结构的起源时，坚持的是一种历史重建理论。虽然个体建构了这些结构，但并不能确定这些结构是否将产生他们所意图的结果。个体当前的选择和机会，受到过去选择的制约，并要以过去的选择为前提（Ertman，1996；Karl，1997；Skowronek，1982）。制度一旦确立，就会“对以后的个人决策与各种建立制度的行为产生持续的影响”（Campbell，2004：25）。

历史制度主义的这些思想，源自也应用于广泛的政治系统，包括私人 *40*
团体、民族-国家、国际组织、国际货币基金会和世界贸易组织等主体（Finnemore，1993；Keohane，1989；Schmitter & Lehmbruch，1982；Skowronek，1982）。有的批评者指出，这种研究的历史色彩太浓，过于关注复杂个案的具体细节。

（2）理性选择理论

政治学新制度主义的第二大阵营，则包括理性选择理论者（也称政治学的“实证”论者），以及诸如特里·莫伊（Terry M. Moe）、肯尼思·谢普斯勒（Kenneth A. Shepsle）和巴里·温格斯特（Barry Weingast）之类的学者。这些理性选择理论者视制度为统治或规则系统，但是认为它们是被有意识地建构的大厦，这些大厦是由寻求增进或保护其利益的个体确立的。该理论路向是对经济学新制度主义——包括威廉姆森的交易成本理论、阿尔奇安和德姆塞茨的代理理论——的扩张，是把经济学新制度主义用于政治系统的研究。戈登·图洛克（Gordon Tullock，1976：5）是较早支持应用经济学模型来解释政治行为的学者，他指出“一个人既是政治投票者，又是经济消费者。例如史密斯先生会购买物品与参与投票，他在超市购物时与在投票站投票时是同一个人”（Buchanan & Tullock，1962）。莫伊（Moe，1984：750）列举了这一改编自经济学的理论范式的主要构成要素：

> 组织的契约性质；市场与等级交易成本；结构理性；个人主义的解释；经济学的分析方法。标准的新古典概念——最优化、边际、均衡——常常处于这种新传统的中心。

政治理论家认识到，那些经济学家提出并用来解释经济组织的经济模型，如果要用来分析政治系统，就必须进行适当的修正（Pierson，2004：30－48）。然而他们也坚持认为，政治学与经济学的很多基本问题都是相同或类似的。这些基本问题包括：为什么公共组织会存在？我们如何解释这些公共组织的不同结构和治理机制？民选的政治官员作为“委托人”，如何才能控制他们的科层“代理人”？政治制度对于政治行为和社会行为有什么
41 影响？政治家寻求其权力地位的机制是什么？正如彼得斯所指出的，“在这一理论路向中，制度在很大程度上被界定为针对个人的一套积极（诱导性的）或消极（规制性的）动机，在这些模型中个人功利最大化为行为提供了动力”（Peters，1999：45）。

理性选择理论者认识到，“在政治现实中，社会选择并非混乱无序，相反十分稳定”。它们之所以是稳定的，是因为“制度起了重要作用”（Moe，1990a：216）。很多早期制度主义者认为，立法过程之所以是稳定的，在很大程度上是因为立法的程序规则与立法委员会结构建构了其成员可能的选择（Ferejohn & Fiorina，1975；Riker，1980）。这样，理性选择理论的任务就变成了理解制度的作用，以及“更根本的是确定这些制度最开始来自何处”（Moe，1990a：216）。这些理论家的一般性主张是，“经济组织与制度结构可以用同样的方式来解释：它们之所以出现并采取其所采取的特定形式，是因为它们可以解决集体行动问题，并因此促进交易的收益”（Moe，1990a：217－218）。

对于“政治制度的独特性是什么”这个问题，这些理论家有着不同的看法。温格斯特主张，政治不同于市场，因为在前者中行动者不能简单地进行市场交易，而必须在重要的规则框架中进行决策（Weingast，1989）。

谢普斯勒认为，政治系统最重要的任务就是“形成正确的产权制度”，即确立能够提升经济组织效率的规则体系（Shepsle，1989）。莫伊主张，政治决策也有自己的独特性，因为政治决策“主要涉及如何实施公共权威”，以及决策者如何获得和行使垄断性的强制权力（Moe，1990a：221）。保罗·皮尔森（Paul Pierson）还提出，政治是一种“比经济王国黑暗得多的场所”，由于缺少“价格这一测量工具”，政治领域中的行动者不得不使用一种不透明的程序来追求常常是不可度量的目标（Pierson，2004：38）。诸如此类的学者，试图解释国会委员会所拥有的独特权力和发挥影响的程序（Shepsle & Weingast，1987），探讨某些政府官僚机构在解决集体问题时所提供的理性方案的效率为何如此之低（见第五章）（Moe，1990a/1990b）。彼得·霍尔与罗斯玛丽·泰勒（Rosemary C. R. Taylor）认为，这种理论视角的主要贡献之一就是使我们关注“策略性互动是决定政治结果的重要因素之一”，并提出了一套概念工具来理解制度是如何建构策略性互动的（Hall & Taylor，1996：945）。

历史制度主义者与理性选择理论者一直都把国际关系领域视为重要研 42
究领域。但是，理性选择理论者提出的各种理性选择模型都视民族-国家为一种自利行动者，在处理国际关系时总想把自己国家的相对优势最大化，从而获得最大的利益；当国际规则能够降低其参与国际活动的交易成本或能够降低其总体不确定性水平时，国家就接受，否则就不承认（Hasenclever，Mayer & Rittberger，1997；Rittberger，1993）。历史制度主义者的看法则相反，诸如斯蒂芬·克莱斯勒（Stephen D. Krasner，1983）与罗伯特·基欧汉（Robert O. Keohane，1989）等人强调，在国际活动中参与国家之间形成合作性的规范具有十分重要的、独立性的影响。正如基欧汉所指出的，“制度不仅反映建构它的单元的偏好与权力，制度本身也会影响这些偏好与权力”（Keohane，1989：382；Kahn & Zald，1990）。

总之，尽管历史制度主义者与理性选择理论者都认为，制度在政治生活中具有重要的作用，但是他们的预设与视角之间仍然存在重要的区别。理性选择理论者更可能强调制度的微观基础，往往认为制度是设计出来的，目的是解决个体所遭遇的集体行动问题。相反，历史制度主义者更可能强调一种宏观视角，往往认为制度是演化生成的，并影响个体的偏好与行为。理性选择理论者更可能把偏好视为行动者的固定不变的属性特征；而历史制度主义者则更可能认为偏好本身还需要研究，认为偏好出现于情境之中，具有情境的具体性，随着情境的变化而变化。还有，这两大阵营研究的问题也各不相同。历史制度主义者往往始于研究“所观察的事件或在比较中产生的经验谜题”，而理性选择理论者更可能研究“所观察行为似乎偏离一般理论预测的情况”（Thelen，1999：374）。最后，理性选择理论者把均衡概念置于中心地位，并认为制度是维持均衡状态的关键机制；而历史制度主义者——与其19世纪的同行一样——更关注历史变迁而非均衡，他们认为政治与经济变迁都是一种“被建构的制度性变迁”，并关注导致这种变迁的各种因素（Orren & Skowronek，1994）。

凯瑟琳·塞伦（Kathleen Thelen）认为，近年来这两种理论存在合流的趋势，并列出了一些相关的证据（Thelen，1999）。沙普夫认为，这两种理论视角本身都还不完善，从长期看二者可以最终整合为一种更完善的解释框架（Scharpf，1997）。不过，在当前它们仍然是相对独立的理论视角，
43 在研究视角与研究预设上分歧多于共识，在理论风度上竞争多于合作。

3. 认知心理学与文化人类学

（1）认知理论

西蒙关于组织中的决策的研究，与社会心理学的进展存在密切的关系，因为社会心理学这个研究领域——在心理学与社会学层面——都经历了“认知革命”。在1940年代和1950年代，社会心理学修正了刺激-反应（S-R）理论，并关注作为刺激与反应的中介的有机体的积极作用（S-O-R）（Lewin，1951）。早期的认知研究认为，有机体是由各种不同的动机和情感变量界定的，有机体处于何种状态会影响其理解、其注意力的关注点及其记忆。早期认知理论主要关注“热的”认知因素（例如愤怒或恐惧），后来的认知理论则逐渐关注“冷的”认知因素（如注意力与背景假设），认为这些“冷的”认知因素影响日常的信息处理行为以及对问题的解决。

> 把人类有机体视为信息处理者的思想逐渐流行。人们越来越认为思维或头脑类似于某种计算仪器，能够记住输入的信息，然后对其进行各

种转换或运算，进而形成某种反应（Markus & Zajonc，1985：141）。

因此，认知理论所研究的问题就逐渐变成何种“软件”为这些信息处理过程提供程序和运算规则。这类因素包括从大脑和神经系统的机能到个体认知过程的结构。早期的社会理论家如涂尔干等人认为，“智力框架”完全是由社会结构在个人出生之后才提供给个人的，即认为社会与文化结构决定着心智模式（“集体表象”）。这种主张及其各种变种，得到了米德、帕森斯和布迪厄以及当前众多学者的支持、阐扬和发展（Bergesen，2004）。然而，有一群规模庞大且还在不断增多的心理学理论研究者认为，人们（特别是还未社会化的婴儿）绝对不是一张白纸，相反，他们一出生就具有各种基本思维能力，如具有对空间、数字、因果关系等概念的认知能力（Gopnik，Melzoff & Kuhl，1999；Mehler & Dupoux，1994）。诺姆·乔姆 44
斯基（Noam Chomsky，1986）的一个相关研究使大多数语言学家确信，“语言原则（语法）不是通过学习得来的，而是人们在生物学意义上与生俱来的”（Bergesen，2000：73）。[9]

还有其他一些研究关注个体思考过程是否遵循某种逻辑结构（axis），这种逻辑结构包括抽象推理（“计算性的”）模型，或者“范式-认知”（“连接主义”）模型——对各种情境中遇到的相似性与差异性的计算或思考。后一理论模型似乎既与关于人类学习的研究相一致（Edelman & Tonini，1992），也适合用来解释社会经济行动者处理他们遇到的各种不确定性的方式（North，2005：27）。相关的研究指出，当人们遇到一些相似的情境时，就会触发人们头脑中已经存在的“脚本”，而这种“脚本”结构规定了已知情况下适当的行动序列（Shank & Abelson，1977：41）。

长期以来，心理学家在视个体为“具有基本认知能力的、理性的存在物”的立场与强调认知具有偏见与局限性的立场之间犹豫不定。近年来，认知研究指出了作为信息处理者和决策者的个体所存在的局限性，这种研究结果产生了广泛的影响。特维尔斯基与卡尼曼（Tversky & Kahneman，1974）首先界定了个体在评估信息与得出结论的过程中存在可能导致决策错误的大量偏见。尼斯比特与罗丝认为，这些偏见以及相关局限是如下两种推理谬误的共同根源：首先，过度应用简单的策略却不应用那些指导科学分析的逻辑与统计规则；其次，“把行为完全归因为行动者的性情却忽视那些对行为会产生强大影响的情境性因素”（Nisbett & Ross，1980：31）。

认知心理学家虽然强调个体心智能力的局限性，但是承认个体会积极感知、理解他们的世界及其意义。相反，社会学家直到最近都往往把情境性因素的影响置于首位，认为个体是相对被动的行动者，往往会遵守其社会系统和角色的要求。这是一种过度社会化的观点。而在1970年代和1980年代，社会学中出现了一种“身份认同理论”（identity theory），这种理论通过重新强调一种积极的和反思性的自我，在创造、维持和变革社会结构方面发挥作用，从而修正了这种过度社会化的观点（Burke & Reitzes，1981；Rosenberg，1979；Stryker，1980）。本书第四章中的结构化理论还将讨论类似的问题。

（2）文化理论

上述这些支持“个体认知的与生俱来性”的研究者，取得了很大的研究进展，并迫使那些支持“教化”力量的人不断后退。但是，前者无论如
45 何也没有彻底打败后者。不过，在不考虑人类个体行动者本身的能力与倾向的情况下，所有学者都同意，学习是在社会情境中发生的。处于19世纪20世纪之交的美国文化人类学家弗朗茨·博厄斯（Franz Boas）为文化理论提供了奠基性的研究（Boas，1982），他“通过强调人类文化的可塑性……而拓展了人的性质，使人具有了无限的可能性，而不仅仅是受到各种制约的囚徒”（Ridley，2003：202）。文化理论的重要进展之一，就是从一种较为宽泛的、弥散的、视文化涵盖某个民族整个生活方式的文化观转向对文化的符号性功能的研究。博厄斯那些比较知名的继承者，如阿尔弗雷德·克罗伯（Alfred Kroeber）与克莱德·克拉克洪（Clyde Kluckhohn）把这种传统继续向前推进，并得出这样的结论，“文化包括那些源于历史的和人们所选择的外显与内隐的思想模式，以及其在制度、实践与人工器物中的体现”（Kroeber & Kluckhohn，1952：357）。他们之中更具雄辩力的辩论者，则是克利福德·格尔茨（Clifford Geertz），他提出了一个著名的论断，“请相信，根据马克斯·韦伯，人类是一种社会动物，悬浮于自己所编织的意义之网中，我认为文化就是这些网。……文化是由社会确立的意

义结构组成的”（Geertz，1973：5，12）。

美林·唐纳德（Merlin Donald，1991）提出了一种协同演化观。在这种观点看来，我们人类的认知能力与我们已经发展起来的文化是以相互补充和支持的方式向前演化的。唐纳德提出了一种“文化的认知分类”，并认为人类文化经历了如下发展过程：

- 从散乱的（episodic）认知——在这种认知状态下，生活被经验为“一系列具体的、有形的情节、事件”——到
- 模仿性（mimetic）认知——这种认知处于产生有意识的、有意图的和具象性的行为阶段（如工具制造、合作打猎）——到
- 语言的使用——这种语言为虚构的神话文化提供了基础，而这种文化是一种可以进行口述的系统，并容许我们在其中创造关于世界以及我们自身状态的各种模式——到
- 理论性的文化——包括书面语言和其他符号性表现形式（各种图画、音符、建筑绘图），可以外在地存在于各种媒介（书本、胶片、电子媒介）中，可以保留、修改和在时空中传播。

请注意，理论性的文化的出现为人类各种新的事物的出现提供了支持，其中包括科学的形成和发展、大量理论家的出现，以及各种生产、评估与传播各种知识的学科专业的出现（见本书第五章）。所有这些文化层次或发 *46*
展阶段，不仅体现了文化日益走向复杂的进步，同时也体现了人类认知能力的改善，并达到了某些学者所说的如下阶段：

> 在人类个体的行动中，遗传基因远远没有固定下来。相反，它们是一种从环境中提取信息的设置。你的大脑的时时刻刻的变化所表达的各种基因模式，常常直接或者间接地反映身外世界。遗传基因是一种经验机制（Ridley，2003：248）。

所有的文化理论家都强调符号系统对于实现社会生活秩序化的重要性，但是越来越多的文化理论家逐渐认识到这种符号系统所体现的，不仅有意义（content），还有情感（affect）。嵌入符号系统中的意义是情感性的，并且十分重要。毫无疑问，我们应该承认如下事实，即如那位研究美国人的

性格与文化的著名学者托克维尔（Tocqueville，1835/2004）所指出的，美国公民深受其文化精神——“内心的习惯”——的指引（Bellah，Madsen，Sullivan，Swidler & Tipton，1985）。正如罗伊·德安德雷德（Roy G. D'Andrade）所指出的，“思想、感情和意图都是由符号系统激活的，因此是符号性意义的一部分”（D'Andrade，1984：99）。社会学家戴维·赫塞（David Heise）甚至走得更远，断言任何社会类型及其情境中的意义、行动者和行为，实际上首先是情感性的（Heise，1979；Thoits，1989）。几乎任何一种符号的刺激，都会引起某种情感性反应，并且很多类型的符号性表达——感谢、道歉、诅咒——都显然涉及情感。很多在任何情境中会驱使人们行动的动机，都来自不断转换的意义模型所激发的情感。

很多社会学家都持有这种文化理论，但是这种文化理论也长期存在局限性，那就是这种理论更关注的是社会结构而不是文化，在这种理论中社会结构的重要性超过了文化的重要性。社会结构与文化之间的对立，是社会理论中长期存在的对立之一。所谓的社会结构，是指“个体之间与集体之间的互动关系系统”，而文化则是指人们创造出来加以传播的价值观、思想的内容与模式，以及符号与规范系统的“象征意义系统”（Kroeber & Parsons，1958：583）。社会学家们在解释行为时虽然承认文化的作用，但往往认为社会结构优先于符号系统。而新的文化观点，则强调文化系统相对于行为而言，是独立的自变量或影响因素。当前的制度主义者则认为文化与社会结构是相互依赖和相互影响的。

不同的符号系统，在促进行动的一致性、持续性上存在不同。学者们常常认为，文化仅仅是一种具有稳定和制约作用的系统。然而近年来，越
47 来越多的研究强调，文化也能够导致变迁，或能够使变迁成为可能。例如，安·斯威德勒（Ann Swidler）指出：“我们可以用文化来解释稳定时期存在的持续的……组织化的、基础性的行动模式”；同时，在变革时期，文化更像行动者的“工具箱”，为行动者提供各种工具，“从这个工具箱中，行动者选择不同的零件来建构各自不同的行动路线”（Swidler，1986：277－278）。

4. 社会学中的新制度理论

组织社会学中存在的新制度理论路向更为多样，为这种理论路向的形

成和发展做了重要贡献的社会学家也更为广泛。他们借鉴了相邻的心理学、人类学学科以及社会学学科内部常人方法学中的诸多新进展。

（1）现象学与常人方法学

现象学最初是哲学的一个分支，后来舒茨和伯格等一些学者把现象学与社会科学结合起来，这些学者“强调对符号的意义进行深入的探讨”（Wuthnow，1987：42），并明确支持文化主要是一种符号性（semiotic）体系的观点。他们的研究与那些主要强调文化中的共同规范与价值观的学者如涂尔干与帕森斯的研究拉开了距离，转而强调文化中的共同知识和信念系统。他们认为，人们的行为不仅受他们所遵循的规则与规范之运行的影响，也受他们共同的情境界定与共同的行动策略的影响。正如第一章所指出的，强调和关注认知结构与文化框架而非规范系统，是社会学新制度理论的显著特征之一（DiMaggio & Powell，1991：15－18）。

与强调文化具有变革作用的观点相对应，特别是与那些支持唐纳德思想的理论模型相对应，社会学新制度主义的另一个显著特征，就是主张符号不仅作为内在的、内化的信念而存在，也作为一种外在的框架而存在。社会学的很多研究（例如帕森斯的价值观导向和各种测量方法论），都认为信念主要是内化的和主观的。相反，新的文化研究者们则关注“更容易观察的各种行为”——如自然的口头语言发声（utterances）、仪式、编码化的知识与文化性的人工器物，“而不是（那些）被人们锁藏于私人深处的行为”（Wuthnow，1987：56）。这些新的理论路向，不再关注内化的、主观 48
的文化本质，而强调符号是外在的、客观的现象。[10]在伯格与拉克曼提出的共同意义系统的建构论中，这种思想特别明显。他们强调了意义建构的三大阶段：

- 外化（externalization）——是符号结构通过社会互动过程而产生的结果，这种符号结构的意义逐渐为互动的参与者共同理解和持有；
- 客观化（objectification）——是符号结构通过互动过程而产生的共同意义，“逐渐成为互动参与者自身之外而与互动参与者对立的事实”，成为“外在于那里”的物，成为一种与他人共同经验的实在之过程；

- 内化（internalization）——是客观化的世界在社会化过程中被“再次投射到意识之中”的过程（Berger & Luckmann，1967：60－61）。

正如第一章所指出的，伯格与拉克曼把这种由三个阶段构成的过程界定为“制度化”过程（Berger & Luckmann，1967：58）。制度是符号系统，“那些个体在处理他们自己的实在时，会把符号系统当作一种外在的和强制性的事实来体验”。[11]近年来关于“文化生产”的研究，指出了作为一种外在符号框架之文化的重要性，该研究探讨了生产、分配、选择和制度化文化系统的各种方式（Becker，1982；Caves，2000；Griswold，1992；Hirsch，1972；Lampel，Shamsie & Lant，2006）。

常人方法学与现象学存在密切的关系。哈罗德·加芬克尔（Harold Garfinkel）对帕森斯等学者提出的在当时处于支配性地位的社会秩序模型提出了挑战，并创造了“常人方法学”一词。与文化人类学中的用法相对应，常人方法学指的是由某些场合中的参与者形成和获得的、关于在这个场合中如何运行的“常人知识”（Garfinkel，1974）。常人（ethno-）强调意义的地方性、本土性生产，方法学（methodology）强调常人实施和开展手头工作所必需的独特知识和规则。

常人方法学研究者主要关注工作环境中的行为，或者其他类型的行动者如审判员从事某些集体任务时的行为。这些研究者所提出的问题，就是这些行动者是如何理解他们所面对的情境之“意义”的，是如何集体地建
49 构使他们能够处理日常要求的规则与程序的。这些研究者为了引出这些共同的意义，进行了很多参与式的潜心观察（Cicourel，1968；Garfinkel，1967；Zimmerman，1969）。

正如迪马吉奥与鲍威尔所指出的，常人方法学通过强调行为的认知要素而非评价-规范要素，挑战并进一步修正了帕森斯的模型；还有，他们通过强调组织背景中的“选择”具有默会性、惯例性的性质，而质疑新古典经济学的理性决策模型（DiMaggio & Powell，1991：20）。

因此，自1960年代起，各种观点与主题日益汇集，为社会学新制度理论播下了萌芽的种子。正如我们所指出的，虽然常人方法学家的其中一些思想仍处于逐步发展之中，并应用于组织研究，但是常人方法学的思想直

到1970年代都没有渗入主流的组织研究之中。

(2) 组织分析的新制度理论的开创性思想

戴维·斯维尔曼（David Silverman，1971）是较早试图把新制度理论引入组织研究的重要学者之一，他提出了一种组织行动（action）理论。斯维尔曼攻击流行的组织模型，包括权变模型、帕森斯和塞尔兹尼克所提出的结构-功能观，认为这些模型与观点过于关注稳定、秩序和系统的维持。他借鉴涂尔干、舒茨、伯格和拉克曼、埃尔文·戈夫曼（Erving Goffman）的思想，提出了一种组织现象学观点，集中关注意义系统与组织在社会行动中被建构和重构的方式。斯维尔曼分辨了他的行动理论与流行的“系统”理论之间的不同：

> 系统理论倾向于认为行为是对社会系统的各种特征的反映，这个社会系统包括了一系列外在于行动者并制约行动者的、非个人的过程。帕森斯所提出的行动参照框架，强调行动根源于行动者赋予自己和彼此的行动之意义，同时又主张行动者受到他社会地建构他的实在之方式的制约（Silverman，1971：141）。

斯维尔曼在采纳涂尔干的观点的同时，主张意义不仅仅是在个人思维中运行，也是存在于社会制度中的客观“社会事实”。我们不仅应把组织的环境界定为一种资源供应仓库和输出目标，还应将其界定为“各个组织之成员的意义之源”（Silverman，1971：19）。

斯维尔曼对于传统或主流组织模型或理论的批判，以及对于组织理论 *50*
的重新定向，在欧洲学术界所产生的影响比在美国要大得多（Burrell & Morgan，1979；Salaman，1978）。[12] 另一个重要的欧洲社会理论家皮埃尔·布迪厄，则使用了“社会场域”这个一般性概念，“社会场域”是指称由独特的价值观与手段、途径支配的社会领域。布迪厄强调社会场域的争斗性质，以及权力在解决这些争斗中的重要作用（见本书第八章）。场域可以作为外在于任何具体行动者的一种社会现象来研究，也可以作为一种主观的、内化的心智要素而存在。布迪厄关于社会结构的研究（Bourdieu，1977：95），极力强调文化规则之内化的重要性。他的惯习或习性（habitus）概念，是指身体中存在的一种“持续性的、可以调换的（transposa-

ble）性情倾向系统，这种性情倾向整合了过去的经验，在每一时刻都起到理解、评价和行动母体的作用”，并使个人能够在各种情境中建构他们自己的行为（Bourdieu & Wacquant，1992：94－149）。同样，直到最近，布迪厄的著作在欧洲的影响都要大于在美国的影响。

后来，第三种把新制度理论引入组织社会学的努力则取得了更大的成功。约翰·迈耶（John Meyer）与布莱恩·罗恩（Brian Rowan）、迈耶的学生琳妮·朱克尔（Lynne G. Zucker）同时在1977年发表的两篇论文，开创性地把新制度理论引入组织社会学研究。与斯维尔曼一样，他们的研究主要建立在涂尔干特别是伯格与拉克曼的制度概念之上。

迈耶和罗恩（Meyer & Rowan，1977）始终把制度视为一种文化性的规则复合体。然而在他们的理论中，并不是所有的文化性的规则都会对组织起到支持作用。他们遵循伯格的引导（Berger，Berge & Kellner，1973），强调“被理性化”的信念的重要性——阐明了为了获得特定的目标，而设计那些详细规定类似规则之程序的各种方式。理性化的动力包括职业、民族-国家和大众媒介，它们的努力促进了更大量的、更多样的组织的出现。组织不仅仅是人们长期以来所认为的日益复杂之技术的产物，不仅仅是日益繁杂的关系模式的产物，还是文化规则日益理性化的产物，文化规则的日益理性化为组织建构提供了一个先在的、独立的基础。迈耶和罗恩强调更大的制度环境中的变迁对组织形式具有重要的影响。

51 迈耶和罗恩偏向宏观层次的研究，而朱克尔则强调分析制度的微观基础（Zucker，1991）。她特别强调认知性信念对于行为的支撑、锚定（anchor）作用：“社会知识一旦被制度化，就会作为一种事实而存在，成为客观实在的一部分，并在此基础上能够直接地传播开来。”（Zucker，1977：726；见第六章）

此后不久，迪马吉奥和鲍威尔（DiMaggio & Powell，1983）、迈耶和斯科特（Meyer & Scott，1983b）为把新制度理论引入组织研究又做出了非常重要的贡献。这四人提出和阐述了一种宏观（环境）视角，其成了社会学组织研究的主导性观点。其中，迪马吉奥和鲍威尔区分了三种重要的机制——强制、模仿和规范机制，通过这些机制，制度的影响被扩散到整个组织场域；他们还强调，组织在结构上的同形（相似），既是竞争过程也是制度过程的重要结果。而迈耶和斯科特则提出，所有的组织都既受到技术因素的影响，又受到制度因素的影响，但是其中某种因素对某些组织类型的影响可能更加强烈一些。这四人都把组织“场域”或“部门”（sector）确定为一种新的分析层次，认为这种分析层次特别适合于研究制度过程。组织场域概念，有助于明确我们所研究的制度过程的运行环境（见本书第四章和第八章）。

上述引领和开创“组织分析的新制度主义”的研究（Powell & DiMaggio，1991），后来逐渐引发并指引着一系列拓展性的研究，这些研究用新制度理论来分析各种新问题和调查各种领域——包括从微观层次的制度化研究到各种全球化过程的研究。与任何学科的开创性研究一样，上述开创性研究也对组织研究领域后来的各种发展产生了一种“铭记”效应，即打上了深深的烙印。不过，这样的效应有其积极的一面，也有其消极的一面。正如我在稍后各章将要讨论的，虽然组织分析的制度主义的奠基性研究，提出了值得探讨的洞见，但也提出了一些有缺陷的假定，这些假定现在仍处于不断修正的过程中。

鲍威尔和迪马吉奥还编辑了一本非常有影响力的论文集《组织分析的新制度主义》（Powell & DiMaggio，1991），并把上述两篇论文纳入其中，再次强调了这两篇论文为组织分析的新制度主义的创立奠基了基础。他们也明确地指出了组织分析中的新老制度主义之间的区别。组织分析的老制度主义以塞尔兹尼克及其追随者为代表，特别强调利益冲突、权力过程、信息结构、价值、规范和社会承诺的重要性，把制度视为组织内的现象和过程。而组织分析的新制度主义，强调文化和认知的过程惯例和图式、合法化过程和正式结构的重要性，把制度视为组织环境中的现象和过程，从 52
组织场域的层次分析制度（DiMaggio & Powell，1991）。这样的区别普遍存在，但是这两种制度主义已经进行了很多努力，试图超越这种过于简单的二元对立（Greenwood & Hinings，1996；Hirsch & Lounsbury，1997）。

在社会学家中还有一群十分活跃的经验研究者，他们支持用理性选择理论来解释社会制度。他们的假定和方法与本书开头已经描述过的那些经济学与政治学的十分相似。尽管在社会学中，他们的成员数量与影响比起经济学与政治学中的理性选择理论者要小得多，但其中不乏杰出的社会学家，如詹姆斯·科尔曼（James S. Coleman，1990）、迈克尔·希特尔（Michael Hechter，1987；Hechter，Opp & Wippler，1990），以及倪志伟（Nee，1998）。正如科尔曼所指出的，这些理论家支持“行动者利益最大化的预设”——其中某些人支持强的、完全理性意义上的最大化预设，某些人坚持弱的、有限理性意义上的最大化预设——是“理性选择理论所具有的演绎力量的根源”。然而，与新古典经济学不同的是，他们用“有时被认为是内生的，有时又被认为是外生的社会结构”来取代“完全市场假定，这些社会结构推动个体的行动走向系统性的结果”（Coleman，1994：167）。其中某些分析者起码承认，“情境-有限理性对于个体利益和群体规范的形成具有重要的影响”（Brinton & Nee，1998：xv）。

三、小结

自1950年代开始，随着一个新的研究领域即组织研究的出现和被认可，学者们开始考虑制度同组织结构与行为之间的联系。这些关于组织的制度主义研究，既建立在早期制度理论家的研究之上，又与早期的制度理论发生了分离。各种制度理论最开始是通过默顿及其学生们的研究而与组织研究相联系的，塞尔兹尼克、帕森斯、西蒙、马奇为制度主义与组织研究的合流做出了特殊的贡献。

现在大家所说的新制度理论，实际上在各个社会科学分支领域呈现出不同的面貌。经济学的新制度理论的重要进展，就是坚持正统的或稍加放宽的理性预设，并运用经济学的观点来解释组织与制度的存在。威廉姆森的交易成本分析，是这一理论流派关于组织分析的一个例子。政治学的新制度理论则分裂为两大阵营，其中一大阵营应用基于理性选择概念的经济学模型来解释政治系统，另一大阵营则从历史的角度来研究制度的本质，强调制度对于利益概念与行动者存在广泛的建构性影响。

53 社会学的新制度理论则借助认知心理学、文化研究、现象学和常人方法学的研究，突出强调各种思想或观念框架的重要性。其中比较新近的理论模式，更加强调认知框架而非规范框架，主要关注组织背景中的文化信念体系的影响而非组织内部的各种运行过程。

在接下来的第三章中，我将从制度理论的历史回顾转向制度理论的分析方法。我将提出一个整合性的制度分析模型，这个分析模型借鉴了本章所讨论的各种研究路向或流派，并涵盖了它们在当下的最新进展。然后，我将介绍当代制度理论中关于与组织相关的各种制度之间的关系的研究，并从几个重要的方面来分析和比较这些研究之间存在的异同。

注释

［1］此时由韦伯的著作引发的研究，还包括莱因哈特·本迪克斯（Reinhard Bendix）的研究，他是一个从纳粹德国逃亡到美国的学者。当本迪克斯还是加利福尼亚大学伯克利分校的一位年轻的副教授时，他就应用韦伯的历史比较理论和方法来对英国与美国、俄国与民主德国的工作与权威系统进行比较分析了。相比同时代那些声称自己属于韦伯传统的研究，他关于各种管理意识形态的研究即《产业中的工作与权威》（*Work and Authority in Industry*）（Bendix，1956/2001）一书，在很多方面都与韦伯本人的见解更为一致（Guillén，2001a/2001b）。

［2］汉斯·格尔斯（Hans H. Gerth）与怀特·米尔斯（C. Wright Mills）把韦伯的一些重要论文（Weber，1906—1924/1946）翻译到美国，二者都在哥伦比亚大学工作，与以默顿为核心的学术圈子有联系。亨德森（A. M. Henderson）与帕森斯（Henderson & Parsons，1924/1947）也是韦伯著作的重要译介者。

［3］塞尔兹尼克除了受到其老师默顿的影响外，还受到了罗伯特·米歇尔斯（Robert Michels，1915/1949）的影响，后者是韦伯同时代的学者，最先对某些组织成员甚至牺牲组织最初目标也要保全组织生存的各种方式进行了研究。米歇尔斯在对德国民主党的研究中发现了这种现象，他发现德国民主党尽管逐渐进入了权力舞台，但是以牺牲其最初的宗旨为代价的。他沮丧地指出，“这样，组织就从一种手段变成了一种结果”（Michels，1915/1949：390）。

［4］价值观是对一种目标的表达，或者更准确地说，是选择目标时所依据的标准；规范是支配行为的一般化规则，规定了用什么方式和手段来追求目标才是适当的。

［5］帕森斯（Parsons，1960b：65－66）指出，把组织系统划分为这样三个层 *54*
次，理论上的突破点在于“从根本上打破了以前简单的单一权威观”，因为“三个

层次上的组织功能在本质上是不同的”。因此，他的讨论比后来的分析者所提出的组织结构要素是“松散地结合在一起的”观点（Meyer & Rowan，1977；Weick，1976），更先人一着。

[6] 还有一种相关的理论与研究线路，即代理理论，其研究的也是如何设计适当的控制结构来处理“代理人”的激励与控制问题，代理人是那些被雇用来辅助“被代理人”的人，“被代理人”则是那些团队工作的主要受益者（Alchian & Demsetz，1972；Jensen & Meckling，1976；Pratt & Zeckhauser，1985）。这种理论与方法在处理所有组织都存在的共同问题时，特别强调要设计适当的控制与激励系统来管理各种工作。

[7] IAD框架与迈因茨（Mayntz）和沙普夫在分析国家政策环境时提出的以行动者为中心的制度主义理论（Scharpf，1997）更为相似。

[8] 彼得斯（Peters，1999）认为，政治学中存在六种制度主义：规范的、理性选择的、历史的、经验的、国际的和社会的制度主义。这种划分过于强调方法论和（或）研究主题之间的差异。霍尔与泰勒在一篇评论（Hall & Taylor，1996）中，划分出三种“新制度主义”：历史的、理性选择的与社会学的新制度主义。这一划分更为有用。

[9] 矛盾的是，正如乔姆斯基所指出的，与身体不可分离的天生的言说能力，为能够进行丰富而灵活的语言运用的“生成性语法”提供了基础（Bergesen，2000/2005）。

[10] 关于文化社会学的各种评论和介绍，可参见伍斯诺等人（Wuthnow，Hunter，Bergesen & Kurzwell，1984；Wuthnow，1987）和迪马吉奥（DiMaggio，1990；1997）的相关论著。

[11] 正是由于这个原因，舒茨和罗伯特·贝拉（Robert N. Bellah）等现象学家都把自己界定为“符号实在主义者”。

[12] 在其后期的著作中，斯维尔曼（Silverman，1972；Silverman & Jones，1976）转而强调一种更为微观的常人方法学的立场，并指出参与者对他们共同情境的现象学说明具有多种意义与多种合理性（Reed，1985）。

第三章

分析框架Ⅰ：三大制度要素 55

人们创造他们自己的历史，但是他们并不是随意创造自己的历史；他们不是在他们自己选择的环境中创造自己的历史，而是在他们直接遭遇的、既定的和来自过去的环境中创造自己的历史（Marx，1852/1963：15）。

——卡尔·马克思（Karl Marx）

制度主义者必须了解和知晓过去已经发生了什么。我们前辈的思想与见解为我们现在的努力提供了背景，也为我们做出自己的贡献提供了平台。然而，甚至从上文相当简单的回顾中，我们都可以明确看到，我们的前辈们提出的概念与主张总是那么纷繁多样，有着各自不同的假定，也有着各自不同的因果解释。因此，一些理论家建议，我们可以通过萃取它们的精华进行高度的概括与浓缩，从而获得几种主要的支配性范式，并厘清核心的主张（Campbell，2004；Hall & Taylor，1996）。然而，正如约翰·坎贝尔（John L. Campbell） 56

所指出的，那些“学派”相似的地方很多，但存在分歧的地方也同样多；因此，我们很难做到这一点。所以，我自己采取的方法就是按照一定的顺序进行讨论，先是提出一种广义的制度定义，尽可能涵盖各种观点，然后确定那些导致各种理论流派出现重大区别的重要分析要素。本章和下一章确定并阐述制度的三大要素，其中每一大要素都非常重要，在不同的理论流派中其中一种要素可能处于支配地位，但更常见的情况，即在完善的制度分析框架中，这三大要素应相互合作、共同发挥作用。然而，因为每种制度要素都有着独特的运行机制，并且促进和支持各自不同的运行过程，所以我先讨论这些基本制度要素之间的差异。

在讨论了制度分析存在的重要差异之后，我将不揣浅陋，简要地探讨不同制度思想与理论的哲学基础。不同的制度概念和理论，对社会实在和社会秩序的本质的看法存在一定程度的差异。同样，不同的制度要素与行动者的不同决策结构相联系，即在不同的决策结构中，行动者的理性程度和理性概念的含义各不相同。这些问题尽管十分复杂，难以彻底展开讨论，但确实十分重要因而不可简单跳过。

与本章紧密相关的第四章，将最后完成我对这个分析框架以及相关问题的描述。该章从研究支持组织发展的制度类型开始，然后描述“结构化”这个概念，指出这个概念有助于我们理顺关于制约行动者的制度与个体能动者之间关系的探讨。最后，我描述了承载和扩散制度要素的系列载体，界定了制度分析所采取的各种层次。

第三章与第四章是以后各章的前奏，我将在这两章确立的分析框架的基础上，回顾和评论更多的相关理论研究和经验研究。这两章主要介绍我们研究问题时所使用的概念和定义，而第五章到第八章在回顾从1970年代到现在的制度理论与研究进程中所遇到的争论和问题时，将会用到这些概念和定义。

一、制度的定义

首先，我对制度概念给出了如下一个综合性的定义：

> 制度包括规制性、规范性和文化-认知性要素，这些要素为人们的

社会生活提供各种资源，也为人们提供稳定性和意义，从而使人们得以展开各种活动。

这是一个内涵十分丰富的定义，是对大量的思想和理论的高度概括， 57
我将在本章和下一章对这些思想和理论一一展开剖析。在该定义中，制度具有多重的面相，是由符号性要素、社会活动和物质资源构成的持久社会结构。这些制度表现出的特征，就是它们相对稳定而不太轻易变迁（Jepperson，1991）。正如安东尼·吉登斯（Anthony Giddens）所指出的，“根据定义，制度是社会生活中相对持久的特征……使（社会系统）在时空的变化过程中具有一定的‘稳定性’”（Giddens，1984：24）。它们可能通过代际传播而得以维持和再生产（Zucker，1977）。当然，制度的这种稳定性是相对的，最终会随着时间的进程而变化。

制度之所以具有促进稳定与形成意义的功能，是因为规制性、规范性和文化-认知性要素在发挥作用。这些要素是制度结构的核心构成部分，提供具有弹性的框架来指引行为和抵制变迁。我在本章下面部分将逐一探讨制度的三大要素各自的独特性质与作用。

上述制度概念，不仅指出规则、规范和文化-认知信念（即符号系统）是制度的核心要素，还指出制度与活动、物质资源存在密切关系。这一制度概念尽管极其强调社会生活的符号层面的重要性，但也十分关注生产与再生产这些符号层面的活动，以及维持它们的资源。蒂姆·哈利特（Tim Hallett）与马克·万提尼斯卡（Marc J. Ventresca）曾经打了一个恰当的比方，他们说：“制度为人们及其互动提供了一个栖身之所。”（Hallett & Ventresca，2006）规则、规范与意义出现于互动之中，并通过人的行为得以保持与修正。正如格尔茨（Geertz，1973：17）所警告的，把行为与其相关的意义系统分割开来会导致如下的错误：

把文化分析与其适当的客体——实际生活的非正式逻辑——相割裂。……我们必须关注行为，并且必须精确地分析行为，因为正是通过持续的行为——更准确地说，社会行动——文化形式才得以表达。……“就其本身”而言，无论在任何地方，对于任何符号系统，我们都不能通过抽象的本质来建构某种理论模式，只能通过经验地观察和研究各种行为事件，才能理解。

同样，伯格与拉克曼（Berger & Luckmann，1967：75）认为，制度如果只体现在口头话语和物理客体中，就是“死的”。所有这些表象，唯有“在实际的人类行为中被不断地‘唤醒’”，才不会丧失主观的实在性。

58 社会学理论家吉登斯（Giddens，1979/1984）和休厄尔（Sewell，1992）认为，社会结构概念必须包括各种资源——物质与人，才能说明权力的非对称性。如果规则与规范要有效力，就必须得到具有奖惩作用的权力的支持；而文化信念或休厄尔所谓的“图式”若想持续存在和发挥作用，就必须与资源相联系，并常常体现在资源之中。反过来，那些拥有表现为额外资源之权力的人，都试图使权力的行动具有权威性与合法性。正如休厄尔所言，“正如资源的使用如果得不到文化图式的指引，最终将消散和衰败，图式如果得不到资源的支持而再生，最终将被遗弃和忘记”（Sewell，1992：13）。

吉登斯和休厄尔的理论，强调社会结构的“二重性”（duality），同时承认了社会生活的唯心特征与唯物特征，并强调了精神层面与物质层面之间的相互依赖。这种观点我还将在第四章中详细阐述。

很多学者在研究制度时，特别强调制度对行为的控制与限制，认为制度通过界定法律、道德与文化的边界，而对行为施加严格的制约，把合法的活动与非法的活动区别开来。然而，更为重要的是，我们应认识到，制度对行动者及其活动也具有支持和赋权的作用。制度既对行动产生禁止和制约作用，也为行动提供指引与资源的支持。

尽管制度有促进稳定与形成秩序的功能，但制度本身也会发生变迁，包括渐近的改革与激进的革命。因此制度研究的主题，不仅必须包括作为一种既存社会秩序的“属性”或状态的制度，还必须包括作为一种“过程”的制度，必须包括制度化与去制度化的过程（Tolbert & Zucker，1996）。学者们在关注制度是如何出现和维持的同时，也越来越关注制度的变迁。他们已经指出，制度变迁的动力，很多都是来自制度内部的各种过程，包括不同制度要素之间的矛盾和冲突；当然，来自外部的冲击，诸如战争和经济危机，也会使制度失去稳定性。

制度需要各种中介来传播和实施，并由此体现在各种中介上。这些承载和传播制度的中介，会运用各种不同的程序来传播制度信息与要求，因此可以分为不同的类型。还有，制度会在从世界系统到人际互动的各个层次上运行和发挥作用。我将在第四章对这些制度载体以及制度的各种运行层次进行详细的讨论。

正如我们上文的回顾所显示的，属于不同制度流派的学者，彼此之间往往存在重要的差异，其中最关键、影响最大的差异就在于强调和重点分析的制度要素各不相同。

二、三大制度要素 *59*

不同的社会理论家先后把规制性（regulative）、规范性（normative）和文化-认知性（cultural-cognitive）系统确定为制度的核心要素。实际上，这三大要素构成了一个连续体，“其一端是有意识的要素，另一端是无意识的要素；一端是依法实施的要素，另一端则是被视若当然的要素”（Hoffman，1997：36）。我认为，所有这些制度要素或制度层面，以相互依赖和相互强化的方式，构成一个强有力的社会框架，这一社会框架既能容纳又能展现这些结构的强大力量和弹性。正如德安德雷德所指出的，在这一综合概念中，各种制度构成的似乎是一种由多种因素决定的系统，“通过社会奖惩施加各种压力和要求、内在而本质的精神奖励、价值观，来促进人们遵从，而所有这些社会奖惩都可能一起发挥作用，使制度成为一种特殊意义系统，并具有指引和导向的力量”（D'Andrade，1984：98）。

尽管这种极具包容性的概念模型有其优势，但也可能掩盖和模糊各种重大差异。这一定义确实把三种多少有些不同、需要区分的概念结合在一起了。但是，我认为，我们不能只是提出一个比较综合的概念[1]，而是要在这个关键点上，通过强调这三个构成要素，并确定它们的基础假定、机制和重要信号的区别，来推进制度理论的发展[2]。我们通过对分别强调这三大制度要素的各种主张和观点的进一步分析，可以清除这个领域中存在的、影响比较大的、根本上是错误的理论线路。

表 3-1 中的第二栏至第四栏列出了制度的三大要素。各行列出了关于

这三大制度要素的各种假定之间的差异，以及那些只强调其中某一制度要素的理论家们所提出的观点。该表也是下文讨论三大制度要素的一个指南。

表 3-1　　制度的三大基础要素

	规制性要素	规范性要素	文化-认知性要素
遵守的基础	出于自利	社会责任	视若当然的、共同的理解
秩序的基础	规制性规则	约束性期待	建构性的图式
扩散机制	强制	规范	模仿
逻辑类型	工具性	适当性	正统性
重要指标	规则、法律、奖惩	合格证明、资格承认	共同信念、共同行动逻辑、结构同形
情感反应	内疚/清白	羞耻/荣誉	确定/惶惑
合法性基础	法律制裁	道德支配	可理解、能认可的文化支持

60 **1. 规制性要素**

从最广的含义上看，所有学者都强调制度的规制性层面：制度制约、规制、调节行为。有些学者特别关注这种规制性要素，他们的突出特征之一，就是特别强调明确的、外在的各种规制过程——规则设定、监督和奖惩活动。在这派学者看来，规制性过程包括确立规则、监督他人遵守规则，以及如果有必要，还包括实施奖惩——奖励或惩罚——以图影响将来的行为。这些过程可能通过分散的、非正式的机制而运行，包括实施诸如羞辱性的活动和回避性的活动之类的社会习俗；也可能是高度正式化的，并通过设置和安排诸如警察与法院等专门机构来实施。有些研究国际制度的政治学家，指出合法化——规则系统的正式化——是一个连续体，也就是说，不是仅仅只有合法性与不合法性这样两种非此即彼的情况，合法性会沿着如下三个维度而表现出不同程度的变化：

- 责任性——行动者因为他们的行为受到外界的监督而必须服从的程度；
- 明确性——规则对必须进行的行为的规定的明确性程度；
- 授权性——第三方获得的运用规则和解决争端的授权之程度

（Abbott，Keohane，Moravcsik，Slaughter & Snidal，2001）。

我认为，规制系统在这三个维度上都会呈现出较高的程度，而规范系统在这三个维度上都呈现出较低的程度。

经济学家包括经济史学家，往往认为制度主要依赖于规制性要素。例如，著名的经济史学家诺斯对制度概念进行了如下的定义，并指出了规则系统和实施机制的特征[3]：

> （制度）完全类似于竞技体育的比赛规则。也就是说，它们包括正 61
> 式的、书面的规则，以及通常是非书面的行为律令，对正式规则起着支持与补充作用……如果运动员违反正式的规则与非正式的律令，就会受到制裁和惩罚。因此，制度运行的实质内容之一，就是确保违反规则与律令者会付出沉重的代价，受到严格的惩罚（Douglass North，1990：4）。

诺斯之所以强调的是更加正式化的控制系统，可能是因为经济学家和政治学理性选择论者习惯研究的对象就是正式的控制系统。他们更关注市场和其他竞争环境中的个人行为和公司行为。其他竞争环境包括政治竞争环境，在这种政治环境中，往往存在更多的竞争性利益群体，因此更需要明确的规则和“裁判员”，才能保证秩序。他们认为，那些建立规则系统或遵守规则的个人与组织，都是在追求自己的利益，即工具理性地、自利地行事。如果按照迪马吉奥和鲍威尔（DiMaggio & Powell，1983）关于影响个人与组织行为的制度性机制的分类，那么这些建立规则与追求自己利益的行动者所使用的基本控制机制属于强制（coercion）机制。

虽然规制概念难免使人想到压制和约束的情况，但很多规制性规则对于行动者及其行动具有使能（enable）和赋权作用，如许可某类行动者采取行动、获得特殊权力和收益等。因此，制度既具有制约社会行为又具有使能的功能。在以市场为基础的私人领域中，规制过程更可能依赖向的激励，如增加报酬、收益等。而在公共行政领域中，规制过程更可能依赖消极的惩罚，如税收、罚款和监禁等。然而，公共部门中的行动者，也能够向社会行动者赋权或者限制、剥夺其权力，从而使社会行动者要么拥有更广泛的权力，要么受到更严格的权力限制。

权力、惩罚和自利性策略，是规制性制度要素的核心成分。但是，它们也常常因为调节运用权力的其他规则的存在而得到控制和约束。当强制性权力既受到规则的支持又受到规则的约束时，就是一种威权状态，而权力也就被制度化了（Dornbusch & Scott，1975：Chapter 2；Weber，1924/1968）。

很多经济学著作都认为起监督作用的规制系统需要成本。代理理论指出，要完全监督合约——无论书面合约还是隐含合约——的实施效果，以及设计适当的激励措施，往往存在很大的困难，而且成本也很高（Milgrom & Roberts，1992；Pratt & Zeckhauser，1985）。尽管在某些情况下，合约可以通过双方当事人相互监督来实施，但是在更多的情况下，有必要由那些被
62 认为会以中立方式行事的“第三方”来监督和实施。经济史学家认为，这是政府的一项重要功能。因此，诺斯指出：

> 因为政府最终必然会作为第三方而介入合约的监督和实施，并成为实施强制的根源，所以制度理论也不可避免地要涉及对社会的政治结构进行分析，对政治结构提供有效实施框架的程度进行分析（North，1990：64）。

诺斯还请人们注意，合约由第三方来监督和实施也可能会出现问题，因为“某些监督合约实施的第三方，可能出于自己的利益而影响监督实施结果的政府代理人（所以他们可能并非真正中立的第三方）”（North，1990：54）。很多历史制度主义者，如西达·斯考切波（Theda Skocpol，1985），就强调存在这种可能性。他认为政府也会有自己的利益，成为利益主体，并多多少少独立于其他行动者而自主地运行。经济学对制度的规制性层面的关注，使很多学者开始对作为规则制定者、仲裁者和强制实施者的政府的角色感兴趣。

为了拓展把法律视作一种规制机制的概念，法学家与社会理论家坚持认为，分析者不应把法律的强制功能与法律的规范性与认知性层面混淆在一起。很多法律远非以权威性的和外生性的方式运行，相反可能存在很大的争议或模糊性，因为它们没有为行为进行明确的规定。在这种情况下，把法律看作建构意义与集体理解的场合并主要是依靠认知性和规范性要素而非强制性要素来实现其影响，则更为恰当（Suchman & Edelman，1997；

也见本书第六章）。简言之，原先由某一种制度要素作为支撑的制度，随着时间的流逝与环境的变迁，可能会由另一种制度要素来维持。

规制性制度要素背后的制度逻辑，就是一种工具性逻辑。也就是说，由个体起草和制定他们认为将有利于自己的法律和规则，而个体之所以遵守法律与规则，也是因为他们希望获得随之而来的回报，或者希望免于惩罚。因为这种逻辑，所以理性选择理论主要围绕规制性制度要素展开研究。

显示或呈现规制性制度的形成、作用范围和领域之指标，包括宪法、法律、律令、规则、指示、规制和正式控制结构的拓展。例如：托尔伯特与朱克尔研究了自治市的政府进行的公共服务改革是否会得到国家法律的批准（Tolbert & Zucker，1983）；塞恩等人以及约耳·鲍姆（Joel Baum）等人探讨了志愿性服务组织是否能够获得监管机构的登记（Singh，Tucker & House，1986；Baum & Oliver，1992）；道宾等人的研究指出，对执行机制的财政拨款也是一种监管执行的指标（Dobbin & Sutton，1998）。

正如本书第二章所指出的，符号系统不仅与物质内容有关，也与情感相联系；它们激发的不仅仅是理解，还有情感反应。德安德雷德（D'Andrade，1984）已经指出，意义系统不仅具有代表性、建构性和指导性的作用，即提供认知上的指导与方向，还具有唤起的作用，使人产生某种情愫和情感。情感是社会生活中最重要的激励因素之一。最近关于大脑活动和认知行为的大量研究，都强调认知与情感之间存在相互依赖的关系。长期以来，人们都认为认知与情感是由大脑中两个相对独立的区域分别负责的，现在看来这种看法过于简单和极具误导性（Dolan，2003；LeDoux，1996）。那些重视研究社会生活中的情感的学者们，花了很多的精力来研究身份问题（见第二章）和制度运行问题（Lawrence，Suddaby & Leca，2009），强调能动性在维持与变革制度中的重要性（见第四章）。在宏观层次上的各种制度要求之间的矛盾，在个体层次上就会体现为角色要求之间的冲突即身份的冲突，而个体往往要求解决这种冲突（Creed，Dejordy & Lok，2010；Seo & Creed，2002）。而情感会发生作用，驱使行动者去改变使他们利益受损的制度，既得利益者则会去保护这种制度，形成一种依赖（Voronov & Vince，2012）。可见，学者们对于制度的情感维度的分析主要

63

是一种微观（个人和人际）层次的分析。

个人与社会规制机构之间的不同关系会产生不同的情感类型吗？我认为是这样的，而且我认为，由此导致的情感是决定规制性制度要素力量大小的重要因素之一。面对由强制执行机器做支撑的规则系统，个人要么会产生一种恐惧、敬畏和内疚的体验，要么会产生一种宽慰、无辜和沉冤得雪的体验。是的，的确会产生这类强烈的情感体验。

要理解规制性制度是如何运行的，以及它们是如何与其他制度要素相
64 互作用的，还需要我们进行更多的努力。我们回顾了从代理理论和博弈理论到法学和社会学的理论谱系，最后发现：法律不是从宙斯的头脑中冒出来的，规范也不是一个民族集体灵魂的产物；人们必须理解规则和解决争端；人们必须设计激励与惩罚，而人们的主观意志会产生意外的后果；人们需要监督机制，但监督成本是昂贵的，而监督极有可能被滥用；受到规制系统规制的人，遵守仅仅是他们的可能反应之一，他们也很可能走向对抗。

总之，目前主流的制度概念认为，制度是一种稳定的规则系统，其可能是正式的也可能是非正式的规则系统，得到了监督和惩罚力量的支持，并影响行动者的利益以及与之相伴随的内疚或无辜的情感。

2. 规范性要素

第二大理论群体则主要强调规范性制度要素（见表3-1）。这种规范性规则，主要针对的是社会生活的规定性、价值评价性和义务责任性层面。规范系统包括了价值观和规范。所谓价值观，就是指优先追求或可取的概念，它为人们比较和评估现有的结构或行为提供了标准。规范规定了应该怎样做，定义了追求价值目标的合法手段。规范系统界定了目标或目的（例如，赢得游戏，获得利润），但也指定适当的方式去追求它们（例如，规定游戏的规则、公平商业的概念等）（Blake & Davis，1964）。

有些价值观和规范可适用于一个集体的所有成员，但有些则只能适用于特定的行动者或职位。后一类价值观与规范产生了各种角色，为特定个体或社会职位确定关于适当目标与活动的思想和信仰。这些信仰不仅仅是对特定行动者的行为的期待或预期，也是对特定行动者的行为的一种规

定——规范性期待。在特定的情境中，往往是支配者持有这种期待，而这种期待所指向的行动者则会感到一种外在的压力。这些信念也会在不同程度上被期待对象内化，而角色得以真正建构。例如，在某个组织中，不同的职位按规定具有不同的权利和义务，可以获得不同程度的物质资源。当然，随着时间的推移，通过互动，不同的期待会逐渐形成，并用以指导人的行为，而角色也随之非正式地出现（Blau & Scott，1962/2003：Chapter 1，4）。人们往往认为，规范系统会对社会行为施加限制，确实如此。但它们同时也赋予社会行动以力量，对社会行动具有赋权和使能作用。因此，它们既赋予行动者权利，同时也要求其承担责任和履行义务，既许可行动者做某事，也禁止行动者做某事。休斯（Hughes，1958）曾经写了一篇关于职业的论文，揭示了与这种角色相关联的权力和奥秘在极大程度上是来源于规范系统的"许可"，如果规范允许这种角色进行禁止常人进行的、致 *65*
命的活动，那么这种角色甚至可以对别人进行密切的身体检查和监视，以及可以判处某人死刑。

从涂尔干到帕森斯和塞尔兹尼克的早期社会学家，大多持有规范性制度概念。这也许是因为社会学家更有可能研究诸如血亲群体、社会等级阶层、宗教系统和志愿协会等制度类型，而其中更有可能存在共同的信仰和价值观，共同的信仰与价值观更有可能成为秩序的重要基础。而且，当代许多研究组织的社会学家与政治学家仍应用这种制度概念来进行各种研究。例如，马奇和约翰·奥尔森（Johan P. Olsen）所应用的基本上就是规范性制度概念：

> 在科层与组织研究中存在的一个共同假定是，组织会遵守规则，组织中很多的行为是由标准的运行程序规定的。……这种假定可以拓展到政治制度。我们在政治制度中所观察到的行为，都反映了行动者通常是按角色期待而行事的（March & Olsen，1989：21）。

这两位学者的规则概念都是广义的，包括了文化-认知性制度与规范性制度要素——"惯例、程序、传统、角色、策略、组织形式和技术，以及信仰、范式、律令、文化和知识等等"（March & Olsen，1989：22）。但是，他们的制度概念强调的核心是责任和义务。他们指出：

> 行为是由规则驱动的，也就是说，行动是某种情境与某个位置的要求之间的匹配。规则根据一个角色的占有者对其他角色的责任和义务来定义角色之间的关系（March & Olsen，1989：23）。

简言之，着眼于规范性制度要素的学者强调的是“适当性”逻辑而非工具性逻辑。行动者的首要任务不是“选择何种行为符合自己的最大利益”，而是“在给定的情境中以及在给定的角色下，如何行事才是适当的行为”。

衡量规范性制度是否存在和处于支配地位的经验性指标，包括专业协会等标准制定机构的鉴定和认证等等（Casile & Davis Blake，2002；Ruef & Scott，1998）。

与规制系统一样，人在面对规范系统时，也会产生强烈的情感。但
66 是，这些情感与那些因违背规则与法律而引起的情感多少有些不同。因违背规范而引起的情感主要是羞耻感，而对于那些遵守规范的模范行动者来说，他们产生的情感则是骄傲与荣誉感。违背或遵从规范，会涉及各种自我评价：强烈的懊悔和自责，或者更加有自尊。这类情感为行动者遵从主流规范提供了强有力的诱因。持有规范性制度概念的理论家们认为，社会信仰和规范如果内化于他人，就会发挥稳定作用。早期的规范性制度理论家帕森斯，把共同的规范与价值观视为稳定社会秩序的重要基础之一。斯廷施凯姆再次雄辩地重申，制度具有道德的根源是人们的普遍看法：

> 制度的真正力量，在于无论在何处总是有某个人（somebody）真正地关心和看护着组织以使组织符合各种标准，并因此能够获得回报。有时候，某个实体在组织之内维持组织符合标准和获取回报的能力。有时候，它是一个鉴定机构，派出志愿者去察看数学老师是否真的在上代数课。有时候，他（她）缺少精力的投入，在这种情况下，组织就没有了中心，纯粹的无政府状态就会在组织世界中蔓延开来（Stinchcombe，1997：18）。

休·赫克洛（Hugh Heclo，2008）也持有类似的立场。他对制度采取一种“由内而外”的视角，也就是从处于制度之中的行动者的立场来看制

度，并肯定塞尔兹尼克（Selznick，1957：101）关于“完成特定工作所需要的纯粹工具性投入”与“更加深层的投入”之间的区别的论述，“更加深层的投入”，体现的则是一个人对于某个目标的持久忠诚，或者对于隐藏于工作背后的目标的持久忠诚。赫克洛说：

> 委托/代理的视角比委托/代理问题层次更深刻。这种视角假定，我们人类是作为道德的代理人而存在的。也就是说，正是因为我们是人类，我们才会关注我们的存在有正确与错误之分。人类的生活，总是要牵涉道德问题的，道德是人类生活中不可或缺的层面（Heclo，2008：79）。

3. 文化-认知性要素

第三类制度主义者则强调制度的文化-认知性要素，认为制度的文化-认知性要素建构人们关于社会实在性质的共同理解，以及创造了形成意义的认知框架（见表 3-1）。他们主要包括格尔茨、玛丽·道格拉斯（Mary 67
Douglas）等人类学家，以及伯格、戈夫曼、迈耶、迪马吉奥、鲍威尔和斯科特等社会学家。强调研究制度的文化-认知性层面，是社会学和组织研究新制度主义最突出的特征。

这类制度主义者重视人类存在的认知维度，认为在外部世界刺激与个人机体反应之间起中介作用的，是个体内部关于世界的系列符号性表象。“这种认知理论认为，一个动物所做的一切，在很大程度上是这个动物内部关于其环境的表象的反映”（D'Andrade，1984：88）。各种符号——词语、标志与手势——通过塑造我们赋予客体或活动的意义，而发挥它们的作用。意义出现于互动之中，并被用来理解持续不断的互动，从而得以维持和改变。强调符号与意义的重要性，使我们又回到了韦伯的核心假定。正如第一章所指出的，韦伯认为只有在行动者赋予行动以意义时，这种行动才是社会行动。分析者要理解或解释任何行动，都不仅必须考虑行动的客观条件，还要考虑行动者对行动的主观理解。心理学近 30 年的研究表明，认知框架参与了信息处理活动的整个过程，即参与了从决定注意何种信息，如何对这种信息进行编码、保存、回忆、组织并使之成为记忆，到如何理解信息的整个过程，进而影响评价、判断、预测和推论（Fiol，2002；

Markus & Zajonc，1985；Mindl，Stubbart & Porac，1996，1985）。

正如本书第二章所指出的，这种新的文化视角，强调文化的语义符号性层面，认为文化不仅是主观的信念，还是被个体行动者视为客观外在的符号系统。正如彼得·伯格和汉斯弗里德·凯尔纳（Hansfried Kellner）所指出的，“可以说，任何人类制度实际上都是意义的沉淀物，或者从另一个角度说，都是意义的结晶并以客观形式存在”（Berger & Kellner，1981：31）。我使用带有连字符的“文化-认知”一词，是想强调“内在的”理解过程是由“外在的”文化框架塑造的。正如道格拉斯所指出的，我们应“视文化为认知的容器，在这种文化容器中，各种社会利益得以界定、分类、主张、谈判，争端得以解决”（Douglas，1982：12）。吉尔特·霍夫斯特德（Geert Hofstede）认为，文化提供了思考、情感和行动的模式，他把文化形象地比喻成思维程序或“大脑思维软件”（Hofstede，1991：4）。[4]

68 但是，霍夫斯特德对认知与理解的强调，突出了文化-认知性要素的重要功能，却忽视了一个更加重要和基础的维度，即文化-认知性要素的根本建构性（constitutive）功能。各种符号性过程，在最基本层面上对社会现实起着建构作用，界定社会行动者和社会行动的性质和属性。不过，因为这涉及社会科学研究的基本假设问题，我打算在本书最后一章再加以讨论。

文化系统存在不同的层次，诸如地方情境的共同定义、构成组织文化的共同信仰框架与模式、建构组织场域的组织化逻辑，以及界定某种国家甚至国际层次的政治与经济体制的共同假设与意识形态。所有这些层次都不是相互孤立的，而是相互嵌套的。因此，一方面，外在的广阔文化框架渗透并塑造个人的信仰；但是另一方面，作为建构产物的个人也可以能动地改造外在广阔的信仰系统。

当然，不同的文化要素，在制度化程度——它们与其他文化要素的关联程度，它们嵌入组织惯例或组织模式中的程度——上会有所不同。我们所说的制度的认知-文化性要素，指的就是更具嵌入性的文化形式，“比起那些通常被认为是较柔软（或更‘鲜活’）的文化层面，认知-文化性要素相对凝固，不太需要人们的日常维护，不太需要通过仪式来巩固，也不太需要象征符号来彰显”（Jepperson & Swidler，1994：363）。

文化通常被认为是一个统一的系统，在不同的群体或情境中都存在一致性。但是，不同的群体或情境往往有着不同的文化观念，一些人持有的信仰，另一些人可能不会持有。而即使处于同一情境中的人，对于是什么、应该做什么和应该怎么做，都可能有着完全不同的认知和理解。各种文化信仰各不相同，经常会发生冲突，尤其是在社会瓦解和变革的时期，更是如此（DiMaggio，1997；Martin，1992；Seo & Creed，2002；Swidler，1986）。

研究制度的文化-认知性要素的学者们认为，在大多数情况下，人们会遵守文化-认知性制度，因为人们难以设想什么其他的行为类型；我们之所以遵守惯例，是因为我们理所当然地认为那些惯例是“我们做这些事情的”恰当方式。我们遵守惯例背后的基本逻辑，认为其是正统性逻辑，认为依惯例之行动，其背后的观念是正确和可靠的。

与强调规范性制度要素的学者相比，强调文化-认知性要素的学者对社 *69*
会角色的理解多少有些不同。后者不是强调那些相互强化的责任义务，而是强调模板对特定行动者的影响，以及脚本对行动的影响（Shank & Abelson，1977）。例如，伯格与拉克曼认为，角色随着共同理解的形成而出现，因此特定的行动者只进行特定的行动。[5]

> 当在一群行动者共有的客观化的库存知识背景中出现了某种典型的共同理解时，我们就可以适当地说某种角色形成了。……制度以角色的方式体现在个人经验中。……制度及其“行动程序”，就如戏剧所隐含的不成文的剧本。戏剧要靠鲜活的演员对其规定角色进行反复表演，才能实现（展现在观众面前）。……戏剧与制度都经验地存在于反复实现之中（Berger & Luckmann，1967：73－75）。

在地方情境中，随着不断被重复的行动模式逐渐习惯化和客观化，不同的角色就可能且确实得以形成；但是，那些提供预制的组织模型和脚本的制度框架在角色的形成中也具有同样重要的作用（Goffman，1974/1983）。迈耶和罗恩（Meyer & Rowan，1977）、迪马吉奥和鲍威尔（DiMaggio & Powell，1983）指出，个人与组织在很大程度上都要受到各种信仰体系与文化框架的制约，并接纳各种信仰体系与文化框架。

近年来，关于文化-认知性制度要素的显示指标的研究，取得了长足进步。而多年前，社会人类学家和常人方法学家依靠长期而密切的观察，推断信仰和假定会使人们的行为具有持续性（Turner，1974）。后来，定量研究者通过测量，揭示了行动者之间可能持有共同的态度和价值观（Hofstede，1984）。而在最近又出现了一种“新档案研究”方法，它运用形式化的分析方法，包括内容分析、符号分析、序列分析、网络分析等，分析了专业杂志、行业出版物、组织文件、目录、年度报告、专业的或主流的媒体的报道等等材料。计算机的出现，提高了分析这类数据的能力，使得这类分析和研究日益繁荣起来。这些研究已经完全证明了“共同的理解、专业意识形态、认知框架，或者集体意义，与组织行动者对于外在形势和条件的理解和反应，具有明显的相关性”（Ventresca & Mohr，2002：819）。

70 而文化-认知性要素的情感维度，可以表现为确定性、相信等积极情感，也可以表现为困惑和迷失方向等消极情感。与主流文化信仰相亲和的行动者，更有可能感受到自己的能力和重要性，而与主流文化信仰相背离的行动者，最好的情况可能被认为是“无知和无能的”，最坏的情况则可能被认为是“疯癫的”或者异端。

研究和关注制度的文化-认知性要素的思想，强调了共同的意义框架对组织与行动者具有十分重要的建构作用，而这种建构又会受到社会的影响和调节。

4. 习惯性倾向是制度的第四大要素吗

安蒂·格诺劳（Antti Gronow）写了一篇重要论文，提出还有第四大要素构成了制度的另一个重要基础（Gronow，2008：362）。他基于美国实用主义者的研究，吸收了杜威、詹姆斯和其他对凡勃伦和康芒斯等早期美国制度经济学家产生过重要影响的实用主义者的思想，并认为我的分析框架还应考虑习惯性倾向。他认为，“在一个稳定情境中一直重复的活动，与习惯性倾向相关”。他指出，虽然习惯具有相对的自动性，但实用主义者已经发现习惯并非只是死的惯例，而是可能包含理性与有意识选择，并与理性、有意识选择相互重叠。

对此，我首先对他做出的加强实用主义与制度理论之间联系的努力表示赞赏，也同意应更加关注各种活动、实践、习惯和惯例。但是，我不同意我的概念框架还需要加入第四大制度要素。共同的倾向尽管能导致重复性的行为，但从本质上说仍是一种文化-认知性要素。与其他文化-认知性要素一样，共同的倾向既非无意识的也非有意识的，而是处于二者之间，并被行动者视若当然而接受。还有，我考虑了活动与惯例的重要性，并认为它们是主要的制度承载者与实施者（见本书第四章）。

5. 三大制度要素的不同组合

在介绍了三大制度要素并分析了它们各自的特征和作用方式之后，我们还必须看到，在大多数的制度形式中，并非只有一种要素，而可能是其中两种甚至三种要素的组合在发挥作用。在稳定的社会系统中，我们可以看到各种实践（做法），因被视若当然、得到规范性的许可，以及权威性权力或机构力量的支持，而得以存在和重复实施。当这三大制度要素组合起 71
来时，其产生的结合性力量可能十分强大和可怕。

不过，在某些情境中，此种或彼种制度要素实际上单独运行，并支撑着社会秩序；在很多情境中，都是一种制度要素在发挥着首要的作用。

但是同样重要的是，三大制度要素可能被错误地结合在一起。也就是说，在同一情境之中，存在此种制度要素支持此种选择和行为模式，彼种制度要素支持彼种选择和行为模式。正如戴维·斯特朗（David Strang）等人所指出的，“在认知、规范与规制性要素不能很好配合的地方，不同的制度要素为不同的行动者提供不同的资源来达到不同的目的”（Strang & Sine，2002：499）。这样的情境必然会出现混乱和冲突，极有可能导致制度的变迁（Dacin，Goodstein & Scott，2002；Kraatz & Block，2008）。本书以后各章将详细阐述这些观点，并辅以经验研究案例加以说明。

三、三大制度要素与组织的合法性基础

“如果要在社会环境中生存下来并兴旺发达，组织除了需要物质资源和技术信息之外，还需要其他东西。它们还需要得到社会的认可、接受和信

任”（Scott，Ruef，Mendel & Caronna，2000：237）。简言之，它们需要合法性才能生存与发展。马克·萨奇曼（Mark Suchman）对合法性概念做了如下界定：“所谓合法性，是指某个实体所进行的行动，根据社会建构的规范、价值、信仰和定义系统，被普遍认为是适当的、合意的。”合法性是普遍性的评价，而非就特定事件的评价，是“客观上拥有的，但需要主观地创造”（Suchman，1995b：574）。他的这一界定非常恰当。当然，萨奇曼所说的各种“社会建构的系统”实际上就是制度框架。与先前所讨论的内容相一致的是，这三大制度基础要素都为合法性提供了一种支撑，虽然是不同的支撑。

马克斯·韦伯是最先强调合法性的伟大社会理论家之一。在社会行动的分类上，他特别强调指出，一个行动者之所以采取某种社会行动，往往是因为其认为这种社会行动具有某种合法性，受到的是合法律令的指引，而这些合法律令是一套确定的原则，行动者在某种程度上认为这些原则是强制性的或者模范性的，必须依其行事（Weber，1924/1968，Vol. 1：31）。在其经验研究和历史研究中，他运用这一理论视角来分析诸如公司和政府等权力结构的合法性，提出当权力的行使得到流行的、占主导地位的社会规范支持时，权力就逐渐被合法化为权威，或者是传统型权威，或者是魅力型权威，或者是理性-合法型权威（Deephouse & Suchman，2008；Dorn-
72 busch & Scott，1975：Chapter 2；Ruef & Scott，1998）。帕森斯（Parsons，1956/1960b）则持有一种文化-制度视角，并把合法性分析拓展到组织目标等现象上，认为组织目标的合法性程度，与其同既有社会价值的一致性程度呈正比。正如我所看到的，这些主张后来得到了诸如伯格和拉克曼（Berger & Luckmann，1967）、迈耶和罗恩（Meyer & Rowan，1977）、迈耶和斯科特（Meyer & Scott，1983b）等等新制度主义者的丰富和拓展，他们对组织策略、结构和程序的合法性问题进行了探讨。

组织研究的资源依赖理论与社会交换理论，往往仅把合法性视为组织从其制度环境中抽取的又一种资源（Dowling & Pfeffer，1975；Suchman，1995b）。强调规范性制度要素的学者，在某种程度上也持有此种看法，因为他们强调遵守规则会获得收益，违背规则会付出代价。然而，在制度主义者看来，合法性并非可以占有或交换的一般物品，而是一种状态，体现的是与相关规则和法律、规范价值观或者文化-认知框架之间的呼应或亲和性。合法性犹如氧气，看不见却十分重要，一刻也不可缺少，没有它就会痛苦不堪，所以合法性不是某个具体的物件，而是能够在社会上立足和存在的根本条件之一。

伯格与拉克曼（Berger & Luckmann，1967）认为，合法性会激活“第二阶段的意义”。也就是说，在第一个阶段，随着行为模式的不断重复，在参与者之间激发共同的意义，制度化的活动即秩序得以形成；然后，在第二个阶段，这种秩序的合法性又会把秩序与更广泛的文化结构、规范或规则关联起来。“合法性通过把认知的真实有效性归因于其客观化的意义，来‘解释’和辩护制度性秩序。合法性通过为遵守秩序的要求赋予一种规范性的尊严，来证明制度性秩序的正当性”（Berger & Luckman，1967：92－93）。卡塞林·约翰逊（Carthryn Johnson）等人以同样的方式，对社会心理学的合法性概念和组织研究的合法性概念进行了比较分析，并得出合法化过程包括四个阶段：创新、本地有效性、扩散，以及普遍有效性（Johnson，Dowd & Ridgway，2006）。也就是说，新的行动要合法化，首先就要被本地接受，而一旦它们被视为一种真实的社会事实，就会更容易被其他地方情境中的行动者采纳。……随着成功的扩散，这种“新的社会客体，就会要求获得更广泛的接受，成为社会共有文化的一部分”（Johnson，Dowd & Ridgway，2006：60－61）。[6]而我本人与迈耶强调的是文化-认知性制度要素，所以认为“组织的合法性，主要指的是文化对一个组织的支持程度”（Meyer & Scott，1983a：201）。

合法性所具有的这种垂直层次分布特征，使组织有必要寻求其他重要权威机构的支持，这些权威机构被授予了可以赋予他者合法性之权力，包括了文化权威机构和政治权威机构。这些权威机构会因时因地而异，但当 73
今时代，政府机构、专业协会和行业协会对组织而言往往十分关键。来自这些权威机构的认可、证明、鉴定、资格认证或委托，常常成为具有合法性的重要标志（Dowling & Pfeffer，1975；Ruef & Scott，1998）。在那些比较复杂的情境中，个人或组织可能面临各种竞争性的统治或控制。那些面临相互冲突的规范要求与标准的行动者，往往发现自己无所适从，因为如果遵守其中一种要求和标准，就可能失去其他权威机构的规范性支持。“某个给定组织的合法性，受到统治或支配它的不同权威的负面影响，受到不同权威就其应如何运行的不一致解释的负面影响”（Meyer & Scott，1983a：202）。

至于哪种权威的评价对于组织结构的合法性起着决定作用，人们一直争论不休。很多组织结构形式之所以存在和扩散，是因为它们被相对独立而强大的权威视为是“适当的”，尽管其合法性会受到其他权力较小的权威的挑战。例如，阿尔布劳·马丁（Albrow Martin，1994）指出，男女同工不同酬在美国社会是制度化的不平等，即使弱势群体认为这种不平等是非正义的并要求改革。同时，“合法的”结构也可能是有争议的结构。

斯廷施凯姆明确指出，谁的价值评估决定着合法性这个问题，归根结底与社会权力相关：

> 某个权力凭借为其提供了正当性的学说与规范，能够及时有效地召集和整合其他权力，并储备力量，以备确有必要之时，就能有效行使其权力。从这个意义上看，这个权力就能对其他组织提供合法性(Stinchcombe，1968：162)。

不过，权力并非总是自上而下的过程，有时也会出现自下而上的权力过程这种现象。例如，权力可能由上位者向下授予（Stinchcombe，1968），或者也可能由那些受制于权力行使者的下位者认同（Dornbusch & Scott，1975；Zelditch & Walker，1984），而权力行使者也可以集体实施各种规范，来使下位者遵守这种规范。当被支配群体为了提升自己的价值和利益而动员起来时，那么也会产生强大的权力。权力在支持各种社会活动与合法性过程中固然十分重要，但并不是最后绝对的仲裁者。即使已经牢固确立的权力，最终也会受到反抗性权力的猛烈冲击，而这些反抗性权力可能提供了更具劝诱性的思想或更强烈的承诺。

74 这三大制度要素，提供了三种相关但明显不同的合法性基础（见表3-1）。[7]关注规制性制度要素的那些理论，强调遵守规则是合法性的基础，认为合法的组织是那些根据相关法律与准法律的要求而建立和运行的组织。关注规范性制度要素的那些理论，强调合法性背后较深层的道德基础。比起规制性控制来说，规范性控制更有可能被行动者内化。因此，促进行动者遵守规范的激励因素，除了外在的物质奖赏外，还可能包括内在的、本质的激励。关注文化-认知性制度要素的那些理论，则强调通过遵守共同的情境定义、参照框架，或者被认可的角色模板或结构模板才能获得合法性。为了与特定的情境相联系而采纳正统的结构或身份，其实就是通过认知一致性来寻求合法性。来自文化-认知的合法性，是一种"最深层次"的合法性，因为这种合法性依赖于前意识的、被视若当然而接受的各种理解或认知框架。

分别与这三大制度要素相联系的合法性基础有着实质性的区别，而且有时会相互冲突。如果要确定某个组织是否具有规制性的合法性，那就要看其是否依法建立，其行动是否与法律规章相符。如果要确定某个组织是否具有规范性的合法性，那么就要看其是否履行道德责任和义务，而这可能使其行动偏离"纯粹的"法律要求。很多专业人员都会遵守规范性标准，从而促使他们偏离科层组织的规制要求。有时候，组织内部成员可能反抗组织的规则和上头的命令而告发组织，这些告密者往往声称自己是在根据某种"更高级的权威"合法性行事。而诸如黑手党之类的组织之所以能获得成员的认可，是因为它们具有根据某种认知-文化性制度而建立起来的、获取特定目标的组织模式，从而具有了合法性；但是警察和其他规制实体则认为这种组织不具有规制性的合法性因而是非法的，大多数公民也不认可这类组织，因为它们不具有规范性的合法性。

总之，不同的制度理论，因为强调的制度要素不同，对于合法性的依据的看法也各不相同。

四、分别强调三大制度要素的制度理论的基本假定

尽管强调不同制度要素的制度理论可能只是关注重心有所不同，但是 75
它们之间的不同更可能源于深层次上的基本哲学假定的不同。在这里我很难全面深入讨论这些复杂而深奥的哲学问题，所以对于这些基本假定的异同，只能勾勒一个大致轮廓。我特别强调两点差异，其一是不同制度理论

在本体论假定——关于社会实在的性质的假定——上存在差异，其二是它们在解释行为时所使用的理性概念之理性程度与类型各不相同。

1. 规制性与建构性规则

（1）真理与实在

三大制度要素的不同理论背后，各自有着自己不同的本体论预设或假定。而要讨论这些不同的本体论假定，首先必须从厘清这些理论的认识论假定开始，而这又需要我们首先理解科学知识的性质。我关于科学知识的性质的看法，在很大程度上受到杰弗里·亚历山大（Jeffrey Alexander，1983，Vol. 1）的影响。他对现代社会学思想的理论逻辑的性质与发展，进行了全面而深入的梳理。在托马斯·库恩（Thomas Kuhn，1970）的影响下，亚历山大采取了一种“后实证主义”视角，认为科学沿着一个连续体在运行，这个连续体的一端是实验环境，另一端是抽象环境（见图3-1）。

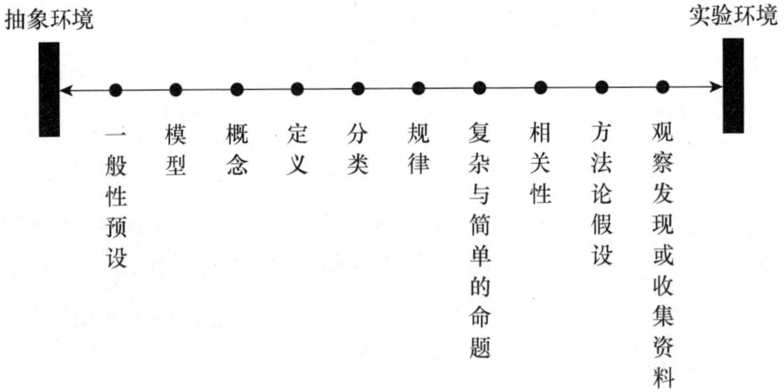

图3-1 科学连续体及其构成部分

资料来源：© Jeffrey Alexander. Used with permission.

在抽象环境这一端，科学往往进行“理论性的”活动，提出最为抽象的一般性预设和模型。在实验环境这一端，科学往往进行观察发现或收集资料、进行相关性检验和提出一系列的命题。这种连续体显然统合了大量不同的理论主张，包括从抽象的理论、概括性理论到更加具体的理论和主张。不过，更重要的是，该框架强调，具体经验性和实验性的要素与抽象的理论要素之间存在不同的组合，但连续体上的每一点实际上都是这两种要素的组合。各种科学主张——模型、定义、命题——之所以出现不同和差异，原因在于它们可能要么更为强调抽象要素，要么更为强调具体经验的要素（Alexander，1983，Vol. 1：4）。

这种后实证主义科学概念，认为社会科学与自然科学之间存在根本的相似性，即认为二者都是人类发展起来的、用来检验经验世界行为的一般性理论。后实证主义科学观否认“只有自然世界或物理的世界才是实在世界”的极端唯物主义者的观点，同时也否认“唯一的实在存在于人类头脑之中”的唯心主义者（以及后现代主义者）的观点。理查德·罗蒂（Richard Rorty）认为，我们有必要把实在与真理区分开来： 76

> 我们有必要把“世界外在地存在于那里”的主张与“真理外在地存在于那里”的主张区别开来。就常识而言，说世界外在地存在于那里，就是说世界不是由我们创造的，是说时空中存在的大多数事情不是人类心智状态所导致的结果。而说真理外在地存在于那里，只是说有句子的地方就有真理，句子是人类语言的要素，人类语言是由人类创造的（Rorty，1989：4－5）。

（2）社会实在

尽管自然科学与社会科学具有共同的主要基本特征，但社会科学的主题确实是不同的。约翰·塞尔（John Searle）认为，真实世界的各个部分尽管被认为是世界中的“认识论上的客观”事实，但也只是“人类一致认可的事实”（Searle，1995：1，11，13）。它们的存在是“相对于观察者而言的”，要依赖于对给定事实持有一种共同概念的观察者。社会实在是实在的重要构成部分。[8]

在上文关于文化-认知性制度要素的讨论中，我曾经提出“根本建构性过程”这一概念。这里要对这一概念进行深入阐发。社会制度就是各种社会实在，涉及集体地形成与使用规制性规则与建构性规则。规制性规则，主要影响“既有的各种重复性的活动”；而建构性规则，则可能“创造某类新的活动”（Searle，1995：27）。建构性规则往往具有如下一般的形式：在环境C中X被规定为Y。例如，在美国美钞被规定为法定货币。“制度性事实只存在于建构性规则系统之中”（Searle，1995：28）。总之，持有规制性 77
制度观的学者，主要关注规制性规则；例如，他们先假定行动者总是具有特定的利益要求，然后讨论如何运用各种具有惩罚与激励作用的规则系统，来影响这些行动者追求利益的行为。而持有文化-认知性制度观的学者，则强调建构性规则的重要性，即他们所探讨的是会出现哪类行动者、他们的利益如何受到这些制度的影响和形构，以及这些制度允许他们可以采取哪类行动。可见，上述两种制度观的本体论假设是不同的，或者说它们是在不同的本体论层次上展开各自研究的。

人类学家戴维·施耐德（David Schneider）深入地描述了建构性文化与社会规范的关系：

> 文化之所以与规范不同，是因为规范的目的在于为行动提供模型范式，而文化则要提供关于宇宙及其中之人的位置的定义、前提、陈述、假定、预设、命题、理解。规范告诉演员如何表现场景，而文化告诉演员如何设计场景以及场景的内容。规范告诉演员在鬼、神与人面前如何行事，文化则告诉演员有哪些鬼、神、人，他们要干什么（Schneider，1976：202－203）。

建构性规则在更深层次上运行，是在创造实在，设计各种存在范畴（categories）和建构各种典型（typifications）。这是一种“将具体的、主观的独特经验……持续不断地纳入在客观上与主观上都是真实的一般性意义秩序的过程”（Berger & Luckmann，1967：39）。各种物体、思想、事件和行动者，都服从于这种建构过程。比如，足球比赛[①]就提供了一个现成的例子。建构性比赛规则把足球比赛建构为一种实在，这种实在包括诸如“门柱”“球网”等物体、“射门”“越位”等事件（D'Andrade，1984）。同样，其他的建构性比赛规则，则对各种行动者进行社会建构，对其相关能力与角色进行社会建构。例如，在足球比赛中，规则就建构了“领队”“教练”“裁判”等角色。而规制性比赛规则界定足球如何向前推进而不犯规，或者确定违反何种比赛规则会受到何种惩罚。这样，文化-认知性制度理论家，就修正和丰富了由规制性制度理论家所描绘的制度肖像。文化-认知性

---

① 原文是橄榄球比赛。为了便于更多读者理解，译者用足球比赛代替橄榄球比赛。——译者注

制度理论家，坚持认为比赛包含着比比赛规则和实施机制多得多的东西：它们包括了由社会建构的、被赋予了不同行动能力的比赛者，以及赛事的相关参与方。是建构性规则先建构了社会客体和事件，之后规制性规则都 78
会应用于这些对象之上。

这种建构过程在各种比赛中可以明显看到，但这种建构不仅仅存在于这种相对来说是人为的情境中。建构性规则对于社会结构而言是如此的基础，对于社会生活而言是如此的根本，以至于我们常常反而忽略了它们的存在。在自由民主的社会中，人们认为“不同的个人有着各自不同的利益和行动能力”是自然而然的事情。同样，在这种社会中，具有各种观点与权利的“公民”的存在也被人们认为是自然而然的事情（人们想当然地认为，人们不是没有权利或者权利受限的“主体”）。具有某种学习能力的“学生”、具有权利与责任的“父亲”，以及具有一定知识与技能的“雇员”，都是自然而然的事情。然而，所有这些行动者——以及各种其他行动者——都是社会地建构的；所有这些行动者的存在都要依赖于具有建构作用的规则框架，尽管这些建构性规则框架形成于具体的互动情境中，但都逐渐固化于外在的文化规则中，并作为一种行动指南而输入各种新的情境中（Berger & Luckmann，1967；Gergen & Davis，1985）。

而且，我们发现，通过研究这种建构性的过程，可以提出一种与各种通俗理解极为不同的，甚至与社会科学的各种解释极为不同的社会行为观。正如迈耶等人所指出的：

> 大多数的社会理论认为，（从个人到国家的）各种层次的行动者及其行动都是真实的因素，在因果解释中都是一个无须解释的自变量。……（相反）我们认为，各种行动者的“存在”及其各种特征，都是社会地建构的，需要深入的研究和解释；我们认为行动是对各种制度脚本的实施，而不是一种内在生成的，自主选择、驱动和具有确定目的之事件（Meyer，Boli & Thomas，1987：13）。

简言之，如果我们强调建构性规则的作用，那么就会看到个体的行为往往是外在规定的反映，而不是（作为一种根源的）内在意图的反映。彼得·哈伊（Peter Hay）所记载的如下逸事，敏锐地抓住了这种差异：

> 格特鲁德·劳伦斯与诺埃尔·考沃德①正在演出一部由后者任编剧的戏剧，这时一位王室客人前来观看。当伊丽莎白女王进入王室包厢，所有观众都站了起来。劳伦斯小姐从幕布后向外窥视，并嘟哝道："好大的一个入场式！"诺埃尔也在她后面踮起脚尖向台下偷瞥，并加上了一句："好大的角色！"（Hay，1993：70）

79 对行动者的社会建构，还同时界定了行动者关于其利益是什么的看法。刻板的"经济人"是许多经济理论研究的核心概念，这种概念认为经济人所具有的工具理性最大化等特征是人类本性的反映。但是这样的经济人只不过是特定历史环境中出现的社会建构，并得到与资本主义的出现相关的特殊制度逻辑的支持（Heilbroner，1985）。[9]强调文化-认知性制度要素的制度理论认为，利益不是"自然而然的"、无须人们探讨的既定概念，也不是可以外在于理论框架的概念。相反，这种制度理论认为，利益不是外生性的概念，而是内生性的概念。利益概念源于社会情境，随制度背景而变化，因此，利益本身也是需要得到解释的因素。

规则对于行动者及其相关活动的社会建构，并非只限于个人层次。各种集体行动者同样是社会建构的，并以各种不同的形式存在。当然，对于我们来说，我们特别关注的是建构组织的那些制度过程的性质。我将在以后各章对这些制度过程进行深入的讨论。

尼尔森·菲利普斯（Nelson Phillips）等人对我在本章所提出的制度分析框架进行了评论，他们说由于这三大制度要素在各自不同的本体论层次上运行，所以不能结合成一个整合性的框架。他们说，"真正的"制度分析只能集中研究文化-认知性制度要素：

> 强制性和规范性机制需要由外部的其他行动者来管理和执行，这一事实使它们与具有被视若当然而接受之特性的认知性机制极为不同。强制性和规范性机制导致的是策略行动，并且经常会遭到抵制，而认知性机制则是通过调节和控制行动者的思考，使行动者自觉地遵从

---

① 格特鲁德·劳伦斯（Gertrude Lawrence，1898—1952），英国著名女星；诺埃尔·考沃德（Noel Coward，1899—1973），英国著名编剧、演员。——译者注

（Phillips & Malhotra，2008：717）。

但真是这样吗？我不这样认为。在文明世界中，许多最重要的策（战）略都涉及一系列的选择，包括如何定义所处情境、如何构建强有力的叙事、如何建构产品的品牌等等。在竞争性的情境中，竞争者所能使用的最有效的武器，包括了如何界定行动、如何界定行动者及其意图。我们现在是要寻求“黑人权力”还是“公民权利”？

文化-认知性制度要素也可以支持策（战）略操作。而规则的实施者与规范的实施者也会控制各种协商过程来影响策（战）略操作。因此立法和司法部门的成员，可以影响个人和集体行动者的权利和权力。最近，美国联邦法院裁决，公司拥有政治权利，可以拥有言论自由，可以为各种政治行动委员会提供无限额的资金资助。还有一些专业性权威机构常常会创设 80
新的制度，包括创造新的概念、新的划分和新的类型，来形塑和影响我们使用的各种标准、我们收集的证据类型，以及我们对这些证据的理解（Espeland & Sauder，2007；Scott，2008b）。

简言之，上文力图说明的是，这三大制度要素之间存在重大的区别。而我的意图也在于力求建构一个社会理论家查尔斯·梯利（Charles Tilly，1984）所说的“综合性的理论框架”，这种理论框架重在发现和提炼各种理论所具有的共同要素，不是要仅仅指出各种理论之间存在视角方法的差异，而是要深入澄清这种理论视角方法到底有哪些不同。我始终认为，这种综合性的理论框架，对于学习和研究制度分析，可以提供极有助益的指引。

2. 理性行为与合理行为

关于“行动者如何进行决策或选择”——“什么逻辑在决定着社会行动”——这个问题，学者们提出了各种不同的假定。本书第一、二章都曾经指出过，韦伯在界定社会行动时，强调了个人赋予自己和他人的行为之意义的重要性。对于韦伯与其他众多社会理论家来说，“任何社会理论在界定行动的性质时都要涉及一个中心问题，那就是行动是否是理性的（rational），或者在多大程度上是理性的”（Alexander，1983，Vol. 1：72）。然而，还有另一个基本的问题就是如何定义理性（rationality）。对此，社会理论家们做出了各种不同的回答。

在这一理论谱系的一端，是新古典经济学所持有的“原子论”观点，集中强调的是个体行动者，认为其受到稳定偏好的指引，行为的目的是利益的最大化，会考虑全部可能的方案及其后果，因此个体是完全理性的行动者。不过，最近数十年来，这种理性行动者模型已经得到了重大的修正，因为经济学家们不得不承认诸如特维尔斯基和卡尼曼（Tversky & Kahneman，1974）之类的心理学家的重大发现，即个人的理性是有限的。卡尼曼还因此获得了2002年的诺贝尔经济学奖，他们的研究成果正日益被主流的行为经济学接受和采纳。卡尼曼在2011年又出版了一部著作，该著作的评论者说到，卡尼曼关于人类决策的经验研究，“使人们终于明白，经济学家所持的人类行为的理性模型——经济人——与传说中的独角兽完全一样，纯属杜撰”（*The Economist*，2011：98）。不过，在今天的很多经济研究中，这种经济人模型只不过是换了一件看起来更谦逊的马甲而继续存在。

经济学的新制度主义与政治学的理性选择理论（Moe，1990a；Williamson，1985），并没有抛弃而是在一定程度上放宽了新古典经济学的假定，并利用了西蒙（Simon，1945/1997：88）的有限理性模型，这种模型假定行动者是“目的理性的或有意识理性的行动者，但也是有限理性的行
81 动者”。这种理性理论或概念，放宽了正统经济学的各种假定，修正了视选择是基于完全信息基础上的、以功利最大化为目标的选择概念，并认为行动者会“尽最大的努力来满足其各种（不仅仅是经济的）需要，因此也扩大了收益概念的外延”（Abell，1995：7）。那些运用这种个体理性行动者模型的制度理论家们，则更有可能认为制度主要是一种规制性框架。他们认为，行动者创立各种制度是为了规制自己和他人的行为，以处理集体行动问题；因为规制得到了激励与惩罚的支持，所以行动者会对这些制度做出反应。这种有限理性模型的一个长处在于，使理性选择理论家们的“头脑中有一个清晰的个体行为理论”，以便更好地研究行动者建立制度结构的动机，以及制度结构所产生的后果（Peters，1999：45；Abell，1995）。经济学家认为，他们的假定可能并不完全准确，但是“很多制度与商业实践确实是由人们设计出来的，这些人在某种程度上确实只关注自己的利益，也十

分聪明，会无原则地追求自己的目标”（Milgrom & Roberts，1992：42）。

但从社会学的角度看，上述过度狭隘的理性框架的局限之一，就是“把行动描述为对各种物质条件的简单适应”——认为行动者只会计算成本与收益，完全忽视了行动者内在的主观参照，而这种主观参照使行动者可能根据各种条件与限制，灵活采取各种不同的策略（Alexander，1983，Vol. 1：74）。这种理性框架的局限性还体现在理性选择模型对结果与手段的划分过于机械，并认为目的始终是固定不变的。而各种替代性模型均提出，目的因手段而修正，行动者可能是在持续的活动中逐渐发现自己的结果的，甚至手段本身可能变为结果（March & Olsen，1989；Selznick，1949；Weick，1979）。社会学反对孤立的个体决策者假定和“原子论”观点，而支持一种“有机论”，认为“任何因素的本质特征都是它与其他因素之间的关系之结果”（Hodgson，1994：61）。互动中的行动者建构了社会结构，社会结构反过来又建构了行动者。行动者以前互动的产物——规范、规则、信仰和资源——为个体决策提供了各种情境性因素（见本书第四章关于“结构化”的讨论）。

人们已经提出了很多术语来拓展理性概念。韦伯对理性行动的类型进行了划分，并对理性概念进行了开创性的讨论。他认为理性行动包括工具理性行动和实质理性行动。前者是工具、计算意义上的理性行动，关注的 82
是手段-结果之间的联系；后者受到重要价值观的驱动，是以直接实现内在价值为导向的理性行动，关注的则是所追求的结果（Weber，1924/1968：24；Swedberg，1998：36）。当然，韦伯在讨论这些理想类型时，理论上存在一定程度的自相矛盾；但是，杰弗里·亚历山大认为，我们最好把工具理性行动与实质理性行动之间的区分看作理论分析上的区分，而在实际生活中，理性行动往往是这两种理性行动的混合体。所有社会行动都涉及计算（手段或方式的选择），也会以社会定义的价值观为导向，因此是二者的某种结合。[10]

马奇则提出了“工具主义逻辑”与“适当性逻辑”的区分（March，1981；March，1994；March & Olsen，1989）。他认为，遵循工具主义逻辑的行动往往追求的是在某种情境中的具体物质利益，而遵循适当性逻辑的行动则关注的是“如果我的角色在这种情境中是既定的，那么这种情境对于我的期待是什么”。适当性逻辑强调的是制度的规范性要素，认为选择根植于社会情境之中，行动者在进行选择时，必须参照一定的道德框架，要考虑特定个体在特定情境中与他人的关系和责任。这种适当性逻辑限制甚至取代了个人工具主义行为。

强调文化-认知性制度要素的学者则指出，行动者的认知和知识是通过各种不同的方式建构与编码的，并由此影响了行动者的信息状况，进而支持或制约其选择。所有决定和选择，都是以社会建构的各种模式、假定和图式为基础的。所有决定都是理性计算与非理性预设的共同产物。迪马吉奥和鲍威尔指出，只有认识到这一点，才能从微观层次上深入研究“实践行动”。实践行动概念抛弃了先入为主的认知理性、计算性概念，转而关注行为的惯例性的、视若当然的前意识过程和图式（DiMaggio & Powell，1991：22）。同时，实践行动概念也放弃了与那种狭隘的理性视角相关联的各种个人主义、非社会的假定，转而强调个体选择被规范性规则支配的程度，以及嵌入互惠性社会责任网络的程度。

制度经济学者朗格卢瓦指出，目的理性行动者模型需要补充行动者的“情境”，这种情境主要是指各种相关的重要社会制度。制度具有信息支持功能，是“个人之间的协同知识仓库”（Langlois，1986b：237）。行动者如果共有这种知识和概念，那么那些需要相互依赖才能完成的、高度复杂的任务就能够习惯性地完成，甚至不需要有意识的思考或决策。研究者必须“看到各种社会制度的存在，看到这些社会制度定义了能动者的情境，确定
83 了行动者的情境边界”（Langlois，1986b：252）。他鼓励人们拓展新古典经济学的理性行动概念，以涵盖他所说的“合理的”（reasonable）行动，要认识到行动者“或多或少会考虑其他事情”，以及“在特定情境中行动者会采取其他合理的行动”，其行为遵守某种规则，而不仅仅是从工具理性出发（Langlois，1986b：252）。社会行动总是嵌入社会情境之中，社会情境规定了对于行动者而言有价值的、合意的结果，以及追求这种结果的适当方式；通过考虑这些社会规则与行为指引，行动获得其恰当的合理性（reasonableness）。

正如我在讨论格诺劳的文章时所指出的，目前学术界出现了一股研究潮流，试图复兴与创新实用主义。在19世纪晚期到20世纪早期，一些美国土生土长的社会哲学家和社会科学家，诸如奥利弗·温德尔·霍尔姆斯（Oliver Wendell Holmes）、威廉·詹姆斯（William James）、查尔斯·皮尔斯（Charles Peirce）、约翰·杜威（John Dewey）等人，提出了实用主义。这种实用主义的核心内容如下：（1）“思想不是‘外在于那里’，等着人们去发现，而是一种……人们设计用来发现和处理其所在世界的工具”；（2）思想“不是由个人产生的，而是由个人构成的群体产生的，即思想是社会的……依赖于……它们的人类传承者和环境”（Menand，2001：xi）。的确，正如安塞姆·施特劳斯（Anselm Strauss）所指出的：

> 在实用主义者的著作中，我们可以看到一种对以往存在的各种二元对立所进行的不懈斗争。实用主义者主张，知识与实践、环境与行动者、生物与文化、手段与结果、肉体与心智、物质与思想、客观与主观、逻辑分析与经验调查、世俗思潮与科学思想、必然性与偶然性、认知性与非认知性、艺术与科学、价值与行动等等，所有这些以前被认为是相互对立的方面都应整合在一起（Strauss，1993：72）。

克里斯托弗·安塞尔（Christopher Ansell，2005）认为，实用主义者所支持的决策模型具有“实践理性”的特征，即认为人们是在“特定情境中”进行决策的，在决策时会利用他们过去的经验，并受到他们的情感和理智（reason）的影响。

五、小结

我们必须先理清经济学家、政治学家与社会学家们在研究制度现象时所提出的各种假定、强调的重点以及相关的理论模型，然后才有可能把他们的各种思想整合成一个统一的、复杂的、综合的制度模型。我们不可能彻底回顾所有学科及其提出的所有制度理论模型，但通过简要回顾，我们发现存在三种对立的制度理论模型，即规制性、规范性与文化-认知性模型。不同学科的研究者，往往强调其中一种制度要素。这些制度理论模型 84
之间存在很大的差异，分别强调制度不同的遵守基础、扩散机制、逻辑类型、显示指标、情感反应和合法性基础。

从表面看，不同的制度理论模型似乎往往只强调制度安排的某一层面，但通过更加深入的检视，我们发现它们关于社会实在的性质、社会情境中的行动决策方式等方面的假定虽然存在深层的差异，不过仍然可以整合在一起。在这些理论模型之间，主要存在两大长期无法解决的争论。其一，是应关注规制性规则，强调其有助于在一系列给定的、具有确定利益的行动者之间建构行动，还是应强调建构性规则，给予其首要地位，认为这种规则创造了各种独特的行动者类型和相关的行动模式。其二，社会科学界对于理性选择理论解释人类行为是否有用也存在广泛而持久的争论，在这种争论中制度本身已经成为重要的争论话题。我们是应该根据更加严格的、工具主义的逻辑，还是应该根据更加宽泛的、更具社会嵌入性的逻辑来解释制度的起因与后果？就目前的情况看来，学术界还没有找到某个方案来解决上述两大争论。

注释

[1] 关于这种综合性的制度模型，参见斯科特（Scott，1994b）。

[2] 并不是所有学者都赞同这种观点。我最初［在《制度与组织》（第1版，1995）中］提出这一观点时，受到了保罗·赫希（Paul M. Hirsch，1997：1704）相当猛烈的批评，他认为我的方法存在一种危险，即可能不得不选择一种要素来反对另一种要素，而看不到所有制度要素都是由各种规则、规范构成的实在。但是，我并不这样认为。我完全同意制度性实在具有多元的性质，但是同时认为对分析概念进行界定十分必要，我认为这有助于我们对各种竞争性的理论和彼此相关的各种过程进行归类。我绝不希望“禁止”或“阻碍制度要素之间的相互影响”，也不希望如赫希（Hirsch，1997：1709）所言，进行“怪异的、行不通的思想杂交”。相反，我在建构本书的分析图式时，只是希望鼓励与激活对各种思想和理论进行的整合。

85 [3] 然而，诺斯（North，2005：Chapter 3）在最近的研究中，对制度的文化-认知性层面给予了更多的关注。

[4] 这些概念与本书第二章讨论的布迪厄的“惯习”概念具有一定的相似性。

[5] 舒茨在讨论“作为一种结构理想型的同辈人世界”时，详细地分析了这一

过程（Schutz，1932/1967：176－207）。

［6］不过，正如本书第六章所指出的，我们不能把制度扩散与制度化混为一谈。

［7］罗宾·斯特赖克（Robin Stryker，1994，2000）和萨奇曼（Suchman，1995b）对合法性基础进行了分类。

［8］因此，塞尔的框架是一种相对适度的社会建构主义。他这本书的标题《社会实在的建构》（*The Construction of Social Reality*）就表明了他比较保守的立场，这种立场明显不同于伯格与拉克曼的《实在的社会建构》（*The Social Construction of Reality*）的社会建构主义强观点。

［9］经济史学家阿尔弗雷德·肖恩菲尔德（Alfred Shonfield）对此做了精当的描述，"古典经济学在很大程度上是英国人的创造，它把英国人的经验……完全转变成柏拉图式的资本主义思想"（Shonfield，1965：71）。

［10］韦伯用了十分有名的"扳道工"比喻来阐述观念与利益之间的这种结合：不是观念而是物质的与理想的利益直接支配着人们的行为。然而，由观念创造的"世界图像"，像扳道工一样，常常决定着由利益驱动的行动轨迹（Weber，1906—1924/1946：280）。

第四章

分析框架Ⅱ：逻辑、能动性、载体及分析层次

87 理性化、强调理智，特别是“世界的祛魅”，是我们这个时代的特征（Weber，1906—1924/1946：155）。

——马克斯·韦伯（Max Weber）

第三章对三大制度要素进行了界定，描述了每种制度要素在遵从基础、扩散机制、逻辑类型、显示指标、情感反应和合法性基础等方面存在的差异。本章则在第三章的分析框架基础上，研究那些促进组织成长的制度模型或逻辑以及在组织的外部环境中运行的各种制度模型，探讨能动性与制度之间的关系，分析各种制度理论各自强调的制度载体和它们各自的分析层次。

88 一、制度逻辑与组织

1. 理性化模式

对于此种或彼种制度的根源，我们可以追溯到人类历史的最初阶段，而我们所知道的组织则是在相对

晚近的历史阶段才出现的。可见，显然并不是任何制度框架都有利于组织的产生、存在和发展。而很多社会理论家们，都试图找出促进了正式组织产生的那些制度逻辑。[1]

其中早期的研究，重点强调的是规制性与规范性的制度结构。韦伯（Weber，1924/1968：24；Vol. 2：953－954）指出要形成一种“合法秩序”，需要“有意识地制定系统的理性规则”，来支持“工具理性”行动。帕森斯（Parsons，1951；Parsons，Bales & Shils，1953）深入分析了那些促进工具性和非个人的社会结构的形成和发展的价值导向和规范系统。他关于“模式变项”的划分，指出了为行动提出导向和支持结构的各种基本价值维度，认为普遍主义（vs. 特殊主义）、情感中立（vs. 情感性）、成就（vs. 归属）、专一性（vs. 扩散性）等规范导向促进了组织的出现。

后来又有很多理论家强调文化-认知系统对组织的支持作用。雅克·埃吕尔（Jacques Ellul）指出，“技术人员”心态（technicist mentality）的出现，促进组织采用分析方法，制定系统的工具性规则，来追求特定的目标（Ellul，1954/1964）。伯格及其同事指出，随着科学技术和科层制的出现，一种新的组织意识状态出现了，其内容包括视组织为机器的“机械论”，以及主张组织应具有“可再生产性”“有序性”和“可预测性”等观点（Berger，Berger & Kellner，1973）。迈耶描述了为建立正式组织提供基础的各种文化要素（“理性神话”），包括“可辨识的目的”、“由文化确定的手段-结果关系或者技术”、把人与物都看作“资源”的看法，以及存在把集体行动者统一起来的“最高统治者”的假定等等（Meyer，1983：265－267）。

上述所有主张都有共同之处，那就是都体现了一种理性化的“世界”观。也就是说，它们都认为，组织先确定自己的目的，然后设计各种规则性的原则，用来支配各种活动，进而追求其目标。它们所说的理性化，包括了“创造界定手段-结果之间关系的文化图式，使控制各种行动者及其行动的系统标准化”（Scott & Meyer，1994：3）。其中某些原则，与“力学 89
定律”一样，有着经验的基础；而某些原则与法律框架一样，根源于某种具有一致性的逻辑结构或哲学结构。所有这些被理性化的信念，都对组织的出现提供了支持。

制度主义学者认为，理性化过程还会导致人们创造各种实体——各种有着自身身份的社会单元，这些组织有自己的利益，也有能力采取行动实现其利益。它们就是我们在第三章曾经讨论过的具有建构作用的制度层面的产物。随着启蒙运动等社会过程的兴起，人类逐渐进入现代社会，个人、组织和社会日益成为三大基本的行动者，其中社会主要是以民族-国家的面目出现的（Meyer，Boli & Thomas，1987）。[2] 詹姆斯·科尔曼（James S. Coleman）从历史分析的视角，对组织的产生提供了一种有价值的解释。他认为组织是重要的集体行动者，具有独立于其个人成员参与者的合法权利、能力和资源（Coleman，1974/1990：Chapter 20）。科尔曼认为，不是法律的变迁导致组织形式的变迁，恰恰相反，由于组织日益具有独立性，法律不得不日益视之为法人，新的组织形式导致了法律的变迁。但是，J. S. 彼得森（Jasper S. Pedersen）与弗兰克·道宾（Frank Dobbin）则认为，该过程主要是由科学精神的出现和发展推动的（这种科学精神创造了抽象的、一般的范畴，先是把物理世界从生物世界中分离出来，然后又把社会世界分离出来，并进行深入的研究）（Pedersen & Dobbin，1997）。例如，公度（commensuration）——“根据相同的度量来测量那些通常是由不同单位来体现的特征”（Espeland & Stevens，1998：315）——的迅猛进步，使人们可以对各种形式的物质和社会客体进行分类和计算。

最初来自工程设计科学的专业人员（Shenhav，1995/1999），试图驯化各种千奇百怪的企业，促进通用性“组织”的产生，使这些组织都具有普遍从属性“管理”，同时促进各种可识别的组织亚型（例如学校、医院、公共机构、营利与非营利团体）的分化。这些组织原型的出现及其结构的各种特征、功能、能力和身份的深入分化，是一个漫长的过程，但是一经确立，就为其他类似组织的迅速模式化提供了文化模板。这一专门化工程，视所有集体形式为更一般的“组织”形式的一部分，并识别出那些有意义的组织亚型。这一专门化工程，在20世纪中期又得到组织研究的支持、巩固和加强。简言之，你与我都是这个工程的一部分！

90 在现代社会中，人们越来越认为，组织是展开协调行动必不可少的工具。正如帕森斯在半个世纪前就指出过的，“在高度分化的社会中，组织的出现使人们得以完成单凭个人无法完成的事情，实现单凭个人无法实现的目标”（Parsons，1956/1960a：41）。迈耶及其同事也认为：

> 无论是在公共领域、私人领域、各种社会部门中，还是在产业领域中，组织都有可能出现，人们也希望组织起来。在科学的环境中，理性的人们有权走到一起，形成理性化的、得到管理和协调的结构，并采取集体行动去获取特定的目标（Meyer，Drori & Hwang，2006：25）。

2. 制度的逻辑：其他竞争性的理性化模式

迈耶等人从更加广义的、宏大的世界体系层次，研究了文化体系的理性化力量，描述了文化体系创造个人、组织和民族-国家的建构过程。他们描述了过去300年来世界各个社会和区域现代化力量的无情推进。弗利兰德等人则提出了一种较为温和的和更加复杂的文化体系建构观（Friedland & Alford，1985/1991）。他们承认把个人、组织和社会区别开来进行不同层次的分析的重要性，但是他们认为社会层次是“一种复杂的制度间关系模式”，包括了多重的价值领域，每个价值领域都与一种独特的“制度逻辑”相联系。他们认为，所谓制度逻辑就是一套重要的实际做法和符号性结构，并构成了组织化原则，供组织和个人利用和发挥（Friedland & Alford，1991：248）。他们指出存在各种各样的社会逻辑。例如：资本主义社会逻辑，强调的是人的活动的商品化，以及资本的积累；民主社会的逻辑，强调的是平等与参与；家庭的逻辑，强调的是无条件的忠诚；宗教的逻辑，强调的是认识论的、来世论的和道德之类的事情。其中每一种逻辑都与一种独特的理性化模式相联系，并界定各自独特的主体、实践、客体间关系。

帕特丽夏·桑顿（Patricia H. Thornton）等人详尽地阐述了这种视角（Thornton，Ocasio & Lounsbury，2012）。他们运用这种制度逻辑概念，发现了驱动和组织社会领域和社会子系统的几种具体模式。这些模式在很多
方面都不同，包括它们的“根本隐喻”、它们的合法性与权威来源，规范和 91
控制机制的类型都各不相同（Thornton & Ocasio，2008；Thornton，et al.，2012：54－56）。他们所概括的理性化制度逻辑主要包括家庭、宗教、国家、市场、职业、公司和共同体制度逻辑。他们认为，坚持或奉行不同

制度逻辑的不同行动者，彼此之间存在竞争与对抗，研究这种竞争与对抗，可以发现当代组织和组织场域中存在的主要紧张、冲突及其动态变迁。因此，很多对国家不满意的批判者和改革者都试图引入市场逻辑或法人治理形式，以改善其绩效，促进其更好更快地担负起改造自己的责任（Christensen & Laegreid，2001；Salamon，2002）。有很多组织，以往长期坚持的是专业合伙人运行模式，现在已经引入法人治理实践，越来越接受市场的支配（Greenwood & Suddaby，2006；Scott，Ruef，Mendel & Caronna，2000；Thornton，2004；Thornton，Jones & Kury，2005）。甚至公司本身也在逐渐外部化，接受市场的协调和管理，不得不慎重对待按季度进行的资产状况评估（Davis，2009）。还有很多学者研究了教会与国家逻辑之间的冲突（Wuthnow，2005）、家庭与公司逻辑之间的冲突（England & Farkas，1986）。总之，这些研究发现，在日常生活中组织和个人所遭遇的制度紧张、冲突与变迁的根源，主要在于各种制度逻辑适用范围之间的争执。由制度逻辑之间的竞争与矛盾导致的诸如此类变迁过程，本书将在第六章和第八章进行深入的讨论。

3. 时空差异

个人与诸如公司之类的集体行动者所具有的社会建构性特征会因时因地而异（Berger & Huntington，2002；Hall & Soskice，2001a；2001b；Hollingsworth & Boyer，1997；Whitley，1999）。西方赋予个人和公司等社会行动者的自主权和独立性比东亚社会要大得多。因此，“美国把强调竞争的个人主义立为市场结构中的正式制度”，大多数欧洲国家形成的也是更具“协调性”的产业结构；而亚洲的各个经济体则是通过“（相互依赖的和较少自主性的）经济行动者网络而组织起来，人们自然而然地认为这种网络对于经济发展十分重要，通过网络来开展经济活动也是正当的”（Biggart &
92 Hamilton，1992：472）。也就是说，西方人认为，通过个人或公司间关系网络来展开经济行动会导致裙带主义或垄断同谋；而在东方人看来，这则是最正常不过的事情了，并且也是不可避免的，能够促进经济行动目标的实现。不同的理论视角往往强调组织之间存在的不同差异，以及组织化过程的不同方面。约翰·柴尔德（John Child）对各种“弱背景视角”与“强背景视角”进行比较分析：前者包括新古典经济学、普遍主义心理学等，后者包括文化理论、制度理论等。前者认为文化与制度差异对于经济行动和社会行动的影响很少，并认为随着历史的进程，文化与制度会走向整合趋同，例如全球化进程会消除文化的差异；而后者则强烈主张，由于文化偏好不同、嵌入的制度背景不同，管理与组织会形成、维持自己的特征（Child，2000：37）。

总之，研究规制性制度和规范性制度的学者，更为强调规制性规则，认为具有建构作用的规则是背景条件。例如，新制度经济学家和主张理性选择理论的政治学家，研究的是商业公司或政治机构的活动，并探讨某种行为需要哪种结构安排或程序来配套，可以提高生产力或促进立法的通过。相反，经济史学家和历史主义政治学家则更为关注各种社会行动者（例如，批发商、采购商、管理人、经纪人和代理商等）（Chandler，1977：27）和各种组织类型（例如，合资股份公司、多部门公司和集团公司），以及财产权利与政治权利的变迁的根源。同样，新制度社会学家们更为关注特定组织背景中的参与成员或那些建构实践逻辑的文化规则的历时变迁（Fligstein，1990；Schneiberg，2002；Scott，et al.，2000）。那些主要研究建构性规则的学者，则坚持认为社会生活所表现出的内聚性或一致性在很大程度上要归因于制度对各种社会行动者——包括个体与集体行动者——及其相关行动方式的建构。[3]

二、能动性与制度

在整个社会科学的历史发展进程中，那些强调行动面临结构性与文化性制约的理论家们与那些强调个体行动者在各种事件中“起着某种作用的”理论家们之间，一直存在对立与紧张。这是自由与控制这对古老矛盾的一个翻版。制度理论的主旨，显然在于优先强调社会结构的持续性和制约性，但应同样关注个体行动者也会采取行动来创造、维持和变革制度。

早期的新制度主义学者们，如迈耶和罗恩（Meyer & Rowan，1977）、 93
迪马吉奥和鲍威尔（DiMaggio & Powell，1983）、迈耶和斯科特（Meyer & Scott，1983b），主要分析制度机制制约组织结构及其活动的各种方式。然而近年来，诸如迪马吉奥（DiMaggio，1988/1991）、奥利弗（Oliver，1991）、克里斯滕森等人（Christensen，Karnøe，Pedersen & Dobbin，1997）的研究，则日益关注个人和组织如何进行创新、策略行为及其变革制度等。我将在以后各章对这些研究一一加以评论。

很多理论框架都认为自由与制约是相互对立的观念，并要求我们“划清界限，只能站在其中的某一边”，给予其中某种社会价值观优先的地位。不过，幸运的是，近年来社会学理论的发展，使我们看到自由与制约是相互联系的、可以协调一致的过程。特别是吉登斯的结构化理论（Giddens，1979/1984），为我们研究自由与制约之间的相互作用提供了强有力的理论框架，并取得了丰富的成果。

吉登斯所创造的“结构化”（structuration）一词可能是一个很不恰当的术语，但它告诉我们，社会的结构包括各种社会活动的模式化以及跨越时空关系的模式化。社会结构只不过作为模式化的社会活动而存在，当然也整合了在历史过程中被不断再生产的规则、关系与资源。吉登斯（Giddens，1984：25）称此为“社会结构的二重性”，认为社会结构既是社会行动的产物又是社会行动的平台。社会结构具有双重角色，因为它们既是它们所组织的实践的中介，又是这些实践的结果，而且这一过程总是历史地循环进行。个体行动者进行实践，这些实践在一些方面受到既有社会结构的制约，但同时在另一些方面又得到社会结构赋权。在吉登斯的理论模型（Giddens，1984：21）中，社会结构是由规则（“社会生活实践及其再生产的一般程序”）与资源（“用来增加或维持权力的人类或非人类资源”）构成的（Sewell，1992：9）。制度就是由那些得到更强大的关系和更牢固的资源支持的、被更强烈地坚持的规则构成的社会结构。制度化实践就是“那些深深嵌入具体时空之中的实践”（Giddens，1984：13）。

吉登斯的结构化理论认为，行动者在参与社会结构的持续生产和再生产时，会创造、遵守规则并利用资源。他认为行动者具有思考和应对各种日常生活情境的理解能力和反思能力，能够习惯性地监控自己与他人的行
94 动结果。能动性（agency）指的是行动者具有影响社会世界的能力，如能够改变规则、社会关系或资源分配的能力。结构化理论承认能动性的存在，

说明结构化理论持有一种非决定论的“意愿性”行动概念：行动者既然“能够应用‘如果不这样，就采取另外的行动’的策略，那么也就意味着其能够干预这个世界或者能够抑制这样的干预，并影响特定过程的结果或特定事件的状态”（Giddens，1984：14）。因此，能动性概念也考虑了权力在各种制度过程中的作用。[4]

吉登斯的能动性概念背后的基本理论预设，与社会学新制度主义背后的现象学预设存在高度的一致性。在情境与反应之间，存在着具有理解能力的行动者。行动者的能动性，就体现在“这种理解过程中，而通过这种理解过程，人们与展开的情境持续地对话，并归纳出各种可能的选择，评估这些选择的优劣，随机地重新做出各种选择”（Emirbayer & Mische，1998：966）。

结构化理论还结合其他各种理论主张，来论证个体与组织行动者实际上会发挥比较主动的作用，并提出了一种具有互动性与互构性的制度过程观。例如，结构化理论认为行为往往是以规则为导向的并受到规则的支配，但是并不会因此认为行为是“非理性化的”或“无意识地自动进行的”。马奇等人（March & Olsen，1989）指出，规则一定是人们选择的，因为通常并非只有一条规则可以适用；规则同时也一定要得到行动的理解，并适应特定情境的需要。卡尔·韦克（Karl Weick）认为，理解与脚本出自行动，同时又先于下次行动而存在，集体的符号既可能被用来为过去的行为提供正当理由，又可能被用来指导当下的行为（Weick，1969/1979；1995）。正如第三章所指出的，新近的各种文化理论，认为个人会发挥积极的作用，会利用既有的规则和社会资源来形成自己的行动策略，并使自己的行动策略更可能成功。一些学者还提出了一个“认同的政治”概念，认为个人或组织群体会创造目标、身份和团结，以为群体提供意义，使成员持续对群体保持忠诚（Aronowitz，1992；Calhoun，1991；Somers & Gibson，1994）。他们越来越认识到，组织的参与者成员并非总是遵照习惯模式，而是会做出各种不同的反应，有时会创造新的行动、组织甚至存在方式。

最近还有一批学者，不仅赞成上述结构化理论框架，同时还指出，制度主义者太过于强调制度指导与支配行动者的那些过程，以至于对行动者

95 及其行动对于制度的影响关注不够。因此，理论研究应更加关注结构化的“第二个时段”，应更加强调“制度的运行”，分析“个体与集体行动者的意识、技能与自反性（reflexivity）”，因为他们会以各种方式试图创造、维持或破坏制度（Lawrence & Suddaby，2006：219；Lawrence，Suddaby & Leca，2009）。有些学者集中关注制度的创造，重新借用迪马吉奥的“制度企业家精神”概念（DiMaggio，1988），指出有些行动者能够动员资源来创造制度并实现他们认为有价值的利益（Maguire，Hardy & Lawrence，2004；也见本书第五章）。而关注制度维持的学者则使我们看到，制度的再生产从来不是自发性的，去制度化的过程同样也不是自发性的（Oliver，1992），因此要坚持某种制度，离不开某些个体或集体行动者的努力。而关注制度瓦解的研究，长期以来都得到了社会运动理论的支持；社会运动理论家与制度主义者相结合，研究了受压迫的或者边缘化的利益群体和运动参与者，并发现这些群体与参与者会动员资源以促进制度的变迁（Davis，McAdam，Scott & Zald，2005）。本书以后各章还会对诸如此类的制度研究进行讨论。

所有的行动者，包括个体与集体行动者，都具有某种程度的能动性，但处在各种不同的社会结构中的行动者之间的能动性程度存在极大的差异。能动性本身是社会与制度的建构。

三、制度的载体

不管是规制性、规范性还是文化-认知性制度要素，都需要由各种媒介或载体（carrier）来承载、体现、实施、传递、宣扬（Jepperson，1991：150）。制度的载体大体上可以分为四种：符号系统、关系系统、活动与人工器物。[5]三大制度要素都有各自的这四种载体，因此我们可以进行交叉分类（见表4-1）。不同的理论家不仅研究和强调的制度要素可能不同，而且所强调的制度载体也可能不同，因为不同制度框架的核心制度要素和依靠的载体会不同。我们必须充分认识到，在各种制度变迁——聚合性的或分异性的制度变迁——中，制度载体具有十分重要的作用。不同的载体有着自己的基本机制，研究这些机制，我们就能够了解思想观念在时空中是如何运动的，是谁在承载和传播这些思想观念，以及它们如何通过自己的运动而使制度发生变迁。

表 4-1　　三大制度要素及其载体　96

	三大制度要素		
	规制性要素	规范性要素	文化-认知性要素
符号系统	规则、法律	价值观、期待、标准	范畴、典型、图式、框架
关系系统	治理系统、权力系统	政体、权威系统	结构同形、身份
活动	监督、惩罚、干扰	角色、岗位、习惯、集体行动	预定脚本
人工器物	遵从强制规定的物体	符合惯例、标准的物体	拥有象征性价值的物体

大量的研究已经讨论了制度载体的主体问题，不过这些研究是在不同的名义下进行的，包括创新扩散、技术转让、组织学习、改革采纳、仲裁机构、管理潮流、现代化过程等等研究，因此显得极为纷乱。但是所有这些研究领域的研究者都日益认识到，制度载体从来都不会采取中立性的承传模式，而是会影响制度信息的性质以及制度信息被接受的方式。因此，虽然学者们常常使用迈克尔·瑞迪（Michael Reddy）的“引水渠”比喻（Reddy，1979），认为它们是传递与流通制度信息的渠道，但是制度信息的传递和到来方式会影响人们对它的理解和接受。因此，正如戴维·阿伯内西（David B. Abernethy）关于欧洲殖民扩张的研究（Abernethy，2000）所指出的，西方的思想观念是以寻求皈依者的传教士的面目，还是以寻求交易伙伴的商人的面目，抑或是以意在掠夺和征服领土的军队的面目在殖民地出现，会有着不同的影响和传播效果。

在从此时此地向彼时彼地传播的过程中，思想观念和人工器物会受到改变和修正，并与其他思想观念或物体相结合，因此而发生转化。正如克斯廷·沙林-安德森（Kerstin Sahlin-Andersson）所言，它们被编辑了，“那些制度模式在不同的情境中被讲述和重复讲述，并且在同一情境中也会被不同地讲述”（Sahlin-Andersson，1996：82）。然而，它们是如何被编辑的和被剪辑了多少，都会因载体的不同而各异。表 4-1 描述了各种载体各自传递的制度信息。我们所说的载体概念，主要强调的是其具有一种中介的特征。

97 我们还要注意的是，表4-1中的各个条目并非指某种思想观念、某个实践做法或者某种人工器物的简单传播扩散。正如柯利维和琼森等人所言，我们不应将简单的扩散与制度化相混淆（Colyvas & Jonsson，2011：28)。制度的扩散主要是指制度的“传播，或者说制度的流动”，而制度化则主要是指“形成稳定性，或事物如何具有持久性”。物质可以流动，实践做法可以扩散，但是这种情况绝对不可以视为得到了制度上的支持，例如潮流、时尚、品味的扩散就是如此；实践的做法往往并不是被法律认可的，例如人们往往认为公司招聘员工的实践做法遵循了一视同仁的公正准则，但实际上常常包含了一些内部消息、潜规则或偏向性。为了处理这个问题，表4-1的划分不仅强调物质与实践做法都会跨越时间边界而流动，而且强调规则、规范与信仰也会如此。简言之，我们所强调的制度载体是那些承载制度要素的对象或活动，而不是简单的对象或活动。

1. 符号系统

正如本书第二章所指出的，近年来大多数的文化研究视文化为一种符号系统，即一种象征符号集合。制度主义者认为象征符号主要包括用来指导行为的所有规则、价值观、规范、分类、表象（representation)、框架(frames)、图式、原型（prototype）和脚本等等。正如表4-1中的条目所显示的，我们究竟强调哪一层面的象征符号系统，在很大程度上取决于我们强调的是哪一种制度要素。强调文化-认知性制度要素的研究者，强调共同的范畴、特性和原型在影响和塑造感知与理解方面的重要性；强调规范性制度要素的研究者，则强调作为行为导向的共同价值观和规范性期待的重要性；而强调规制性制度要素的研究者，则着重强调惯例、规则以及法律的重要作用。

语言作为一种人类能力而出现，极大地促进了象征符号在时空中的传播。正如第二章所指出的，口头语言为地方性的神话文化提供了基础，但词汇所具有的力量与可流动性极大地促进了可以与具体实践活动相分离而存在的理论性（theoretic）文化的产生，这些文化包括了书面语言，以及外在地和客观地存在于从书本到数字信息等各种媒介中的文化。加拿大经济史学家与传播学家哈罗德·伊尼斯（Harold Innis，1972；1995）对媒介与帝国进行了深入的研究，并描述了依赖于口述传统与依赖于各种书面形式的传播之间的不同：

> 字母的引入和应用，意味着一种对声音而非视觉的关注，或者对耳朵而非眼睛的关注。帝国是建立在以视觉为基础的交流沟通之上的，而（地理上有严格限制的）古希腊政治组织则相反，强调口头的讨论（Innis，1995：332）。

随着书写文字的发明，这种用来承载单词的媒介的性质极大地影响和 98
增加了传播的可能性。例如，伊尼斯（Innis，1995：325）发现，在石头上或陶片上写字有利于长时间地保存知识，而在纸莎草制成的纸张或普通的纸张上写字更适合在空间中传播思想。后来随着印刷术的出现，同一文本可以大批量地印制和广泛地传播。本尼迪克特·安德森（Benedict Anderson，1983：44－45）指出，印刷语言的运用促进了统一的交换与交流领域的出现，这种统一的交换与交流，运用了“下行是拉丁语，上行是本国语”的印刷语言；而“资本主义与印刷术”的结合，更为民族独立与国家系统的建构提供了重要基础。

进入现当代，信息交流技术的发展极大地促进了思想观念在世界范围内的广泛传播，使各种组织联系起来并相互转化，扩大了市场规模，延长了供应链，并在总体上使我们更充分地融入全球经济当中，形成更加相互依赖的政治共同体。正如阿尔琼·阿帕杜莱（Arjun Appadurai）所指出的，电影与电视的出现已经算得上是锦上添花了，电脑与手机却接着又风行整个世界，而互联网则更是把二者结合起来，使人们跨越了空间的距离。在人类历史的很长一段时间内，神话、故事、歌曲和英雄人物形象为人们提供了各种生活模式；但是在今天，全球性的媒体则提供了更加丰富多彩的可能图景——“世界上越来越多的人，比以前越来越多地考虑可能性越来越广泛的生活”（Appadurai，1996：53）。新的思想观念会随之而来，然而它们在本地化的过程中被转述、熔化而与本地知识融为一体。而各种图式也是可以“传输的”——“它们可以被应用于各种不能完全预测的情境中，而这些情境与人们最初习知这种图式的情境是不同的”（Sewell，1992：17）。象征符号也是可以传输的，也是多功能的，并且可以伸缩和延展。

2. 关系系统

关系系统也可能承载制度，但关系系统必须依赖同角色系统的模式化互动才能成为制度的载体。所谓的角色系统，即占据各种社会位置的人所形成的网络。移民潮会带来新的思想观念、各种新的行为模式，使行动者对跨越社会边界的关系产生忠诚感。很多具有强大生命力的关系系统都跨
99 越了组织的边界，并在组织的边界处交叉重叠，职业与专业关系网络，以及实际从业者的共同体，都属于这种情况（Brown & Duguid，2000）。

规则和信仰系统会被编码成不同的位置和角色，而关系系统也会整合制度要素，并具体地表现这种制度要素。很多组织共有某些关系安排以及与之相伴的符号系统，并出现组织结构的同形（即组织形式的相似性），或者结构性等同（即组织形式之间的相似关系）。其他组织形式对某个特定组织而言，可能是独特的，体现了地方化的信念系统，创造了组织的独特“性格结构”（Selznick，1957）或“身份”（Albert & Whetten，1985）。

不同理论由于强调的制度要素不同，因此也会强调关系结构的不同层面。强调文化-认知性制度要素的学者，往往强调组织的结构模式。分类与类型常常被编码并进入组织结构之中，组织结构由分化的部门和角色构成。例如，在大学中被编码的知识系统，促进了不同学院和研究机构的形成。研究规范性与规制性制度要素的学者，往往认为关系系统是一种“治理系统”，强调这些结构的规范性（权威）层面或强制性（权力）层面，并认为这种治理系统会创造和实施律令、规范和规则，监督与制裁参与者的各种活动。诸如威廉姆森之类的新制度经济学家，也突出强调那些为了实现治理而建立起来的关系系统，认为它们是各种制度要素的首要载体。

鲍威尔及其同事还认为，关系系统对于制度结构与过程还会发挥更加复杂而重要的作用（Owen-Smith & Powell，2008；Powell，Koput & Smith-Doerr，1996；Powell，White，Koput & Owen-Smith，2005）。他们对生物科技领域的出现进行了研究，探讨了该领域与美国各地的小生物技术公司、大公司、美国国家卫生机构、风险投资公司、大学之间的关系及

其结构的演化。他们发现，随着美国生物科技领域逐渐整合并站稳脚跟，这些博弈者之间的关系以及各自的重要地位都在不断地发生变化。他们认为，在诸如此类的案例中，关系网络与制度之间存在“协同建构”，拥有不同资本、受着不同逻辑支配的行动者会想办法逐渐理解他们所在的世界的意义，解决各种分歧，形成相互强化的互动模式（Owen-Smith & Powell，2008；也见本书第八章）。各种制度和规范会影响关系系统，而不断变化着的关系系统也会反过来影响制度与规范。

3. 活动 *100*

正如第一章所指出的，诸如凡勃伦、康芒斯之类的早期制度经济学家，借鉴了20世纪初期美国的实用主义传统，强调习惯、惯例和传统对于社会行为的重要影响。这些学者把行为和社会行动作为研究的中心。科恩（Cohen，2007/2009）认为随着西蒙把关注的重点从行动转向决策（Simon，1945/1997：1），组织研究也发生了重要的转向。杜威等人的实用主义把处理日常事务的活动作为分析的中心，并强调习惯与传统对于活动的影响；而西蒙认为，其实人们在行动之前都会进行选择和决策。这样，西蒙就逐渐背离了杜威等人的实用主义传统，强调认知的重要性。当然，正如我们已经指出的，尽管存在这种转向，不过后来西蒙与马奇也承认“行动或表演程序”对于编制理性的行动方案十分重要。而当代的一些新制度主义者更加强调的是象征符号与信念而不是社会行为。诸如迈耶之类的学者则认为制度化常常涉及规则和结构（如象征符号和关系系统）的变迁，但是这些规则与结构对于组织参与者的活动似乎并无多大的影响（Drori，Meyer & Hwang，2006；Meyer & Rowan，1977）。

虽然自1950年代以来，组织研究的主流趋势是更加强调象征符号而非行为，更加强调结构而非活动；但是，相反立场的研究也一直存在并且在不断发展壮大。这些相反立场的研究按照时间先后包括：施特劳斯等心理学家的研究关注的是谈判秩序（Strauss，Schatzman，Bucher，Erlich & Sabshin，1964），韦克的研究强调组织化这个过程而非静态的组织（Weick，1969/1979），斯维尔曼的研究关注的是行动而不是对组织的系统解释（Silverman，1971），吉登斯的研究用结构化理论取代了结构或建构概念

（Giddens，1979），尼尔森和温特等演化经济学家的研究强调的是惯例（Nelson & Winter，1982），布迪厄的研究强调的是实践（Bourdieu，1977），巴尼的资源基础理论强调的是“能力”（Barney，1991），劳伦斯等人的研究关注的是“制度性工作”（Lawrence & Suddaby，2006）。

早期关于与组织和制度相联系的活动的研究，主要是强调重复性的活动，即习惯性活动与惯常性活动，认为它们为秩序与连续性提供了基础。但是在社会运动理论的影响下，最近的研究坚持认为制度研究应考虑建构
101 新制度、解构旧制度的各种活动。社会运动理论一直以来都不怎么关注制度的持续性，而更为关注解构、推翻旧制度并建立新制度的过程，更为关注反叛、抗争和动员过程（McAdam，McCarthy & Zald，1996；McCarthy & Zald，1977；Tilly，1978）。实际上，组织/制度理论家们与社会运动理论家们长期以来都关注的是同一过程的不同时刻（McAdam & Scott，2005：8－14）。

其实，我们在讨论与三大制度要素相关的活动时，对于规制性制度要素，显然必须一方面关注“委托人”（principals）即组织中的各种负责人的监督与惩罚行为，另一方面关注“代理人”的遵守或不遵守的行为。正如本书第三章所指出的，监督需要高成本，在监督活动中做出的选择可能会明显影响控制系统的效率，也会影响代理人关注哪些方面的绩效。但是，代理人也可能有自己的议程，并试图逃避甚至破坏规则系统和权力。本书第七章将会对代理人面对制度压力时的各种可能反应进行更详细的探讨。

与规范性制度要素相联系的活动，包括了在各种制度背景中建构的社会行动，其中最重要的就是角色与工作岗位。还有，正如早期制度主义经济学家所强调的，制度也体现在被建构的活动中，这些活动表现为习惯化的行为与惯例，并成为制度的承载者。惯例作为制度的承载者，有赖于模式化的、体现行动者的默会性知识和信念的活动。很多早期的新制度经济学家，诸如凡勃伦等人，相对忽略象征符号系统的重要性，而视习惯化的行动、惯例、标准操作程序以及类似的模式化活动为制度的核心特征。

后来，马奇和西蒙（March & Simon，1958）认为，重复性的“表演程序”是影响组织可靠性和稳定性的核心要素。而近年来，演化经济学家

如尼尔森和温特（Nelson & Winter，1982）等人则强调参与者的技能和组织的惯例对于增进组织的可靠性和稳定性具有十分重要的作用。也就是说，他们认为，各种很少涉及或者根本不涉及有意识的选择和行为的活动，是受行动者自己可能并未明确察觉的意会性知识和技能所支配的。温特（Winter，1990：274－275）认为，惯例是组织的“基因”，并指出惯例包括各种“硬的”（被编码进入技术性活动的）与“软的”（诸如飞行视察或快餐程序等）组织惯例，但是所有惯例都涉及“重复性的活动模式”。这些 102
模式包括各种行为，即从个体雇员的一套标准运行程序和技能到“一系列的组织活动，如工作岗位、生产装配线、航空预约系统、会计原则或战争规则等”（Miner，1991：773）。这样的惯例涉及了比获得“规则系统或代表系统”更多的东西，还涉及“行动模式”学习与问题的解决（Hanks，1991：20）。这类技能为很多组织行为的稳定性提供了基础，决定了很多组织行为绩效的长期保持或者停滞不前。

惯例往往是在关系系统之内习得的，并由关系系统来维持和更新。在各种组织背景中，常常存在经验性的学习和在职培训，允许新手进行吉恩·雷夫（Jean Lave）和艾迪安·温格（Etienne Wenger）所说的“合法的、边缘性的参与”：

> 我们所说的“合法的、边缘性的参与”，是指新手必须参与实践共同体，新手要掌握知识与技能就必须逐渐充分参与共同体的社会与文化实践（Lave & Wenger，1991：29）。

“惯例是在共同体中习得的，并由共同体维持的”这一事实，意味着惯例可能并不会轻易传播到由新的行动者与新的关系构成的新的情境之中。惯例往往具有较大的“黏性”，我们也很少看到两个不同的组织会自然地形成相同的惯例，但是不管怎么说，惯例总体上还是可以传播和移植的。

最近，伊丽莎白·克莱门斯（Elisabeth Clemens）借用社会运动理论的“剧目”（repertoire）概念，来指称某个特定团体或社会的成员应用或知道的一套独特的行动形式。她认为，一个组织采取何种组织形式，与成员独特的活动剧目相关，因为这些剧目为成员的社会互动提供了样板、脚本、菜单或模式（Clemens，1997：39，49）。当集体行动者知道他们要做什么，而且他们的对手知道他们期待什么时，这样的剧目就会发挥作用，促进集体行动的发生和发展。

4. 人工器物

很久以前，人类学家就认识到人类智慧创造的“物质文化”或人工器物，对提高各种任务的绩效具有重要作用。萨奇曼认为，所谓“人工器物就是，人类在自然环境和/或文化环境的影响下，有意识地生产和传播的各种物质性的物体”（Suchman，2003：98）。最原始的人工器物是打磨而成的石器，而最先进的人工器物则是各种需要复杂技术的能进行再生产的硬
103 件、软件。早期的组织技术研究者，认为技术对组织结构和行为产生着单向的决定性影响（Blau，Falbe，McKinley & Tracy，1976；Woodward，1958）。后来他们强调技术是社会建构的，技术对组织结构与行为的影响又要受到各种情境因素与理解过程的影响，从而抛弃了早期的技术决定论（Bijker，Hughes & Pinch，1987）。还有些学者则采取了比较综合的立场，认为在任何情况下，人工器物都会“同时体现技术性与符号性因素的影响”（Suchman，2003：99；Gagliardi，1990）。

管理学者万达·奥尔利科斯基（Wanda J. Orlikowski）指出，我们可以把人工器物与技术纳入同一理论框架进行研究。这个理论框架就是吉登斯（Giddens，1984）所提出的结构化理论框架，这种理论框架把社会结构与人类能动性和谐地融合在一起。奥尔利科斯基的这一提议值得重视，如果我们把人工器物视为结构化的一个实例，就可以认识到人工器物的创造与发明是人为行动的产物，但是这种创造与发明“一旦出现和推广”，就会逐渐固化下来，成为“客观的背景结构中的一部分”（Orlikowski，1992：406）。从事创造与发明活动的参与者与分析者往往看不到这一点，因为创造新工具的行动者及其行动最终会从他们应用新工具来完成任务的时空中消失。主要关注人工器物之创造的学者，相对来说可能会看到更多的可能性，即那些被选中的小径与“被放弃的大道”；主要关注人工器物之使用的学者，看到的则可能主要是所选择的设计对应用这些设计的人的制约。这些学者之间尽管存在这样的差异，但都不应忽视人工器物使用者与人工器物之间存在重要的相互影响，以及使用者对于人工器物的意义与用途的修

正。正如奥尔利科斯基所指出的：

> 我们期待人类行动者在技术的最初形成时期，就可以更大程度地接纳这种技术，同时不会削弱使用者通过与这种技术进行互动而在（物理上和社会上）持续改变这种技术的潜能。使用者在使用一种技术时，会以各种方式来理解、评价与运用这种技术（Orlikowski，1992：408）。

史蒂芬·巴利（Stephen R. Barle，1986）对美国两个社区医院放射科采纳“双胞胎”CT扫描技术的情况进行了经验研究，探讨了这些科室的决策与权力结构为什么会变得越来越不同，分析了技术的采纳与技术变迁之间的相关性，并获得了很有启发性的结论（见本书第八章）。

作为制度载体的人工器物，与其他载体一样，同三种制度要素都有关 *104*
系，都受到三种制度要素的影响。首先，技术性人工器物的设计与建构会受到规制性机构出于安全考虑而进行的控制。在现代社会中，存在着各种产品质量监督机构，以确保原子能工厂的可靠性，为商用航空器与客车设定效能与安全标准，等等。我们还可以像萨奇曼（Suchman，2003）那样，把社会合约看成是在法律保护和规制之下的社会性人工器物。其次，技术性人工器物还受到各种规范性过程的影响，并体现这些规范性过程。正如上文所讨论的，行业协会与产业团体常常聚集在一起，设立各种机械与技术设备的标准。这种协定标准保证了技术设备的兼容性，如果协会成员都采用这一标准，就可以为行业生产者创造附加值（Katz & Shapiro，1985）。最后，人工器物也会体现和表达特定的思想观念。某些物体“承载”的符号性“内容”可能远远超过其实际物质的重量（例如恳谈会上的面包与葡萄酒，或者足球比赛中的门柱，就是如此）。

上述主张与区分，表明组织要深深地嵌入制度背景之中可以选择各种不同的方式。任何特定的组织都既受制度力量的支持，又受制度力量的制约。还有，任何特定的组织都会把多重的制度化特征整合到自己组织边界之内由符号系统、关系系统、活动、人工器物构成的结构中。因此，我们完全可以讨论组织的构成部分及其特征被制度化的程度。绝大多数甚至是所有的制度主义者，都持有这些共同的观点。强调文化-认知性制度要素的制度主义者甚至还提出了一种更加重要的主张，即认为有特定目的、工具性实体的组织完全是制度过程的产物，这种制度过程是一种建构性过程，界定了各种集体行动者的通用性资产与专用性资产。这种制度理论倾向于打破传统的组织-环境划分。组织在很大程度上受到环境的渗透，但是很多理论模型都没有看到这一点。

四、分析层次

1. 六种分析层次

几大主流的制度理论最重要的不同之处在于，它们的分析层次存在差
105 异。对于那些强调社会事件不仅受其所处微观环境的影响，更是要受到更加宏观的背景的影响的制度主义者而言，认识到制度分析存在不同的层次，就显得特别重要。那些强调多个层次的背景的影响的学者，往往会提出跨越多个分析层次的主张。

对于分析层次这个概念，我们大家都很熟悉，也认为非常有用，但是这个概念主要是强调物质性层次的划分。它可能使研究者陷入相对僵化的、死板的社会边界划分，而遮蔽制度分析的核心主张，即秩序往往是源于共同的意义而非物理或物质因素。因此，这个概念对于民族-国家、组织及其参与者的描述，即使不会产生误导性，也存在过于简单化的嫌疑，似乎它们是在不同层次上独立运行的制度系统。我们所确定和限定的各种分析层次，实际上属于开放性的系统。从这个层次发生和运行的活动和意义，从常常与那个层次的激发性活动与意义相联系的角度看，这些系统都是开放性的、相互渗透的。我们运用这些分析层次概念主要是为了帮助我们理解制度和组织，但是要注意不能因此扭曲我们的原意。

区分分析层次的关键维度，是分析现象所涵盖的范围，包括所涵盖的空间范围、时间范围或影响人数的规模。对于制度概念而言，其分析层次可以操作化为各种制度形式的权限或统辖范围。由于社会现象是复杂而多样的，因此任何一种划分都多少存在一定的武断性。不过，对于我们的目的而言，我们可以确定制度分析存在六大层次，即世界系统、社会、组织场域、组织种群、组织，以及组织子系统层次（见图4-1）。

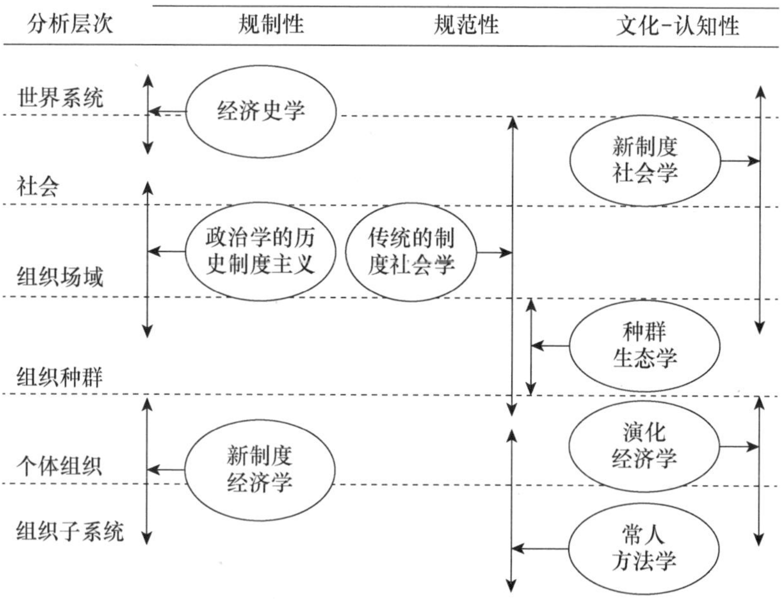

图 4-1　三大制度要素的不同分析层次以及代表学派

到目前为止，学者们对上述所有分析层次基本上都有所涉及和研究， 106
特别是组织研究者对所有这些分析层次都非常感兴趣。自 1970 年代以来，制度理论最关注的是分析较宏观的层次，不过近年来，这种失衡状态有所改善，很多制度研究开始关注微观层次（Elsbach，2002；Fiol，2002；Powell & Colyvas，2008；Zilber，2002）。下面是对各个分析层次的简要回顾。

- 世界系统层次。它主要包括全球、国际或跨国层次的分析。相关学者们主要探讨跨越各个社会和较长历史时期的结构与过程。代表性的研究主要包括沃勒斯坦（Wallerstein，1974）以及迈耶等人（Drori，et al.，2006）对世界社会的相互补充的研究，后来的相关研究主要以国际工商学者为代表（Peng，2003）。
- 社会层次。它主要关注和分析国家或社会层次的结构与过程。诸如索罗金（Sorokin，1937—1941）和帕森斯（Parsons，1951）之类的社会理论家是这个分析层次的开创者，很多政治学家（Dahl & Lindblom，1953；March & Olsen，1984）与政治社会学家（Skocpol，1985）主要集中分析这个层次。

● 组织场域层次。这也许是人们最不熟悉的分析层次，但对于制度分析者来说却是最重要的分析层次。组织场域往往包括了一群多样性的但相互依赖、拥有共同意义系统的组织。代表性的研究者主要包括迪马吉奥、鲍威尔、迈耶等人（DiMaggio & Powell，1983；Scott & Meyer，1983；也见本书第八章）。

107 ● 组织种群层次。组织种群层次的分析又称为组织人口生态学分析，或者组织群体分析。组织理论与制度研究都十分重视这一层次的分析。所谓的组织种群，是指那些具有某种共同性而聚合或集中在一起的组织，特别是那些在环境脆弱性方面相对同质的组织（Hannan & Freeman，1977：934；Hannan & Freeman，1989）。报业集团与工会组织，就是这类组织种群的典型例子。

● 个体组织层次。当然，组织是制度与组织研究最早关注的分析层次，开创者包括塞尔兹尼克（Selznick，1949/1957）及其学生们。在单个组织层次运行的制度过程是他们研究的焦点。后来的组织文化研究（Kunda，1992；Martin，2002）是这种分析层次的继续。

● 组织子系统层次。这一层次主要分析组织的构成单位，诸如组织的各个部门、团队等。开创者主要是诸如罗特利斯伯格等（Roethlisberger & Dickson，1939；Seashore，1954）产业关系研究者，后来得到了巴利等人（Barley，1986；Heimer，1999；Kellogg，2011）的不断推进和拓展。目前制度主义研究者越来越关注这一层次的分析。

不过，我要再次重申，所有这六个分析层次都是组织研究者感兴趣的分析层次。与载体概念一样，三大制度要素都分别存在于这六种分析层次，因此我们也可以根据三大制度要素对这些分析层次进行交叉分类。

2. 关于三大制度要素在不同分析层次上的代表性研究

首先，关于不同层次的规制性制度过程的代表性研究。在跨社会层次上，诺斯和托马斯（North & Thomas，1973）研究了西方15—17世纪的产权制度以及相关的政府规制性措施是如何形成和发展的。在社会层次上，斯考切波（Skocpol，1979）研究了政府组织及其功能运行的差异，认为这种差异对法国、俄国和中国的革命产生了不同的影响。在组织场域层次上，格斯里等人（Guthrie & Roth，1999）研究了政府机构与企业主在制定员工产假政策过程中的动态互动。在组织种群层次，威廉·巴尼特（William Barnett）和格林·卡罗尔（Glenn R. Carroll）研究了由美国各州和联邦各机构实施的规制政策对早期电话公司种群的形成所产生的影响（Barnett & Carroll，1993）。在个体组织层次上，威廉姆森（Williamson，1975/1985/ *108*
1991）提出了一种市场与等级制框架，来解释那些在个体公司层次上处于支配地位并有效降低经济交易成本的各类组织形式是如何出现的。在组织子系统层次上，谢普斯勒等人研究了国会各个委员会的权力的制度基础（Shepsle & Weingast，1987）。

其次，关于不同层次的规范性制度过程的代表性研究。在跨国层次上，尼尔斯·布朗森（Nils Brunsson）与本格特·雅各布森（Bengt Jacobsson）研究了由国际性的专业协会和非政府组织进行的标准（规范性框架）制定过程（Brunsson & Jacobsson，2000）。在国家-民族层次上，杰伊·塔特（Jay Tate，2001）研究了一个国家（民族）的各种标准如何得以维持和长期存在；在社会层次上，帕森斯（Parsons，1953）描述了一个社会的价值系统之间以及规范框架之间的各种差异，并研究了这种差异对组织的影响。在组织场域层次上，斯蒂芬·梅兹亚斯（Stephen J. Mezias，1990）研究了政府机构和专业会计协会的行动如何导致要求公司进行资产负债状况报告的规范信念的变迁；罗伯特·斯特恩（Robert N. Stern，1979）和保罗·斯塔尔（Paul Starr，1982）研究了工会与专业协会所发布的规则与惯例对组织场域特别是高校体育与医学等场域产生的影响。在组织种群层次上，赛恩等人（Singh，Tucker & House，1986）研究了公共机构合格鉴定对志愿性社会服务组织种群生存概率的影响。在个体组织层次上，塞尔兹尼克（Selznick，1949）研究了田纳西河谷管理局的程序性要求被利益群体的利益与价值逐渐渗透并异化的过程。在组织子系统层次，唐纳·罗伊（Donald Roy，1952）、迈克尔·布拉维（Michael Burawoy，1979）先后研究了一个制造厂的某个机械制造车间工人之间存在的产品数量与质量控制的规范性框架的制度化过程。

最后，关于不同层次的文化-认知性制度过程的代表性研究。在国际层次上，迈耶及其同事（Drori，2006）研究了国际层面的文化过程导致了各种组织的产生，以及其对各种不同背景中的组织结构与过程所产生的影响。在国家层次上，道宾（Dobbin，1994b）研究了美国、英国、法国等国不断变化的文化信念系统对社会政策的影响，进而对铁路系统建设的影响。在组织场域层次上，戴维·第普豪斯（David L. Deephouse，1996）和安德鲁·霍夫曼（Andrew W. Hoffman，1997）等研究者应用谈话分析和内容
109 分析技术，对银行业的意义系统和公司的环境保护主义进行了评估研究。在组织种群层次上，卡罗尔和迈克尔·汉南（Michael T. Hannan）研究了报业公司的密度或受欢迎程度——他们认为这是此类组织被民众自然接受的指标之一——对美国城市报业公司增长率的影响（Carroll & Hannan，1989）。在个体组织层次上，伯顿·克拉克（Burton R. Clark，1970）研究了由精英大学培育的独特文化价值观对组织生存能力的影响；吉迪恩·昆达（Gideon Kunda，1992）研究了高科技公司的“工程设计文化”对这类组织的生存能力的影响。在组织子系统层次上，唐纳德·齐默曼（Donald H. Zimmerman，1969）研究了一个社会福利机构中的招新工作的“典型概念与共同理解”的形成和发展过程。

3. 跨层次分析

有一些重要的制度研究，实际上涉及多个分析层次。有的研究者分析了某一较高层次上的条件与事件对于较低层次的行动者及其活动的影响。很多学者认为，制度主义的核心主题，就是个体或集体行动者的行为不应归因于他们的特征或动机，而应归因于他们所处的背景（Schneiberg & Clemens，2006）。例如，迈耶等人关于世界系统层次上的理性化过程的研究（Drori，et al.，2006；Meyer，Boli，Thomas & Ramirez，1997），运用历史比较研究方法，揭示了不同社会所采纳的基本结构、政策与计划主要不是受到它们的内部人口或经济特征的影响，而是受到世界系统层次上发生的事件的影响，以及社会与世界系统之间的关系性质与强度的影响。还有很多关于组织的制度主义研究，揭示了组织的结构和行动要受到组织与民族-国家、社会，其所属的组织种群或所在的组织场域之间的关系的影响。下面各章所回顾的许多研究，都属于这种跨层次分析。

4. 关于三大制度要素在不同分析层次上的代表性学派

图 4-1 根据制度要素和分析层次进行了交叉分类，总体上显示了各个制度学派或制度研究各自的定位。第一，社会学家近年来的制度研究，大多强调文化-认知性制度要素并注重宏观层次的分析，即往往研究的是在跨组织层次上运行的各种制度过程。而且，这些研究在强调各种文化要素——广泛传播的信念、惯例和专业知识系统——的同时，也注重宏观结构——诸如国际组织、政府、工会与专业协会等——作为制度载体的影响。

第二，组织生态学家主要是在组织种群层次上进行组织分析，其近年 110
来的研究运用制度视角来解释组织种群人口密度变化的重要特征。卡罗尔和汉南（Carroll & Hannan，1989）发现很多组织种群开始时只是缓慢起飞，后来会迅猛成长，他们认为这是特定组织模板或组织这类工作的原型的认知合法性日益增加的结果（见本书第六章）。组织人口生态学家也重视各种非制度过程，诸如关于稀缺资源的竞争等。

第三，常人方法学以及承其衣钵的公司文化研究者们，强调了组织或组织子系统层次上的各种认知性要素的重要性（Martin，1992；Trice & Beyer，1993）。常人方法学家们以及某些演化经济学家们，强调习惯与技能的重要性，并因此十分关注组织与亚组织层次上的作为制度载体的惯例（Barley，1986）。当然，那些研究公司文化的学者首先强调的是制度的符号系统载体。

第四，传统的制度社会学——诸如霍华德·贝克尔（Howard S. Becker）、休斯、帕森斯和塞尔兹尼克等人的研究——则强调的是各种规范性制度要素，分析的是从个体到社会各个层次上的规范性制度过程。这一分析传统目前十分活跃，得到了史蒂文·布林特和杰罗姆·卡拉贝尔（Steven Brint & Jerome Karabel，1991）、帕吉蒂和安塞尔（Pagett & Ansell，1993）等的坚持和弘扬。这一理论路向既强调符号系统载体，也强调关系系统载体。

第五，绝大多数的经济学研究和以理性选择理论为基础的政治学研究，强调规制性制度。经济史学关注宏观层次的分析，研究国际和国家规则的起源与运行，以及那些规制公司与个人经济行为的实施机制。社会学和政治学的历史制度主义，则着重分析规制性机制以及在社会与产业层次上运
111 行的治理机制。新制度经济学以及政治学中的理性选择理论，主要关注在组织与亚组织层次上运行的规制性过程。经济史学与历史制度主义既强调制度的符号系统载体也强调关系系统载体，而新制度经济学主要强调关系系统载体。

由此可见，当前各种“新”制度主义学派之间存在重大的差异。属于组织分析的新制度主义的社会学家们，强调文化-认知性制度要素、符号系统载体和宏观层次的制度因素。相反，新制度经济学家们和大多数的政治学家们则强调规制性制度要素、关系系统载体和微观层次的制度因素。这两种极其不同的视角，却共有一种“新制度主义”的标签！

五、小结

组织之所以出现并获得十分重要的地位，部分是因为那些试图使自然与社会世界理性化的独特文化逻辑的出现。在理性化过程中，人们可以通过编码的、正式化的手段来系统地追求并获得所欲的结果。而组织被视为适当的社会实体，可以用来推进与监督那些旨在实现理性化的计划。随着这种信念逐渐扩散并充斥于各个社会生活领域，组织逐渐成为实现集体行动的普遍手段。

尽管各种制度概念往往强调制度是社会稳定和秩序的根源，但是吉登斯提出的结构化框架使我们既能够对社会秩序也能够对社会变迁的根源进行理论研究与探讨。诸如此类的概念和思想正在日益引导制度理论与研究的发展。为了进一步完善制度概念，我在这里进行了另外两种区分，以认识制度所展示的各种形式和程序，以及当前各种不同的学术路向。其一，制度存在不同的载体。各种制度要素可能由不同的符号系统、关系系统、活动或人工器物来承载、传播和扩散。其二，各种制度要素会在不同层次上运行，有着各自的适用范围。某些制度被严格限制在组织子系统中运行，而其他制度则可能在各种层次甚至世界系统层次上运行。制度要素的多样性、制度载体的多样性以及制度运行层次的多样性，有助于解释制度为什

么受到如此大的关注，以及为什么会导致研究者之间存在如此多的混乱和矛盾。

注释

[1] 其他一些理论家已经注意到技术创新和协同发展——如不同形式的组织的专业化分工——的重要作用（Kerr，et al.，1964；Rosenberg & Birdzell，1986；Scott，2003b：154－163）。

[2] 克莱斯勒（Krasner，1988）、迈耶及其同事（Meyer，et al.，1997；Meyer，Drori & Hwang，2006）对民族-国家的出现进行了制度主义的分析。

[3] 需要注意的是，关注点不同所导致的一个方法论后果，就是那些关注规制性制度过程的学者更倾向于研究跨部门的同类组织或在较短时间内存在的组织（往往认为组织属于一种均衡状态），而关注建构性制度过程的学者则往往进行时间跨度更长的研究或比较研究。

[4] 此时除了吉登斯，还有一位重要的社会理论家也强调权力过程在建构和重建稳定社会系统中的重要作用，他就是布迪厄（Bourdieu，1977；Bourdieu & Wacquant，1992）。

[5] 罗纳德·杰普森（Ronald L. Jepperson，1991）则界定了一套多少有些不同的制度载体：文化、体制和组织。

第五章

制度的建构

113 很多制度研究都具有某种类似于剧本的特征，从第二幕开始，把情节与叙述都当成已经完成的事实。极少有研究想对剧本如何表演或者为什么把这个故事而不是那个故事搬上舞台一探究竟（Powell，Packalen & Whittington，2012：434）。

——沃尔特·鲍威尔（Walter W. Powell）等

最近几十年来，关于组织的制度分析和研究的重点，都放在了既有制度如何影响组织、组织种群或组织场域的结构与运行等问题上——本书以后各章还会对这些分析和研究进行评论。本章关注更加优先和更加重要的制度问题，如：制度是如何出现的，又是如何获得稳定性、合法性与支持者的？制度来自何处？制度是如何被建构的？创造制度的行动者是谁？是什么因素或力量使新制度得以出现？

114 一、制度的生成

人为地把创造制度的过程与变革制度的过程区别

开来，似乎多少有些武断。制度并非出现于真空之中，总是会挑战、借鉴和在不同程度上取代先前的制度。所以这样的区分只不过是为了满足研究的需要。如果我们关注的是新规则的产生及对其的理解和相关实践做法的过程与条件，那么我们就是重在研究制度的创设或生成。正如格雷夫所说，“源自过去的信念、规范、组织，是构成新制度产生过程的初始条件”（Greif，2006：17）。然而，如果我们关注的是既有的信念、规范和实践做法如何受到冲击、逐渐失去合法性或无法扩散开来，并被新的规则、形式和脚本取代，那么我们实际上重在研究制度的变迁。本章先讨论制度的生成或创造，其后各章再讨论制度的变迁。

1. 自然生成视角与能动建构视角的对立

本书第一章曾指出，早在20世纪之初，萨姆纳（Sumner，1906）就发现虽然很多制度都是“无根的水芹”（cressive），是相互依赖的活动的意外结果，并随着时间的进程而不断演化，但是其他的制度则是由有目的的行动者有意识地设计和制定的。斯特朗等人最近对这种区别进行了修正与更新，他们认为对于制度的建构和生成，存在“自然生成”与“能动建构”两种解释立场。自然生成视角认为制度化是“一种自然的、没有受到人的指引的过程”（Strang & Sine，2002：502）。舒茨（Schutz，1932/1967）、伯格与拉克曼（Berger & Luckmann，1967）都持有这样的立场。他们认为，在存在多个行动者参与的情境中，这些行动者会试图理解他们共同情境的意义并形成他们的反应，而这种反应又会慢慢地逐渐变成习惯，互相强化，并作为“人们应对同类问题的”方式而传递给其他人，而整个这一过程都是无意识地进行和完成的。诸如卡罗尔和汉南（Carroll & Hannan，1989）之类的组织人口生态学家，也持有同样的自然主义立场，他们认为某种组织形式之所以不断扩散和流行，被越来越多的组织接受，越来越被制度化，是因为“人们认为它是自然而然的组织形式并予以接受”（见第六章）。在这种自然主义的视角看来，制度不是追求利益的能动者之有目的的行动所创造的，而是出现于面临相似情境的行动者之集体意义理解和问题解决行为。

相反，能动建构立场或视角则强调必须把具体的行动者视为能动者， *115*

他们才是制度生成的原因，正是他们为了自己的利益而有目的地创造了制度。正如本书第二章所言，斯廷施凯姆特别强调权力的重要性，而迪马吉奥（DiMaggio，1988）在此基础上进一步强调，对制度过程的解释必须考虑“行动者的能动性”。他指出，那些关于高度制度化的组织或组织场域的研究，往往容易忽视个人利益与权力过程的作用，因为对立性的利益群体一直受到压制，持不同意见者被迫保持沉默。他认为，在制度变迁过程特别是制度建构过程中，权力博弈的作用更加值得重视（DiMaggio，1991）。

> 简单说来……制度化是行动者为了实现他们的目的而进行的政治努力之产物……制度化成功与否，以及作为结果的制度呈现为何种形式，都要取决于支持、反对或试图极力影响它的各类行动者的相对权力。……这种主张存在明显的内在矛盾，而这种内在矛盾又源于“制度化”一词两种含义之间的矛盾。作为结果的“制度化”概念，把组织结构与实践置于利益与政治范畴之外。相反，作为过程的“制度化”概念是一个政治概念，并深刻地反映了有组织的利益群体以及为了利益而动员起来的各种行动者的相对权力（DiMaggio，1988：13）。

(1) 制度设计的局限

行动者常常会试图创造制度来反映、保护和增进自己的利益，各种利益相关方也常常需要制度来促进合作进而实现其目标（Weingast，2002：670）。但是，各方行动者可能有着自己的利益考虑，从而损害了他们获取所欲目标的能力。保罗·皮尔森（Pierson，2004）把试图通过设计制度来实现某种目的存在的困扰和局限性概括如下：

- “任何制度安排有着多重的后果”，其中很多都是出乎预料的、意外的和不受欢迎的。
- “制度设计者可能不会工具理性地行事”，而接受各种“正当性”规范、时尚潮流的引导，或者可能把不适当的预定方案错误地应用于当前的情况。
- *116* “制度设计者可能缺少历史眼光”，但他们设计的制度却会产生长期后果，而这些后果又常常违背他们的初衷。
- 制度设计者的计划可能导致意外后果，因为这些制度的应用情境已经发生了变化。

- 制度设计是以行动者及其利益恒定不变为假设前提的，但是在历时过程中，行动者会不断变化，利益也会不断变化（Pierson，2004：109－112）。

长期以来，组织研究者还提出了另一种看法，认为随着时间的推移，组织创立者的最初使命、宗旨可能因为“组织迫于形势”、为了保护和发展自己而被修改甚至牺牲。从米歇尔斯（Michels，1915/1949）到默顿和塞尔兹尼克，再到布林特和卡拉贝尔（Brint & Karabel，1991）以及克拉兹等人（Kraatz，Ventresca & Deng，2010），学者们不断地指出，环境压力可能导致组织改变其目标。诸如此类的研究，下文关于组织与制度变迁的研究中还会提到。

在讨论能动性、利益和理性等因素在制度设计中的作用时，如果要提出自己的假定，这些研究就会使我们不得不小心谨慎、尽量考虑得更加周全。

（2）制度企业家[1]

自S. N. 艾森斯塔德（S. N. Eisenstadt，1980）和迪马吉奥（DiMaggio，1988）提出了“制度企业家”这个概念以来，关于制度建构的研究的主要内容之一就是关于“制度企业家”的讨论。这个概念把制度建构研究与熊彼特之前创立的相关研究联结起来了，并再一次引起了关于“结构与能动”的争论，因此这个概念得到了广泛的关注，引发了大量的讨论与研究（Battilana & D'Aunno，2009；Ruef & Lounsbury，2007a）。

熊彼特认为，企业家的职能在于把各种已经存在的资源，包括物质的、社会的以及象征符号性的资源，重新组合起来，创造一个新的企业，进而产生新的财富（Schumpeter，1926/1961）。他更强调的是企业家要通过活动来发挥动员和配置资源的作用，而不是强调企业家个人的特征。这使我们认识到，行动者之间的互动对于建构企业十分重要，企业家的创新过程并不是无中生有地创造出什么新的东西，而只不过是把过去已经存在的资源以新的方式进行组合（Aldrich，2005；Becker & Knudsen，2009）。熊彼特的上述立场，与强调“行动者是嵌入既有背景之中并会使用各种可能获得的资源”的制度主义立场是遥相呼应的。

117 人们曾经长期忽视企业家在制度建立中的功能问题，尼尔·弗利格斯坦（Neil Fligstein）则对此问题进行了研究与探讨。他认为，如果要与有着不同的议程与利益的他人进行合作，就必须具备各种“社会技能”。具有这种技能的人，往往能够关注“不断变化的集体目标”，在不同的个体与利益群体之间发挥中间人的作用，形成共同的议程和达成协议，进而建构共同的意义（Fligstein，2001b：113）。与人们通常强调的技术性技术相比，这种社会技能甚至更为重要。为了澄清概念，我做出了如下的区分（Scott，2010：32－33）：

- 组织性企业家是这样的行动者：他们通过建立新的企业——一个新的组织——来实现他们的目标，但是他们往往遵循一种既有的制度模式。这样的努力需要资源的流动，承担资源投入的价值风险。这样的努力导致了霍华德·阿尔德里奇（Howard E. Aldrich）等人所说的“组织复制者”（Aldrich & Ruef，2006：67）。
- 按照史蒂夫·马奎尔（Steve Maguire）等人的看法，制度企业家精神是指“对特定的制度安排感兴趣并利用资源来创造新的制度或转变既有的制度的行动者的活动”（Maguire，Hardy & Lawrence，2004：657）。

我认为，可以划分出两种制度企业家：

- 技术性的和组织人口种群层次的制度企业家，他们把人力资源与技术资源以一种崭新的形式组合起来，创造新型的生产、流程或组织形式，最终导致“新型组织”的出现（Aldrich & Ruef，2006）。这样的企业家的创造性活动要想取得成功，就必须竭力获得更加广泛的支持者的认可和赞同。
- 场域层次的制度企业家，要么是创造在既有组织场域中运行的制度性的规则、规范、信仰框架，或者使这种框架发生重大的转型，要么是创造一个全新框架进而建构一个新的场域。

正如下文将要指出的，组织人口种群层次和场域层次这两个层次不仅是制度建构所发生的重要层次，而且对于研究制度过程与组织的学者们来说，也是更加重要的分析层次。

118 **2. 三大制度要素是如何生成的**

自然生成视角与能动建构视角，对规制性、规范性或文化-认知性制度要素是如何出现的解释，存在重大的差异。那些研究规制性制度要素的理论，更可能坚持方法论个体主义，假定个人是一种能动者，会通过有意识的、策略性的或计算性的过程，来设立规则以及相关要求。这类研究认为，行动者会权衡利弊、进行因果分析，经过深思熟虑之后再做出选择。规则由多数人说了算或者由权威人物来建构。这类分析者可能借鉴能动建构立场。研究规范性制度要素的分析者们，则更有可能认为制度的建立是一个自然的过程，如道德律令、义务期待是在重复的互动过程中演化生成或逐渐形成的。而文化-认知性制度要素似乎更是来源于相对短暂的、自然的运行过程。特别是在那些关于文化-认知性制度要素的早期研究中，共同理解、共同意义和被视若当然而接受的真理似乎都是从天上掉下来的，没有明确的来源，没有明显的赢家或输家。

尽管三大制度要素各自相关的制度过程之间存在很大的差异，但严格说来，上述关于三种制度过程之特征的描述似乎过于简单，有可能引起误解。以规制性规则为例，如果它们看起来是理性的和一目了然的，那么这反映了某类社会设置和程序已经被建构——被制度化——为集体权威之基础的程度，或者被建构为决策平台的程度。如果要深入分析规制性规则的制定过程，就必须研究建构这类特殊治理设置的各种根源（这种平台是如何形成的，决策规则和参与者的规则是如何演变、发展和进化的），必须研究法律创制与合法治理过程中的所有幕后活动（这是历史制度主义者所重视的研究素材）。相反，规范常常通过互动而演变，但是也可能由人们理性地、精心地制定。专业机构和行业协会可能积极地通过有意识的协商，来创设和修正它们的规范标准。与各种规制性机构一样，某些规范性的社会团体——不管是处理全球变暖问题的环境科学家团体，还是从事传染病控制的医学家团体——被赋予权力，可以在某个相关领域实施道德上的领导权。文化-认知性制度要素，源于不同程度的理性选择过程。它们可能是从 119
不发达的、青涩的集体互动中演化生成的，也可能是有意识设计的产物，并通过高度制度化的文化机构进行传播和扩散（Scott，2008b）。社会习俗通过前者产生，而科学真理与法律通过后者产生。

总之，关于制度建构的这两种解释，似乎是关于制度建立的各种理论谱系的两个端点，或者是两种最为极端的立场，在它们之间还存在各种各样的理论立场。大多数的“理性的能动者”并不能完全理解他们所处的情境或者他们所选择的替代性方案的后果，而大多数的“自然主义的”行动者的动机就是要增进他们自己的利益，但是并不一定明确和清楚他们之所以要进行某种选择的理由（Emirbayer & Mische，1998）。制度有很多“父亲、母亲”，但是只有其中一些人能够认识到或者承认他们自己作为制度之父亲或母亲的角色。

3. 能动者的类型

迪马吉奥和鲍威尔敏锐地发现，民族-国家和职业已经成为20世纪后半期以来最伟大的理性化推动者（DiMaggio & Powell，1983：147），但是还有一些其他的行动者也在这个过程中起了重要的作用。正如上文所指出的，一些个人或组织会作为制度企业家，参与创造新的组织或新产业类型，而这个过程需要研发新技术，设计新的组织形式和程序，创造和提供新的连锁市场，获得认知、规范和规制性制度的合法性。显然，我们讨论的重点不在于某个行动者本身，而在于各种参与者被赋予的角色和功能。

下面，我列出几种可以能动性地生成和建构制度的能动者，并进行简要的描述。

（1）民族-国家

有些理论视角认为，国家不过是一种组织行动者，即一种以科层方式组织起来的行政管理结构，被赋予权力支配或统治一定范围内的地理区域。然而，这类看法存在一定的局限性，也具有一定的误导性。在当今时代，甚至是自现代社会破晓以来，民族-国家都被配置了——以此种方式建立并实施——各种特殊的权力（Krasner，1993）。正如沃尔夫冈·斯特里克（Wolfgang Streeck）和菲利普·施密特（Philippe C. Schmitter）所指出的，国家并不仅仅是组织环境中的众多行动者之一，相反，国家由于“拥有合法的强制性”能力，所以是一个十分独特的行动者（Streeck & Schmitter，1985a：20）。我们可以把所有其他组织视为“治理结构”，但唯独政府除
120 外。查尔斯·林德布洛姆（Charles E. Lindblom）认为，“作为一种组织的政府的特殊性，恰恰在于……政府会向其他组织施加自己的权威”（Lind-

blom，1977：21）。这真是一语中的。

在制度建构方面，国家在与各种专业的法律人士的合作下，拥有额外的创制性权力，可以建立各种制度来确定各种政治、经济行动者以及集体行动者的性质、能力和权利。例如，在过去三个世纪中，国家在塑造股份公司、有限责任公司等法人行动者的权力和权利方面发挥了重要作用，而股份公司、有限责任公司长期以来就是组织经济活动的首选形式（Coleman，1974/1990；Seavoy，1982；Micklethwait & Wooldridge，2003；Seavoy，1982）。在今天，国家仍然还在从事这样的活动。直到最近，美国联邦法院还通过禁止对公司和工会用于支持某类话题或候选人的独立开支进行任何限制，从而扩大了公司和工会的言论自由权。

坎贝尔和利昂·林德伯格（Leon N. Lindberg）则更加详细地论述了国家通过界定与实施产权来影响组织的经济行为的各种方式。他们认为，产权主要是“确定财产归属与生产工具控制权的各种规则”（Campbell & Lindberg，1990：635），但还包括确定工人组织活动权力的劳动法、限制不当竞争的反托拉斯（垄断）法，以及保护新技术专利的专利法。

> 国家为合约的签订和实施提供法律框架。……国家的影响并不只是零星干涉，相反，国家时时刻刻都在影响着经济，它的影响已经达到提供制度和法律框架以影响治理机制选择的程度，并因此长期影响和塑造经济（Campbell & Lindberg，1990：637）。

甚至国家的规制性权力，也可能导致新的制度形式的产生。弗利格斯坦（Fligstein，1990）强调指出，美国反托拉斯法以及1890年的谢尔曼法（Sherman Act），对于防止美国出现卡特尔组织起了重要的作用，而当时欧洲已经出现了卡特尔组织。德国（及其他欧洲国家）的政府与美国政府不同，强调“产业协作的收益”（Chandler，1990：395）。此外，二战后，美国在1950年通过的塞勒-凯弗维尔法（Celler-Kefauver Act）则提倡美国公司采取多样化（diversification）策略来实现自己的发展（见本书第七章和第八章）。

国家不仅会对单个公司的结构和行为产生极为重大的影响，也会对组织场域的结构化产生极为重大的影响。詹姆斯·巴荣（James N. Baron）等 121

人对美国现代人事制度的演化进行了研究，并从历史的角度对国家塑造产业（即组织场域）和公司结构的力量进行了解释（Baron，Dobbin & Jennings，1986）。美国为了应对第二次世界大战而不得不进行广泛动员，这使得美国政府的影响达到了全盛时期，当时联邦政府进行干预以稳定就业。诸如美国战时生产委员会、战时劳动委员会和战时人力资源委员会等机构“都参与了政府对劳动力市场、各种工会活动和人事制度的史无前例的干预。这些干预……通过创造各种就业与激励模式使人事部门成为正式的部门并扩大了人事部门的规模，促进了科层控制的形成和发展”（Baron，et al.，1986：369）。简言之，政府干预与科层控制产生了文化-认知性和规范性压力，诱使企业的专业管理人员必须遵守，当然，也产生了规制性的控制，如果违反就会受到惩罚。

本书以后各章将详细论述国家影响公司及组织场域的结构和行为的其他方式。

(2) 公司和其他工商组织

尤其是在资本主义经济中，工商企业会对经济资源的配置和动员施加多种强大影响。它们创造出各种垂直等级制框架，直接对它们的雇员施加强制的和规制性的权威；它们还会形成同盟、编织网络、通过谈判形成协议，并设计和打造各种治理框架，来监督它们的企业（Child，2005；Scott & Davis，2007）。在单个公司层次上，它们可以随意控制各种资产的配置；在产业层次上，它们会集体竞争与合作，竭力影响各种国家政策和计划项目，以增进自己的利益。

弗利格斯坦则强调了公司精英的重要作用。他认为公司精英尽管处于政府的约束之下，但也会与其竞争者进行谈判、协商，以确立一种制度框架来有效遏制恶性竞争，保证具有各自不同优势的企业能够在同一行业或场域内经营和运行。公司精英操控这种协商谈判的能力，取决于其公司能够控制的资源和拥有的网络类型，以及其公司是要依赖其他公司还是其他公司要依赖自己的公司（Fligstein，1991：314）。

而各种精英组织还能够进行政治动员，以促进他们的集体利益（Cawson，1985）。蒂莫西·沃格斯（Timothy J. Vogus）等人（Vogus & Davis，

2005）发现，公司精英会进行各种努力，保护自己的利益，从而抵制国家立法支持公司收购。地方公司精英组织得越好，也就是相互兼任公司董事的精英数量越多，国家规制恶意收购的立法对这些管理精英就越友善。

在 20 世纪的后半期，很多公司都重新调整了自己的组织结构，变成了 *122*
跨国公司，并实现了生产设施的在地化，即在全球各地最接近原料、劳动力和市场的地方重新布置自己的生产设施，为全球市场提供产品和服务。正如加里·格里菲（Gary Gereffi）所言，这样一种发展使全球经济从一种“表面的整合”走向一种深度融合；前者只不过是各个国家之间进行货币与原材料的跨国交换，后者则是重新界定了原来受制于国家边界的生产过程，使产品与服务的生产等经济活动跨越了国家边界，并带来了价值的增值（Gereffi，2005：163）。人们设计了新的供应链与价值链，各种公司围绕原材料供应与最终产品生产形成一种全球性的企业集群，而这个集群中的企业成员随着资源供应或者需求的变化而不断变化。这种柔性的、灵活的网络结构实际上是一种重要的新型制度安排。

（3）专门职业

在现代社会，职业专家逐渐起着独特而重要的作用。他们已经取代以往时代的预言家、先知和哲人，作为制度性的能动者扮演各种各样的角色。下面主要分析他们作为新制度框架创造者的作用。就本书提出的三大制度要素而言，各类不同的专家可能运用其中一种或几种要素（Scott，2008b）。首先，某些专家通过创造新的概念系统，主要在文化-认知性制度层面发挥作用，“他们主要的武器就是思想观念。它们通过定义实在（reality）来实施控制。也就是说，他们通过设计各种本体论、存在论的框架，提出各种区分，创造各种原型，为行动制定或编造各种原则和指南”（Scott & Backman，1990：290）。

专家们所建构的各种知识体系，其内容以及经验基础的程度存在极大差异，自然科学家与生物学家往往追求以经验为基础的结果，哲学家和文学批评家的研究领域则较少受到经验的限制。斯特朗和迈耶（Strang & Meyer，1993：492）强调理论化，认为“提出抽象的概念范畴并加以具体阐述，归纳出原因与结果关系链条存在的相关理论定理”，对于新制度的建构和扩散具有十分重要的作用。

诸如神学家与伦理学家、法学家和会计师之类的专门职业人员，则强调规范性制度框架的建构。然而，除了这些专家外，还存在其他大量的专业群体，通过运作专业协会而创造和传播他们专业技术领域的“标准”，其范围包括从螺丝钉的螺纹到孩童教育，再到艾滋病控制等的专门技术标准（Brunsson & Jacobsson，2000）。

123 还有一些其他类型的专业人员，包括法学家、军事官员，以及经理、管理人员等，他们则对规制性框架的建构发挥着实质性的影响。在很多国家（特别是美国），律师几乎垄断了制定政策的位置和国家的规制性机构，他们有权建立各种机构、实施新的制度机制。各种专业行政管理人员，日益占据了设计和制定新的治理结构并监督其企业的位置。制度经济学家们更是常常会为那些寻求更有效的治理体系以减少生产与交易成本的经理人员提供设计标准。

长期以来，研究职业问题的学者们一直认为，虽然他们的研究领域边界存在某种程度的模糊性，并且会不时变动，但是作为一种类型的职业，一直受着强调无私服务、推崇“社会托管”模式的规范性律令的指引（Brint，1994；Freidson，2001）。还有，迈耶（Meyer，1996）认为，专家常常像一个利益不相关的“他者”而非自私的行动者那样行事，例如他们可能是为了保护环境或者捍卫公平正义。不过，随着关于公共服务与私人利益的价值与道德评价的一般信念的转变，越来越多的专家日益看重市场认可的“技术专长”，这些规范性律令与逻辑正在不断弱化（Brint，1994；Scott，2008b）。

（4）协会

那些运行于国家与国际层次的、日益多样化的大量组织和协会把民族-国家和专门职业人员联结起来，形成在文化-认知性、规范性和规制性制度领域实施权力的重要制度行动者或社会阶层。总体上看，组织和建立协会的目的，在于更有效地追求协会成员的利益。有很多协会具有一种“母组织”形式，也就是说各成员本身也是各种组织（Ahrne & Brunsson，2008）。有很多协会的主要活动就是发布、推行各种标准，有时是关于它们内部成员的行为标准（如商会就是如此），但它们常常也试图影响更加广泛的公众（如专业技术人员协会就是如此）。在不同国家和不同时期，不同协会确立与实施实践标准的能力存在很大的差异（Tate，2001）。它们努力的效果受着特定历史背景的影响，遵循独特的轨迹，在很大程度上受制于它们与政府之间的关系状况。在自由体制中，协会往往倾向于选择自愿自主的合作来实现目标；但在受到国家调控的经济体制中，协会更可能寻求获得国家强制力量的支持（Hall & Soskice，2001b）。

随着全球化的加速推进，现在又出现了很多国际性的协会或社团，它 *124*
们采取的是国际非政府组织（INGO）的形式。其实，这种组织在整个 20 世纪都存在，但是在二战后数量与影响迅速上升（Boli & Thomas，1997；Smith，2005）。国际非政府组织如何获得并发挥其影响？约翰·勃利（John Boli）等人认为，目前它们并不谋求取代民族-国家，它们也不能像国家那样制定和实施法律（Boli & Thomas，1997/1999）。它们与跨国公司不同，没有能力实施强制性权力，更缺少经济资源来进行惩罚。但是，"国际非政府组织仍然是或多或少有点权威的国际实体，能够应用有限的资源来制定规则、设定标准、传播原则，并广泛体现国家和其他行动者所没有的'人文关怀'"（Boli & Thomas，1997：172；Brunsson & Jacobsson，2000）。

在新自由主义意识形态极大地限制了民族-国家实施控制的空间的当今时代中，"私人规制"系统尽管缺少强制力量或规制权威，但是依赖相互监督和自愿遵守，仍然可以提供各种有价值的替代性规制体制。蒂姆·巴特利（Tim Bartley）的研究详细回顾了 1990 年到 2000 年 10 年间两个十分不同的行业协会，即林业产品行业协会与服装制造行业协会。在国际非政府组织的帮助下，二者进行了各种努力，在各自的行业内都成功提出和实施了环境与劳动标准。很多民族-国家也采取了直接或间接的行动，支持这样的安排，并承认政府在当前的政治经济条件下确实不能采取改善环境与劳动条件的行动（Bartley，2003）。

（5）社会运动

早期的研究往往强调专家或者政府官员等等具有特定地位和权威的行

动者的行动在制度设计与调整中的重要作用。不过，后来有一批学者利用社会运动理论的观点和思想，对于制度设计与变革过程有十分不同的看法，并发现还有其他的一些行动者运用不同的技术与工具对制度过程产生了重要的影响（Davis，McAdam，Scott & Zald，2005）。已经确立的权威机构往往依靠强制性、规范性和示范性过程来推广和扩散它们的模式和框架，并创造同构性的结构；而参与社会运动的行动者则会应用某种新的框架，使现状问题化，进行各种动员和各种抗争来推行新的组织化方式。社会运
125 动理论出现于1960年代，在西方民主国家中，这是一个社会特别混乱、动荡和造反的年代。来自政治学与社会学的各种思想和主张日益融合，开始探讨发生自下而上的社会与制度变迁的根源与机制。还有，正如马克·施奈伯格（Marc Schneiberg）和迈克尔·劳恩斯伯里（Michael Lounsbury）等学者所指出的，社会运动理论家们尽管接受了制度企业家理论的某些假设和主张，例如强调能动性，有目的、策略性行动的概念，但还是更加重视结构主义的视角，强调既有政治结构中存在的制约、限制和机会（即“机会结构”），以及围绕某个共同目的或关注而进行集体动员的重要性。

关于社会运动研究，存在两种理论线路。第一种理论线路把运动视为“反制度力量”，认为运动是一种在既有制度渠道之外运行的力量，目的是要打破或者直接挑战既有制度安排，建立新的制度安排。第二种理论线路则研究那些在既有制度系统中发生的运动，认为这些运动会利用既有制度安排中存在的分歧和矛盾，乘机进行制度改革（Schneiberg & Lounsbury，2008：652）。

第一种理论线路以克莱门斯（Clemens，1993/1997）为代表。她认为，受压制的利益集团常常会否认、抵制传统的利益表达、权力影响模式，因此会采取非传统的方式来寻求自己的利益。她探讨了20世纪初的美国妇女运动，发现那些妇女运动家被禁止参与选举投票和远离选举政治舞台，为了妇女能够进行现在所有利益群体都会采取的各种行动，她们不惜借用以前那些臭名昭著的廊客（lobbyist）的策略。她们支持传统的组织形式（如妇女俱乐部），但会借助这些传统组织形式来对成员进行政治宣传教育，动员和形成公众意见，影响和掌控立法程序，并设计各种方式来介入和影响

政策制定过程，谋取和占据能够帮助她们获得投票权和参与决策的政治职位。

第二种理论线路则关注制度化系统内形成的各种运动，以莫林·斯库利（Maureen A. Scully）等人的研究为代表（Scully & Creed，2005）。他们研究了既有雇员子群体成功促使组织采纳雇员友好性政策的各种方式。他们的研究，强调社会身份建构在这种社会运动中具有关键作用。工人们会通过这种身份建构过程，来建构或接受某种共同的身份，进而使他们能够在组织内部甚至组织之间努力争取他们的合法身份，然后进行各种活动，来煽动或刺激组织实行新的政策，获得新政策的支持。他们指出，“这些运动的积极参与者，有着共同的非正式的思想观念和策略，往往要求革新，但是采取的策略往往十分相似，获得的结果也大同小异”（Scully & Creed，2005：311）。“而集体身份的建构，包括了对运动者能够出现的活动场所、 *126*
共同的利益、目的与达到目的的手段的界定”（Scully & Creed，2005：312）。

（6）边缘博弈者

网络理论家们往往强调边缘性在促进创新和学习过程中的重要作用。那些处于社会网络之间的空隙——“结构洞”（Burt，1992）——位置的行动者，或者在社会网络中缺少联系的行动者，或者与不相似的个人与组织有联系即具有“弱关系”（Granovetter，1973）的行动者，可能逐渐积累起自己的影响力，接触到与他们自己不同的思想和观念。正如海洋与河流交汇处特别有利于各种海洋生物的生长一样，不同制度层面或场域的重叠和交汇处为新的制度形式提供了各种可能性。卡尔文·莫利尔（Calvin Morrill，forthcoming）描述了一个新组织场域的出现过程，这个场域的成员是由传统法律结构与社会福利结构边缘上的各种新行动者构成的。在 1965 年和 1995 年之间，为了应对日益增多的、法院难以应对的轻微纠纷，一种替代传统法律纠纷解决方式的新的场域开始出现。这种新的场域就是社会工作团体支持的社区调解模式，而律师则支持法院多窗口受理的模式。这两种模式为了掌控和主导充满结构洞的场域而激烈竞争。莫利尔详细阐述了新的社区调解角色和实践得以创造和产生的过程（即创新过程），包括既有场域中的重要博弈者获得合法性和资源的过程（即动员的过程），以及消除争议，使纠纷获得制度化解决和切实执行的过程（即结构化过程）。莫利尔最后得到的结论如下：

> 在跨组织场域的重叠性的资源网络之间会产生很多空隙；在这些空隙处，规则、身份和习惯性实践都会出现松动，不再被行动者视若当然，而替代性的实践因此得以出现，特别是当场域中的行动者觉得既有制度可能失败时，替代性的实践就更有可能出现。

4. 制度生成的需求解释与供给解释

马克·萨奇曼（Suchman，1995a）概括了新的制度安排得以产生的各种条件，对我们很有启发。他分析了导致制度生成或建构的动态机制。首先是出现一个不断重复出现的问题，然后行动者对该问题进行识别和界定，看既有制度是否能让人满意地处理该问题（见图5-1）。如果无法让人满意，行动者会进一步理解和诊断该问题，然后提出各种具体解决方案，这
127 种认知性过程也是一种集体理解活动（Weick，1995）。而一旦具体解决方案“提供”了应对措施，参与者就能够对情境进行“更彻底的理论化”，也就是说，“能够对这个系统如何运行，特别是对‘在何种情境中何种解决方

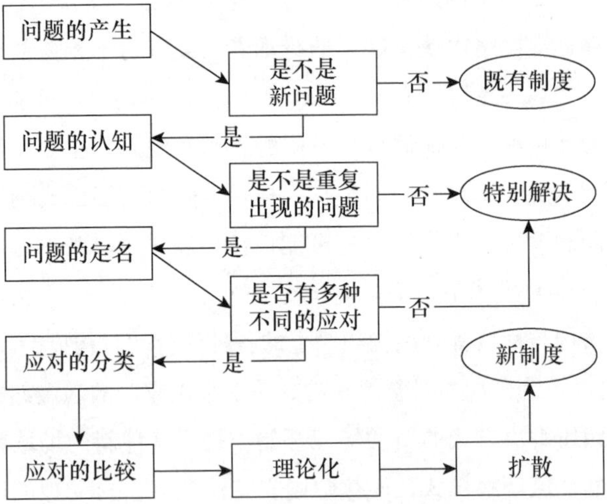

图5-1 制度化的多阶段模型

资料来源：Suchman，Mark. 1995. Localism and globalism in institutional analysis. In the Institutional Construction of Organization，ed. W. R. Scott and S. Christensen（p. 44）. Thousand Oaks，CA：Sage. Copyright © 1995 by Sage Publications，Inc.

案是适当的’问题，提供一般性的解释”（Suchman，1995a：43）。最后，在某个情境中产生的解决方案，后来又可能扩散到其他被认为是相似的情境中。值得注意的是，萨奇曼的研究在一定程度上是以伯格与拉克曼（Berger & Luckmann，1967）关于制度化的一般理论模式为基础的，但又有了新的发展。

上述描述概括性程度很高，可以应用于从组织子系统到世界系统层次 128
的所有分析层次。萨奇曼（Suchman，1995a：41）指出，“当在某种社会结构中出现了特定的共同理解时，制度也就出现了”。也就是说，制度从哪个分析层次出现，不是一个理论问题而是一个经验性的问题，需要视正在运行的社会过程的轨迹而定。上述萨奇曼的一般模型，是对制度的生成进行的一种“需求”解释，即认为制度是行动者出于应对那些没有“预定”方案但又重复发生的问题的需要而精心制定的。

约翰·迈耶（Meyer，1994）则提出了一种完全不同的制度建构观，认为制度的生成或创造是由制度的“供给方”推进的。他主要是在世界系统层次上进行分析并提出这种观点的，但他的理论也可以应用于其他分析层次。正如先前我们已经指出的，他认为某些特殊的行动者类型——特别是科学与专门职业中的那些行动者——占据着制度化的角色，这些角色使他们能够并促使他们设计和推广新的图式、规则、模型、惯例和人工器物。专业人员认为自己是在从事伟大的理性化工程，通过这一工程，越来越多的社会生活领域被纳入“那种声称具有普遍适应性的意识形态主旨即理性化过程之中”（Meyer，1994：42）。他们认为，采纳这些普遍性的原则和程序，就是表明在积极进行“现代化”，而不管地方环境是否允许这样的发展，也不管地方行动者是否“需要”或想要这样的发展。在国际与社会层次上，普遍性的规则和原则是由专业协会和各种非政府组织在传播扩散的。在组织场域、组织种群和个体组织层次上，普遍性的规则和原则的传播扩散者则包括各种基金会、管理学院、审计公司以及咨询公司（DiMaggio & Powell，1983；Sahlin-Andersson & Engwall，2002）。这些普遍性的规则、原则、程序、项目的推广者，往往极力说服潜在采纳者相信自己存在某种问题，从而开启这种“理性化进程”。

二、制度建构研究举要

1. 跨国层次的制度建立研究

最初进行跨国层次的制度建立研究的主要是政治学家，他们往往使用的是一种“现实主义”的视角。这些学者主要研究民族-国家，视它们为重要的制度行动者，认为民族-国家建构了国际制度与机制，包括世界银行组织等等，并且认为民族-国家是自私自利的工具理性行动者（Morgenthau，
129 1948）。稍后，诸如基欧汉等人（Keohane & Nye，1977）则进一步进行了拓展，认为诸如国际非政府组织（INGO）等非国家组织也是重要的国际性制度的建构者。另外，还有一些独立的经济实体也会发挥重要的作用。近年来，这种“现实主义”视角的研究受到了建构主义学者们的挑战，后者把这两种视角结合起来，认为还有多种多样的行动者会形成并不断改变各种关系网络，使各种规范性和认知性因素在国际性制度的建构中发挥重要作用（Katzenstein，Keohane & Krasner，1998；Widmaier，Blyth & Seabrooke，2007）。

迈耶及其同事则提出了一种更为广泛的研究议程，研究文化因素在国际层次上的重要作用。他们的一系列研究探讨了自启蒙运动以来数百年里组织与组织化的理性模式的出现，直到导致民族-国家得以出现的过程，发现尽管民族-国家社会的数量很多，经济与技术发展水平各不相同，但是最后形成的组织形式类型却是有限的。也就是说，尽管各个民族-国家的技术与经济水平各异，但是正式结构和运行模式却十分相似（Drori，Meyer & Hwang，2006；Meyer，et al.，1997；Thomas，et al.，1987）。他们认为制度是“赋予各种实体和活动以集体意义和价值，并把它们整合进更大图式之中的文化规则”（Meyer，Boli & Thomas，1987：13）。关于组织的“现实主义”解释认为，组织是设计用来有效追求特定目标的独特实体；而迈耶等人的理论视角则相反，认为民族-国家以及组织是由更大的环境建构的，它们不仅仅关注生产和交换，也会服从于符号理性或满足合法性服务的需要。此外，还有大量的经验研究，对民族-国家、教育系统、自然环境保护组织、妇女权利促进组织、人力资源管理部门、确保政府组织公开透明的程序等等组织模式，在世界范围内的扩散过程进行了探讨（Berkovitz，

1999；Drori，Meyer & Hwang，2006；Frank，Hironaka & Schofer，2000；Meyer，et al.，1997）。

玛丽-劳勒·德利克（Marie-Laure Djelic）及其同事则提出了另外一种完全不同的理论视角。他们重点研究的是近年来才出现的、各种协调国际层次经济和政治活动的治理机制。在他们看来，近年来全球化的发展，不仅“涉及民族-国家制度的适应与变革，也涉及国际领域——传统上被认为混乱无序、相互对抗的空间——制度的确立和建构”（Djelic & Quack，2003c：3）。这些学者研究了国际竞争、国际金融、二氧化碳气体排放控 130
制、国际教育等领域的规制状况以及制度建立状况（Djelic & Quack，2003b；Djelic & Sahlin-Andersson，2006）。他们认为，全球化并不会日益导致组织模式的全球一致性或同型性，并不会使某一种组织模式处于支配地位，相反，全球化是一种在各个层次上充满了相互竞争和冲突的行动者及其行动逻辑的历史过程（Djelic & Quack，2003a：303）。各种行动者在各个层次上基于自己的行动逻辑而讨价还价，并最终形成各种新的组织形式。他们认为，当前正是国际层次上的制度建立活跃期。

2. 社会层次的制度建立研究

诺斯和托马斯（North & Thomas，1973）在《西方世界的兴起》一书中，较早对社会层次的制度建立进行了研究，对学术界定产生了较大影响。这两位经济史学家认为，除非存在把社会收益和个人收益紧密整合的机制，否则经济就不会增长。只有在个人收益超过个人成本时，个人才可能有动机去从事社会所需要的各种活动。而要实现这种状态，又需要确立和实施适当的产权。然而，对这类规制性制度的需要并不能够保证这类规制性制度的出现，因为创造这样的制度结构需要付出成本。自民族-国家出现以来，政府就承担起确立和实施产权制度的责任。然而，出于自己的利益和财政收入的需要，统治者可能确立和实施各种并不会促进经济增长的产权制度安排。因此，“我们不能保证具有生产力的制度安排一定会出现”（North & Thomas，1973：8）。

诺斯和托马斯回顾了从黑暗的中世纪到18世纪初的历史数据，指出欧洲出现了各种政治经济体制，有的促进了但有的又抑制了经济的增长

(North & Thomas，1973)。他们研究了大量案例，考察了各种历史材料，特别是对1500—1700年间英国、荷兰、西班牙和法国的政治和经济发展状况进行比较分析。他们认为，到18世纪之初，“荷兰和英国已经出现了一种产权结构，为经济的持续增长提供了必要的激励”(North & Thomas，1973：157)。例如，在英国，都铎王朝的统治者逐渐依赖下院的政治支持，而下院逐渐被新兴的商人阶层控制，统治者面对政治压力不得不做出妥协，
131 促进了国内与殖民地市场的拓展。相反，法国王室提出的各种税收办法，使他们并不需要拓展市场、消除世袭土地占有制或挑战中世纪行会的权力和垄断，就可以确保获得充足岁入来供养军队和王庭。法国新兴资产阶级的利益，并没有得到政府的承认和保护。因此，后来法国资产阶级掀起了轰轰烈烈的法国大革命。

诺斯和托马斯关于历史的理解可谓独辟蹊径，但后来因受到其他学者的挑战（Wallerstein，1979）而逐渐失去了光彩。不过，诺斯和托马斯明确指出，每个社会的统治精英往往处于不同历史条件，会做出不同的选择来确立独特的制度安排以规制经济活动，并对社会产生重要的影响。

3. 场域层次的制度建立研究

伊夫斯·德扎雷（Yves Dezalay）和布赖恩特·加思（Bryant G. Garth）对国际层次上的一个用来解决国家之间商业争端的制度框架——国际商业仲裁规则和实践——的产生过程进行了深入的历史考察（Dezalay & Garth，1996）。尽管他们的研究范围是国际层次的，但关注的是一个特定的组织场域的产生问题。他们分析了“国际立法场域”的建构过程，发现一个具有确定边界、中心博弈者和大家认可的解决争端的基础规则的场域形成过程充满了矛盾和冲突。

他们发现，1970年代总部设在巴黎的一个“重要老人”(grand old men）精英“俱乐部”，面对国际贸易和全球化的发展以及日益增加的仲裁服务需要，逐渐发生了转型。这种仲裁服务的需要，使美国律师事务所中的新一代“专家政治论者”进入了这个场域。这种从“老人政治”向“专家政治”的深刻转型，是国际商业委员会（ICC）通过谈判而实现的，该委员会把以前精英的合法性成功地转移给数量正在增多的仲裁者，这些仲裁

者逐渐占据了日益官僚化和理性化的场域中的重要位置。个人魅力渐渐被惯例化的、非个人的和专业性的专家代替。“仲裁者保有这种合法性，对于后来进行成功的仲裁十分重要，因为这种合法性为治理那些强大的经济和政治实体提供了基础”（Dezalay & Garth，1996：33）。德扎雷和加思对“建构这种仲裁场域和市场的过程中的竞争”进行了相当深入而详细的研究（Dezalay & Garth，1996：41）。他们认为所有参与者都是追求各自利益的 *132*
行动者，不过，这些行动者并不总是理性的行动者，相反他们会进行“即兴创作”、参与冲突和做出妥协。

迪马吉奥关于美国各类专业人员创造各种文化条件以支持美国19世纪晚期艺术博物馆的形成和生存的研究（DiMaggio，1991），也属于组织场域层次的研究，只不过这一组织场域限定在同一社会即美国社会之内。迪马吉奥在对艺术博物馆的这段历史的解释中，强调这种专业项目的文化-认知层面：区分出大众艺术与高雅艺术，创造并选择各种文化模型，把艺术博物馆建构为一种独特的组织类型。当时存在各种持不同意见的专业团体或派别，有的主张博物馆的“高雅艺术”监管模式好，而有的主张“大众教育”模式好，新生的专业人员——博物馆馆长、艺术史学者和鉴定专家——与博物馆经理之间也存在各种利益斗争。慈善基金会特别是卡内基慈善基金会发挥了至关重要的作用，它们竭力增进新生的博物馆专业人员的利益。该研究重申了迪马吉奥的观点，即在制度场域的产生过程中比在既有场域的日常运行中，更能看到各种积极行动者为了各种利益而斗争。因此，我们更应研究前者而不是后者。[2]

哈亚格里瓦·拉奥（Hayagreeva Rao，1998）关于美国20世纪初消费者保护组织的产生的研究，也对场域层次上存在的、相互竞争的各种组织模式进行了深入的分析。最初，消费者协会（CU）是消费者利益的保护者和工人权利的维护者，属于激进的、批判性的组织模式。相反，消费者研究（CR）则代表促进公正评估，防止消费者对消费产品产生成见的看门狗组织模式。后来，来自保守媒体和政治实体的压力，迫使CU放弃激进主张，并与CR一样，成为一种“理性的”科学机构而运行，运用无偏见的测试方法来评估消费产品。拉奥强调，直到这些竞争性的制度建立方案之间达成一种解决办法之后，这类消费者利益代表机构才得以制度化。

另外，本书第八章还将讨论一些关于组织场域层次的制度建立和变迁的研究（Thornton，Ocasio & Lounsbury，2012；Wooten & Hoffman，2008）。

133 **4. 种群层次的制度建立研究**

在组织种群层次上关于制度建立的研究，主要关注新生组织形式的创造。斯廷施凯姆关于组织和社会结构的经典的研究（Stinchcombe，1965），实际上就是把组织形式作为重要的研究主题，并指出在某个特定历史时期，往往会集中地大量建立和出现同一类型的组织。而且，因为同一批出现的新生组织必须依赖既有的思想、技术和社会惯例，所以它们往往呈现出某种相似的特征——制度环境打下的烙印——并反映其产生时的历史条件和环境的特征。更重要的是，人为因素的影响会导致组织之间存在各种差异，而且这种差异会存在较长的时间。斯廷施凯姆收集了关于各个产业的劳动力市场构成差异的数据，来说明这种人为的影响，并显示了不同时期建立的产业其劳动力市场往往显示出不同的特征，而且这种差异确实会维持很长的时间。

这些见解为组织种群生态学家和制度理论家提供了一块重要的试金石。组织种群生态学家往往希望鉴别出有意义的组织形式，这是十分必要的。如果他们无法鉴别出有意义的组织形式，那么我们就不得不一一列举出各种组织种群，而这是很困难的。比尔·麦克尔维（Bill McKelvey，1982）等人提出了一种更广义的一般性分类，但大多数的种群生态学家们使用的是一种更为实用的理论方法，关注组织种群的关键特征的相似性，诸如所宣称的目标、结构特征和核心技术等的相似性（Hannan & Freeman，1989）。

制度主义者罗伊斯顿·格林伍德（Royston Greenwood）和C. R. 赫因斯（C. R. Hinings）的研究试图归纳出一些典型的组织形式或原型，他们强调的也是认知性维度，所谓典型的组织形式或原型，即"一套持续体现某种理解图式的结构和系统"（Greenwood & Hinings，1993：1055）。他们强调环境中小生境（niche）的重要性，认为每个小生境都有自己独特的资源使用模式，但是组织生态学家也日益认识到，各种组织形式及其之间的边界是由制度界定和建构的。虽然不同组织形式之间存在的差异可能有技术上的原因，但是顾客服务、消耗资源和具体安排等的特征逐渐被视为推行某种活动的“自然方式”。

> 制度化过程使得，人为的、主观的差异转变为现实社会后果的差异。在这种意义上，名义分类变成了现实的分类。当它们成为集体行动的成功基础时，当有权力的行动者用它们来界定权利和获取资源时， 134
> 当一般的种群成员用它们来组织成员的社会世界时，它们就会产生现实的分类。因此。组织之间的边界，并非永远都是清晰的。相反，在现实生活中，各种组织形式之间的区分要取决于已经发生的制度化的程度（Hannan & Freeman，1989：57）。

汉南及其同事最近的研究，也对组织形式进行了界定。他们认为，所谓组织形式，就是组织内外的相关支持者视若当然而接受、共享的概念，并规定了相关行动者及其活动应该如何才是适当的。违反这些规则的组织会受到组织的支持者的惩罚，其“合法性会大打折扣”（Hannan，Pólos & Carroll，2007；Rao & Kenney，2008；Zuckerman，1999）。

本书第六章还会讨论组织种群生态学家是如何测量制度化的程度的。

约翰·莫尔（John W. Mohr）和文森特·迪凯纳（Vincent Duquenne）等人根据这种观点，对1888—1907年纽约市不同福利组织种群的形成进行了研究（Mohr，1994；Mohr & Duquenne，1997）。他们认为，这些组织种群之间的差异主要体现在如下三个方面：地位的认可程度不同，被赋予的优势不同，各自确定和满足的社会需要以及解决问题的方法不同。而各种福利组织种群之间存在的这三个方面的差异，是由社会建构的，围绕这三个方面的社会建构而展开的权力斗争使不同的福利组织种群服务于不同的对象。各种不同的福利组织提供了各种容器来容纳这三个方面，同时也提供了一个框架或平台，供福利的提供者与福利的对象进行商谈和争斗。

萨奇曼等人结合历史与分析的视角，对美国加利福尼亚州硅谷半导体公司组织形式的产生所进行的研究（Suchman，Steward & Westfall，1995a/2001），也是在组织种群层次上制度建构研究的一个例子。创建一个新的组织，不仅需要资源，也需要建立组织的思想或模式。硅谷的传统历史显示，斯坦福大学的工程师们在其中发挥了重要作用，他们既为早期的硅谷公司提供了重要的物质资源，也为这些公司设计了组织形式（Saxenian，1994）。萨奇曼及其同事在承认工程师们的这种贡献的同时，又提出了一种“组织遗传学”基础框架，来研究经营性资源与“建构性信息”在组织产生中的作用。他们指出：

> 135 就如交配模式通过建构具有构成作用的遗传基因蓝图形塑有机生物种群一样，制度模式——定义、分类、相关性说明、因果理论等——通过建构具有构成作用的各种认知模型来形塑组织种群。认知模式承载并实施组织脚本，因此在促进这些组织模式的传递过程中，认知性制度发挥着组织再生产机制的功能（Suchman，Steward & Westfall，2001：358－359）。

萨奇曼等人进而提出了一种组织遗传学，关注各种重要组织种类或形式的形成、发展和保持，以补充组织生态学的不足，而后者主要关注的是既有组织种类之间的竞争。在已经确立的组织场域中，大多数的新生组织是“组织形式的再生，而非具有创新的组织形式”，因为它们在很大程度上要从既有组织中复制惯例和能力（Aldrich & Ruef，2006：67）。阿尔德里奇等人（Aldrich & Ruef，2006：67）坚持了萨奇曼等人提出的“亲子”关系模式再生产思想，“新生组织直接从某种既有组织中吸取和借用能力，而既有组织本身会产生或表现那些能力”。但是，当场域处于早期形成阶段时，组织不能简单地从其他组织复制成功的诀窍。萨奇曼认为，在这种情况下，组织可能会运用一种“编撰”过程，顾问、律师等“信息中介”通过这种过程来观察和发现既有的、各种各样的实践做法，并提取出一套核心的组织原则。萨奇曼和米娅·卡希尔（Mia L. Cahill）回顾了硅谷的历史，指出硅谷的律师和风险投资者既扮演着“中间人”的角色，把顾客与各种交易伙伴联系起来，也扮演着“咨询者”的角色，归纳和传播标准的解决办法来解决重复发生的问题（Suchman & Cahill，1996）。

萨奇曼等人（Suchman，1995a；Suchman，Steward & Westfall，2001）还通过量化研究，分析了硅谷108个获得风险投资资助的合约，这些数据来自硅谷两个风险投资基金组织。这种合约把风险投资者、律师和企业家连接起来从事关键的组织创建活动，并建构了相关各方之间的关系结构，形成了新生的公司。他们从多个维度对这种合约进行编码，并且测量值随后被用作计算合约标准化的尺度，成为衡量组织逐渐制度化的一个指标。萨奇曼的分析发现，合约标准化与合约签订年代以及起草合约的法律公司的地位之间存在强相关性。简言之，合约签订得越晚、起草合约的法律公司越处于硅谷的中心地位，则合约就越标准化。

5. 组织层次的制度建立研究 *136*

在罗纳德·科斯（Coase，1937）文章的指引下，奥利弗·威廉姆森讨论了社会科学家常常忽略的问题，即公司到底为什么会存在，为什么不是所有的交易都以市场为中介。正如本书第二章所讨论的，威廉姆森以（有限）理性选择假定为基础，提出了一个解释框架，在这个解释框架中代理人会在管理企业的过程中设置或选择使交易成本最小化的治理形式（Williamson，1994）。他把解释制度环境——“各种背景条件”，包括产权、规范、习惯以及类似框架——的特征这一任务，留给了经济史学家和社会学家，而主要关注“治理机制”的选择，他认为治理机制才是组织经济学的中心主题。但是他也认为，组织治理结构的设计者在设计治理结构时，一定会考虑各种制度条件；而设计者的各种选择后来反过来又会影响环境的各种状态，包括制度环境状态。但是，他的主要关注点在于解释特定组织的治理结构的设计问题。

戈登·沃克（Gordon Walker）和戴维·韦伯（David Weber）进一步验证了威廉姆森的观点，他们认为涉及更高程度的不确定性和更高程度的资产专用性（专门技能或机械设备）的交易，更有可能在企业内部完成，而不是由公司去市场购买。也就是说，组织设计者们会有选择地使用公司等级制而非市场来完成这些交易任务。他们对一个大型汽车制造公司关于“从市场购买还是自己制造”所做的 60 个决策进行了分析，研究结果总体上与上述预测一致，但他们也意外地发现，比较生产成本对决策的影响比交易成本更大（Walker & Weber，1984）。[3]

亨利·阿穆尔（Henry O. Armour）与戴维·蒂斯（Armour & Teece，1978）以及蒂斯（Teece，1981）还通过经验研究，评估了威廉姆森关于公司治理结构与经济绩效之间关系的看法。根据小钱德勒（Alfred D. Chandler，1962）早期的见解和历史研究，威廉姆森（Williamson，1975）指出采用多部门（M型）结构的公司更能把战略决策与经营决策区分开来，在各个部门之间配置资本并监督这些部门的绩效。阿穆尔和蒂斯对石油产业中的多部门化公司进行了抽样研究，发现采用M型结构的公司的经营收益状况更好。蒂斯（Teece，1981）进一步拓展了该经验研究，对20个产业中规模与生产线差不多的公司的绩效进行了评估，也对那些率先采用M型结构的（领导性）公司的绩效，与规模和生产线差不多却没有采用M型结构的公司的绩效进行了两个时期的比较，结果再一次证实了上述预测和假设。[4]

与威廉姆森一样，莫伊（Moe，1990a）关注的也是个体组织层次。他创造性地把理性选择理论应用于公共机构设计。他运用制度经济学的观点，
137 认为组织主要是一种治理系统，并强调规制性制度要素的重要性。莫伊（Moe，1990a：221）指出，政府组织结构不同于私人企业组织结构，因为与自愿交易世界不同，在政治领域中“人们可能在那些控制公共权力者的迫使下，（非自愿地放弃某些资源）”。私人机构与公共机构之间的区别，在于是否可以合法地使用强制性权力。在民主政体中，政治行动者所面临的问题是，尽管他们能够运用权力来设计制度安排并使之服务于他们的利益，但是反对党也可能逐渐掌握权力并运用同样的手段来谋取自身想要的结果。莫伊认为，各种公共机构为了处理政治控制的不确定性问题，常常严格限制代理人的自主判断和决策，用各种烦琐的规则和程序来密切控制代理人。

> 显然，这种方式并不能创造高效的组织。为了获得政治保护，这些代理人心甘情愿地接受那些笨拙的、复杂的和技术上并不适当的组织结构，而且这些组织结构使他们根本无法很好地履行他们的职责。显然，这种方式也无法使民主监督者对等级制组织进行有效的控制。这种自我孤立的组织设置，完全是因为创造公共官僚组织的那些人并非真心需要一种真正有效的民主控制结构（Moe，1990a：228）。

诸如美国之类的以权力分立为基础的政治体制，比起诸如英国之类的以君主立宪或议会制为基础的政治体制来，更有可能产生上述问题。

当美国国会和白宫分别由对立的两个政党控制时，这种“结构设计政治学”甚至更为卑劣。莫伊（Moe，1989）对美国消费品安全委员会（CPSC）进行了历史考察。消费品安全委员会是在共和党人尼克松总统执掌白宫时设立的一个机构，不过却是在民主党控制的国会的迫使下设立的。消费者利益集团与国会密切配合，通过斗争非常成功地设立了这个独立于被认为是过于保守的内阁各部的机构。国会颁布和实施严格的程序和规则，以确保该机构关注消费者的利益。然而，工商利益集团在行政部门的支持下，却制定了大量的条款，并掌控了政府所有的决策，CPSC也没有获得实施权力，这种权力反而落到一个独立的机构即司法部（JD）手中。这种机构设计最初反映了政党之间的利益争斗，而后来对机构设计的修正又受到那些对消费者反抗工商利益集团的行为进行转化的政治权力的操控。

与莫伊一样，塞尔兹尼克也研究了公共机构的设计问题。然而，他关 138
于田纳西河谷管理局（TVA）组织目标的历史演变的著名研究（Selznick，1949）并没有使用理性选择理论框架，因为他描述的是对理性设计起着破坏作用的那些过程。他为独特的意识形态和田纳西河谷管理局官员的规范性忠诚提供了历史的解释。正如我在第二章回顾塞尔兹尼克的观点时所指出的，他的理论描述的是这一原本具有创新性的政府法人组织的最初结构和目标是如何被忠诚于不同行动“方式”的各种参与者逐渐修正和转化的。塞尔兹尼克认为，制度化过程就是向“手头任务灌输技术要求之外的价值观”的过程（Selznick，1957：17），就是把内在的、本质的价值观赋予最初只是处理工具性价值目标的程序的过程。塞尔兹尼克的分析强调规范性信念和价值观的重要性，但是他也同时强调组织的认知性特征的重要性。他认为，草根意识形态对于决策框架的形成具有重要的影响，对于获得重要支持者的支持也具有重要的影响。这是他最重要的见解和思想（Selznick，1996）。

塞尔兹尼克的研究路径，关注的是内部的关系，特别是非正式的结构而不是正式的结构，关注的是与组织关系密切的邻近环境——组织周边的组织集合——而不是更一般的文化规则和更广大的组织场域的特征（DiMaggio & Powell，1991）。他认为，制度化的价值观的载体是各种关系结构，特别是各种非正式的关系结构，以及那些把组织与各种重要外部个体行动者和集体行动者联系起来的合作关系。[5]塞尔兹尼克的观点强调的是各种权力过程的重要性，即非正式结构中利益的归属过程，以及组织外部群体通过支持组织而获得组织内部权力的合作过程。他关于田纳西河谷管理局的分析，研究了该组织所依赖的特定支持者诸如农业利益集团用来修正该机构的议程、使之与其保守目标相符的各种方式。他认为，这是“组织领导者”的失败，因为该组织的创立者放弃了保护他们的组织生存下来的使命。

塞尔兹尼克感兴趣的是组织如何逐渐服膺于特定的价值目标，但是后来的一些研究者则对“组织身份”更感兴趣，找到了新的研究议程。他们把组织身份界定为服膺于“核心的、持续的、独特的”价值目标，因此组织身份为组织的参与成员提供了一套关键的规范要素，后者据此来编织他们的各种叙事和进行各种建构意义的活动（Albert & Whetten，1985；Whetten & Godfrey，1999）。

139 黛安·沃恩（Diane Vaughn）综合规范承诺视角与权力视角，解释了美国莫敦·齐奥科尔公司（Morton Thiokol）的工程师为何明知火箭发射设计存在缺陷仍然执意使用这种设计，而美国国家航空航天局官员为何又做出了致命的错误决定即用这种设计来发射挑战者火箭（Voughn，1996）。该次火箭发射升空不久就发生了大爆炸，所有宇航员死于非命。她对导致这一灾难的组织惯例——包括技术的和决策的惯例——进行了详尽的历史考察，指出有一种文化会逐渐形成和发展，而在这种文化影响下“潜在的危险信号往往被管理者和工程师等人正常化”（Vaughn，1996：xiii）。尽管生产效率、安全等方面的要求发挥了重要的作用，但是这些要求“被制度化，并成为他们的世界观中被视若当然的层面，而所有的参与者都把这种视若当然的、制度化的生产要求带入美国国家航空航天局的决策场景中，最终导致火箭发射的失败”（Vaughn，1996：xiv）。

6. 个人间与组织内层次的制度建立研究

罗伯特·阿克塞尔罗德（Robert Axelrod）运用博弈理论，根据“囚徒困境”概念，研究了各种缺少中央权威的情境，指出在这种情境中，追求自身私利的个人会演化出合作的规范（Axelrod，1984）。囚徒困境是这样一种情境，在其中两个博弈者在合作（c）或不合作（n）两种选择中择一。

其收益得失（回报）矩阵如下：如果两个博弈者都选择 c，那么他们都会获得中等的回报；如果都选择 n，那他们都获得较低的回报；但是如果其中一个选择 c 而另一个选择 n，则前者（欺骗者）就不能获得回报，而后者（揭发者）就会获得较高的回报。当然，博弈者们除了选择合作或不合作之外，不允许有任何信息交流，这种博弈也会重复进行数次。那么，每个博弈者面临的挑战就是，提供激励并促进规范的形成，以诱使其博弈对手进行合作。然而，每个博弈者的知识都是有限的，任何规范性结构也都是逐渐形成和流行开来的，并且要基于来自先前互动的推论。

阿克塞尔罗德设计了新颖的实验（Axelrod，1984），邀请来自不同学科的博弈理论家们来进行计算机博弈，即通过一种电脑程序选择最好的策略，这种程序描述了双方进行合作或者非合作选择策略的规则。这种程序也对偶遇过程中所进行的决策的后果提供了十分全面的过程性的描述。在他提供的 14 个策略中，最成功的是“针锋相对”（TIT FOR TAT）决策规则，即博弈者一开始就选择合作策略，后来即使其他博弈者不选择合作策略，前者仍然选择合作策略，这样的博弈策略是最成功的。在诸如此类的模拟实验中，采纳这一简单策略的博弈者都获得了最好的回报。阿克塞尔罗德总结了这种决策规则的实质：

> “针锋相对”策略之所以能够被广泛使用和取得成功，就在于其是 140
> 善意、理性、宽容和明确之结合。其之善意（从不进行非合作），防止其产生不必要的麻烦。其之理性，防止了另一方博弈者进行背叛的意图。其之宽容，有助于恢复相互合作。其之明确，使其可为另一个博弈者理解，并因此导致长期的合作（Axelrod，1984：54）。

也许有人会提出囚徒困境“只不过是一种游戏”；但是，各种真实世界包括从校园到国际外交中都存在这种游戏。而之所以要建立各种安全机制或者类似制度，就是因为要应对这种囚徒困境博弈（Krasner，1983；Scharpf，1997）。那些有利于形成稳定的合作规范的条件都有一个特别重要的共同因素，即“未来必然有足够大的预期收益”（Axelrod，1984：174）。对于互动的未来结果的预期，极大地促进了互惠规范的形成。的确，主张这样的规范可以促进经济与社会行为的持续性、稳定性，降低博弈双方对诸如法律系统和警察力量等的需要，而法律系统与警察力量都是成本高昂的规制性结构（Macaulay，1963）。

金伯莱·艾尔巴赫（Kimberly D. Elsbach）把组织内的制度界定为“被视若当然而接受的信念，其出现于组织群体之内与之间，并为组织群体成员界定何为可以接受的、规范的行为”（Elsbach，2002：37）。他的这个定义涵盖了大量的研究，包括始于1930年代的组织研究、工作群体行为和亚群体身份研究、人际关系研究、组织文化研究、组织身份和意义建构过程研究等（Dutton & Dukerrich，1991；Frost，et al.，1985；Roethlisberger & Dickson，1939；Roy，1952；Weick，1995）。这些研究都持有这种制度概念。较早期的研究往往强调规范性制度要素的建立问题，而后来的理论研究则更加关注共同认知图式和身份认同——文化-认知性制度要素——的建立问题。

7. 比较与分析

上文简要概括了各大视角之间存在的差异。我是根据分析层次来安排我的讨论的，特别是根据研究所强调的因变量的性质来确定研究所处的层
141 次。上文回顾的很多研究都涉及多个层次的制度过程，例如跨国家层次的现象会影响社会的结构，或者场域层次的过程会受到嵌入场域之内的组织行为的影响。我认为，我们要形成更深刻、更辩证的制度理论，就必须同时分析多个层次的因果过程。

上文回顾的各种研究，关于行动者是否是理性的假定各不相同，所强调的制度要素也各不相同。其中莫伊和威廉姆森等人假定，行动者在设计制度安排过程中会进行较高程度的理性选择。在他们的研究中，行动者被假定为追求其个人利益、有着大量可选择的方案、知道每种方案的影响或后果是什么的理性行动者。因此，他们认为关键性的问题是，那些关注个人利益的行动者在何时和为何要建构和维持既能控制他人也能控制自己的行动的制度结构。而其他的研究者则持有一种相对放宽了的理性概念，假定个人在追求其利益时所依靠的知识与智力是不完全的；个人有时会出现判断错误，并且可能出现意外后果。这些研究否认制度是“一套预先设计的规则”，而更倾向于认为制度是“‘有机地（organically）出现的’、非计

划和非意图的规制（社会惯例）”（Schotter，1986：118）。诺斯和托马斯以及阿克塞尔罗德的研究，就明显持有这样的假定。

上文回顾的研究都假定参与者会追求自己的利益，并探讨了解决利益竞争问题的过程；但是，德扎雷和加思、迪马吉奥、莫尔、塞尔兹尼克，以及萨奇曼等人，都认为这种利益并非先于行动而存在，而是在互动与谈判过程中逐渐明确和确立起来的。

至于各种制度要素，诺斯和托马斯、莫伊，以及威廉姆森等人主要强调规制性制度结构。阿克塞尔罗德、德扎雷和加思、塞尔兹尼克和沃恩等人主要强调规范性制度要素，但后几位也考虑了文化-认知性制度要素。而迪马吉奥、莫尔和迪凯纳，以及萨奇曼等人，则主要强调文化-认知性制度要素的形成过程。

三、小结 142

早期的制度理论主要关注既有制度如何影响组织，而近年来的制度理论家们则对研究范围进行了拓展，特别关注建立制度的各种方式。关于制度建立过程的各种解释往往存在很大差异，有的强调制度的建立是一种有目的和有意图的设计过程，而有的则认为其是一种较少目的色彩而更多演化色彩的过程。

制度性的能动者包括了各种个体行动者和集体行动者，这些能动者在是应用规制性、规范性还是文化-认知性要素来建立制度方面存在差异。民族-国家与专门职业人员在制度建立中发挥了显著的作用，而其他各种行动者包括其他精英以及社会运动组织、边缘性的和普通的博弈者，都可能介入制度建立过程之中。

上文所回顾的研究者们，研究了各种层次上出现的制度建立过程。其中，国际层次上的制度建立过程是比较引人关注的研究对象，而且在21世纪的今天，国际层次已经成为最活跃的制度建立场域。

注释

［1］这里主要沿用了斯科特在2010年的研究（Scott，2010）。

［2］该研究可能存在的一个局限，就是忽视了源于美国外部的因素对场域建构的潜在影响。因为人们普遍认为，美国人这时正在向欧洲的高雅文化模式看齐。

［3］近年来的研究认为，这种具体的预测在各种产业包括汽车制造业中都不能成立了。现在某个组织保护和发展专用性资产，更有可能通过与供应商建立伙伴关系而不是通过垂直整合结构来实现（Helper，MacDuffie & Sabel，2000）。

［4］批评威廉姆森的学者（David，1992；Granovetter，1985）指出，威廉姆森的假定似乎有点英雄主义，过度夸大了那些建立公司的人所拥有的预测他们的各种制度设计的后果的能力，而功能主义者根据发现的后果来“解释”结构的存在也是有问题的（Elster，1983）。

［5］塞尔兹尼克关于田纳西河谷管理局的专论，强调制度过程具有渐进的、无计划的和无目的的性质。对价值观的忠诚，是在历史过程中逐渐产生的，是非计划的建构并有着意外的后果。然而，他后来关于组织领导的解释和研究（Selznick，1957）却主张一种较有目的性的模型：高效的领导者是那些能够确立和捍卫社会价值观并在保持这些价值观时能够获得他人支持的人。

第六章
制度化

制度不仅影响某个特定时刻的行为与结果（包括政策），它们还是历史的引擎，因为它们会影响社会的变迁。制度影响制度变迁的时间协调以及制度变迁的性质，制度还影响新的制度的具体内容。制度对有意识的制度变迁施加限制和提供机会，也会引致无意的变迁过程（Greif，2006：380）。 143

——阿夫纳·格雷夫（Avner Greif）

朱克尔（Zucker，1977：728）认为“制度化既是一种过程，又是一种属性变量”。也就是说，“制度化既指一种历时性的过程，又指已获得某种确定状态或属性的一套社会安排……社会模式在逐渐得到再生产时，会把它们自己的生存归因于相对自我激发的社会过程”（Jepperson，1991：145）。本章所关注的，就是作为一种过程的制度化。

实际上有三种理论都把制度化视为一种过程，其中每一种理论都有着各自不同的假定，各自侧重三大

144 制度要素中的某一种要素，各自持有不同的制度要素概念，各自分析了关于制度建构、维持和变迁的不同的基础过程。

一、三种制度化概念与制度化基础机制

制度化为何会发生，又是如何发生的？要回答这些问题，就必须研究制度的产生和维持机制。对这些机制进行研究，其重点又在于研究制度的影响是如何产生的。乔恩·艾尔斯特（Jon Elster，1989：3）认为，这些机制是社会过程的基本构成要素（螺丝帽和螺丝钉）。加德芒·赫尔尼斯（Gudmund Hernes，1998：74）对此又进行了适当的补充，加上了“这些机制是社会过程的齿轮……转动装置或传动机构，通过这些装置，制度产生某种影响和结果”。道格·麦克亚当（Doug McAdam）、西德尼·塔罗（Sidney Tarrow）和查尔斯·梯利（Charles Tilly）提出了另一种文采较少但似乎更为有用的界定——“这些机制是一种有限的事件，即以相同或十分相似的方式改变不同情境各种具体要素之间的关系”（McAdam，Tarrow & Tilly，2001：24）。关注制度影响机制，对于那些常常忽视制度会影响谁或如何产生影响等问题的制度理论家们来说，是非常有好处的。在这里，我主要讨论社会系统中对制度化过程具有基础作用的三种不同的机制。

1. 基于回报递增的制度化

制度经济学家提出了一种值得注意的制度化概念观点，这种观点解释了以正反馈过程为基础的制度系统的形成和维持过程。这种特别的主张是由保罗·戴维（Paul A. David，1985/2000）和W. 布赖恩·亚瑟（W. Brian Arthur，1994）提出来的，以解释在某些技术发展或演变轨迹中所存在的异常特征。[1]他们发现，在既定条件下，技术的发展路径即使并非绝对不可改变但往往也是很难改变的，或者人们很难想到其他发展路径，即使后者能够提供“更优”的解决办法也是如此。他们认为，之所以存在这样一种路径依赖，是因为存在一种“正反馈”：如果依照原有路径进一步发展就会得到奖赏，而向替代性路径转化的成本会随着时间的推移而逐渐增加。对于支持这种正反馈的必要条件，亚瑟（Arthur，1994）描述如下：（1）高初始成本的存在——一旦获得某一特定技术路径，其他替代路径的形成和

发展就涉及额外的、常常是高昂的成本；(2) 学习效应——个人投入时间努力学习某一特定技术路径时，难以或不愿考虑其他替代方案；(3) 协同 145 效应——因为其他人已经同样选择了某一特定技术路径，自己选择这一技术路径会获得成倍的优势；(4) 适应性期待——如果后来者发现某一特定技术路径已为他人广泛采纳，那么自己也更倾向于采纳这一技术路径。因此，这种过程的结果具有如下特点：不确定（大量方案即多重均衡是可能的）、无效率（次优或劣等的技术被采纳）、被锁定（难以从所选择的方案中退出），以及早期事件的首要性（在早期出现的各种微小差异和偶然事件可能会产生不同的、难以改变的轨迹）。

诺斯认为，上述分析框架稍加修改就可用来分析制度的变迁（North，1990）。他说，亚瑟所确定的这些因素不仅适用于技术，也适用于制度——甚至更适用于制度。学习效应和协同效应与正式规则与非正式规则的发展密不可分，这两种效应都促进了各种博弈者对这些规则的认可。诺斯断言，这些过程相互结合的结果之一，是“制度矩阵的相互依赖网络产生了大量的、日益递增的回报”（North，1990：95）。

除了日益递增的回报这种影响外，制度过程（比技术过程）更要受到不完全市场的影响。诺斯认为，如果市场是竞争性的，那么不完全的制度就会被发现和消除。然而，市场也有其缺陷——如果反馈是片段化的，如果主体的评价支配了客体的信息，如果交易成本很高，那么不完全的制度更可能持续下来。诺斯（North，1990：92）根据路径依赖与非理想市场概念，来解释社会、政治和经济演化过程中存在的重大差异，以及那些根据强调经济增长的价值标准来看经济绩效长期很差的系统为什么会存在。

“日益递增的制度回报”概念的核心思想，是强调作为社会生活驱动力量之一的激励的作用。这是格雷夫之类的视制度是一种均衡结果的学者的核心主张，他们认为，“制度建构了结构进而影响行为，同时行动者对于这种结构的行为反应又再生了制度”。

2. 基于承诺递增的制度化

研究规范性制度要素的学者，不是强调激励（成本和收益）的作用，而是强调承诺或忠诚机制的作用。承诺的核心要素可能包括规范和价值观、 146

结构与程序，以及个体与集体行动者。塞尔兹尼克明确坚持这种制度化概念（Selznick，1948/1949/1957）。正如第二章所描述的，塞尔兹尼克（Selznick，1957：16－17）认为，“从其最重要的意义来看，‘制度化’就是向手头任务灌输技术要求之外的价值观”。在一个更加概括的陈述中，塞尔兹尼克指出：

> 制度化是有序的、稳定的社会整合模式从稳定的、组织松散的和狭隘的技术活动中出现的过程。基础性的实在——稳定与整合的基本根源——是社会纠缠（entanglements）或承诺的产物。我们日常生活中的大多数行动是很自由的，也是可逆的。但是当行动与重要利益和重要价值相关联，或者当行动嵌入相互依赖网络时，我们的选择就会受到较多的限制。制度化通过两种重要的方式来限制人们的行为，一是使之进入一种规范秩序，二是使之成为其自身历史的人质（Selznick，1992：232）。

塞尔兹尼克认为，组织通过两大步而实现制度化。第一步，产生一种正式结构，为经济与协作问题提供“制度”性解决办法。明确的目标和规则、协作机制和交流渠道，提供了制度经济学家们如威廉姆森等人所说的各种治理模式。但是，对于塞尔兹尼克来说，第一步仅仅是一个开端。

> 在此之外，还存在一种所谓的“深层”（thick）的制度化。……深层的制度化会以不同的方式发生。我们所熟悉的方式有：神化或硬化规则和程序；确立高度分化的组织单元，然后形成既得利益集团并成为权力中心；产生行动仪式、符号和意识形态；强化“目的性”，即形成统一的目标；把组织嵌入社会环境中；等等（Selznick，1992：235）。

深层的制度化是一种累积过程，发生于历史过程之中。克里斯琴·克努森（Christian Knudsen）指出，塞尔兹尼克的制度化思想与第二章所描述的尼尔森和温特的演化观非常类似（Knudsen，1995a：144－145）。这两种观点都把公司界定为：

> 147 一种“遗传机制”，其在一定时间内积累越来越多的复杂行为模式。因此他们认为公司的组织结构不再由其交易成本来决定，而是由

其积累能力来决定（Knudsen，1995a：144－145）。

这种基于承诺递增的制度化，在关系合同和网络组织形式中发挥着较大的作用。关系合同是双方之间的同意，双方都极其注意保持这种关系，以尊重这种合同。詹姆斯·沃玛克（James P. Womack）及其同事对1970年代和1980年代丰田汽车公司与其供应商之间的各种关系合同进行了描述（Womack，Jones & Roos，1991）。他们发现，与美国汽车公司不同的是，至少是在那个时代不同的是，丰田与很多小供应商合作生产，与这些供应商存在长期和灵活的协议，共享信息，向这些供应商提供生产设备和员工培训，并与他们交换员工。而作为同样是供应商的小工厂之间的关系，具有互惠、相互信任和关心对方收益等特征，简言之，具有彼此忠诚的特征。

同样，与传统的市场或等级制组织不同，网络形式的组织集群更依赖于彼此的互惠。鲍威尔描述道：

> 通过资源的网络配置，集群企业成员不再单独存在，而是通过与其他企业成员的相互关系而存在。它们会相当努力地建立并维持这种关系，因此强化了伙伴适应环境变化的能力。随着网络的进化，成员企业选择支持而不是退出网络，在经济上越来越有意义。收益和成本逐渐被分担。……正如麦克尼尔（Macneil，1985）所指出的，声望、友谊、相互依赖、利他性的“复杂网络”，是整个关系不可分割的部分（Powell，1990：303－304）。

如果基于回报递增的制度化概念强调的是物质激励的作用，那么基于承诺递增的制度化概念强调的是身份的作用：我（们）是谁，在这种情境中我（们）的适当行为方式是什么。

3. 随着共同信念日益客观化而出现的制度化

强调文化-认知性制度要素的学者，以伯格与拉克曼的研究为基础，强调共同信念的日益客观化在制度化中的作用。正如第二章所描述的，伯格 *148*
与拉克曼把客观化——社会互动过程中产生的各种意义，相对于（行动者）日益成为外在于行动者的事实的过程——确定为制度化的三个阶段之一。伯格与拉克曼强调共同信念向第三方——在建构这些信念的过程中没有发挥作用的个人——进行扩散的重要性，因为他们被告知的，并非“这是我们做这些事情的方式”，而是“这些事情是如何被完成的”。在向他者——新一代——的扩散过程中，制度世界的客体性“日益浓厚和固化”(Berger & Luckmann，1967：59)。下面我们来讨论在某些样板、诀窍或方法（recipe）以“最好的实践”或先进组织模式的名义扩散时，它们的制度化程度是如何逐渐提升的。

托尔伯特和朱克尔（Tolbert & Zucker，1996）对上述客观化的制度化过程概念进行了拓展，并提出了一种发生在组织之内以及组织之间的制度化过程的多阶段模型（见图6-1)。[2] 在应对政治、技术或市场条件变化的过程中，组织中的行动者创造并推广新的思想、解决方案和实践。他们环视周围环境，以确定类似的组织正在干什么。他们所提出或采纳的很多解决方案，最后被证明不能让人满意而被放弃。然而，其中一些创新则被证明是可靠的，并逐渐获得他人的注意。这些创新在组织内与组织间的互动中被广泛接受、成为习惯，成为正式的“理论化”的客体，所谓“理论化”就是对创新为何和如何有效进行理论归纳，以及对其所适合的问题或组织进行界定（Strang & Meyer，1993)。如果它们能够成功地存续下去，那么这些前制度化过程也就开始了客观化的阶段。

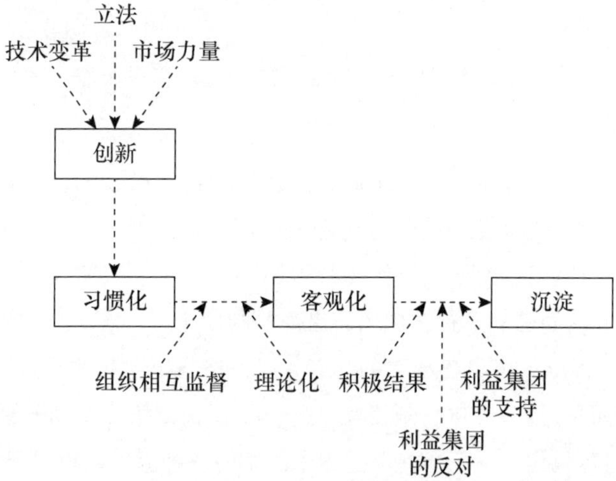

图6-1 制度化的主要过程

资料来源：Tolbert，Pamela S.，and Lynn Zucker. 2006. Component processes of institutionalization. In Handbook of Organization Studies，ed. Stewart Clegg，Cynthia Hardy，and Walter R. Nord (p. 182). Thousand Oaks，CA：Sage.

> 客观化涉及组织决策者对某种结构的价值达成一定程度的共识，并在这种共识的基础上日益采纳这种结构。……扩散的内在动力，则从简单的模仿转变为更具规范性的基础……创新总体上既是认知性的过程，又是规范合法性的过程（Tolbert & Zucker，1996：182－183）。

在这种意义上，我们认为创新的完全扩散——广泛地采纳——并不会有效地增进制度的合法性，但是必须考虑能动者的基本动机和理智。“在制度化的最后一个阶段即‘沉淀’阶段，创新在数代之间持续传递，或者大 149
量扩散到所有相关潜在采纳者群体中”（Tolbert & Zucker，1996：184）。[3]

客观化的信念常常逐渐嵌入组织惯例、形式或公文档案（例如，所应用的那些概念分类）中，嵌入人工器物——我们的工具、硬件和机器等等——之中。我们根据我们的精神范畴来组织我们的物质世界，并且二者会逐渐相互强化。

基于回报日益递增的制度化概念，强调的是物质激励的作用；基于承诺日益递增的制度化概念，强调的是身份的作用；而随着客观化日益增加的制度化概念，强调的则是思想观念的作用。文化-认知制度理论家们强调，思想观念——信念、图式和各种预设——在制度化过程中发挥着重要的作用。坎贝尔指出，各种形式的思想观念都会发挥这种制度化作用。其中最有力的思想观念是存在于讨论背景之中的、被视若当然的各种预设和假定。这样的思想观念仍然在很大程度上被作为“原则信念”而接受，并且不容置疑（Campbell，2004：93）。正如林肯指出的，“公众情感就是一切。有了公众情感的支持，就无往不胜，得不到公众情感的支持，将一事无 150
成”。除非持有相反预设和假定的其他人进入这一背景中，并追求非同寻常的目标或利用不熟悉的或不被认同的手段，否则这些根深蒂固的信念不会被注意到。那些在外国从事经营活动的人事部门或公司，身处不同的文化背景，更有可能遇到奇怪的、无法解释的、根源于陌生背景中的信念的各种行为（Hofstede，1991；Orr & Scott，2008）。很多研究外交政策的政治学者，已经放弃了保守的现实（realpolitik）政治观，不再认为外交政策应以一个国家的物质和政治利益为导向。相反，他们认为一个国家的物质与政治利益，往往取决于思想观念，包括“世界观”（如个人主义和世俗的前提假定）、

“原则性的信念”或者“规范性的思想”（如宗教与人文关怀）、“因果信念”（有因必有果）等等（Goldstein & Keohane，1993）。正如第四章所讨论的，当前对于制度逻辑的关注，当然也强调作为一种制度要素的思想观念的重要性（Freidland & Alford，1991；Thornton，Ocasio & Lounsbury，2012）。

关于思想观念在形塑行为中的作用的研究，源远流长。在整个19世纪，由于受到马克思相关著作的影响，人们把思想观念归于意识形态范畴（见本书第一章）。当代大多数制度理论家明确回避意识形态一词，但是也有很多学者关注权力在塑造制度中的作用，以及思想观念与制度逻辑之间的联系，并再一次论及意识形态（Meyer，Sahlin，Ventresca，& Walgenbach，2009b）。一些学者认为所有的信念系统和共享的概念系统都是意识形态（Simons & Ingram，1997），但大多数学者坚持认为，跨越群体和阶层界限的共有概念框架可以提供一种“共同的文化基础”（van Dijk，2001）。我比较赞成伯格和拉克曼（Berger & Luckmann，1967：123）的看法，他们认为“当某种特定的关于实在的定义逐渐与某种具体的权力和利益相牵连时，那么其可以称为意识形态”。汤普森也有类似的看法，他认为意识形态就是“服务于权力的意义”（Thompson，1996：7；Meyer，Sahlin，Ventresca & Walgenbach，2009a）。并非所有的制度性的思想观念或逻辑都是意识形态，但是其中有很多之所以被确立起来，就是因为要服务于获取或争夺权力。[4]我们必须看到这一点。

总之，对于三大制度要素存在三种十分不同的制度化机制解释。这些主张各自强调不同的制度层面和制度化机制，但是并非必然就是相互对立
151 和冲突的。生命力强大的制度化往往是相互影响和强化的多种机制的产物。除了上文所说的主要的制度化机制外，我们还可以发现一些更加具体的机制。下面我们讨论其中的一些机制以及制度化的实施者及推动者，第七章和第八章将描述其他的一些制度化机制，特别是那些涉及跨层次的过程的制度化机制。

二、制度维持与扩散

1. 制度的维持

制度概念往往意味着稳定性和持续性。但制度会不会陷入不稳定性和

不可持续性状态？很多组织研究者都认为，制度化是一种非常吸引人的状态，完成后不需要进一步的努力就可以自我维持。如西蒙（Simon，1945/1997：106）解释了“行为模式一旦建立就会维持下去”的诸多原因。他特别强调的是认知性模式，“活动本身产生了激励，这种激励使人们试图把活动持续下去并最终完成”。在这种个体层次上，注意力定向过程也会起作用，可降低个体对外部刺激的敏感性。组织生态学家认为，制度的稳定性即他们所说的惰性是如下一种组织层次上的过程：惰性是沉淀成本、既得利益和习惯化行为等等的产物，这些过程得到对交易伙伴的合约责任和规制性政体所施加的外部制约的支持（Hannan & Freeman，1984/1989）。他们认为，变迁对于组织来说是难以发生的，也是很危险的。

然而，还有一些理论家则认为，制度的稳定性和持续性并非自然而然的事情。如朱克尔（Zucker，1988b：26）认为，我们常常看到“社会系统存在一种去组织化倾向”——熵。她认为，人们往往会违背、打破组织的结构、规则和惯例，其结果就是导致普遍的去制度化，而至于为什么如此则有着不同的原因（这些思想观点将在第八章进行讨论）。她认为，制度的持续性往往是微弱的，并且是值得研究的。诸如吉登斯（Giddens，1984）之类的理论家，对此都持有一种中间立场。她强调指出，规则、规范和信念的持续，要求行动者必须十分积极地监督持续进行的各种社会活动，必须高度持续地关注自己与更广泛的文化环境之间的联系。只有在行动者能够持续地生产和再生产结构的意义上，结构才是持续性的。

经济史学家格雷夫（Greif，2006：14）在其最近的研究中，支持并进 *152*
一步阐述了这种把能动视角与结构视角结合起来的中间立场或综合立场。格雷夫认为，制度得到规则、规范和信念等要素的支持，“制度的这些要素都外在于其所影响的个体行为”。但是，它们也是“内生性的制度”，它们会自我强化。

> 每一个体成员的行为以及预期行为，都会意味或暗示着某些制度要素，而每一个体成员又都会响应这些制度要素，同时又会使能、引导和激励其他成员以“导致那些一开始就会产生个人行为的制度要素的方式”行事。其中的行为是自我强化的，因为每一个体成员在视这

> 种结构为既定的同时，都发现最好应遵循制度化的行为；反过来，在所暗示的行为确证了相关信念和再生了相关规范的意义上，这种行为又会实现制度的再生产（Greif，2006：15－16）。

通过考察制度主义研究文献，我们可以发现，大多数制度主义学者很少关注制度的持续性这一问题。托马斯·劳伦斯（Thomas B. Lawrence）认为其原因在于制度的维持往往是由非精英行动者来进行的，“他们是制度的看守人与维持者，处理制度机制每天都要发生的紊乱或毛病”（Lawrence，2008：190）。而且，正如预期的那样，那些考虑了制度的维持的学者，对于支撑制度稳定性的背后机制并无一致的看法。特别是由于不同的学者有的强调文化-认知性要素，有的强调规范性要素，有的又强调规制性要素，因此他们对于制度的维持机制也就存在不同的看法。关注文化-认知性制度要素的研究者，往往强调的是那些界定社会实在的无意识的、被视若当然而接受的假定对于制度的维持具有重要的作用。例如罗纳德·杰普森（Ronald L. Jepperson）就认为，一种制度是否成其为制度的标志，就是其是否具有自动维持和自我恢复的能力（Jepperson，1991：145）。制度机制本身并不需要我们有意识地付出努力去维护它。朱克尔（Zucker，1977：726）也持有类似的观点，他说：“文化的持续并不需要内化、自我回报，或者其他干预过程，因为社会的认知一旦制度化，就会作为一种事实、一种客观的实在而存在，并在此基础上直接传播。”

为了评估这种主张，朱克尔进行了一项实验研究，以确定不同的制度
153 化程度对实验主体遵守、维持制度和抵制制度变迁的程度有何影响。她的研究利用了马扎菲·谢里夫（Muzafer Sherif，1935）经典刺激实验，即请被试评价暗室中的一柱稳定光线的落点的移动距离。制度化的不同程度通过向被试宣读实验说明来实现操作化。该实验说明通过告诉被试与她一起参与实验的合作者只是“另外一个人”（这个人实际上是实验同盟者），除此不告诉她任何其他的信息，来产生一种低度的制度化；通过告诉被试她本人及其实验合作者（实验同盟者）都是某个“组织的成员”，但不指明他们的职位，来形成一种中度的制度化；通过告诉被试她本人及其实验合作者（实验同盟者）都是某个组织的成员，并且实验合作者被给予“光线操

作者”的头衔，来创造高度的制度化。朱克尔的推论如下：

> 我们设计的每个实验情境中，行为的制度化程度各不相同。各种特定情境中的行为，通过嵌入那些行动被认为是制度化的更大背景中，会逐渐被视为制度化的行为。通过指出实验情境被建构为与实际组织情境一样的情境，就可以使这种实验情境中的行动者认为其他行动者要求他们进行的行动……是受到规制和调节的；认为实验情境中的互动，比起这种实验情境没有嵌入一种组织背景来，会有着更加确定的模式。该实验还假定，占有某种职位的行动者实施的行为，是高度客观化的和外在的行为。当某个行动者占据某种职位之后，这个行动者就被认为是非人格化的行动者，会长时间持续存在，会在各种行动者之间持续存在（Zucker，1977：728－729）。

请注意，朱克尔的实验在很大程度上是以文化-认知性的制度化概念为基础的。在实验中被操作化并用以解释被试行为的唯一因素，是被试关于实验情境的认知框架，包括他们在实验中对自己身份的界定。这个实验没有利用任何惩罚或其他类型的规制性控制、规范性要求，因此实验中所观察到的结果与规制性或规范性制度要素无关。

朱克尔发现，各个不同制度化程度的实验情境都显示了她所预测的结果：工作于制度化程度较高的实验条件（一种组织条件的模拟）的主体更有可能（与提供光线落点移动距离判断标准的同盟者一起）把他们在系列测试中得知的判断标准传递给新参与进来的、还没有这种认知框架的被试，会维持他们的判断标准很长的时间（其中一些被试在一周之后重新被请回来再进行同样的实验），（在试图采纳实验同盟者最初传递的判断标准的被试与第二个试图改变这种判断标准的同盟者共同参与实验时）会抵制那些试图改变他们判断标准的意图。朱克尔指出，在持续的社会系统中，信念 154
与实践传递给各种新来的实践者是一种为制度持续提供基础的关键过程。而且，制度化程度更高的实践往往被“客观化”，比起制度化程度较低的行为更可能传递下来（Tolbert & Zucker，1996）。

还有一些强调文化-认知机制的学者，指出诸如重构早期领导者的传奇故事之类的“神化”运作、培训和专业进修之类的“嵌入与程式化”过程，对于制度的维持具有重要的作用（Lawrence & Suddaby，2006）。图玛·齐尔伯（Tammar B. Zilber）对一个强奸危机中心进行了研究（Zilber，2002），该中心是在一种女权主义的观点支持下建立起来的，后来随着招聘新的工作人员，该中心通过一种“重释”与“再构”过程把女权主义视角转变成一种治疗视角，从而得以维持其活动并使其活动合法化。比起女权主义的社会运动意识形态来说，这种专业性的意识形态可以为该中心新的工作人员提供一种更强大的基础，来选择、组织和推进该中心的活动。

关注规范性制度要素的研究者则强调，既由他人内化又由他人实施的共同规范对于制度的稳定具有重要的影响。例如，马丁·克尔达夫（Martin Kilduff，1993）对一个跨国公司的“惰性再生产”进行了研究。在研究中，他强调社会网络的作用，该网络中的成员利用“共同的规范性框架，（来）持续监督个人之间的行为”。他也强调各种说明（accounts）的作用，这些说明为行为的持续提供了“一种理解和规范基础”。他发现，制度性实践的维持和传递的难易程度，要受到新员工在多大程度上共享老员工的信念和理解框架的影响。新员工在信仰与理解框架方面与老员工越不相同，就越是需要更多的努力来维持既有的信念和传递既有的实践。托尔伯特关于律师事务所的研究（Tolbert，1988）发现，比起新成员来自同一法学院的事务所来，新成员的教育背景越不相同的事务所，就越有可能实施专门的培训程序、监督系统，进行更频繁的评估以及推行其他社会化机制。

还有一些学者强调环境具有十分重要的影响，环境不仅在促进人们接受制度革新中发挥着关键的作用（对此下文将详细讨论），而且在制度革新出现之后，也对支撑和维持这种革新发挥关键的作用，而环境的这种影响往往跨越多个层次。罗恩对美国加利福尼亚州公立学区进行了研究，指出这种学区在得到“地方系统制度环境中的关键成员”的支持时，特别是得到州和联邦立法机构、国家教育机构以及州层次上的专业协会和教师培训机构的支持时，更有可能采纳和维持创新——新的教育方案与新的人事制度。他的这项研究考察了长达40年的学区历史，发现在这40年中，如果得不到所有这些外部支持者的支持，学区就不太可能采纳创新，相反会放
155 弃创新（Rowan，1982：261）。诸如专业协会之类的制定和实施各种标准、

确认其他相关组织是否具有合法性的组织，往往面临两大挑战。它们必须“或者通过介入场域对成员组织进行奖惩，或者通过增强成员组织的资源获得能力，来对成员组织产生重要的影响”；因为它们可能要面对试图声索和夺取其权威的组织的挑战，所以每当面临某个合法的竞争者时，它们都必须“审慎地参与，有意识地采取行动，以维持其场域层次的权力和看门人角色”（Trank & Washington，2009：239－240）。

强调规制性制度要素的学者，更可能强调各种有意识的控制对于制度稳定性的作用，这些控制包括利益控制、授权或收回权力、制裁和奖励等等。规制者运用权力来创建制度，而且试图使这种制度保持与维持更长的时间（DiMaggio，1988；Stinchcombe，1968）。规制者会采取一些“使能”活动，创建规则来促进、加强、支持既有的制度；也会采取一些“巡查监视”活动，以试图确保这些制度得到实施和遵守；更会进行一些“威慑、鼓气或妖魔化”活动，以揭露、打击违反或背离制度者，而表扬循规蹈矩者（Lawrence & Suddaby，2006：230）。新制度经济学包括交易成本理论与委托-代理理论，二者都强调设计适当的治理结构的重要性，以及进行与情境相适合的激励与控制的重要性（Pratt & Zeckhauser，1985）。然而，如果规制被制度化，奖赏与惩罚就会在规则的框架中发生。权力通过规则的形成而得以稳定和合法化。

此外，还有一些研究同时关注文化-认知性、规范性和规制性制度要素对制度持续性的共同影响。乔恩·米勒（Jon Miller）对已存在将近两个世纪的虔诚派宗教使团巴色差会（Basel Mission）进行了研究，发现所有这些制度要素对这个组织都产生了重要影响（Miller，1994）。巴色差会建立于 19 世纪早期，其目的是培养传教士以及在世界各地建立福音宣传点。乔恩·米勒研究了这种组织在 1815—1915 年间的档案，试图确定这种组织能够长期存在的基础。他发现，这种组织主要是从社会底层中招收相对同质的新成员，但这些新成员还会接受这种组织有意识的、强烈的社会化并逐渐具有相同的信念和价值观；然后这种组织还会建立一种强大的权威结构来控制信徒，这种权威结构把魅力型、传统型和科层型权威的控制力量与正式的“相互监督”程序熔为一炉，信徒由此形成一种“特殊感与脱离感”，在世俗世界面前变得“百毒不侵”。

156 方德万（Van de Ven）和拉夫·格拉德（Raghu Garud）对耳蜗移植——在人耳中安装恢复听力的器械——这一新的产业进行了为期35年的演化史研究，分析了其中的一系列重大的事件，包括技术创新、选择和制定规则以及保守和遵守规则等方面的事件，并把这些事件作为自变量化为具体的指标。他们把最后一类事件即保守和遵守规则作为制度维持的指标，他们认为这类事件是“由既有的制度和惯例来支配的”。[5]他们在回顾所研究的整个时期之后，收集到一些数据，表明技术创新支配着1956—1983年该产业的形成时期，但在1983—1986年制定规则与遵守规则事件以交替的方式逐渐增多，到1989年“制定规则事件不再发生，但遵守规则事件不断发生”。他们还描述了制度化规则如何被用来压制创新和“制约私人公司适应环境变化的灵活性”，而制度化规则之所以具有这样的作用，是因为既有的技术“被锁定”到一种特殊的技术路径之中（Van de Ven & Garud，1994：429－439）。

2. 制度的扩散

斯特朗对制度扩散进行了深入的研究，指出人们对于制度扩散过程的广泛关注，是与当代学术界日益强调对社会行动进行制度主义解释相一致的。当代关于社会行动的制度主义视角认为，“现代世界是那些能够决定是否做某些新的事情的支配性行动者所主导的世界”（Strang，2010：6）。这些关键性的行动者会照顾彼此的利益，同时他们在一个文化高度整合的唯意志行动者世界中相对独立地运作。他对一个大银行进行了研究，观察了十数个重要领域中为公司提供创新方案建议的管理团队职员的行为。他发现这些团队职员绝对不是“文化木偶”或无脑的海绵，无分别地吸收各种模式，而是专家式的比较购物者，会仔细地从其他成功的组织中找出最好的实践做法或模式，然后自己定制这些模式，以使这些模式与他们自己的组织相适应。这样的行为可能并不是普遍现象，但确实存在，表明传统制度扩散理论模型需要调整，特别是要更加重视个体采纳者的能动性，对于创新的理解会发生历时变迁，并注意形式上采纳某种制度与制度的实际实施之间的差异。

学者们对于制度的扩散过程——制度模式在时空中扩散的方式——十分关注，但是却较为忽视某种制度模式的建立或创立过程、谁会参与制度模式的创立过程，以及制度模式在创立之后会如何转变等。但是罗德里戈·皮萨罗（Rodrigo Gariazzo Pizarro）通过对一种环境机制的建立过程的研究，对这些过程进行了深入的研究（Pizarro，2012）。“很多国家都应用这种样板来设置政策，以设立地埋区域来保护生物多样性。”在二战前，出现了两种相互竞争的模式：一种是英国模式，建立在殖民地中的猎区基础上；另一种是美国模式，强调对风景名胜的保护。在战后的1956年，很多民族-国家参加了一系列的国际会议，建立了自然国际联盟。在随后的半个世纪中，该机构出台了一系列的决议，反映了大家团结在一个共同的模式周围，以支持成员国保护生物多样性的努力，而且反映了随着新的不同国家不断进入这种模式而出现的持续演变。例如近年来，该模式日益强调保护区的土著人权利，于是一种“堡垒模型”日益让位于更加具有包容性的生态系统观，把那些公园逐渐视为一种经济发展资源与文化价值来源。“这种模式”在世界各国中广泛扩散，但是随着这种国际机制逐渐被重构，被采纳模式的面目会发生历时性的变化。 157

在制度分析中，某种制度形式在时空中的扩散有着三大重要的意义。其一，制度分析者认为，一套规则与结构的扩散程度往往是某一制度结构的力量是否不断增加的衡量指标之一。在这种意义上，我们可以把对制度扩散的研究视为对制度化的研究。不过，需要注意的是，规则与结构扩散本身并不等于它们的合法性增加（Colyvas & Jonsson，2011；也见本书第四章）。规则与结构进入实践，还必须得到运行于多个层次的不断变化的规则、规范和信仰的支持。其二，因为各种要素的扩散就是被组织采纳并整合进组织之中，所以我们也可以把对制度扩散的研究适当地视为对制度影响的研究。这样的制度影响研究往往认为，在制度出现的初期就采纳这种制度的组织，与在制度已经成熟的晚期才采纳这种制度的组织，遵守的是不同的原则，因为制度的力量在不断变化，而采纳这种制度的组织的特征也在不断变化。关于影响个体组织是否采纳某种制度的各种因素的研究，我们将在第七章讨论。其三，新的制度形式或实践的扩散实际上也是制度 158

变迁，不过是特殊类型的制度变迁。这种变迁是一种收敛性、趋同性的制度变迁，即强化和扩散现有模式的制度变迁（Greenwood & Hinings，1996）。大多数制度理论强调这种收敛性、趋同性的变迁过程。但是直到最近，才有一些学者对分裂性、趋异性的制度变迁进行了研究，这也是本书第七章的一个重要论题。

为了深化对制度扩散方式的理解，我们需要注意几个重要的区分。例如，迪马吉奥和鲍威尔（DiMaggio & Powell，1983）做出了一种很有用的区分，把制度扩散区分为三大不同的机制，即强制、规范和模仿机制，这些机制界定了人们采纳新的结构和行为的不同的动力或动机。正如本书第三章所指出的，这三大机制与我所界定的三大制度要素非常一致。此外，劳伦斯·布朗（Lawrence A. Brown，1981）等人指出，对于制度扩散的动力，存在需求推动与供给推动这两种解释（见本书第五章）。强调需求推动制度扩散的理论着重分析的是采纳新制度者的各种特征与条件，而强调供给推动制度扩散的理论着重分析的是那些试图对制度创新进行扩散的能动者的性质和意图。对于很多类型的制度扩散过程来说，研究促进扩散的能动者或"实施者"的属性或行为，而不是研究制度扩散的对象或接受单元的属性与行为，似乎更为有用。

早期研究者往往认为制度扩散是一种相当机械的过程：技术、模型和思想从一个地方向另一个地方的简单移动。要修正早期的这种简单看法，就必须重视制度载体和推动者的中介作用，必须认识到扩散模式会影响其所传播的信息（见本书第四章，以及本章下面的部分）。正如早期研究者指出的，信息在传递过程中会被传递者修正、剪辑和转述（Czarniawska & Joerges，1996；Sahlin-Andersson，1996）。更为重要的是，人们日益认识到，那些使用创新结果的人会改变创新，甚至有时在较短的时间内就会对这种创新做出极重要的改变。制度的影响也不是单向的和决定性的，而是多层面与双向的，并因千姿百态的世界而各有不同（精确的预测往往需要一种稳定状态，但各种社会背景是不断变化的）（North，2005）。正如法国科学社会学家布鲁诺·拉图尔（Bruno Latour）所指出的：

> 一切事物——观点、秩序、人工器物、产品——在时空中的扩散，

> 都掌握在人们的手中；而所有人都可能以不同的方式行事，人们对于已经到手的事物会采取不同的立场，或放弃之，或修正之，或偏离之，或背叛之，或完善之，或占有之（Latour，1986：167）。

我将按照这些立场来安排关于制度扩散研究的回顾。159

3. 规制过程

规制过程是一种强制性的过程，其若想有效，就必须提出相对明确的要求，进行有效的监督和奖惩。除此以外，使用这种强制机制者是否拥有权力、是不是合法的控制者、是靠威胁还是引诱等，都对强制性规制的效果具有重要影响（Scott，1987）。我们可以预期，制度的效果——制度化程度的高低——会因这些机制而变化，如果依靠的是权威，那么制度往往具有更大的渗透性。很多制度形式都是通过公共或私人组织世界中的这些权力与权威机制之间的某种结合而扩散的。德利克（Djelic，1998）分析了二战后德、法和意三国面对美国向它们输出美国法人企业模式的意图所做出的不同反应，发现这种输出过程涉及的机制包括强制、引诱（如马歇尔计划），以及模仿机制。

比起那些奉行多元主义或个人主义的民族-国家来，具有国家主义与法团主义传统的民族-国家往往更可能成功地使用强制机制，即通过规制性权力来推行创新和改革（Hall & Soskice，2001a/2001b；Jepperson & Meyer，1991）。私人组织则往往习惯于利用它们的合法性权威，以及使用胡萝卜加大棒的政策来推广新的制度形式和实践。强制机制强调由供给方推动的过程，主要关注促进制度扩散的代理人的特征和相关载体，重视委托人与代理人之间的利益联盟，以及信息充分、监督和控制的重要性。

这里列举三个相关的经验研究，来说明由规制性权威所促进的制度扩散过程。其一是托尔伯特和朱克尔关于美国1885—1935年公务员制度改革扩散过程的研究（Tolbert & Zucker，1983）。该项研究十分有名。他们对如下两种扩散情况进行了对比分析：一种情况是很多州政府都采纳了这种改革，并迫使它们所管辖的城市支持这种制度改革；另一种情况是有一个州政府，允许其所辖城市自己选择是否采纳这种制度改革。迫使城市进行改革的各州政府，使用法律程序和官方制裁来迫使各个城市进行改革；这种制度安排是一种逐级建构起来的权威系统。相反，没有受到州政府强迫的城市则会做出回应，通过发挥规范和文化-认知（即“关于这是正在做正确的或现代的事情的信念，以及知道其他城市正在采纳这种公务员制度改革”的认知）影响，来发起一种社会运动，进行非集中化而分散式的改革，
160 从而对制度的变迁做出回应。比起那些不受州政府强迫的城市来，那些受到州政府强迫的城市更有可能采纳公务员制度改革。它们采纳公务制度改革的时间可能更早，也可能更彻底：那些受到州政府强制或命令的市政府，在10年内有60%进行了改革（在37年内100%进行了改革），相反那些没有受到政府强迫和命令的市政府，用了50年的时间，才有60%进行了公务员制度改革（Tolbert & Zucker，1983：28－29）。

其二是D. 埃莉诺·韦斯特尼（D. Eleanor Westney）对19世纪晚期日本明治时期发生的深刻社会变迁所进行的研究（Westney，1987）。她对这种变迁提出了自己的解释。她认为，日本官员会有意识地采纳那些在他们看来成功组织着特定组织场域的诸如警察系统和邮政系统等等各种西方模式。日本官员把这些组织模式或组织原型引入相关部门，并作为重构日本国内既有组织安排的基础。这些组织模式具有不同的扩散模式，受到推广官员各种权力的影响，受到先前就存在的、本国组织（如警察队伍）提供的、具有兼容性的认知模式的出现的影响，受到周围环境中存在的支持性组织基础的影响。韦斯特尼强调指出，尽管日本改革者的最初意图只是简单模仿，从其他社会中借鉴成功的实践，但是日本改革者也极具创造性地把这些模式恰当地配置到日本这种新的环境中。

其三是罗伯特·科尔（Robert E. Cole）对日本、瑞典和美国公司在采纳和保持小群体创新活动如质量研讨小组方面存在的差异进行的研究（Cole，1989）。他的分析强调指出，不同国家的基础结构——政府机构、行业协会、工会等组织——在使这些创新合法化、激活和支持这些创新的过程中具有不同的重要作用。瑞典与美国相比，这类支持结构更多，而日本与瑞典相比，这类支持结构又更多；其结果是，创新的扩散在日本比在瑞典、在瑞典比在美国更为广泛，也更为稳定。尽管这种结果主要是由于这三个国家规制性政府机构的相对力量不同而引起的，但科尔的分析也指

出，这三个国家的行业协会与工会的动员程度是不同的，导致为这些创新所提供的规范性支持存在重要的差异。

161

4. 规范过程

关注规范过程的分析者们，强调网络连带——作为制度载体的关系结构——与承诺的重要性。很多强调规范过程的研究，都关注由专业技术人员网络或同窗网络、互锁董事（即同时担任多个公司董事会董事的个人）网络等非正式关系网络的支持作用。

制度主义者主张，过去认为是体现强制性要求的那些规制性活动实际上往往要更依赖于规范性和认知性制度要素。道宾与约翰·萨顿（John R. Sutton）在研究美国政府对雇主的影响时强调“弱政府的力量”，因为政府不能就雇佣问题制定明确的法律，这导致企业经理根据效率模型来“重塑由政策诱致的结构”（Dobbin & Sutton，1998：443）。企业经理的兴趣在于集体地制造一种规范正当性（理由），而这种规范正当性（理由）又可以创造一种市场机制或法则以供他们遵循，因此他们试图遮蔽和取代政府的作用。劳伦·埃德尔曼（Lauren B. Edelman）、克里斯托弗·乌根（Christopher Uggen）和霍华德·厄兰格（Howard S. Erlanger）也进行了相关的研究。他们指出，关于“政府（如美国政府）调节就业实践的立法行动是相对独立地运行的，也是‘从上到下’的看法，是不正确或不准确的”。相反，组织会积极参与立法，让法律自下而上地建立，从而造成自己遵守这种立法的表象。“法律的条文和内涵是在法律被设计用来调节的那个社会场域中被确定的”（Edelman，Uggen & Erlanger，1999：407）。“要求”机会平等的法律或平权法案（给少数族裔和女性在教育、就业方面提供一些特殊照顾政策）的内涵，是由人力资源管理者通过重复的社会博弈协商确定的。他们建立了各种全国性网络，首先把那些与军方签约的公司纳入进来，后来又把他们的专业协会和工商协会纳入进来。

道宾认为，这些人事管理专业人员实际上以社会运动的方式行事，他们提出和验证最好的人事制度，然后从一个公司向另一个公司扩散（Dobbin，2009）。立法与司法机构确实会发挥作用，只不过是发挥支持他们的作用。相关的司法判决也只不过是对那些在领导性公司中的流行做法加以肯定。公司领导法院，而不是法院领导公司（Dobbin，2009：4）。新的人事制度与程序更多的是体现专业技术人员网络中广泛存在的规范（如一个公司在人事协会中的成员权利），而不是体现政府规制政策的变革（如里根时期放松管制的政策，对于上述人事制度的扩散并无多少影响）。他最近对人事制度改革进行了一项时间跨度达30年的研究（Dobbin，2009），指出类似的改革从1960年代就开始了，最初是为了界定与加强机会均等系统，
162 最近这些年来主要就是针对和限制性骚扰。这些改革虽然是由规范性机制发起的，但其中大多数已经成为类似于法律的规则，由支配和控制雇佣、晋升、辞退、纪律、产假、性骚扰等的公司来实施。其他的一些改革则由那些支持共同遵守的规范的私人治理机制来实施（Dobbin，2009：11）。

詹姆斯·韦斯特法尔（James D. Westphal）和爱德华·扎亚克（Edward J. Zajac）研究了1970—1990年间商业界关于CEO的补偿或报酬应该与其公司绩效相联系的非正式规范的形成过程。主张这种规范者尽管是以经济学的理论为基础的，并得到了经验数据的支持，这些经验数据显示这样的激励方案会影响短期的股票价格；但是，主张者更加强调道德的重要性，而且越来越多的世界500强企业董事会采纳了这种规范。那些不采取此种激励方案的公司董事会，会被认为忽视股东的利益。因此，这种CEO激励方案在公司之间迅速扩散，并且采纳这种新的激励模式的公司会从股票市场获得收益（Westphal & Zajac，1994）。例如，正如在第五章中所讨论的，迪马吉奥（DiMaggio，1991）描述了20世纪初美国那些持有不同的观点的专业技术人员团体在建设博物馆过程中存在的竞争。与布迪厄一样，迪马吉奥与鲍威尔认为专业化是一个职业成员界定他们工作条件与方法的集体努力（DiMaggio & Powell，1983：152）。另外，正如本书第八章所描述的，劳恩斯伯里等人（Lounsbury，Ventresca & Hirsch，2003）也对此提出了类似的看法。很多规范标准都是慢慢出现和增强的，但是有些规范标准显然是由那些自封的裁决者或多或少地利用代表团体和有意设计的程序而人为建立起来的。各种专业协会、商业协会或工会就是现代社会中这种团体与程序的例子。例如，在经过多年的各种斗争与妥协之后，美国的制药团体、医疗团体与美国的一个管理团体即美国医院协会联合起

来，形成了美国医疗机构评审联合委员会（JCAHO）。许可证的发放是一种政府的规制性程序，资格合格性认定则是一种非政府的、由专业人员发起的程序。后者的规范性过程，目的在于宣传更高的行业标准（Somers，1969：101）。尽管资格合格性认定不是法律强制性的，但是在专业人员支持的竞争性领域，诸如健康看护领域，缺少资格合格性认定的组织会遭受质疑，无法获得来自政府的资金补贴。经验研究显示，诸如医院之类的组 163
织，如果获得了适当的专业技术机构的合格认证，那么比起那些缺少这种规范支持的组织，更有可能生存下来（Ruef & Scott，1998）。[6]本书将在第七章讨论另一个研究案例，该研究对美国医疗机构评审联合委员会在 1985 年到 1993 年间美国医院采取全面质量管理程序的过程中发挥的重要作用进行了深入的分析（Westphal，Gulati & Shortell，1997）。该研究抽取了大约 2 700 个医院样本，发现在 1985 年几乎没有企业采用全面质量管理，但是到 1993 年采用全面质量管理的企业就达到 2 000 家。此外，还有学者分析了加拿大会计专业协会在试图为会计公司寻求新的治理理论与建立新的治理模式时发生的博弈与讨论（Greenwood，Suddaby & Hinings，2002）。这些变化源于一种竞争性的、有意设计的程序，而这种程序又被制定成成文的规则，明确规定了专业服务公司的结构。这种方案一旦实施，新的模式就会开始广泛扩散。

正如本书第五章所讨论的，目前正是国际层次的制度建立活跃期。这些新建的系统的重要特征之一，就是越来越具有治理的形式而非管理的形式。新的国际制度结构更多的是利用软的而非硬的法律，更多的是依赖于私人组织而非公共组织或者至少是二者相结合，更多的是依赖于各种网络而非垂直等级制结构（Mörth，2004）。简言之，他们使用规范系统来替代而放弃了规制系统。各种国际性的实施组织与机制都表现出更加柔性的特征，例如“各种报告与协调程序”“监管”“议程设置”都是如此，并营造了一种平台，在其中人们提出和广泛实施好的、合意的办法（Jacobsson & Sahlin-Andersson，2006）。非政府组织（NGO）与营利企业有时会进行各种形式的结合，形成合作性的团体，提出与宣传某种标准，而这些标准能够自我监督与实施，或者由外部第三方来监督实施。诸如伐木业、服装业、咖啡公司和有机农场等等产业如若遵守这些标准就会通过认证并获得回报。巴特利研究了制衣业与伐木业中环境与营运标准的形成过程，提出这样的私人规制系统自1990年代以来快速增多，因为新自由主义与公平贸易信念系统的传播已经导致国家与非国家行动者都支持私人的而非公共的规制形式（Bartley，2003：434）。

164 大多数经验研究主要关注的是影响某种成功规范模式扩散的因素，而较少对于那些失败了的规范模式进行经验总结。关于组织形式和实践的制度性扩散的经验研究则最多，本书将在第七章中讨论其中最具代表性的经验研究。

5. 文化-认知过程

斯特朗和迈耶跟随伯格与拉克曼的指引，也强调制度扩散过程中文化-认知性要素的重要性（Strang & Meyer，1993）。他们认为，各种“理论化”过程极大地影响着制度的扩散。只有相关的行动者认为他们自己在某些重要方面是相似的，制度扩散才有可能发生（在相关行动者之间，一般的“组织”概念或具体的组织亚型如“医院”等概念的产生，促进了该扩散过程）。“理论化”对于为什么某些行动者需要增加某些特殊的制度要素或实践也提供了一种因果解释。正如本章前面所讨论的，“理论化”促进了“客观化”（Tolbert & Zucker，1996）。

组织生态学家们也支持文化-认知性制度概念，他们认为，某种组织形式的密度——某种组织的数量——是其合法性即制度化程度的指标之一。近年来，组织生态学家们强调组织存在“密度依赖”，发现某种组织的数量与该种组织的建立之间存在正相关。他们对各种组织人口种群进行了广泛研究，发现当某种新的组织形式出现时，其建立数量开始会慢慢增多，然后建立数量快速增加，最后新建立的数量又会逐渐下降（关于这些研究的回顾和评论见Baum，1996；Hannan & Freeman，1989）。卡罗尔和汉南对这一经验发现进行了理论解释，认为组织密度是这种组织形式的认知状态——认知合法性——的指标之一。他们指出：

> 在相关行动者认为某种组织形式是追求某种目的之自然的组织方式的意义上，这种组织形式是合法的。根据这种看法，一种不常见的

> 组织形式就存在严重的合法性问题。当某种组织形式数量较少时，则其不太可能被视为获得某些集体结果的自然组织形式。相反，某种组织形式一旦流行开来，其进一步的扩散就更可能被视若当然。因此一种组织形式的合法性会随着该组织形式的密度的增加而增加，而后者的增加速度更快（Carroll & Hannan，1989：525－526）。

不过，在特定环境中，随着某种组织的数量越来越多，组织的合法性 165
问题的重要性就会下降，而这种组织之间的竞争就会加剧，导致这种组织新建立的数量将日益减少，而已建立的组织将逐渐巩固。因此，同一种组织的密度往往呈倒U形变化，并最终会逐渐下降。

很多学者并不同意上述把组织密度视为组织合法性的一个指标的做法。朱克尔（Zucker，1989）认为，卡罗尔和汉南并没有对组织合法性进行直接测量，而仅仅假定组织形式的流行程度与其合法性之间存在相关性（Baum & Powell，1995）。约耳·鲍姆与克里斯汀·奥利弗（Christine Oliver）认为，组织形式的流行程度仅仅是组织嵌入性等对组织合法性的影响的体现（Baum & Oliver，1992）。他们对多伦多市日间托管看护中心进行了研究，发现如果考虑组织（如该看护中心）与政府之间的关系，那么组织密度对组织合法性的影响就消失了。卡罗尔和汉南（Hannan，et al.，1989/1995）对此批评进行了回应，指出在科学研究中普遍存在使用间接指标的情况；他们对多伦多市日间托管看护中心该组织种群的早期历史进行了研究，发现其组织形式流行性与合法性之间存在相关性。这为他们的观点提供了支持，而且他们的观点的长处在于具有普遍适用性，可以适用于任何组织种群。

还有其他很多研究制度的学者，研究了意识形态或信念系统、组织形式或原型（关于如何进行组织的概念），以及各种过程或程序的扩散过程。没有任何其他事物能够如思想观念那样如此便于携带。它们尽管可以通过各种关系与人工器物来流传，但主要是通过符号性载体来扩散。它们可能通过特殊的社会网络来表达，但更依赖于一般化的媒介来传播（Boxenbaum & Jonsson，2008；Czarniawska & Joerges，1996；Sahlin & Wedlin，2008；Sahlin-Andersson & Engwall，2002）。

莫洛·纪廉（Mauro Guillén）对20世纪前半期的美国、德国、英国和西班牙等国家中管理意识形态的扩散进行了历史分析（Guillén，1994）。他对在知识分子之间传播的以及书本文章和专业话语所显示的管理理论与经验调查和案例研究所显示的管理实践以及从业者的技术性应用进行了区分。他发现，早期主流的管理理论即科学管理理论主要是在实际从业者之间而不是在知识分子之间传播的，并且这种理论在美国与德国的扩散和影响比在英国与西班牙要早得多。纪廉认为，这四个国家在国际压力、劳工骚乱、政府干涉与专业群体方面存在的各种差异，以及各种行动者之间存在的其他差异，有助于解释本书所发现的各种扩散模式存在的差异。

166 在1970年代中期，面对日本汽车与电子制造业的激烈竞争，一直安于现状的美国公司猛然惊醒，开始进行一系列的探索和试验，这些实践后来被称为“全面质量管理”（TQM）（Cole & Scott，2000）。正如科尔（Cole，1999）所描述的，美国工商界并没有快速做出反应，工商界人士不能确定所面临挑战的性质，不知道该采取什么应对措施。这些人花了很长一段时间来理解，才搞清了来龙去脉。在美国为了推行TQM，各种专家大师为其提供思想支持，各种咨询公司为其提供相关建议，各种专业协会（诸如美国质量协会）为其提供规范性支持和奖惩支持［例如布德里奇美国国家质量奖（Baldrige Award）］，进而为其提供声望与经济激励；但是，美国人关于TQM的核心要素并没有达成共识。在这个国家，TQM运动还没得到充分的理论研究，也没有得到充分的规范和规制结构的支持，因而没有广泛扩散开来，没有产生深远的影响［参见科尔（Cole，1989）的比较研究，以及本章上面的描述］。诸如质量讨论小组等管理实践做法等，得到了美国人的广泛讨论，但是他们往往只是口头上表示赞同，而疏于实践应用。公司感觉有必要进行变革，但是提出的变革方案没有提供明确的指引。也许与TQM相关的最重要变革，就是关于质量的认知框架的注意力从内部设计者转向外部消费者，从“亡羊补牢，查缺补漏”的思维模式转向“提前预防，加以改进”的思维模式。尽管追求质量的潮流似乎有其自身的轨迹，也为有益的组织学习提供了基础（Cole，1999），但最后所有扩散这种制度的意图都没有取得成功。

三、去制度化过程

正如本书第五章所指出的，制度信念与实践一经产生就会永远持续下去，相反也会出现去制度化。去制度化是指制度弱化与消失的过程。一些学者主要强调规制性系统的去制度化、日益衰弱的法律，以及制裁力量的消失和人们越来越不遵守它们。另一些学者则强调规范被日益侵蚀，以及义务期待的力量日益丧失。还有一些学者则强调文化信念被日益侵蚀，曾经被视若当然的东西日益受到质疑。学者们不管强调的是哪种制度要素，或者这些制度要素之间的相互作用，或者这些制度要素的某种结合形式的弱化和消失，都强调信念与行为，以及认知图式与资源方面出现的变化。正如历代社会学家所强调的，信念与行为之间只是存在松散的联系，但是我们思想与期待的变化会对相关活动施加压力，促进其变化。反之亦然。

去制度化的原因很多。正如我们所指出的，朱克尔（Zucker，1988b） 167
强调与制度“非完整传播”相关的和常见的熵现象、各种环境要求修正规则，以及职业占据者的角色规范被个人特征侵蚀等。奥利弗（Oliver，1992）描述了功能上的压力、政治压力与社会压力导致去制度化。功能上的压力，是指人们察觉到，如果某种制度化实践在绩效方面出现了问题，那么必然要求去制度化。例如，由于与同类社会中的学生相比，美国公立学校的学生标准化教育测试得分较低，因此近年来美国公立学校的合法性正在逐渐丧失［National Center on Education and the Economy（NCEE），1983］。公立学校合法性降低，使得人们逐渐考虑其他的替代性政策，如2001年的“不让任何孩子落后”的提案（NCLB），或者诸如学券制度等其他方法。这就是一种制度、组织与行为的生态学。当某种制度结构的重要支持者发现制度结构所提供的指引不充分时，这些制度结构就会随着问题的累积而逐渐成为改革或替代对象。

消费者不断变化的偏好也会对制度产生功能上的压力。马太·克拉兹（Matthew S. Kraatz）和扎亚克发现，从1970年代开始，学生求学动机逐渐从人文修养与自我实现转向谋生与未来的经济收益，学生求学目标的变化对私立文科学院产生了重大挑战（Kraatz & Zajac，1996）。他们根据1971—1986年美国600所大学的数据，指出尽管文科课程十分忠于规范性与文化-认知性的制度，但是所有这类学校实际上都开设了就业导向的专业课程，以应对生源不足的压力。正如我们所预期的，越依靠学生学费的学校就越有可能增设这样的课程，而越有声望的学校就越有可能抵制这些变化。克拉兹和扎亚克认为，他们的这些发现表明制度主张存在局限，即哪怕是高度制度化的价值观及其相关结构，在面临消费者偏好的变化时，也要屈从于市场的要求。但是在这里，我想对他们的发现提出不同的理解，那就是他们的研究实际上描述了一种制度逻辑——人文学科的优点——正在被破坏（去合法化），并逐渐为另一种制度逻辑即支持市场化的制度逻辑所替代。所以，我们也可把去制度化理解为一种制度变迁过程。

168 组织的功能往往会因为环境的压力而发生改变。一个组织之所以成立，往往是为了实现某种价值目标，而成立组织的那些人或内部支持者往往会保护组织的最初目标；但是，组织成立之后，外部环境往往会威胁组织的生存。因此这个组织往往会服从后者，而逐渐满足新的功能需要。正如米歇尔斯（Michels，1915/1949）以及塞尔兹尼克（Selznick，1949）指出的，那些最初的价值目标具有不同程度的不稳定性，如果要想保持下来，就需要“制度性的领导权”，也就是要在制度上规定其主导地位。克拉兹等人（Kraatz，Ventresca & Deng，2010）发现，一些人文社会科学类大学、院系已经屈服于外部环境的压力，改变了自己的课程设置、招生等方面的决策，在决策时优先考虑的是财务问题，也就是增加本校、院系的财政收入。在教育行政上，出现了一种“世俗人”的变革，即这些大学、院系开始建立起“招生管理部门”，更加正式地把以前相对自治和独立的各种部门都整合在一起进行联合决策，其结果就是使很多人文社会科学大学、院系开始放弃其最初的偏向于招收学术性学生的初衷，转而招收那些能够承担高昂学费的学生。在那些抑制进行这种变革的大学或学院中，专业性的技术人员和招生人员的力量则相对强大，校长或校董的任期也更长。研究者对515家私立文科学院1987—2006年的相关情况进行了抽样调查，发现正是由于这类领导者的反对，那种只顾赚钱的招生政策的扩散步伐受到了一定程度的抑制。

制度所面临的政治压力，则主要来自那些支持既有制度安排的利益群体或背后的权力分配的转型。支持者或选民偏好的变化，可能导致新的政治安排；在立法团体中多数派与少数派的转换，可能导致规制性立法或实践措施的变化。正如本书第七章所讨论的，当美国卫生部长最后鼓起勇气，动用政治资源向烟草公司“发起进攻并给予致命打击”之时，虽然美国六个最大的烟草公司集体行动起来试图保护自己的利益，但也都不得不以各自不同的方式进行了调整，以适应新的环境（Miles，1982）。这六大公司最后之所以能够生存下来，在很大程度上是由于转向其他市场并进行多样化的投资。然而组织种群生态学家们提醒我们，不能仅仅把目光放在某个产业中的大公司。例如，汉南和约翰·弗里曼（John Freeman）的研究指出，“1956 年美国烟草业中的 78 个公司，到 1986 年已经有 49 个退出了该产业”（Hannan & Freeman，1989：23－33）。其中大约四分之一的公司转型生产其他产品或提供其他服务，而其余的公司也最终没有逃脱倒闭的命运。

正如本书第五章所指出的，工商利益集团可能游说立法机构以变革公司治理结构。也正如第五章关于社会运动研究的回顾所指出的，随着政治集团之间的结合、联盟或重新分化组合，它们对既有制度安排提供的支持可能日益减弱，从而为新的博弈者和持不同意见的利益集团进入政治场域提供了机会。在 1960 年代，环保团体的出现以及政治机构为了应对民众日 *169*
益增长的对清洁空气和饮用水的需要而采取的一些措施，使石化行业经营的制度环境发生了重大变革，导致这类公司的结构与策略也发生重大调整，这一行业的经营管理人员行为的制度逻辑也发生了相应的变化，霍夫曼（Hoffman，1997/1999）对此进行了详细的阐述（见本书第七章）。

制度面临的社会压力则与群体分化和规范共识的日益片段化相关，后者会导致信念与实践做法的分化或互相矛盾。我们对医疗保健行业的研究发现，长期以来美国医学会（AMA）的成员在不断下降，相关的专业协会却在不断出现，从而导致了医生规范性共识的日益弱化和片段化，其结果就是美国医学会对医疗保健事务的声音不再具有权威性（Scott，et al.，2000）。竞争性和重叠性的制度框架的出现，破坏了每种制度框架的稳定性（Kraatz & Block，2008）。

我们现在再来看看关于去制度化的经验研究。正如我们所指出的，这些经验研究评估去制度化程度的指标，包括从信念日益弱化到一套实践做法被完全放弃这一整个范围。格尔茨对两个伊斯兰国家进行了描述，并归纳了在宗教极端主义的信仰系统放松对信从者的控制时，所出现的微妙的、几乎难以察觉的去制度化模式：

> 对于这些民众来说，被奉为真理的东西并没有变化，或者说没有太大的变化，变化的是民众信奉这些东西的方式。以前纯粹就是基于忠诚，现在则是基于各种理由，并且是一些不那么令人信服的理由；以前民众认为只要相信就会得到拯救，现在获得拯救只是一种假定（hypotheses），并且是相当牵强的假定。民众普遍不敢进行明目张胆的质疑，也不是故意的虚伪，而是普遍进行着庄严的自我欺骗（Geertz，1971：17）。

保罗·罗宾逊（Paul Robinson）对支配大歌剧（全剧只用唱不用说的歌剧，grand opera）的规范性与文化-认知性惯例的历史变化进行了分析，并描述了“两种歌剧时间”——一种是与“真实生活的事物运行一样快慢的”真实吟唱速度，另一种是独唱或集体咏唱的“放慢了的时间”（这是17、18世纪作品的特征）——如何让位于19世纪“持续不断”的音乐风格（Robinson，1985：10）。处于这两种风格之间的过渡时期的作曲家，则奚
170 落式、嘲笑式地应用较早期的风格，以便为新的风格开路。例如，意大利作曲家罗西尼（Rossini，1792—1868）在其歌剧《休厄尔的理发师》（The Barber of Seville，1816）中，有意识地使用18世纪的惯例，但其目的是要起到一种滑稽效果。因此，“人们从罗西尼的歌剧中所看到的是，歌剧惯例已经处于艺术生命的终点，也就是说他在取笑这种惯例，后来各代艺术家逐渐放弃了这种歌剧惯例”。

赛恩和托尔伯特（Sine & Tolbert，2006：7）对各种正在发生变革的实践做法进行了研究，对去制度化的过渡阶段或中间阶段进行了探讨。他们考察了1965—1995年间美国高等教育制度中聘用制的衰落过程。尽管只有少数学院与大学完全放弃了聘用制，“但是在过去30年中，很多高等教育组织日益增加非聘用制职位的数量与比例”。虽然聘用制仍然得到了教育

专业规范结构的强烈支持，并得以持续下来，但是其适用范围正在缩小，以至于这种保护措施仅仅适用于一小部分职员。他们根据1989—1995年的数据，指出遵守聘用制存在成本特别是劳动力成本，但这并不是日益放弃聘用制的主要原因，逐渐放弃聘用制更重要的原因是避免使组织失去合法性。也就是说，为了追求存在的合法性，高等教育组织逐渐不再采用聘用制。

去制度化的极端情况，就是完全放弃某种制度化实践。国际企业战略研究专家克里斯蒂娜·阿哈默德吉安（Christina L. Ahmadjian）和帕特丽夏·罗宾逊（Patricia Robinson）对日本公司逐渐放弃其有名的终身雇佣制进行了研究（Ahmadjian & Robinson，2001），终身雇佣制曾被认为是支撑日本企业的独特就业制度（Abegglen，1958；Cole，1979；Dore，1973；Ouchi，1981）。二战后很多年内，日本的公司与其重要雇员之间往往存在一种隐含合约，即这些雇员可以获得公司内部的各种培训，公司雇用他们直到退休。很多观察者，包括科尔和威廉·奥奇（William G. Ouchi），都认为企业对雇员的终身雇佣承诺是这一时期促进日本公司生产力显著提高的关键因素之一。然而，在1990年代严重经济低迷的压力下，日本的公司开始放弃对雇员的终身雇佣承诺。阿哈默德吉安和帕特丽夏·罗宾逊（Ahmadjian & Robinson，2001：644）对日本各行业的1 500多家公司进行了研究，发现绩效很差的公司首先使用削减雇员规模的策略，后来更大的、更有声望的公司也开始慢慢采纳这种策略，而再后来，越来越多的公司不再向员工做出终身雇佣的承诺。这样，“削减雇员规模的策略在组织种群中广泛扩散，为数众多的公司不再把追求员工就业安全以及社会与制度的关注放在首位，而是把如何应对经济压力放在首位”。然而，正如美国社区学 171
院日益淡化人文课程这个案例，尽管经济压力对于既有实践——无论是人文课程设置还是员工雇佣实践——的去稳定化发挥了重要的作用，但是有的研究却发现，这种变迁并非完全是市场因素或单个组织的适应性努力的结果。克拉兹和扎亚克（Kraatz & Zajac，1996）指出，作为指导活动的正确方式的新制度逻辑的出现与扩散，并非如此简单，相反还需要深入的研究，我认为这种看法是正确的。还有阿特·本德罗斯（Art Burdros，1997：

230）关于美国公司采纳削减雇员规模策略的研究也明确指出，这种削减策略得到了新自由主义的支持，也得到了既得利益管理者提出的、对很多企业都具有诱惑力的那些思想信念的支持，即使“目前的研究表明，这些事件往往有着相反的人事与组织后果”（Campbell & Pedersen，2001）。一种制度模式的去制度化，不仅与人们日益认识到“其是无效的”有关，也与一种具有挑战性的替代性制度逻辑的出现有关。

达钦夫妇指出，“制度过程很少会完全彻底消失。制度的扩散范围或生存能力即使弱化也往往会存续下去”（Dacin & Dacin，2008：327）。他们发现，常常存在一些“看守人”，他们把保持传统的核心要素的永存作为自己的使命，甚至若有必要他们还会重新再生这些核心要素，以使其能够持续存在。制度，从本质上说，其本身就具有“黏性”。[7]

四、制度载体与制度性机制[8]

本书第四章曾经确定了四类制度载体，即象征符号系统、关系系统、惯例和人工器物。正如我强调指出过的，各种制度载体本身又会在很多方面影响其传播的信息，并因此影响制度化过程的轨迹。

1. 象征符号系统

那些关注象征符号系统并认为它是制度规则和信念的载体的学者们，强调诸如理解、理论建构、框架建构（framing）和拼装（bricolage）等“通过个体选择和集体理解而运行的机制”具有重要作用（McAdam，Tarrow & Tilly，2001：26）。因为思想观念只有应用于象征符号，才能在时空
172 中流动，所以思想观念必须被编码成某种脚本，然后由接收这种思想观念的人进行解码。而这些接收者又必然处于不同情境之中，从事着各自的事情。正如本书第五章所讨论的，斯特朗和迈耶用“理论化”这个概念来指称这种编码过程。理论化过程既适用于行动者，因为“当各种相关行动者被（他们自己和他人）视为类似的行动者，以及当这些行动者处于更具共同性的社会制度之中时，思想观念的扩散就更容易发生”（Strang & Meyer，1993：491）；理论化过程也适用于所扩散的实践本身，因为实践会被抽象、编码和转化为各种模型。

> 在这种情况下，我们可以假定思想观念的流动几乎完全是某处既有的实践做法在别处的复制。当理论家们是实践做法的载体时，或者理论化本身就是扩散机制时，流动和传播的可能正是理论模型。这种模型既可能是不完善的，也可能对实践的描述存在偏差。的确，各种理论模型往往只抓住既存实践做法的某些特征，而忽视另一些特征，从而导致系统性的偏差，甚至最终与实践做法存在根本的不同（Strang & Meyer，1993：495）。

但是，如果仅仅关注象征符号性的事物，那么通常会出现一个问题，即把象征符号系统与其所嵌入的社会背景割裂开来。正如约翰·S. 布朗（John Seely Brown）和保罗·杜吉德（Paul Duguid）所指出的，“这就会使我们忽视在社会中起作用的其他因素的信息”（Brown & Duguid，2000：31）。因此，例如，报纸往往总是努力使自己表现为只不过是对每天发生的事情的真实报道，

> 但新闻不是由编辑从发生的各种事件中挑选出来，然后原原本本地反映在报纸上的信息。它是由处于各种媒体与听众背景中的编辑们制造和塑造出来的。……因此，报纸更像是图书馆——并非新闻的简单集合，而是对新闻有所选择与裁剪。而且，这种选择过程不仅仅是“收集新闻”的过程，还是编织与塑造新闻、形成与生存空间和强势群体相一致的叙事的过程（Brown & Duguid，2000：185－186）。

布朗和杜吉德指出，以前“媒体”一词，不仅仅是指信息，还指相关技术与社会制度。然而，在今天的数字化世界，人们在提及“媒体”一词时，往往不会把它与社会制度等背景的作用联系起来。我们不能仅仅把社会背景视为一种信息的输入对象，在此象征符号性信息得以创造；社会背
景也是信息的输出对象，在此信息被解码、转述与使用。正如上文所讨论 173
的，韦斯特尼（Westney，1987：25）对日本明治时期引入西方模式的情况进行了研究，指出日本实际上在一定程度上背离了这些模式，因为这些模式需要调整才能适应“不同的社会背景”，也因为日本社会缺少西方社会那样的组织与制度框架，而这些组织与制度框架在西方发挥着实质性的支撑作用。

近年来，一些研究社会运动与制度的学者强调信息或问题“框架建构”(framing) 的重要作用。戴维·斯诺（David A. Snow）及其同事（Snow & Benford，1992；Snow，Rochford，Worden & Benford，1986）对戈夫曼(Goffman，1974）的早期思想进行了调整，用以分析意义通过框架(frame）而传播的方式。坎贝尔（Campbell，2005：48－49）常常把框架界定为“隐喻、符号和认知性暗示，并从某种视角来阐明这些问题，提出应对这些问题的方式”。认知框架被信息扩散者用来提取与厘清信息，被信息接收者用来捕捉和理解信息，因此信息要成功地传播，关键在于相关各方的框架要相互适应和配合（Snow，et al.，1986）。当行动者集体地理解某种事件时，象征符号性框架可能出现于一种较为非正式的意义理解过程(Weick，1995），但是，象征符号性框架也可能通过更具策略性的意义赋予过程而创造，在这个过程中，竞争性的群体会试图界定并向它们的内部或外部传播扩散自己的意识形态立场（Gioia & Chittipeddi，1991）。正如皮尔·费斯（Peer C. Fiss）和扎亚克所指出的，组织策略的改变不仅会导致“组织结构与过程的转型，而且会导致组织的认知转向”。他们研究了德国公司内部各种利益群体之间的联盟组合如何影响这些公司对一种利益相关者（股东）模式的采用，或者采用更加流行的、混合性的相对广泛的利益相关者模式（Fiss & Zajac，2006：1173）。国有公司、国内银行拥有的公司、家族拥有的公司都更倾向于采用混合性的利益相关者模式，而那些更加经常见诸报端、拥有更高显示度的公司则更倾向于采用有利于全球利益相关者的模式（Fiss & Zajac，2006）。

拼装主要是指行动者自己动手，对有着各种根源与传统的象征符号和结构要素进行创造性的结合（Douglas，1986；Levi-Strauss，1966）。行动者可能获得源于其以前经历的思想观念和模板，但是他们把这些思想观念和模板应用于各种新的情境时，会把它们与本地的结构与思想观念联系起
174 来，从而形成一种新的混合结构。戴维·斯达克（David Stark）对东欧资本家在社会主义框架倒下之后试图创造新的企业类型的过程进行了生动的描述（Stark，1996：1014）。他发现，匈牙利的工商阶层并不会完全放弃以前企业的所有面相，相反会把社会主义与资本主义的结构与惯例混合在

一起，建立起公私混合性的组织。由于他们不知道应遵循哪些模式，只好使用那些跨越和结合了各种十分不同的评价原则的“对冲性的组织形式”。那些匈牙利企业的代理人，通过把各种符号与结构要素进行重新结合，“不是抛弃共产主义遗产，而是利用共产主义遗产来重建组织和制度，因为他们是重新配置过去的资源，以应对当下的实践困境”（Stark，1996：995）。[9]

2. 关系系统

存在于各种关系或联系之中是所有事物共同的特征，从词语到成段的句子、互联网网址，再到食物链，莫不如此。我们这里主要关注个人、群体和组织之间的社会关系或联系，以及它们作为渠道传播制度的方式。麦克亚当等人（McAdam，et al.，2001：22）强调，这种关系视角可以使我们把“社会互动、社会联系、交流沟通和对话视为积极的创造与变革过程，而不仅仅是对于结构、关系、意识或文化的表达”。斯特朗和迈耶区分了制度的关系载体与符号载体。他们指出，强调关系载体的设计是以社会实在论为基础的，这种理论认为社会行动者只是相对独立的实体，如果他们要传播和扩散某种制度，就必须通过各种具体的网络相互联系。相反，强调符号载体的设计则往往认为，“复杂的制度扩散过程更可能是在身份的社会建构过程中而非信息的机械扩散过程中实现的”（Strang & Meyer，1993：489）。

近年来，学者们已广泛运用网络测量方法与技术来研究制度性的思想观念与各种制度形式过程。这些研究探讨了网络距离、中心性、聚类、密度、结构等同和集中化等等对信息流动的速度或不同类型的信息扩散的影响。[10]例如，有研究者指出，内容相似的思想观念以及紧密相关的思想观念，更有可能在朋友群体与关系密切的群体中传播。“特别是当这些网络由 175
同质的强关系构成时，这种网络会导致行动者采纳他人的观点或者施加强大的压力要求他人遵从”（Strang & Soule，1998：272）。相反，后来马克·格兰诺维特（Granovetter，1973）等人的研究则认为，那些把各种不相似的个人、组织联系起来的关系——弱关系——更可能传递的是新的或不同的思想观念。因此，正如本书第五章所解释的，那些引入创新的制度代理人更有可能位于跨越传统边界的网络之中。

关于公司董事互锁——共有董事的组织——的大量研究，都认为这样的互锁关系更可能像弱关系那样运行，并为自己的组织提供其他组织处理各种问题的方法的相关信息。各种不同的信息，会在不同的网络之间传递。例如，戴维斯和亨里奇·格里夫（Henrich R. Greve）发现，在1980年代，很多美国公司为了应对兼并浪潮进行了两种公司治理创新，即“金降落伞程序”（即兼并者必须给被兼并企业员工支付高额退休或失业资金的制度）和“毒丸程序”（即股权摊薄反收购措施），他们对这两种程序的扩散模式进行了比较研究。[11]1980年代，“金降落伞程序”在《财富》杂志评出的世界500强公司之间慢慢扩散开来，其特别强调给予被收购兼并公司的管理人员一定的特权和优惠。这种治理创新主要是沿着地理毗邻关系而扩散的，“一个公司会视同一城市区域中其他公司采纳这种治理创新的情况而相机采纳这种治理创新”（Davis & Greve，1997：29）。相反，“毒丸程序”是一种反对敌意收购意图而保护公司完整性的措施，在1985年提出之后很快扩散开来，这种模式的扩散主要是通过公司董事互锁来实现的。因此，金降落伞程序的扩散主要是通过本地公司之间的关系进行的，而毒丸程序的扩散则与国家精英网络相关。更重要的是，戴维斯和格里夫（Davis & Greve，1997：33）指出，这两种治理创新之所以与不同的传播载体相联系并表现出不同的扩散模式，是因为它们包括了不同的制度要素。毒丸程序在“采纳它的董事眼中获得了实质性的规范合法化”，并通过正式建构的全国网络而扩散；而金降落伞程序的扩散则主要是建立在认知合法性基础之上的，即建立在本地经理人所获得的“其他同样具有经理人职位者已经确保能够获得保护”这一信息之上的。

在网络之中常常存在缝隙或“结构洞”。这样的条件为行动者提供了重要机会，即让他们有机会把先前没有联系的社会位置联系起来（Burt，1992）。正如麦克亚当等人（McAdam，et al.，2001：26）指出的，在相关群体和个人处于稳定的网络位置中时，一些人可以作为中间人利用关系机制把没有联系的群体或个人连接起来并从中获利；相反，在动荡或骚乱时
176 期，一些人可以应用动员机制来把先前没有联系的各方联系起来。

此外，人们在很大程度上忽视了在关系载体中起着重要作用的另一个主题，那就是各种中间角色的广泛存在和日益重要。这种中间角色的实质

作用，就是在组织场域中的中心博弈者之间传递信息。咨询者、图书馆人员、技术人员等等信息中介，对于任何复杂的场域来说，都是十分关键的中间行动者（Sahlin-Andersson & Engwall，2002）。例如，帕特丽夏·麦克唐纳（Patricia McDonough）、万提尼斯卡和查尔斯·奥特卡尔特（Charles Outcalt）研究了高校咨询者、私人咨询者和学院行政管理官员在调节高等教育场域中的选择行为与学生入学去向方面所发挥的作用。这些研究者试图通过比较各种利益群体、各种角色的差异，通过研究价值观以及意义之间的冲突实现研究的关注点“从非实质性的社会过程转移到情境性的社会实践，从而使我们关注各种活动是如何发生的、各种机制是如何出现和实现稳定的，以及对那种稳定性存在的经验挑战”（McDonough，Ventresca & Outcalt，2000：378）。

3. 活动

以布鲁诺·拉图尔（Latour，1987）和迈克尔·卡隆（Michel Callon，1998）为首的一批学者，在常人方法学理论的基础上（见第二章），提出了一种认知-行动二重性概念，并强调行动的重要性。他们认为，“行”（doing）常常先于“知”（knowing），并建构“知”，概念范畴与分类常常并非指导而是来源于行动者处理其所处的持续情境的行动。他们认为，行动可能具有施为性（performative），描述并促进实在的建构（Powell & Colyvas，2008）。总而言之，那些属于行动-网络与制度运行学派的学者们，以不同的方式强调了行动相对于结构的重要性，他们即使不主张行动建构论，也不会主张结构决定论。而且，正如我们所指出的，那些强调“制度运行”的学者（Lawrence，Suddaby & Leca，2009）研究了会对制度产生明显反弹的各种行动类型。因此，除了那些会再生产、维持与强化持续性的制度的活动外，还有大量的创造性、创新性或破坏性的活动。那些有意识地、持续地扰乱既有社会信念、规则和规范的行动，对于一种长期存在的机制体制会起到一种去稳定化的作用。利比亚那些街边小贩，发动“阿拉伯之春”及其引起的社会骚乱，就属于这种情况。诸如麦克亚当等等社会运动 177
研究者，还发现了以活动为基础的其他机制，包括因为压迫而导致的激进行动，进而导致制度的变迁等。

有些结构化理论家试图通过研究文化与行为、思想观念与行动之间的相互支持与相互依赖，而把这些因素重新联系起来。玛撒·费尔德曼（Martha S. Feldman）和布莱恩·潘特兰（Brian T. Pentland）根据这种结构化理论对惯例进行了研究，认为惯例（组织中的例行公事）包括了思想或图式（“招摇的”）层面和“具体功能实现”的层面，后者“是参与组织例行公事的具体的人，在具体时间所采取的具体行动”（Feldman & Pentland，2003：101－102）。因此，惯例既包括了一般化的思想观念，又包括了具体的实施行为。同样，他们认为，我们不仅要把思想观念重新纳入惯例的概念，还要把能动性重新纳入惯例的概念。例行公事，要求行动者不只是简单再重复一遍过去，还要求其参与和适应各种情境，而参与方式必须不断变化，参与者必须能动地反映和思考行动对于将来的实在的意义（Feldman & Pentland，2003：95）。

正如本书第四章所指出的，对于传递“内在于行动者的意会性知识”的信息而言，惯例是不可或缺的。这种信息通过各种具有类似角色和从事密切相关的各种活动的行动者之间的直接接触而传播开来。本书上文所描述的在职训练对各种工作的重要性，就是一个例子。“实践从业者共同体”（Brown & Duguid，1991）概念，有助于拓展这样的学习机会，使从业者走出某个组织而接受培训。那些以网络形式存在的组织，其力量与魅力在很大程度上就在于它们能够为组织提供各种机会，能够为组织的成员提供获得意会性知识的机会，而这种知识镶嵌在其他组织惯例之中，使组织成员不再担心和防备可能“泄露”个人知识，而强调组织联盟或辅助组织的重要性（Oxley，1999）。

4. 人工器物

正如本书第四章所指出的，尽管人工器物——各种人为创造的工具、设备和技术——似乎是僵死的东西，不会受到思想观念的影响，但是它们与活动一样，也从属于结构化过程，我们可以用结构化的视角来加以分析。正如奥尔利科斯基（Orlikowski，1992）所指出的，人工器物会被使用者改造和修正。巴利（Barley，1986）指出，尽管技术不是决定性的因素，但引入和应用技术可以为结构化提供一种场合。在实际的应用中，同一种技术的应用会产生不同的结果，使用同一种技术的组织也会产生不同的结果。

前文讨论的关于理解、拼装和转述的相关理论，也适用于这种人工器物，以及其他各种不同的制度承载与传播者。

与自然资源一样，各种人工器物包含了重要的物质层面，但是它们的含义与用途会因时因地而异。正如小威廉·休厄尔（Sewell，1992：19）所指出的，它们所“体现的文化图式”的内涵……从来都不会是一目了然的，相反是“十分隐晦的”。 178

五、小结

制度由多种要素构成，并通过不同的机制而扩散。规制性制度之所以产生和扩散，在很大程度上是因为它们能够为那些操纵它们的人带来日益递增的回报。规范性制度的繁荣，是以所涉各方日益递增的承诺为基础的。而文化-认知性制度的力量，则有赖于把文化-认知性思想当成真实的和当然的主张而接受的人们之间那日益拓展的网络。

学者们已经研究了制度在创立之后如何持续这一问题。我们现在已经发现这些社会结构并非自然而然就应该存在的。如果社会结构不受侵蚀、不会解体，就需要进行持续的努力——“既要口到，又要手到；既要说到，又要做到”。组织种群生态学关于制度持续性的“惰性”解释，似乎过于消极和简单化，因此并不能为关于这个话题的研究提供恰当的指引。

而比较而言，有更多的学者研究了各种制度形式在时空中的扩散问题。那些理论导向的学者，往往认为某种制度的扩散是这种制度的力量日益增加的明显标志之一；那些实践导向的和强调现代文明的学者，往往认为制度扩散是进步的标志之一，也是人们能够接受创新的标志之一。大多数关于制度扩散的研究持有制度需求导致制度扩散的观点，关注那些采纳新的制度形式的组织的属性和特征。然而，主张制度供给导致制度扩散的观点则关注制度扩散代理人的属性，认为这对于研究当代制度的扩散，即使不是特别有用也仍然是有用的。

要研究制度的扩散，就必须重视制度载体的作用。制度载体会影响它们所传递的制度信息的内涵，这种影响因载体所传递的信息而不同，因所使用的信息传递机制是理论化、认知框架、拼装、人工器物、居间谋利

(brokerage）还是动员机制而不同。总之，制度在传播与扩散的过程中会被修正和改变。

179 **注释**

［1］这种异常特征主要是指，某种技术系统通过客观验证，被证明的确是我们所能获得和使用的次优方法，也就是说尽管还有更好的方案，但是这种技术系统仍然持续存在。其经典的例子就是并非最优的 QWERTY 键盘（和微软处理程序）长期处于支配地位（David，1985）。

［2］请注意，他们的模型与萨奇曼（Suchman，1995a）的模型之间具有相似之处，相关讨论见本书第五章（图 5-1）。

［3］有个对加拿大法律公司采纳新组织模板的相关研究，使用了一个稍为不同的“沉淀”概念，即既存的模板不是被新的模板取代，而是新的模板加于旧的模板之上形成一种新的混合结构（Cooper，et al.，1996）。

［4］有些学者指出，新的“黄金规则”是拥有黄金者制定的规则（Pfeffer，1992：83）。规则仍然会发挥作用，以限制权力的滥用（Dornbusch & Scott，1975）。

［5］这并不意味着制度性程序仅与制度维持阶段相关。制度性程序在制度的各个阶段都发挥着重要的作用（例如影响认知框架决定设计何种模型），甚至在制度选择阶段也会产生重要的作用（在这个阶段，对合法性的关注常常决定何种模型可以生存下来）。

［6］该研究显示，管理团体或协会的认证许可越来越事关医院的生存，但其他的医疗协会则不会对医院产生这样的影响。我们认为，这表明 1950—2000 年间在医疗健康领域的制度逻辑出现了十分明显而普遍的变化。

［7］此外，相关的研究还可参考戴维斯等人（Davis，Diekmann & Tinsley，1994）关于工商企业兼并日益丧失合法化的过程的研究，格里夫（Greve，1995）关于广播站从一种制式转向另一种制式的研究，齐尔伯（Zilber，2002）关于组织行动的意义发生历时变迁的研究，西蒙斯和英格拉姆（Simons & Ingram，1997）关于以色列的人们逐渐不再实施吉布兹制度的研究。

［8］本小节直接来自斯科特（Scott，2003a）。

［9］关于诸如此类相关机制的讨论，还可参见一些学者的研究（Scott & Davis，2007：Chapter 11；Smith-Doerr & Powell，2005）。

［10］关于网络研究所使用的概念与测量方法，见斯科特和戴维斯（Scott & Davis，2007：Chapter 11）、劳雷尔·史密斯-都尔（Laurel Smith-Doerr）和鲍威尔（Smith-Doerr & Powell，2005）。

［11］“金降落伞程序”是一种聘用合同，如果公司转手他人，该合同保证公司主要管理人员能够得到一笔补偿费。“毒丸程序”是一种意在使敌意收购成本过于高昂的策略，假若收购方获得了目标公司一到两成的股票，该目标公司的股东就有权获得收购方价格低廉的股票（Davis & Greve，1997：10）。

第七章

制度过程与组织

181 一个机体或组织赖以保持高度有序的途径……的确在于其持续从环境中吸取有序性（Schrödinger，1945：75）。

——埃尔温·薛定谔（Erwin Schrödinger）

今天，组织研究者关于制度的研究大多主要关注制度对单个组织的影响。组织研究者最初最多也只不过是关注制度对于组织结构与运行的影响，但是他们后来的研究视野在逐渐拓展。本章主要回顾和评论其中具有代表性的主张和相关的论述。早期的组织研究者强调制度环境对其中的所有组织的影响。他们认为制度环境是统一的，制度环境把各种结构与实践强加给单个组织。而单个组织之所以会遵守制度环境的这些要求，或者是因为其被认为是组织化的理所当然而适当的方式，或者是因为这样做可以获得规范的认可，
182 或者是因为法律或其他近似规范的认知框架的要求。后来，组织研究者开始认识到，绝大多数的组织处于

复杂的制度环境中，面对各种各样相互矛盾甚至相互冲突的制度环境要求。他们也逐渐认识到组织之间的差异，认识到组织对制度环境要求是否、如何以及何时做出反应，取决于每个组织自身的特征以及组织之间的联系。而最近，组织研究者更加强调的是不同的组织对于制度要求的不同反应。在不同的情况下，不同的组织个体会采取不同的应对策略，或者使其行动与组织结构脱耦，或者使其组织结构不受环境要求的影响，甚至多个组织采取集体行动通过协商形塑制度要求和重新界定环境。下文对关于这些论题的研究进行回顾和简要评论。

一、关于组织与制度之间关系的三种视角

当前关于组织与制度之间关系的研究主要存在三种视角。第一种视角最早是由道格拉斯·诺斯（North，1990：4－5）明确提出来的，并得到很多制度经济学家的支持。这种视角以博弈论为基础，认为制度提供博弈规则，而组织就是博弈行动者。组织常常会推动规则的建构，设计有利于自己的规则，并通过政治等手段变更这种规则。然而，这种观点主要关注规则、规则制定以及规则实施过程，而不是关注博弈者对既定规则的应对策略。诺斯自己的研究主要关注建构制度性规则系统的那些过程。

第二种视角是由奥利弗·威廉姆森（Williamson，1975/1985）等新制度经济学家提出来的。他们持有一种相对中间性的立场，认为组织及其结构、程序本身就是制度，就是设计用来对生产系统进行治理并使交易成本最小化的体系。正如我们已经指出过的，威廉姆森（Williamson，1994）强调的是制度的规制性层面。然而，他关注的并不是诸如产权、合同法之类的背景条件，而是这些规则对企业个体经济活动的影响。他认为，组织设计者们为了更有效地管理经济交易而建立各种形式的制度——治理结构。 183
正如本书第六章所描述的，塞尔兹尼克（Selznick，1957）也有类似的看法，但强调的是规范性制度。他探讨了个体组织如何逐渐设计独特的“个性”结构，建构组织承诺以引导和限制组织将来的行为使之服务于其基本价值观。总之，以威廉姆森和塞尔兹尼克为代表的一批学者认为组织是一种相对独特的制度，要么是由组织的代理人设计的，要么是通过组织代理

人的选择而逐渐形成的。

第三种视角是由迈耶、朱克尔和道宾等社会学家提出来的，他们强调发生在社会（甚至国际）层次上的制度过程与个体组织结构及其运行之间的关联，而有意忽略组织与其制度环境之间的区分。这些关注制度的文化-认知要素的组织社会学家强调现代组织在很大程度上本身就是一种制度形式，如朱克尔（Zucker，1983：1）认为，“现代组织是现代社会中杰出的制度形式”。一些经济学家认为，组织系统是自然经济法则的反映；这些社会学家则认为，“理性化的组织实践实质上是文化性的，而且是现代文化的核心，其原因在于现代文化是围绕工具理性组织起来的”（Dobbin，1994a：118）。他们认为，不仅我们的工具性组织概念总体上是以某种文化模式为基础的，而且任何一个组织的很多构成要素都不是地方组织为促进自己在特定背景中的绩效而设计出来的，相反往往可能是从他处获得的、可以“现货供应的”、预制的模板或元件。正如迈耶和罗恩所指出的：

> 社会中理性化制度结构的形成和发展，使正式组织变得越来越普遍和复杂。这种制度就是一种神话，这种神话使组织更容易创造和更为必要。社会之中毕竟到处都散落着建构组织的部件，企业家或创新者只需花些许精力，就可以把它们组装成一个结构（Meyer & Rowan，1977：345）。

因此，通过对上面三种视角的回顾，我们再次发现，当代制度研究存在着大量不同的假定和主张。

二、合法性、同形与耦合

萨奇曼（Suchman，1995b：571）正确地指出，关于制约、建构与赋权组织行动者之规范与认知性因素的众多新理论都是围绕合法性概念展开的。本书第三章对合法性概念进行了一般的界定。马克斯·韦伯是最早强
184 调合法性在社会生活中的核心重要性的社会理论家之一。他的理论和历史研究都十分重视那些由既有合法秩序中的某种信念引导的行动模式，这种信念作为“决定性的准则”，为行动者提供其认为“必须或可以仿效的模

式”（Weber，1924/1968：31）。韦伯关于科层制的分析，包括对公共行政管理系统与私人组织行政管理系统的分析，指出当行政管理从依靠传统价值观或魅力型领导特质日益转向依靠理性或法律基础时，组织合法性的根源就发生了变化。在现代社会中，组织只有遵守理性的（如科学的）规定、法律或类似于法律的框架，才能被视为是合法的。

帕森斯（Parsons，1956/1960a）曾应用合法性概念来评估组织的目标。他认为，组织作为社会结构之中的、专业化的子系统往往必须遵守规范性要求，才能确保其目标符合其所处的社会的价值观。他认为，组织价值观系统的关注点，“一定是根据组织对其所属系统而言获得的功能必要性，来对组织目标进行合法化”（Parsons，1956/1960a：21）。帕森斯的合法性概念，强调只有在组织目标符合社会功能要求时，组织才具有合法性。后来，杰弗里·普费弗（Jeffrey Pfeffer）等人的研究也支持这种合法性观点（Dowling & Pfeffer，1975；Pfeffer & Salancik，1978）。

迈耶和罗恩（Meyer & Rowan，1977）则把关注的焦点从组织目标转向组织的结构和程序。他们认为，现代组织的结构性词汇，强调的重点是正式性、职位、功能专门化、规则、文牍主义和惯例等，受到合理化制度环境所传递的规训脚本的引导，并反映这些规训脚本。这种类似于规则的规训脚本不仅仅是以适应复杂网络与社会变迁的技术要求为基础的，更是以“合理性规范”即文化信念为基础的。只要有了这些结构，那么组织就是理性的，而不管它们对组织效率方面的影响究竟如何。他们提出的重要观点是，“组织存在于高度复杂的制度环境之中，逐渐成功地与其制度环境同形同构，并因此而获得生存所需要的合法性与资源。组织是否能够持续存在，往往与其生产效率无关”（Meyer & Rowan，1977：352）。

实际上，人文生态学家阿莫斯·霍利（Amos Hawley，1968）最先使用这种同形原理来研究组织。他曾经指出，“那些处于同一环境中的组 *185*
织……往往会具有一种相似的组织形式”（Hawley，1950）。然而，组织生态学家则提出，组织的同形源自竞争过程，因为组织认识到，其所采用的结构形式必须是适应某一特定环境的最佳形式（Hannan & Freeman，1989）。组织分析的新制度主义者则强调“社会适当性”的重要性，即认为组织所采用的结构形式往往是某一特定制度环境中合法的结构形式。其中，迪马吉奥和鲍威尔（DiMaggio & Powell，1983：147）进一步强调了制度性同形。他们指出，组织结构的强制性、规范性和模仿性同形机制，“使组织彼此之间更为相似，但这不一定会直接提高组织的生产效率”。迪马吉奥与鲍威尔不同于迈耶与罗恩的地方，在于前二者认为同形的组织样板以及导致组织结构特征同形的机制，主要是在边界比较确定的组织场域层次而非边界弥散的社会层次上运行并发挥强大的作用（本书第八章将讨论组织场域）。

迈耶和罗恩还认为，当组织遵从制度的要求，采用所谓适当的结构与规则时，组织内部成员的活动往往是与组织的那些正式结构“脱节/脱耦”的。也就是说，组织成员的实际行为往往并不会遵守官方的正式规定或墙上的制度。他们对这种脱节或分离现象提出了两种解释。其一，本地对于组织提出的技术上要有效率的要求与外部对于组织提出的保持结构一致性的象征性要求之间，往往存在矛盾。其二，那些来自组织外部环境的象征性规则，往往可能“出自不同的部门，因此彼此之间相互冲突”（Meyer & Rowan，1977：355）。

迈耶和罗恩关于同形与脱节/脱耦的主张，有助于解释所有当代组织所具有的两个重要特征。其一，运行于同一组织场域中的组织，其结构形式往往具有明显相似性。例如，一所大学的组织结构往往与另一所大学的极为相似，一所医院的组织结构往往也与另一所医院的极为相似。人们很早就发现在同一场域中的组织，其结构往往具有相似性。但是人们花了很长的时间才发现其中的原因，那就是一个组织要存续下去，不仅必须在技术层面的竞争过程中获胜，而且必须展现出某些结构性特征，使自己既获得认可，又遵从外部环境的规范性、规制性要求。其二，至少自巴纳德（Barnard，1938）以来，组织研究者就已经发现在组织中既存在正式结构，也存在非正式结构。前者反映的是官方赞成设立的职位以及行事方式，后
186 者则反映的是实际的行为模式和行事惯例。在这两种结构之间，往往存在紧张和冲突。在新制度主义研究出现之前，人们并不清楚为何会存在这样的紧张和冲突；人们甚至更不理解，如果组织的正式结构与组织正在完成

的工作是脱节/脱耦的，那么为什么正式结构仍然存在。新制度主义研究指出，组织环境的要求不仅包括生产性和技术性要求（“任务”环境），还包括规制性、规范性和文化-认知性的制度性要求（“制度”环境），从而揭示了组织的非正式结构与正式结构之所以存在都有其各自的原因。

关于脱节/脱耦的主张一直存在争论，并且从新制度主义理论产生之时起就引起了很多学者的关注。从一种更广义的视角来探讨该问题，似乎是有益的。在1950年代晚期出现了一种“开放系统”视角，后来学者们借助这一视角逐渐认识到存在一种“松散耦合”，即认识到“开放系统所包含的要素彼此之间往往是较弱地联系在一起的，并且各自可以在很大程度上自主行事”(Scott & Davis，2007：93；Buckley，1968；Weick，1976)，而所有社会系统都具有这种明显的特征。具体到组织这种现象，组织所包含的人类行动者更是多种多样，他们有各自的利益追求，能够相对独立地行动。而且，这些行动者处于多重单元之中，而这些单元的运行受到组织中心的集中控制往往很小。它们知道通过形成专门化的、把来自外部的要求“映射”到自己的结构中的行政单元来处理来自外部的各种分散的要求，进而应对整个外部环境的要求。例如，很多公司都会建立内部法律部门来处理法律方面的要求（Buckley，1967；Thompson，1967/2003）。

迫于外部压力或要求而采纳特定的结构或秩序的组织，往往倾向于采取一种象征性的应对方式，在其正式结构中做出变革以显示自己遵从这种压力或者要求，然后会使内部的单元不受这种外在要求或压力的影响，允许它们的运行不受这些外在要求和压力的影响。尽管并非所有的组织都会采取这种应对策略，但是迈耶和罗恩认为，这确实是一种普遍现象。一些研究者确实把这种脱节/脱耦概念视为制度主义的标志性概念，但是，我认为对制度主义的这种看法是不正确的。

首先，一些学者认为这种脱节/脱耦反应“纯粹”是象征性的，是组织释放的烟雾（Perrow，1985）。然而，对于一个制度主义者来说，“纯粹”这一形容词似乎无法涵盖“象征符号”的意义。“象征符号”的用法，涉及组织与外部意义世界的联系，因此象征符号会施加极大的社会力量（Brunsson，1989；Pfeffer，1981）。其次，大量的研究显示，尽管组织出于

象征性的原因可能创造边界并使自己的内部构成单元不受外部的影响，但
187 是这些象征性部门有着自己的生命。在这些部门工作的人员往往具有双重角色。他们转达和解释外部环境对组织的要求，也会向制度机构表达组织的诉求（Hoffman，1997；Taylor，1984）。另外，正是这样的象征性部门向外部表达着组织遵守外部要求的信号。埃德尔曼在研究组织应对均等就业机会法案（EEO）、妇女平权法案（AA）的要求时，对这种观点进行了详细的阐述。

> 组织设立新的部门还只是遵守外部要求的第一步。应对这些法案要求的组织结构一旦设立，工作于其中的或者与之打交道的人员就会成为遵守外部要求过程中的显要的行动者。他们通过在其组织内部确立遵守外部要求的规则，从而赋予这些法案新的含义。……但是，当组织中的行动者努力建构遵守外部要求的规则的同时，组织在结构上的增加或者说新的组织部门的增设就是发出了组织重视这些法案的信号，并因此有利于组织保持自己的合法性（Edelman，1992：1544）。

我们不认为这种脱节/脱耦是自动发生的，相反应根据具体情况对此问题进行具体的分析。在何时与何种条件下，组织会采纳外部环境所要求的结构，却不能实施相关的活动？就我所列出的三大制度要素而言，其中哪些制度要素会成为外部环境要素，并可能影响组织的反应？组织在面临外部规制性要求而不是规范性或认知-文化性要求时，更可能采用脱节/脱耦策略。因此，辛西娅·C. 科伯恩（Cynthia E. Coburn）研究了小学课程改革对于小学阅读课程的影响，发现教师更有可能响应“规范性要求”而不是“规制性要求，并把规范性要求纳入其课堂，改变他们以前的做法而采取新的、与规范性要求相适应的做法”（Coburn，2004：233）。当采纳外部的要求能够获得相当高的象征性收益时，即使实施会付出同样高昂的代价，组织也很可能会接受外部的要求，实施象征性结构与实际活动相脱节/脱耦的策略。韦斯特法尔等人（Westphal & Zajac，1994）研究了美国最大的570个公司长达20年的行为，当时这些公司都采纳了长期的薪酬补贴方案，其目的在于使CEO能够更好地关注股东的利益。虽然其中很多公司采

纳了这一方案，但是在这个方案提出后的两年内也有一定数量的公司没能运用这种方案来重构管理人员薪酬补贴。他们发现，采纳这种方案有利于增强股东和股票购买者的组织合法性。他们发现，只要组织采纳了这种方案，而不管其是否真正得到实施，都会拉动公司股票的市场价格；一个企业是否采纳这种方案，更加取决于高层 CEO 的影响力，而非董事会的影响
力（Westphal & Zajac，1994/1998）。同时，运用这种方案，对于 CEO 的 188
薪酬补贴可能起消极的影响。相应的，他们发现，这种方案得不到实施也与高层 CEO 的影响力有关。另外，他们还发现，组织是较早还是较晚采纳这种方案，也与高层 CEO 的影响力更为相关。比起那些较早采纳这种方案的公司来，较晚采纳这种方案的公司更不太可能实施这种方案。这表明，那些只是为了应对外部强烈的规范要求而不得不采纳这种方案的公司，更有可能采取脱节/脱耦策略（Westphal & Zajac，1994）。关于公司之所以要采取脱节/脱耦策略的其他情况的研究，可以参见伊娃·鲍克森鲍姆和斯蒂芬·琼森（Eva Boxenbaum & Stefan Jonsson，2008）。

最后，蒂姆·哈利特等人（Hallett & Ventresca，2006）对古尔德纳（Gouldner，1954）关于企业科层制的经典研究（见本书第二章）进行了修正，并为研究脱节/脱耦过程提出了一种新的视角。他们认为，新制度主义的研究太过于强调外部环境和制度——宏观的制度秩序——对组织的建构性影响，从而看不到新的意义系统——微观的制度秩序——会从社会互动中出现。因此，他们提出了一种新的视角，即“双重建构视角”。一方面，制度为组织提供样板与指南；另一方面，组织内部参与者的“社会互动又会促进制度之含义的建构与发展”（Hallett & Ventresca，2006：213）。古尔德纳研究了一家石膏矿公司，这家公司受到来自外部的和各种理性化要求或压力的影响，但是这家公司组织系统内部（特别是企业办公室与厂矿）的成员们，却对这些外部制度力量的影响起到了缓冲、调节作用，并赋予外部制度力量新的含义，出现了多种多样的含义和应对策略。

总之，我们非常有必要关注各种组织模式、正式结构的同形。下文也还会回顾一些关于组织同形要求的研究。然而，如果把组织结构同形的出

现和存在看作检验制度过程的试金石，就会导致关于复杂而微妙的社会系统的研究出现简单化，因为各种竞争性制度与多样的制度要素往往都会起作用。这些制度尽管会建构新的组织结构，但与先前各种位置上存在的、具有不同特征的组织结构是相互影响的关系。同样，如果把正式结构与实际行为之间的脱节/脱耦视为组织对于外部制度环境的自动反应，也会犯简单化的错误，产生具有误导性的看法。组织中的参与成员会以各种不同的方式来理解这些要求，并形成不同的反应，其中有些反应具有一定的策略性。对此，下文还将加以讨论。

189 **1. 三大制度要素与组织的合法性**

正如本书第三章所指出的，与制度的三大要素分别相关联的合法性的含义及其传播机制多多少少有些相同。各种制度过程对组织结构往往存在十分明显的全面影响，但人们往往忽视这种影响。如果我们从较长的时期来看，那么这种影响会更加明显。股份公司法案所产生的建构性后果，是规制性制度要素——与文化-认知性制度要素的建构过程相结合——影响营利组织十分明显的例子。这种社会安排使得公司可以获得更多的资源和资本，同时又对经营管理公司资产者施加诸多限制，以确保这些经营管理者的行为可靠；股份公司这种组织形式最早产生于18世纪的英国，然而世界最早的股份公司英国南海公司（the South Sea Company）股份泡沫事件推迟了这种公司组织形式的扩散，直到19世纪中期，股份公司形式才最终被人们认可和接受（Micklethwait & Wooldridge，2003：Chapter 2）。社会史学家唐纳德·塞沃（Ronald E. Seavoy，1982）和威廉·罗伊（William G. Roy，1997）对此有详细的记载，股份公司形式在出现之初，只有那些追求公共目标的企业如经营收费公路和运河的企业才能采用，但是后来，私人公司也逐渐可以采用股份公司的形式。以前是各个公司自己起草和制定股份公司章程再由政府法律机构批准，后来政府统一提供一种合法样本模板供各种企业使用。这种法律的（和文化的）变革，与19世纪后半期英美工商企业的迅猛扩张有关；在美国，这种变革在很大程度上是由几个州之间的竞争推动的，它们竞相通过立法提高工商企业组成股份公司的意愿。

美国社区医院的特征可以很好地证明规范性制度要素对组织结构的影响。在 19 世纪晚期到 20 世纪早期，美国的医生逐渐巩固了他们的社会与文化权威，升级了他们的培训系统，逐渐加强了对医疗领域的管辖和控制（Starr，1982）。尽管医生们日益依赖于医院所提供的技术设备、实验装置，以及实现准确有效的治疗所必需的护理服务，但是他们对行政管理的控制保持着相对的独立性，并且他们自己形成了一个自治的医疗专业人员团体来监督临床治疗活动。这种“双重”控制结构——一种是行政的控制，另一种是专业同行的控制——在整个 20 世纪都是美国社区医院的组织原则（White，1982）。只有最近数十年来，政府管理者才开始关注对医院普通的医生实施直接的控制（Scott，Ruef，Mendel & Caronna，2000）。 *190*

卡林·克罗尔-塞尔蒂纳（Karin Knorr-Certina）关于高能物理与分子生物学实验室的研究也强调共有的文化模式是建立组织的一种基础性力量。她认为，与大多数的组织类型相比，知识团体的组织结构模式更是以客体而不是以人为中心的。往往是有共同科学知识背景的专家共同展开研究工作，他们“形成广泛的共同认知，而且这种共同认知会作为一种管理机制而运行，也就是说，他们正是通过交谈、讨论形成共同认知，研究工作才能逐渐得到协调，自组织才得以可能”（Knorr-Certina，1999：242－243）。而且，这类组织的合法性是以这些实验室的理论与实践符合更大的科学共同体为基础的，而这类组织是科学共同体的构成部分。专业组织之所以形成这种特征，是因为把行动者与其工作目标客体联系起来的共同符号系统在进行暗中控制，而这种联系又是以他们同行团体暗含的共同理解为基础的。

除了上述这些历史的和过程导向的解释外，还存在大量相关的定量研究。这些定量研究所用的指标越来越多，也越来越复杂。正如我们所指出的，有些强调研究文化-认知性制度要素的学者（Carroll & Hannan，1989），根据组织形式的流行程度来推断其合法性；还有一些学者也认为，某种组织形式的日益扩散是其合法性日益增加的标志之一（Tolbert & Zucker，1983）。这些间接的和比较传统的测量，涉及合法性的文化-认知性维度，也在某种程度上涉及合法性的规范性维度。不过，如果要对文化-

认知合法性进行直接的测量，就需要根据大量的记录材料，来测量意义系统和主流意识形态的变迁。例如，本书第八章所描述的那些研究测量了主流“社会逻辑”的变迁，那些研究是根据专业话语的变迁来测量主流社会逻辑的变迁的（Rao，Monin & Durand，2003；Scott，et al.，2000）。以斯拉·朱克尔曼（Ezra W. Zuckerman，1999）进行了一个极具创造性的研究，指出股票分析员往往会贬低那些不符合以产业为基础的传统市场的公司的合法性。

艾尔巴赫（Elsbach，1994：58）则倾向于从个人层次上来分析合法化过程，他把印象管理与制度理论结合起来，研究组织代理人如何“通过口头解释或说明来逃避责备，使影响组织合法性的争议事件获得人们的认
191 可”。美国加利福尼亚州养牛产业的公司经理们被要求对该产业中发生的各种争议事件做出回应，而他们的回应将由代表那些有影响力的群体（例如媒体、公共官员）的检举者来评估。这些定性研究促使人们后来进行了一个实验，在这个实验中，被试被告知事件与公司回应的不同组合，然后请他们对公司的合法性打分和排序。那些承认问题而不是否认问题、使用各种制度化程序而不是用技术措施处理问题的组织，合法性得分更高。

强调规范性制度要素的研究者则强调评估专业协会资格认证与信用评定程序（Casile & Davis-Blake，2002；Mezias，1995；Ruef & Scott，1998）、公共媒体意见（Hybels & Ryan，1996），以及地位牢固的共同体组织如学校与宗教组织的认可（Baum & Oliver，1992）等对组织合法性的影响。另外，还有学者强调共同体组织的认可，“不是把组织作为独立客体进行合法性测量，而是从客体之间的关系和组织之间的内在联系的一致性程度来测量组织的合法性”（Ventresca & Mohr，2002：811）。

而那些强调规制性制度要素的学者则通过测量组织接受某种既定权威机构管辖的程度（Hannan & Freeman，1987；Tolbert & Zucker，1983）、组织履行规制的力度（Dobbin & Sutton，1998）、组织获得许可机构的赞同程度或受到某种强制实施机构的制裁程度（Deephouse，1996；Singh，Tucker & House，1986）来评估组织的合法性。

上述诸如此类的研究表明，在现代社会对具有合法化作用的过程进行

测量是可能的。因此，对于这些制度性因素，我们不能仅仅提出某种断言或假定，还要通过经验研究来进行定量的评估（此类定量研究与评估参见 Boxenbaum & Jonsson，2008；Deephouse & Suchman，2008；Greenwood，Raynard，Kodeih，Micelotta & Lounsbury，2011；Kraatz & Block，2008）。

2. 合法性的不同来源

在当今复杂而日益分化的社会中，合法性的来源多种多样。实际上所 192
有的社会，它们本身都是组织，包括政府和专业团体也都是组织。但是，有些组织诸如媒体组织与等级评定机构则是积累更一般的或更特殊的公众成员评价的渠道（Deephouse & Suchman，2008）。哪些机构或公众有“权”授予某种组织形式的合法性？在复杂而充满冲突的环境中，这可能并非简单的问题。现代组织研究普遍认识到，组织往往是高度分化的、松散结合的系统，而之所以如此，部分是因为组织必须同时应对各种不同的环境。例如，大学要与教育资格认证机构、学科专业团体打交道，要与监督研究项目委托、合同和学生贷款的联邦机构打交道；为了体育运动要与美国大学体育联合会打交道，为了学校基础建设和公共交通要与地方计划和规制机构打交道；此外，大学还要与其他大量监督机构打交道（Stern，1979；Wiley & Zald，1968）。

第普豪斯（Deephouse，1996）对明尼阿波利斯-圣保罗大都会区的商业银行进行了研究，并探讨了两种不同的合法性来源的影响。其中一个是国家规制机构，这些机构对银行资产安全与稳定情况进行定点评估；另一个则是大都会区的大众媒体，它们向公众报告银行的活动信息。他的研究发现并证明了这两种合法性来源与这些银行资产战略的趋同（同形化）都具有正相关关系。那些较少受到规制机构强制的银行，以及那些得到大众媒体较为肯定评价的银行，在向各种贷款者如商业公司、房地产公司以及个人发放贷款时，其战略更可能与该产业中大多数银行保持一致。即使在排除银行年龄、规模、绩效（资产收益）等因素的影响之后，这一结论仍然成立。尽管规制机构的评估与公众认可之间的相关系数为 0.34，相对较弱，但这两种合法性来源都与银行资产战略的同形化之间存在显著的正相关。这一研究结果表明，两种合法性来源的特征并不相同，它们赋予组织的是不同的合法性。

这些具有合法化作用的能动者的地位和作用，在组织亚单元或不同程序之间会各不相同，也会发生历时性的变化。马丁・鲁弗（Martin Ruef）和斯科特对旧金山海湾地区的医院进行了研究，发现由医疗机构如美国外科医师学会所提供的资格评估往往独立于各种管理机构如全美医院协会（the American Hospital Association）提供的资格评估（在某些情况下，这两种认证结果甚至完全相左）。1945—1995 年，这些医院的生存与这两种
193 资格认证机构的许可呈正相关，但这种相关性的强弱会发生历时性的变化。在 1980 年代以前，专业医师协会对该场域发挥着更大的影响，专业医师协会的认证与医院的生存之间存在更强的相关性；但在 1980 年代以后，获得政府管理机构的资格认证成了医院生存能力更强的一个标志。我们认为，自从 1980 年代以来，市场逻辑与政府管理逻辑在医疗保健场域逐渐流行，向专业医师们确立的逻辑提出了挑战，并在一定程度上取代了后者。各种规制机构和规范机构的影响会因更广泛的制度环境中存在的支配性制度逻辑的不同而异（Ruef & Scott，1998）。

总之，那些结构形式、活动（以及战略）获得文化认可、规范机构支持以及法律机构承认的个体组织，比起那些缺少这些认可、支持和承认的组织来，更有可能生存下来。合法性对于组织的生存能力具有重要的影响，但这种影响与组织的直接生产绩效和技术生产能力无关，也与组织的其他属性或联系无关。

下面第三部分回顾了关于制度环境影响组织结构的相关研究。其中很多研究都指出了一个基本的原理，即这种影响要归因于合法化过程。不过，我认为，制度环境对组织结构的影响也可能通过其他过程来实现。

三、制度环境与组织结构

1. 铭记

斯廷施凯姆是第一个关注组织创立时存在的各种社会条件（包括制度条件）会对组织结构形式产生强烈影响的学者。他指出，历史上任何特定时期所能进行的组织创新都要依赖于当时的社会技术（Stinchcombe,

1965：153）。正是由于这一原因，有时同一类型的组织会大量迅速建立起来，但是此后可能陷入一段相对沉寂的时期。这类组织往往显示出相似的结构特征，规模大小也差不多，其职位设计与劳动力特征也十分相似。例如，美国的大学主要是在1870—1900年期间建立的，而此前或此后建立的大学与这一时期建立的大学往往具有不同的组织形式（Stinchcombe，
1965：154）。甚为有趣的是，在此期间建立的大学，其结构特征高度稳定， *194*
并且往往会长期存在。因此，从这种意义上说，组织被打上了建立时期所具有的特征的烙印、印记或铭记。关于组织烙印、印记或铭记的最主要的例子就是路径依赖，即继续朝同一方向前进会带来日益增加的回报，而形成和实施新的替代路径所需的费用也在日益增加（见第六章）。而且在同一时期建立的组织越多，它们的认知合法性就越强，从而导致它们的组织模式的地位越来越稳固（Carroll & Hannan，1989）。

最近，一些学者根据上述观点来研究特定社会背景中建立的组织形式的连续性。整个政治经济体系都反映了特定的信念、规范、规则框架，这些框架持续存在，并往往会形塑和影响既有的组织以及它们彼此之间的关系。例如，理查德·惠特利（Richard D. Whitley）研究了不同的社会所流行的“商业策略”之间的差异，以及不同国家之间公司内部组织结构、公司间关系、官商关系的差异，并且指出这种差异会长期持续存在（Whitley，1992b/1999）。彼得·霍尔（Peter A. Hall）等人（Hall & Soskice，2001b）发现，不同的国家，组织与治理它们的市场经济的方式长期存在差异，有些国家支持自由市场经济模式，强调商品与服务的市场配置和交易，而有些国家倾向于加强对市场的“调节”，政府机构发挥着更大的作用。不同的“资本主义”经济模式之间存在的差异往往会长期存在，并不会因为全球化的进程而发生多大的改变，英美之间与德法之间就是如此。

有些学者试图根据核心的制度特征来概括所有国家和社会系统的共同特征，而施奈伯格（Schneiberg，2007）认为这是不可能的，因为各种相互竞争的、替代性的组织形式往往长期共存于各国社会及其内部各个部门之中。他指出，大多数关于美国产业发展的研究强调大公司、批量生产和私人营利公司的重要性，但是实际上在一些州的一些产业中，合作制企业和

国有企业却很发达，经济发展也很成功，并且此种状况长期持续。1830—1920年代，美国中西部很多州的国有电力公司，以及合作制的乳业、种植
195 等等农业企业都十分兴盛繁荣。这些替代性的组织形式的出现与持续存在，与各种宗教组织和社会运动的努力不无关系，诸如平民党和畜牧主运动等等，都反对当时主流的经济与政治团体，并为上述经济共同体形式开辟了空间。

早期相关的研究认为组织铭记是一种具有决定性的、自上而下的过程，近年来的研究则更加强调那些积极能动者的作用，认为他们影响着发展的路径。与施奈伯格一样，维多利亚·约翰逊（Victoria Johnson）也强调那些创新性的社会或文化企业家的作用，认为他们把宏观背景中的各种分散的社会资源整合起来，从而创造了特定的组织形式（Johnson，2007）。约翰逊对创造巴黎歌剧院的铭记过程进行了分析，指出这是一种创造性拼装，把皇家宪章学究形式与商业戏剧模式结合在一起，从而创造出一种新的剧院模式。约翰逊指出：

> 关于组织铭记的以行动者为基础的理论视角，强调的是组织建立过程中的关键时刻的顺序与特征，从而为“组织建立条件”研究的生态学视角与创新精神视角提供一种修正和补充，使人们更加关注组织建立过程的延展性（telescoping）（Johnson，2007：118）。

还有一些学者强调建立组织的具有创新精神的企业家的重要性，指出这些人会积极影响他们所建立的公司的结构与策略。例如，沃伦·伯克尔（Warren P. Boeker，1989）对53个半导体公司样本进行了研究，分析了这些公司建立时存在的力量差异，进而分析了影响这种差异的制度化的那些因素。他特别比较了公司建立时企业家的素质、环境等因素对于公司今天的战略的影响。他发现，公司创立时创立者个人的专业背景和工作背景等会影响公司的战略选择；但是他也发现，公司今天的战略决策在很大程度上也要受到公司创立时所在产业发展阶段的影响。他研究了该产业的四个发展阶段，发现在其中三个发展阶段上，新建立的公司的战略都会存在很大的共性。例如，在该产业最早发展阶段中建立的公司更有可能选择和持续实施先发制人的战略，而在该产业最近发展阶段才建立的公司更有可能

选择和实施一种“小生境”（niche）战略[①]。

组织建立时所遵循的文化模式往往先于组织而存在；也就是说，组织建立者在建立组织时，心中已经存在着某种组织模式，而其心中的模式往往要受到文化环境的影响。大多数的组织场域不止存在一种而是存在（有限的）数种组织模式或原型。巴荣、汉南和黛安·伯顿（Diane Burton）研究了那些推动美国硅谷起飞的电脑硬件、软件以及半导体公司，强调指出创建公司的那些 CEO 头脑中存在的各种蓝图或模式支配着这类公司以后的人事聘用惯例（Baron，Hannan & Burton，1999）。他们对这些公司开业头 196
几年的人事聘用特征进行了研究，并指出那些 CEO 对人事聘用实践持有科层制模式的公司，比起那些 CEO 持有平等主义的“承诺”模式的组织来，管理人员的密度更大（即管理人员占全体雇员的比例更大）。

2. 环境的复杂性

理论家与研究者们逐渐认识到，尽管组织面临着各种制度要求的影响并受其塑造，但是各种制度系统之间未必是统一的或者一致的。随着 1950 年代开放系统观的出现，组织研究不仅逐渐把关注的重点转向某个环境中的组织，更是日益关注环境本身的组织化问题。很多学者（Dill，1958；Emery & Trist，1967；Pfeffer & Salancik，1978；Thompson，1967/2003）试图分析不同组织环境之间在抽象维度上存在的差异，包括同质-异质性、稳定性-不稳定性、相互联系-分离性、资源丰裕-稀缺性等等维度的差异。然而，这些维度很难在经验上进行评估，仅仅进行这些维度的分析也很难区分运行于“相同”环境中的组织可能处于的不同地位。

不过，随着研究者日益认识到不同的组织其环境会存在很大的差异，上述问题处理起来就更加容易了。组织研究者开始关注那些更加离散的、不连续的情境，诸如组织运行的特定的部门或者场域。本书第八章将专门探讨组织场域问题，回顾关于组织场域层次的组织研究。在此，我主要回

---

① 即公司先看看同一产品或服务市场中的其他公司正在生产什么、生产多少、获利如何等，再来确定自己在市场中的适当角色和位置、生产什么和生产多少等。这犹如一个物种在生物链中处于某种适当的位置上。这是一种非完全市场竞争战略，即一种竞争合作战略。——译者注

顾关于组织环境复杂性的两种平行的理论视角，即关于关系结构与制度逻辑的研究。

（1）关系复杂性视角

迈耶和斯科特提出了一种分析“社会部门”的研究路径，意在探讨组织所嵌入的更大的关系系统对于组织的影响。以前的研究主要关注同一社区中组织间的地方性交换关系（Warren，1967），而我们的研究路径则强调组织之间非地方性的和垂直的关系，例如地方的学校与学区或州政府系统
197 之间的各种关系、地方银行与公司总部和规制机构之间的关系（Scott & Meyer，1983）。我们确定了一系列变量，诸如在同一层次或不同层次的权力机构的不同决策（诸如程序决策或资金决策）的集权化程度、决策结构的片段化程度等。通过分析我们发现，那些在更复杂的、片段化的、非统一性的环境中行动的组织更有可能形成更复杂、更烦琐、更精细的内部行政管理结构，并且这些行政管理结构的程序也通常十分复杂（Scott & Meyer，1983）。鲍威尔（Powell，1988：126）对一家学术书刊出版社与一家公立电视台进行了比较分析，所得结论也明显支持我们的观点。他发现，“诸如美国大众电视（WNET）等公立电视台之类的组织往往处于会向它们提出各种相互冲突的要求的环境中，所以往往会形成复杂的组织结构，有着十分庞大的行政管理部门和各种处理外部关系的部门”。迈耶、斯科特和斯特朗（Meyer，Scott & Strang，1987）研究了学区及其小学、中学的行政管理结构，发现依赖联邦资金的那些学校与学区，比起那些依赖州政府资金的学校与学区来，往往有着大而无当的行政管理结构。因为联邦资金涉及更多的相互独立的程序、项目和财政预算，而州政府资金往往比较统一和一致。

迈耶与斯科特（Meyer & Scott，1987）提出的研究路径后来得到A.帕赫（A. Pache）与菲利佩·桑托斯（Filipe Santos）等人的研究（Pache & Santos，2010）的修正，他们考虑了决策片段化与集权化的共同影响，认为当决策高度片段化与中度集体化时，组织结构的复杂程度最高。后来的一系列研究发现，那些依赖联邦、州和私人资金的科学研究和专业技术性组织，例如博物馆（Alexander，1996）、交响乐团（Glynn，2000）之类的

文化艺术组织，以及戒毒中心（D'Aunno，Sutton & Price，1991）、医疗康复组织（Scott，et al.，2000）、生物公司（Powell，1999）就往往属于这样的决策状况。而组织如何应对这样的决策条件，下文将进行分析。这里先讨论关于组织环境复杂性的另一种研究视角。

（2）文化冲突视角

随着弗利兰德和阿尔弗德（Friedland & Alford，1991）一篇著名论文的发表，制度研究者开始关注环境复杂性的另一个层面，即指导与驱动组织行动的文化脚本之间存在的冲突。正如本书第四章所讨论的，研究者们认为这样的冲突根源于"制度系统之间存在的潜在矛盾"，诸如政治、经济 198
与宗教制度之间的矛盾。而这方面的研究正在迅速增多，其中包括桑顿等人（Thornton，2004；Thornton，Ocasio & Lounsbury，2012）的相关理论与经验研究、格林伍德等人（Greenwood & Associates，2011）的评论性文章对1991年40个相关经验研究的讨论等等。格林伍德等人指出，这些研究之间存在各种差异。其一是考虑的制度逻辑的多少不同，有的只考虑了两种制度逻辑，有的考虑了三种制度逻辑。其二是对不同制度逻辑之间的矛盾或冲突的程度看法不同（Greenwood & Associates，2011：332）。由于后一种差异所导致的分歧比较大，不同的研究因此对目标、方式、适当的物质资源、适当的人力资源、工作控制或组织边界的定义的看法都存在不同（Meyer & Scott，1983a：204）。学者们已经研究了一些相互冲突的主要逻辑，包括了艺术审美与商业逻辑之间的矛盾（Jones & Thornton，2005；Lampel，Shamsie & Lant，2006）、（编辑、法律、医疗等）专业技术逻辑与市场逻辑之间的矛盾（Brock，Powell & Hinings，1999；Greenwood & Suddaby，2006）、集体主义与法团主义等各种商业逻辑之间的矛盾（Haveman & Rao，1997）、在多个国家中经营的跨国公司所面临的相互冲突的文化逻辑（Seo & Creed，2002；也见本书第八章）。

当然在相互冲突的环境中行动的组织所面临的一个主要问题，就是如何保证和维持它们的合法性。迈耶和斯科特认为，"组织的合法性就是指文化对于一个组织的支持程度，既有文化系统对于组织的存在、运行、权力、各种替代性选择的支持程度"（Meyer & Scott，1983a：201）。在存在多种相互矛盾的制度逻辑的背景中，组织所面临的一个主要挑战就是其合法性问题。

（3）组织如何应对环境的复杂性

组织通常对制度环境的要求有着数种反应，这里主要描述组织如何应对冲突性的环境规定的策略。克拉兹等人（Kraatz & Block，2008：251）对于组织的反应进行了经典的分类，包括：其一，试图消除或者弱化制度环境对于它们的要求；其二，使用不同的、松散组合的亚单元来对不同的制度环境要求进行区别对待，分别应对此种或彼种要求，或者排出个轻重缓急；其三，对各种要求进行“平衡”，并使它们之间相互角力以从中获利；其四，奉行一种混合的或组合的模式，“编造自己的双重身份”，使自
199 己本身以环境中的制度的面目出现。他们的研究是建立在塞尔兹尼克的观点基础之上的，塞尔兹尼克认为有些组织，在有适当领导者的领导之下，会围绕一种独特价值承诺而打造它们自己的身份（见本书第二章）。他们的研究还探讨了寻求合法性的组织所面临的问题，即组织如何满足外部支持者的不断变化的需要，同时又维持对组织核心价值观的承诺，这种核心价值观绑架了组织自己的历史（Selznick，1992：232）。

环境的因素或力量，不仅通过促进组织采取行动来重新设计组织的结构特征而导致变迁，还通过形塑组织及其参与者的身份而导致变迁。亦正如本书第五章所描述的，有些组织成功地编造了一种被承认的身份，并以此来引导内部成员与外部支持者的行为。组织身份强调的是一个组织区别于其所属同一组织种群中其他组织的特征，并影响组织内部的策略偏好以及所有可能的反应策略（Albert & Whetten，1985；Dutton & Dukerich，1991；Greenwood，et al.，2011；King，Clemens & Fry，2011）。环境因素也会通过向形形色色的组织参与者引入新的身份，或者改变组织的现有成员的身份，而对组织产生影响（Glynn，2008）。例如霍夫曼（Hoffman，1997）发现环保运动对石化产业组织的变化产生了重要影响，这些能源公司先是雇用环境工程师，后又让这些工程师参与决策过程。格林伍德等人（Greenwood & Hinings，1996）指出，制度变迁的重要内容就是环境的力量或因素影响组织内部的权力过程，一些新的行动者会进入权力过程，而

一些既有的拥有权力的行动者被排除在权力过程之外，或者通过改变自己的情况而被赋予新的权力。

卡罗尔·海默（Carol A. Heimer）与丽莎·史达芬（Lisa R. Staffen）的研究，提出了理解相互矛盾的环境要求对组织的影响的另一种研究视角（Heimer，1999；Heimer & Staffen，1998）。他们对美国伊利诺伊州两所医学院新生儿重症监护病房的决策进行了深入的定性研究，巧妙地把制度主义与决策理论结合起来。他们关注的是，在婴儿幸福的家庭中，医疗提供者以及政府管理者和私人律师等法律机构这三种制度层面之间的冲突。他 200
们最后发现，这些制度系统一会通过影响一般规则与程序，二会通过形塑影响决策的那些要素，三会通过影响决策过程参与者的利益与相对权力，而影响组织的决策。

法律和医疗管理机构对于医疗规则和程序最重要的影响，主要体现在它们对医疗结构的影响，包括对职员安置模式、强制执行程序和文件档案管理惯例的影响上。其中某些特征是象征性的，可能与实际的医疗活动脱节/脱耦，但是其中很多特征也是固定的、习惯性实施的。在这些方面，法律和医疗制度对于这种背景中的行为的影响，大多是以并不那么引人注目的方式实现的，但这种影响确实无处不在。例如，民法深深地渗透到医疗场所，因为医疗保险和风险管理者坚持认为，必须聘请质量保证专家来监督结果统计、调查意外事故。海默和史达芬运用科恩、马奇和奥尔森（Cohen，March & Olsen，1972）著名的“垃圾桶”模型，来研究“影响决策的那些要素”。该模型强调那些有权参与决策者的重要性，他们不管是否出现都十分重要，有权决定是否存在问题，是否需要做出选择，并确定可以接受的解决办法。对于影响决策的这些要素而言，医疗人员拥有一种决定性的优势，因为绝大多数的决策情境发生在他们控制的场合中，并且他们更有可能出现在决策情境中。医疗人员与政府代理人都是“重复博弈者”，而家庭成员几乎都是完全无经验的新手，使用的是陌生的决策工具，来处理陌生的问题（Heimer，1999：44）。最后，各个参与者的利益与相对权力总体上反映了高级教育培训和控制场面的优势，但是家庭成员特别是母亲可以主张用特别的权力来保护其小孩的利益。

3. 互动过程

尽管在某一给定场域或部门中的所有组织都要受到所处环境中的制度过程的影响，但是这些组织感受和应对影响的方式是不同的。社会心理学家已注意到，“对于同一情境，不同的人的界定与反应是不同的”；组织研究者们也逐渐注意到，对“同一”环境，不同的组织有着不同的应对方式。各种组织对于环境的适应性反应会因它们本身的特征、它们所受的压力大小、它们在场域中的位置而异。本章这里先回顾关于组织之间在经历环境压力时的这种适应性反应的差异的研究，稍后讨论组织对其制度环境所做
201 出的其他各种反应。

这里要讨论的问题是，为什么在相似的环境中组织会采纳此类而非彼类的组织结构与实践？诚然，采纳某种实践做法并非“深度制度化”的重要标志（Owen-Smith & Powell，2008：596），制度变迁也只是组织结构与实践扩散的标志之一。制度主义者、创新扩散研究者（Abrahamson，1991；Rogers，1995；Strang & Soule，1998）以及组织学习研究者（Haunschild & Miner，1997；Ingram，2002；Levitt & March，1988）对这个问题都很感兴趣。其中组织学习研究者探讨的是，组织如何从自己的经历中和他人的经历中学习、获得关于组织结构与实践的知识。制度主义者的主张则强调规制、规范和具有建构作用的规则的影响，并逐渐远离组织分层理论与工具主义理论，例如他们提出组织会模仿那些它们感觉会成功的组织或有声望的组织（Burns & Wholey，1993；Deephouse & Suchman，2008；Haunschild & Miner，1997；Haveman，1993）。有很多因素诸如潮流、风尚、地位强化与替代学习（vicarious learning）等，都促使组织遵从制度环境的要求。并非所有模仿行为都涉及制度过程。

（1）不同的制度要求

很多学者指出，同一场域中的所有组织并非都会同样地从属于场域中运行的不同制度过程。组织管辖机构的权力有大有小，监管机构对于不同的组织的重视程度也不同。诸如健康与安全等保护雇员利益的规制性要求，常常只应用于特定规模的组织。均等就业机会法案比较适用于公共部门组织，以及那些与联邦政府签约并获得资金的组织，而不是其他用人单位

(Dobbin，2009；Dobbin，Edelman，Meyer，Scott & Swidler，1988；Edelman，1992)。梅兹亚斯（Mezias，1990）的研究也得出了同样的结果，他 202
对1962—1984年美国最大的200家非金融公司采纳评估“报告收入税信用”新程序的情况进行了研究。他发现，属于组织层次的大量因素，包括公司是否处于美国跨州的商业委员会的管辖之下等，影响着这些公司是否采纳这种新程序。莫林·卡塞尔（Maureen Casile）和艾利森·戴维斯-布莱克（Alison Davis-Blake）的研究发现，与私立大学的商学院相比，公立大学的商学院对信用鉴定标准的变化更为敏感（Casile & Davis-Blake，2002）。

在不同时空中存在的认知信念或规范性控制的力量或强度的不同，也是导致制度要求不同的原因。正如本书第五章所描述的，组织人口生态学家与制度学者都认为，一种组织结构形式或实践的日益流行和扩散是其合法化日益增加的标志。这种共时变迁（temporal variation）已引发了一种十分有趣的研究，即对早期与晚期的采纳者的特征进行比较分析。这一观点主要是由如下两个研究提出来的。

其一是帕梅拉·托尔伯特（Pamela S. Tolbert）和朱克尔关于1885—1935年间公务员制度改革的研究（Tolbert & Zucker，1983）。该研究的部分内容本书第六章已讨论过，他们对这种改革在各市的扩散进行了分析。他们把注意力转向并不迫使所辖城市进行这种改革的州政府，并指出在改革的最初时期，州政府所辖城市对这种改革的采纳会因各城市的不同特点而异。如规模较大的城市、移民比例和白领-蓝领居民比例更高的城市，更可能采纳公务员制度改革。作者认为，城市都会理性地追求它们的利益，特别是某些面临较严重的治理问题的地方政府会鼓励城市采纳公务员制度改革，认为这种改革可以防止它们受到“各种讨厌因素”的影响。尽管城市的这些特点在改革的最初时期（1885—1904）能够明显预示它们会采纳改革，但是后来这种相关性越来越弱，到1935年这些特点与是否采纳改革已经没有任何相关性。托尔伯特和朱克尔认为，这种日益弱化的相关性证明支持公务员制度改革的文化信念与规范已逐渐形成和广泛传播，并发挥着重要的作用，以至于到最后，所有城市都处于支持采纳改革的规范要求之下。

其二是弗利格斯坦（Fligstein，1985）的研究，该研究相对较早，因此也比较简单，但对于后来学者们的深入研究提供了重要的帮助。他指出，对于为何大公司采纳多部门（M型）结构这个问题存在几种不同的观点，
203 并对这些观点进行了评论。他收集了1929年到1979年中以10年为间隔的五个时间段的美国最大的100家工业公司的信息和数据。[1]他的分析发现，在较早的时期，如果较老的公司在增长模式方面选择的是与生产相关的策略，并由来自销售或金融部门的经理来领导，那么这种公司更有可能采纳M型结构，特别是与没有这些特征的公司相比更是如此。在1939—1949年间，这些因素仍然发挥着作用，但是其他一些因素也日益出现并发挥作用。如果某个公司所处产业中的其他类似公司已经采纳了M型结构，那么它也更可能采纳这种结构。在他所研究的最后两个10年中，除了公司年龄外，所有这些因素对于公司采纳M型结构仍然发挥着显著的影响。

上述弗利格斯坦的研究，为两种不同的制度主张都提供了经验支持。他关于组织结构形式与策略紧密相关的发现，为威廉姆森（Williamson，1975）的主张提供了支持，即组织的管理人员试图设计可以节约交易成本的治理结构——组织结构与组织策略是紧密结合在一起的。他关于M型结构的采纳状况与采纳这种结构之公司的数量紧密相关的发现，又为迪马吉奥和鲍威尔（DiMaggio & Powell，1983）的主张提供了支持，即在不确定的环境下，模仿——也许还有规范——等制度性同形过程发挥着重要的作用。

后来很多研究都不断重复着这些发现，下面我们就对其中的一些研究进行评论。这些研究归纳出如下一般模式：在制度化的早期阶段，组织对于某种新形式的采纳，是出于它们各种特殊的需要与利益选择。而随着制度化过程的进行，规范要求与文化要求日益积累，并达到采纳某种新形式已不是可以选择的事情而是组织必备前提这一程度。在面临更强大的制度要求时，个体组织之间差异的重要性大大下降。尽管行动的逻辑已经从工具性逻辑转变为适当性逻辑，但是每个组织所面临的情境也已发生变化，以至于该组织不得不采纳新的实践。如果一个组织不这样做，就会被视为异常的、落后于时代的和不值得关注的，并最后导致合法性的丧失，甚至

最后连维持生存的物质资源也随之丧失。总而言之，“其核心观点，就是影响组织是否采纳某种结构形式的那些因素会不断发生变化”（Colyvas & Jonsson，2011：33）。

韦斯特法尔、兰杰·古拉提（Ranjay Gulati）和斯蒂芬·肖特尔（Stephen M. Shortell）对为了应对来自美国医疗机构评审联合委员会（JCAHO）日益增加的规范要求而被迫采纳全面质量管理的 2 700 多个医院进行了研究，进一步探讨了早采纳与晚采纳究竟与何种收益相关这个问题（Westphal，Gulati & Shortel，1997）。他们发现，较晚采纳全面质量管理 *204*
的医院，面临更大的必须采纳与之相关的其他医院所实施的实践模式的压力，面临着更大的必须采纳一种特定的、更加标准化的方法的压力，特别是与早期采纳者相比更是如此。正是那些较早采纳的医院，更有可能把全面质量管理引入它们的特殊环境之中；那些较晚采纳者则显示出一种更具象征性的模式，机械地遵守标准的全面质量管理要求，或者模仿同一系列或系统中的其他医院的做法。对全面质量管理的采纳，既促进了早期采纳者也促进了晚期采纳者的合法性（其合法性等级由该联合委员会评定）；但是，只有全面质量管理的早期采纳者，在促进合法性的同时能够提高可由客观与主观指标来测量的技术绩效。因此，我们再一次看到，早期与晚期采纳具有不同的后果，尽管所有采纳全面质量管理的医院都会增进它们的合法性，但只有某些医院可以增进它们的技术绩效。

（2）组织因素对采纳创新的影响

近十年来的研究，试图确定哪些组织特征与较早采纳创新相关。当然，这些特征在很大程度上会因为创新性质的不同而发生变化。其中大多数的研究，检验了某种行政管理创新的采纳情况（如新的行政管理结构与人员雇佣系统的采纳情况）。组织的某些一般性特征似乎与采纳创新的行为相关。这里我并不打算讨论所有这些一般性特征，只是讨论学者们近年来所注意的三类变量。

第一类是属性变量。各个组织在很多方面都彼此不同，但是人们发现只有很少的几种属性差异常常影响组织较早采纳创新。其一，大量研究发现，组织规模是一个重要影响变量，组织越大就越倾向于较早采纳创新。组织规模会产生几种不同的影响，但每一种影响都有益于组织较早采纳创新。规模更大的组织，其资源往往也更丰富；规模更大的组织，其内部的功能分化程度也更高，因此对环境变迁也更敏感；规模更大的组织，更容易引起外部公众以及治理机构的注意。这些都促使规模越大的组织，往往会更早接受与采
205 纳创新（Dobbin，et al.，1988；Edelman，1992；Greening & Gray，1994）。其二，那些运行于公共部门之中的或与公共部门存在紧密联系的组织，对制度要求可能更为敏感，特别是对法律与规制要求更为敏感，当然对规范要求也更为敏感（Dobbin，et al.，1988；Edelman，1992；Casile & Davis-Blake，2002）。其三，设有相对独立的人事部门的组织更可能较早接受创新，特别是更有可能接受人事制度的创新，例如对雇佣、培训与正当程序的采纳（Baron，Dobbin & Jennings，1986；Baron，Jennings & Dobbin，1988；Dobbin，et al.，1988；Edelman，1992；Kalleberg，et al.，1996）。其四，研究者们指出，组织员工的工会化程度会影响组织所采纳的创新类型，工会的力量越强大，组织就越倾向于采纳申诉程序和内部劳动力市场的做法（Pfeffer & Cohen，1984；Sutton，et al.，1994；Kalleberg，et al.，1996）。其五，研究者发现，私人部门中的组织CEO的属性也会影响创新采纳情况，CEO的背景——例如，他们有着不同的生产管理工作、销售管理工作经历或金融管理工作经历（Fligstein，1985/1990）——和CEO相对于公司董事会而言的权力大小（Westphal & Zajac，1994），与公司是否较早采纳新的结构形式存在相关性，并影响公司是否实施对CEO的收入保护与激励计划。那些高端管理团队会不断流动和变化的公司，更有可能采纳新的会计程序（Mezias，1990）。其六，研究者发现，组织绩效也会影响组织对CEO收入保护与激励计划的采纳（Westphal & Zajac，1994）。

只有个人和组织能够认识到和采纳其所处环境中的创新，这些创新才有可能扩散开来。科恩和丹尼尔·列文萨尔（Daniel A. Levinthal）的研究显示，各个组织采纳创新的能力是不同的，而这种能力实际上是吸收和利用新知识的能力。他们对美国制造业中的公司进行了抽样研究，发现基础研究投入更多的公司能够更好地利用新技术并形成竞争优势。他们发现，公司并不希望这样的投入产生新的创新本身，而是希望拓展公司的知识基

础，并使公司能够及时跟进新的知识进展，从而能够使公司深入地理解新知识，这样就使公司可以利用先进科学技术迅速确立竞争优势（Cohen & Levinthal，1990：148）。

第二类是组织之间网络。组织之间的网络本身就是一种结构。组织之间的网络会因组织之间的交易频率与性质、组织之间存在多重关系或者关系缺失、组织处于中心地位还是边缘地位等等而异。各个组织的参与者之间通过各种强关系（例如，公司董事之间的互锁关系，公司经理之间的朋友关系、同窗关系等）与弱关系（例如，超越组织边界的职业亲和关系、从业共同体关系）联系在一起。 *206*

例如，帕梅拉·汉斯柴尔德（Pamela R. Haunschild，1993）的研究发现，共有董事的公司在1980年代更有可能获得收益。唐纳德·帕默（Donald A. Palmer）、P. 詹宁斯（P. Devereaux Jennings）和周雪光发现，在1960年代，互锁董事的公司会采用M型结构（Palmer，Jennings & Zhou，1993）。拉奥和库玛·斯娃库玛（Kumar Sivakumar）发现，具有类似关系的公司在从其他董事成员那里得知另一个公司设有投资人关系办公室时，更有可能也建立一个投资人关系办公室（Rao & Sivakumar，1999）。

网络理论家们认为，把社会单元之间的联系性与相似性区分开来是很重要的。前一种情况可以称为组织聚合（cohesion），表明双方或多方存在交易关系或沟通交流关系。后一种情况可以称为结构等同，是指那些“在社会结构中具有同样位置”的社会单元；从它们都与另一位置占据者之间存在同样的关系模式的意义上看，它们是相似的（Burt，1987：1291）。在那些信息可以（通过大众媒体等）公开获得的各种情境中，社会传染——某些实践或结构的扩散——更可能受到那些我们认为是与我们自己行为相似的行为的影响，而不是与我们存在关系者的行为的影响［本书第六章讨论了斯特朗和迈耶（Strang & Meyer，1993）的类似主张］。

约瑟夫·格拉斯契维奇（Joseph Galaskiewicz）和罗纳德·伯特（Ronald S. Burt）研究了组织聚合与组织结构等同对规范与标准扩散的影响哪个更大（Galaskiewicz & Burt，1991）。他们探讨了组织场域共同规范的形成及其对捐赠官个人观察其社会环境逐渐采纳相关标准和形成相似评价的影响。该研究结论以符合获得公司慈善捐赠条件的261个非营利组织中的61个捐赠官所做的评价为基础。捐赠官所做的判断（是否承认非营利组织，如果是就会承认它们是有价值和前景的非营利组织），或者会受到与他们存在关系的官员的评价的影响，或者会受到与他们处于结构等同位置上的其他官员的评价的影响。“研究结果表明，规范与标准主要不是通过聚合关系进行扩散，或者说规范与标准更容易在结构等同者之间扩散”（Galaskiewicz & Burt，1991：94）。捐赠官个人属性的差异，诸如性别与重要性的不同，也会对他们的判断造成不同的影响，但是这些都不能消除结构等同的影响。

207 第三类是参照群体。上述研究以及相关的研究都提出了一个共同的问题，即如果一个组织会模仿其他组织的行为，那么它们如何决定模仿哪些组织呢？显然，组织必须在它们的很多网络关系中进行选择，必须决定采用何种标准来评估其与模仿对象之间的相似性。近年来，一些学者利用网络方法来探讨这些问题。值得注意的是，此类研究更多关注的是以市场为基础的组织对各种竞争性策略的采纳，包括兼并、开拓新市场、对投资银行家的选择、采纳对等设置（如为了证明CEO补偿金的正当性）等策略。有的研究认为，组织往往倾向于模仿与其在地理上相近的组织（Davis & Greve，1997；Greve，1998），与自己相似的组织如运行于同一产业的组织（Haunschild & Beckman，1998；Palmer，Jennings & Zhou，1993；Porac，Wade & Pollock，1999），通过资源、信息和董事互锁关系而紧密联系的组织（Galaskiewicz & Bielefeld，1998；Haunschild，1993；Kraatz，1998；Uzzi，1996），具有较高地位和声望的组织（Burns & Wholey，1993），（公认）更成功的组织（Haunschild & Miner，1997；Haveman，1993；Kraatz，1998），等等。相反，公司也可能选择那些不成功的组织作为参照系统，从对自己有利的角度来证明或定位它们自己行动的正当性（Porac，Wade & Pollock，1999）。

制度主义、组织学习理论、政治学理性选择理论都对参照群体提出了自己不同的看法。然而更重要的是，这些研究逐渐重视制度过程与利益激励的相互作用对组织的选择和行为的影响（Baum & Dutton，1996；Dacin，

Ventresca & Beal，1999）。

（3）制度过程与组织过程对组织应对环境要求的影响

公共政策研究包括了对组织参与规制性活动的方式，以及组织应对意图对其行为进行控制的方式。其中有些研究采取的是一种自上而下的视角（Wilson，1980），关注的是公共政策实施机构的结构与策略；有些研究采取的是一种自下而上的视角，关注的是地方如何理解政策，以及政策在地方层次上的实施（Lipsky，1980）。在这些研究看来，组织既是政策制定 208
者、实施机制的构成单元，又是公共改革的目标。这些研究尽管很少获得组织研究者的关注，但对组织如何参与和应对规制意图提出了深刻见解（Hoffman & Ventresca，2002；Landy，Roberts & Thomas，1990；McLaughlin，1975；Peterson，Rabe & Wong，1986）。皮尔森（Pierson，2004：Chapter 1）对政治组织、公共政策制定以及制度过程进行了比较深入的研究。

组织研究者提出了一种更具过程导向的研究视角，视组织为一种信息系统，即把组织视为一种符号处理过程、意义制造过程和理解系统。普费弗和吉拉德·萨兰西克（Gerald R. Salancik）强调组织所建立的信息系统，这些专业部门与惯例决定着组织日常收集的信息之类型（Pfeffer & Salancik，1978）。信息之所以重要和被组织利用，完全是因为信息是可以获得的。因此，信息的可获得性会影响决策者的“注意力结构”。正如马奇（March，1994：10）所指出的，因为“注意力的持续时间与能力是有限的”，所以我们应视决策理论为一种注意力理论或搜寻理论，而非选择理论。我们绝对不应简单假定组织就是一种统一的要求-反应模型，相反组织是由面临凌乱的和不完全的信息、具有冲突性的议程和利益的各种行动者构成的，组织往往有着模糊的目标与意图，结构十分复杂并有着各种细微的差别或特征。组织对于环境的要求，并不仅仅是自动遵守，也会提出不同的问题，如这种要求适合我们吗？是谁说适合的？我们应不应该对环境要求做出反应？我们对于环境要求可以做出什么反应？还有哪些组织可能处于同一情境之中？这些组织正在做什么？总之，组织对于环境要求的反应，是一种理解与意义建构过程（Barley，1986；Daft & Weick，1984；Whetten & Godfrey，1999）。卡尔·韦克（Weick，1995）对发生在组织之内与组织之间的这些过程——特别是萨奇曼（Suchman，1995a）的相关理论——进行了深入的批判性分析。

法律与社会理论研究者也进行了相关的研究，他们更是认为组织与环境之间存在微妙的相互作用。他们抱怨说，制度主义者所提出的“形式合法性”概念过于强调法律外在的、客观的和理性的特征。而萨奇曼和埃德尔曼（Suchman & Edelman，1997；Edelman & Suchman，1997）认为，组织对法律与规制的理解要受到社会的影响，法律与规制的力量有多大，其
209 内涵到底是什么，要取决于规制者与被规制者之间的互动。有很多学者都持有这种视角，并对美国各种组织进行了抽样，研究了这些组织对1960年代早期通过的均等就业机会法案和妇女平权法案的反应（Dobbin，et al.，1988/1993；Edelman，1992；Edelman，Uggen & Erlanger，1999；Sutton，et al.，1994）。各个组织对于这些法令都有着各自不同的理解，同时这些法令往往存在潜在的、无法解决的、根本的政治冲突，显得特别模棱两可，甚至即使持合作态度的组织也不知道如何遵守，不知道遵守它们意味着什么。这些法令的通过和实施引出了一种复杂的意义建构过程，人事部门的主管——在他们的组织中、在他们的专业杂志上、在例会上——与他们的对象谈话，宣讲某些道理，并试图确定何种措施是可以接受的。各种建议开始浮现，原初的程序模式得以形成，联邦法院（以及政府其他的专业技术团体）不断地对这些反应进行评估，并对他们是否恰当地遵守了这些法令做最后的裁决。尽管人事部门的主管在言语上常常强调这些建议是为了促进组织的绩效，但他们往往更愿意提出程序性的而非实质性的解决方案（Dobbin & Sutton，1998），而如果是实质性的解决方案，那么就应关注雇员行动的结果（Edelman，1992）。

随着最终选择的人事程序被联邦法院等确认和宣称为合乎法令的要求，政府的治理过程也就逐渐转换为司法过程，这些人事程序和模式也就在这一场域中迅速扩散开来。其中存在的一般过程我们应这样理解：法律的变革是一种地方性的、内生性的过程，使各种行动者都能够参与其中，并通过组织场域中的意义建构与问题解决活动而发挥作用。该过程更有可能是由专业行动者之间的规范结构而不是由政府的强制机制来引导的，因此我

们应把该过程理解为改变整个场域中的规则与行为的结构化过程，而不是个体组织单独面对并遵守中央权力中心的指令的简单过程。正如有的学者所指出的：

> 均等就业机会法案（EEO）的制度化存在一个显著的特征，这种治理过程会发生在众多的层次上，在场域层次上法律吸收各种原则与实践做法，在组织层次上组织对法律的强制命令做出理性化的反应，在个人之间个人把这种法令化为日常的程序和雇员的预期。那些传统的理论模型看到不到这些宏观-微观的动态过程，因此也很难洞察其中的复杂性（Colyvas & Jonsson，2011）。

一种制度视角的价值，就在于其可以发现各种层次上的结构与过程之 210
间存在相互作用和影响。

四、应对策略

强调制度过程而非制度影响的研究，包括上文所描述的研究，逐渐认识到组织并非完全如早期制度主义者所描述的那样无力、消极或被动。其中一些学者指出，早期制度主义理论解释实际上持有一种过度社会化的组织概念，这种概念具有很大的缺陷，认为任何组织迟早都会完全遵守制度的要求，都逃不过制度的影响。后来的制度主义者则一致强调，我们应更加强调组织的力量与能动性，特别是个人与组织在面对制度要求时的力量与能动性（DiMaggio，1988；Perrow，1986）。普费弗等学者最早强调了组织的管理者常常运用和操纵各种符号来“管理”他们在更大环境中的合法性（Pfeffer，1981；Pfeffer & Salancik，1978）。

克里斯汀·奥利弗对这些理论做出了重要的拓展，指出我们应看到组织的选择可能要广泛和多样得多（Oliver，1991）。她根据资源依赖理论，对组织可能做出的各种潜在的应对策略进行了归纳，强调组织完全有可能使用自利的、策略性的方案。[2]这里我先回顾一下她的主张和关于组织策略的分类研究。然而，由于她的主张与分类主要关注的是组织个体的应对策略，因此我认为，她与我们大家都应更加注意组织采取集体行动策略的可能性。

1. 组织的个体应对策略

尽管组织面对制度要求有着不同的应对方式，但是环境会在一定程度上影响和界定组织可以运用何种应对策略。正如制度会建构组织一样，制度也会对组织的各种适当行动，包括为应对制度要求而采取的各种行动，加以界定与设定限制。在某个场域中是适当的策略，在另一个场域中则可能是被禁止的。例如，公共机构常常提倡必须对民众提供同等服务，但私人组织则往往避免自己成为过度的安乐窝（或过度共谋）。一种诀窍或
211 技巧在此情境中可能成功，但在彼情境中则可能是不可想象的。简言之，与其他组织过程一样，组织策略会受到制度环境的影响。

奥利弗描述了个体组织面对制度要求可能选择的五种常见应对策略。不过要注意的是，她在研究组织可能实施的策略类型时，并没有考虑组织可能面临的场域层次的限制（Oliver，1991：152）。

其一是甘愿接受或者遵从策略。大多数制度理论家认为组织存在这种应对策略。正如我们所发现的，应用这种策略的组织会选择其他样板组织进行模仿，或者遵从其所感知到的各种文化、规范或规制性权威的要求。组织之所以选择和实施这种应对策略，可能是出于增强合法性、担心受到制裁或者希望得到额外资源等等简单或复杂的动机。

其二是妥协策略。这种应对策略涉及组织的各种反应，包括对制度要求进行权衡、展开协商和谈判等。在那些存在相互冲突的各种权力机构的环境中，组织往往会采取这种应对策略。托马斯·德奥罗（Thomas D'Aunno）、萨顿和理查德·普赖斯（Richard H. Price）的研究，就探讨了精神健康机构把反对药物滥用的程序结合起来的妥协过程（D'Aunno，Sutton & Price，1991）。尽管这似乎是个别情况，但是正如本书第六章所指出的，在自由主义与多元主义的社会如美国社会中，各种相对冲突的、竞争性的制度框架会同时存在（Berman，1983）。这意味着组织往往发现自己处于各种情境中，在这些情境中它们有着相当大的空间来进行运作、理解、讨价还价或妥协。例如，瑞基·阿布扎克（Rikki Abzug）和梅兹亚斯发现，为了应对法院援引1972年《公民权利法案》第七条关于可比价值的主张所进行的裁决，有的单位和组织就采取各种妥协性的应对策略（Abzug &

Mezias，1993）。联邦制的美国司法系统，允许联邦、州与地方法院做出各自相对独立的裁决。这使得组织可以进行多次诉讼，也为组织谋求改判提供了途径。如果在某一层次的法院中受阻，还可以到上一层次的法院继续申诉、控告等。维多利亚·亚历山大（Victoria D. Alexander）发现，美国高雅艺术博物馆的馆长们会把各种妥协策略结合起来，因为他们的博物馆要日益依赖于各种基金资助——富有的个人、公司、政府和基金会等，这些提供资金资助的个人和组织有着各自不同的目标（Alexander，1996：803）。亚历山大还发现，那些声望“依赖于工作质量与学术性以及他们所举行的展览”的馆长们会经常调整展览形式以取悦各种资助人，例如进行 *212*
“大型展览”或巡回展览，以取悦公司资助者或政府资助者。不过，他们对于到底展览什么却坚持自己的主张，少有妥协。他们的其他特殊策略还包括“与其他（商业）组织合作，相互利用彼此的资源”，“扩大展览的观众类型”即举办可能吸引各种未来股东的综合展览，以及“进行创造性的活动”即在特定艺术类型与关注特殊利益的潜在资助者之间建立各种联系等。

其三是回避策略。正如奥利弗所指出的，应用这种策略的组织往往试图把自己隐藏起来，并防止组织的某些部分受到制度要求的影响（Oliver，1991）。本书关于“脱节/脱耦”“松散结合”研究的介绍实际上已经详尽讨论了这种应对策略。在此不再赘述。

其四是反抗策略。这种策略是指组织不仅会抵制，而且会大胆地公开地抵制制度要求。当焦点组织的规范与收益与那些试图向焦点组织施加要求的组织存在实质性的分歧时，这种反抗就可能发生。马克·科瓦列斯基（Mark A. Covaleski）和马克·迪尔史密斯（Mark W. Dirsmith）对威斯康星大学试图反抗州政府实施新的预算系统进行了分析。威斯康星大学试图设计一种替代性的预算系统，以获得公共支持，更明确地实现自己的研究和教育计划和防止优秀职员流失。但是最后，州政府获得了胜利，这所大学被迫接受政府以学生注册入学数量为基础的预算方法（Covaleski & Dirsmith，1988）。

其五是操控策略。组织可能试图使用这种策略来应对制度要求，即组织“有目的地和机会主义地与环境合作，影响甚至控制其环境”（Oliver，

1991：157）。从塞尔兹尼克（Selznick，1949）到普费弗和萨兰西克（Pfeffer & Salancik，1978），再到亚历山大（Alexander，1995）等众多学者，都发现组织试图通过与掌握重要权力者建立各种关系，以保护自己并增加
213 自己讨价还价的权力。制度理论家们特别关注组织用以直接管理其合法性的技术。艾尔巴赫和萨顿（Elsbach & Sutton，1992：702）发现激进改革组织“地球优先!”（Earth First!）和艾解组织（艾滋病解放力量联盟，ACT UP）会使用印象管理技术，并通过“非法行动获得认可和实现其目标”。他们认为，这些组织往往会利用这类技术来获得媒体的关注，使人们了解它们的目标。一旦获得关注，这种组织的代言人就会强调其组织更为传统的层面，试图把其组织程序与其某些成员的非法活动分离开来。组织的代言人有时以现实中存在比他们所主张的更不公正的现象为借口，来证明自己是无罪的，以及自己的行动是正当的。组织的代言人会特别强调自己得到了其他支持者的认可与支持。这些组织通过诸如此类的方式，试图管理它们的印象和提高它们的可信度。不过，布莱克·阿希福斯（Blake E. Ashforth）和巴里·吉布斯（Barrie W. Gibbs）指出，如果组织“过于反抗”，那么也可能损害自身的合法性（Ashforth & Gibbs，1990）。萨奇曼也对组织获得、维持和重新获得其合法性的各种策略进行了深入的研究（Suchman，1995b）。

不过，对于制度主义者而言，在承认面临制度要求的组织可能会采取各种策略性行动的同时，更重要的是不要忽视制度特别是文化-认知性制度具有其相对的独立性。正如伊丽莎白·古德里克（Elizabeth Goodrick）和吉拉德·萨兰西克所指出的：

> 把策略选择观点与制度理论直接结合可能存在的问题之一，就是低估制度的社会事实（物）的性质。因为制度远不仅仅是会建构社会生活之网的社会事实，它们更是特殊的、具有支配作用的社会能动者。（具体说来，这个问题就是）组织有时会无选择地或无远虑地行事的思想似乎已经消失了。……而制度背景……对于理解组织行为来说（似乎也逐渐）失去特别的重要性。制度似乎也仅仅是组织处理的所有制约之一和诸多选择之一（Goodrick & Salancik，1996：3）。

古德里克和萨兰西克对1965—1995年30年间加利福尼亚州各类医院采用剖腹产手术的行为进行了研究。他们发现在此期间，采用这种手术的比例大大增加了。医疗专业实践规范鼓励医院建立剖腹产科，以处理那些高危产妇。他们比较了营利与非营利医院采用剖腹产手术的比例，发现这两种医院只有中危产妇剖腹产手术的比例不同，对于低危产妇它们都不会采用这种手术，对于高危产妇它们都会采取这种手术。对于中危产妇，营利医院为了经济利益更可能采用这种手术，而非营利医院则不会采用这种手术。总之，这种自利性的策略行为往往只针对中危产妇，医疗专业规范 214
对于这种情况并没有做明确的规定。而制度性规则设定了策略行为所能发生的范围。

实际上，策略理论与制度理论之间总体上存在明显的冲突。正如本书第三章所指出的，策略理论认为合法性是组织可以从环境中摄取的资源之一——文化资源。正如萨奇曼（Suchman，1995b：576）所指出的，如果考虑到物质资源与结构是刚性的，而符号与仪式有着“几乎无限的延展性”，那么后二者为管理者提供了更容易操控的目标。不过，制度主义者则认为这种观点具有一定的局限性。

在象征符号发挥强大制约作用的环境中，管理者的决定常常受到相同信念系统的影响，这种信念系统往往决定受众的反应策略。相应的，很多制度主义者强调的是整个场域（DiMaggio & Powell，1983）或组织生活部门（Suchman，1995b：576）的集体结构化，而并非某个焦点组织如何使其策略合法化。

2. 组织的集体应对策略

比起单个组织的行动来，由多个组织合作进行的应对策略则有着更加强大的潜在影响，并可能影响环境要求的性质，甚至可以重新界定和改变场域中运行的规则与逻辑。本章先回顾关于组织集体应对环境要求之策略的研究，第八章再讨论更一般的场域层次的变迁。

本章前面部分回顾了关于规范或规制性要求对于组织的影响的经验研究，这些组织只是以各种方式来应对而不是重塑或重新界定这些制度要求。请回忆一下那些面对均等就业机会法案的公司人事官员的行为。该法案提出了人事聘用的规则，对人事活动进行规范性控制，或对人事活动规则法律化，导致某种场域的参与者形成理解和进行集体意义建构，然而环境的要求已被重新界定和厘清。我们怀疑，这类程序往往是规则而不是预期。

马里琳·卡普兰（Marilyn R. Kaplan）和J. 理查德·哈里森（J. Richard Harrison）研究了组织如何应对法律环境的变迁，这种法律环境的变迁使董
215 事会成员可能面对更多的责任诉讼案件（Kaplan & Harrison，1993：423）。公司既会实施某种既定的、先发制人的适应性策略来适应并遵从环境的要求，同时又会主动实施某种反抗性策略来积极改变环境的要求。这两种策略都涉及组织集体与个体的意图。工商圆桌会议（Business Roundtable）是一种志愿性的治理团体，“通过向董事会和委员会推荐人选”，使其人员构成和结构符合证券交易委员会等规制机构的要求，从而领导各个组织进行合作和选择遵守策略。既定的、先发制人的适应性策略包括议会走廊游说，引导政府从外部加强对董事的补偿和保护，加强创立保险联盟来确保董事与官员忠于公司职责等。他们认为这些策略非常成功，“新的立法与保险联盟使大多数公司能够大大增进董事的可靠性。其结果是，现在大多数董事成员比上个年代的更加可靠”（Kaplan & Harrison，1993：426－427）。

霍夫曼对1960—1995年间美国石化公司和行业面对日益增加的试图恢复自然环境的规制性要求所做出的反应进行了研究，并做出了一种历史解释（Hoffman，1997）。他对其中充满争议的谈判与妥协过程进行了讨论。他通过研究行业杂志，来评价该行业面对这些挑战的反应。在1960年代，人们较少关注与担心环境问题；该行业的杂志对于人们关于该行业破坏环境的谴责与担心，都嗤之以鼻。然而，在1970年代，为了应对大量影响恶劣的环境事故，政府开始设立环保部门，对石化行业开展日益频繁的严格审查，同时环保主义运动也日益高涨。美国化学品制造商协会（Chemical Manufacturers Association）与美国石油学会（American Petroleum Institute）最初主要采取的是对抗性策略，试图影响政府的规制性行为，特别是试图影响政府设定相关标准。但是，到1980年代晚期，随着石化行业及相关公司开始支持公司环保主义政策，一种更具合作性的框架逐渐形成。公共部门与公司法人行动者之间协调彼此的利益，最终确立各种新的理解、规范

和混合性的公/私治理结构。

但是，人们发现更具冲突性的集体应对策略也出现了，并且解决起来更加困难。其中一个值得注意的例子，就是迈尔斯所研究的美国六大烟草公司（Big Six）对美国卫生部长把吸烟与癌症联系起来的行为所做出的反应（Miles，1982）。所有这些公司都会采取各自的应对策略，其中一些公司放弃了国内市场而主要开发国外市场，另一些公司则实施产品多样化战略。但是，它们也参与集体行动，建立烟草研究委员会来开展自己的科学 216
研究，共同雇用廊客并建立政治行动委员会，以引导政府立法，抵制政府通过禁止性或处罚性的法律。这种集体努力对规制性治理结构以及其他治理结构都产生了重要影响，它们一直到现在都在实施这些治理结构以应对联邦政府与州政府官员所采取的各种活动。

特伦斯·哈利德（Terence C. Halliday）及其同事迈克尔·鲍威尔（Michael J. Powell）、马克·格兰福斯（Mark W. Granfors）对美国律师协会进行了研究，描述了组织场域中的一种谈判过程与重新界定过程，这个协会建立于19世纪与20世纪之交，此时以市场为基础的组织为了获得律师成员的支持而鼓励竞争（Halliday，Powell & Granfors，1993）。然而在早期岁月里，律师协会的失败率很高。1920年代早期，一种不同的组织模式出现了，这种组织模式依赖于州政府的支持，即律师只有符合在该州开业的条件才具备成为协会成员的资格，该协会还向所有成员收取年费。这种要求立法行动或者州高级法院进行规制的新组织模式，尽管并不会替代或排斥以市场为基础的组织形式，但是仍然在美国各州迅速扩散开来。他们通过事件史分析，指出以州政府的支持为基础的组织形式，在那些以市场为基础的组织形式只吸引了小部分律师们（喜欢向专业人员发放许可证）的州和农业州中更有可能被采纳。以州政府的支持为基础的组织形式也得到了集权化的推广协会即美国司法协会的推动，这个协会建立的目的就是要推进法律改革和推广新的治理结构。在这个案例中，集体行动导致了组织结构形式的转型，使其走出竞争性市场而置于政府的羽翼之下。

五、组织形式多样化的根源

如果我们归纳本章与前面几章所回顾的各种观点，那么我们可以看到，尽管各种条件中的制度要求都会导致组织结构与实践的同形，但在很多方面，“同样的”制度要求导致的并非趋同性而是趋异性的结果。其中的机制与过程包括：

- 存在各种不同的制度载体，它们的特征或传播模式会改变所传播的制度信息。
- 对制度规则存在不同的解释或转译。
- 217 在规则应用中会出现误解或错误。
- 组织受制度规则的影响程度或对其感受不同。
- 存在各种不同的属性或关联，它们会影响组织对制度要求的了解或应对策略。
- 制度形式的采纳者会对其进行调整或创新。
- 混合性的组织所整合的各种模式之间具有竞争性。
- 个体组织对于制度要求存在不同的策略应对。
- 组织网络或团体对制度要求存在不同的策略应对。

鉴于这些因素的多样性和普遍性，我们需要进行更加细致和深入的研究，才能更好地解释为什么不同的组织面对同样的制度要求却存在不同的而非相同的反应。

六、小结

尽管组织分析者很早就认识到组织是一种开放系统，但是我们还是花了很长的时间才认识到组织是独特时空的创造物，组织不仅要反映技术性的知识状况，也要反映环境中的文化规则与社会观念。

在过去20多年中，制度理论家进行了很多重要的研究，指出社会与符号因素对组织结构与行为会产生重要的影响。相关的经验研究也探讨了制度系统是如何影响组织的，认为环境对于组织的影响跟组织在环境中所处的位置，组织的规模和重要性，以及组织与公共领域、结构位置和关系合约之间的距离存在密切的关系。

组织会受到制度环境的影响甚至渗透，但是组织也会创造性地和策略性地应对制度环境的影响意图。组织通过与其他面临相似环境要求的组织相互作用来应对这种要求，组织可能有时还会反抗、抑制甚至重新界定环境的要求。组织会采取集体行动，也会采取各自相对独立的行动来重新界定、操控、挑战或否定环境中的权威机构向它们提出的要求和施加的压力。组织是其制度环境的创造物，但大多数的现代组织被建构为积极的博弈者，而不是被动的、消极的木偶。

我们发现，学术界关于制度与组织之间关系的研究逐渐在发生重大的 218
转型。当代大多数的相关研究逐渐从单向地研究制度对组织的“影响”转向综合性的研究，探讨制度要素影响组织行动与组织行动影响制度要素的双向复杂循环过程。

注释

［1］请注意，这种抽样设计并不常见，因为每 10 年的样本都代表了不同公司。在后来的分析中，弗利格斯坦（Fligstein，1990/1991）研究了进入该名单的公司的策略行为，也研究了离开此名单的公司的策略行为，对“留在名单上的组织”与“离开这个名单的组织”进行了比较分析。

［2］该概念是一种工具性的概念，以吸引关于管理的研究者注意制度视角。毕竟，视组织在很大程度上受到环境因素——不管是生态的还是制度的环境因素——影响的理论路向有可能吸引从事学术研究的社会科学家，但不太可能吸引那些在领导责任问题方面向现在和将来的商业管理者提供咨询的学者们。

第八章

制度过程与组织场域

219 场域理论是具有现代性特征的社会组织的一般性理论（Fligstein，2001a：29）。

——尼尔·弗利格斯坦（Neil Fligstein）

我认为，对于理解制度过程和组织现象，没有任何其他概念比“组织场域”概念更为重要和有用。本书第四章对“场域”概念——包括作为分析单位与作为分析层次的场域概念——进行了界定，其后各章也不时提到这个概念，可见场域概念在关于组织的制度分析中占据着十分重要的地位，获得了广泛的关注。不过，组织场域概念与制度理论中的很多概念都一样，还处于研究之中，还在不断发展。尽管我们可以精确地指出组织理论引入“场域”概念的日期，但这个概念是建立在以前的思想基础之上的，并且从引入之时起到现在都一直处于批判、修正和改进之中。组织场域概念得到了人们广泛的接受，但同时也产生了激烈的争论。

一、组织场域概念的界定 220

我们首先讨论场域概念的一般性含义，然后讨论该概念在组织研究中的应用。我们将探讨场域概念对于分析组织运行环境的重要性，同时也将对场域本身进行深入的分析。

1. 场域与组织场域

(1) 场域概念

物理学和社会科学使用场域视角来解释研究对象的行为已经有相当悠久的历史了。正如马丁（Martin，2011）所说，场域概念起源于19世纪的物理学特别是电磁学和液体力学。后来，德国心理学特别是格式塔理论开始使用场域概念。这些理论将研究客体的行为不是归因于行动者的内在特征，而是归因于其在物理空间或社会空间中的位置。研究客体或行动者会受到与其所处位置相关的各种不同力量或因素、其与其他行动者之间的关系，以及这种关系所嵌入的更大的结构的影响。

后来，场域视角通过各种渠道逐渐进入社会科学。以罗伯特·帕克（Robert E. Park）和欧内斯特·伯吉斯（Ernest Burgess）为首的芝加哥学派的城市生态学家借鉴生物生态学家的研究，来讨论地理与社会关系意义上的“小生境空间”(niche space)（Park & Burgess，1921；McKenzie，1926/1983）。社会心理学家库尔特·勒温（Kurt Lewin），在19世纪晚期格式塔理论的基础上，提出了一种社会心理学的场域理论，用来分析个人“生活空间”，认为这种个人生活空间包括了“个人，以及对于个人而言存在的心理环境”(Lewin，1951：57)。勒温的场域视角的重要特征，就在于主张围绕个体的各种要素与因素之间是相互依赖的，强调个人理解与相互理解的重要性。因此，他所说的个人生活空间，就是个人社会环境的一种认知图式（Mohr，forthcoming)。

一些社会学色彩深厚的社会心理学家们，包括涩谷保（Tamotsu Shibutani，1955)、施特劳斯等人（Strauss，1978；Strauss，Schatzman，Bucher，Erlich & Sabshin，1964)、贝克尔（Becker，1974/1982）等人，也对场域理论做出了重要的贡献。这些符号互动理论家提出了“社会世界”概念，社会世界指的是具有“共同投入某种活动，共享各种获取目标所需要的资源，

对于如何实现自己的目标具有共同的意识形态观念”的行动者群体
221 （Clark，1991：131）。社会世界是由行动者界定的，“行动者自己借此可以把集体行动视为有意义的行动”（Clark，1991：135）。社会心理学沿着此种线路展开的研究和芝加哥学派关于工作的社会学研究，直到今天都与组织场域理论呈现平行发展的态势，但是二者之间也存在日益交融汇合的趋势（Clark，1991）。

社会学家皮埃尔·布迪厄（Bourdieu，1971/1984）的著作影响极大。他的场域概念，指的是“一个社会或文化再生产领域中的所有行动者和组织及其之间的动态关系”（DiMaggio，1979：1463）。布迪厄等人认为，“根据场域概念来思考，就是坚持关系性思维”（Bourdieu & Wacquant，1992：96），而且他应用了一种类似博弈的概念，包括规则、博弈者、风险、竞争与斗争等词语来分析和描述场域的重要特征。对于布迪厄来说，场域并不是一种和谐、安宁和固定不变的社会空间，而是充满了冲突；在其中所有博弈者都试图增进自己的利益，某些博弈者能够在或长或短的时间内把自己的“博弈规则”概念强加给其他博弈者。布迪厄的场域理论为迪马吉奥和鲍威尔关于组织场域的基础性概念（DiMaggio & Powell，1983），以及弗利格斯坦和麦克亚当的研究视角（Fligstein & McAdam，2011/2012）奠定了重要的基础。

（2）组织场域概念

组织研究者的关注点从个体组织层次上升到系统及其以上的层次，经历了一个曲折艰难的过程。因为要说服组织研究者相信我们对于组织的研究可以有各种不同的方式，可以在不同层面展开，是一件相对困难的事，而以往的组织研究者往往只关注组织对于个人行为的影响。[1]在1950年代中期以前，组织本身仍然是最为重要的分析层次，之后开放系统观迅速在组织研究领域中流行开来（Scott & Davis，2007：Chapter 4）。研究者开始强调组织环境的重要性，并竭力通过各种方式对组织进行重新界定，并深化关于组织的研究。

很多早期的研究者（Dill，1958；Emery & Trist，1965；Lawrence & Lorsch，1967）往往没有看到环境的复杂性、稳定性和资源丰富程度等维度的状态对组织会产生影响。他们也几乎没有认识到组织环境本身也是组

织化的，更不了解运行于同一环境中的组织可能会处于十分不同的位置，222
面临各种不同的威胁或者机会。生态学家认为共同体结构是一种组织间关系网络，但是过于强调地理边界（Galaskiewicz，1979；Warren，1967）。不过，后来一些学者提出了组织丛（Blau & Scott，1962/2003；Evan，1966）和组织人口（Hannan & Freeman，1977）的概念，从而使组织研究向场域理论迈出了一大步。其中组织丛是指组织的基本交易伙伴，而组织人口是指一群围绕同样的资源展开竞争的类似组织。

正如本书第四章所描述的，组织场域概念是由迪马吉奥和鲍威尔首先提出来的，指的是处于聚集状态的、构成一种共同公认的制度生活领域的那些组织，包括关键的供应商、资源与产品的销售商、规制机构，以及提供类似服务和产品的其他组织（DiMaggio & Powell，1983：148）。这种组织场域概念既包括了组织丛概念，也包括了组织人口概念，同时还包括了监管机构。迪马吉奥与鲍威尔虽然是以布迪厄的场域研究为基础的，但是主要关注的是社会关系与网络要素。斯科特和迈耶的相关研究（Scott & Meyer，1983）则强调了规制关系与金融资助关系，特别关注场域的复杂性对组织结构的影响。这些理论框架坚持认为，围绕组织的场域本身会以各种方式来把自己组织起来，而场域本身不同的组织方式又会对嵌入场域的组织之结构和运行产生影响。

不过，这些早期的理论框架过于强调关系系统而忽略了文化联系。诸如罗伯特·伍斯诺（Robert Wuthnow）之类的文化理论家们，则以布迪厄的理论为基础，开始修正这种不足，指出意义系统的重要性。但是，布迪厄关注的是主体的状态，比如惯习（内化的习性或倾向），而伍斯诺则强调关于文化的各种客观指标（Wuthnow，1987），分析的是文本、话语、姿态和文化产品。他指出，关于场域的研究视角存在结构主义视角、戏剧主义视角和制度主义视角之分。结构主义视角强调可以看到、记录和分类的文本中存在的一般性模式，戏剧主义视角则关注仪式、意识形态和其他象征和戏剧化地表现社会关系性质的行为，而制度主义视角则关注组织与职业在生产与销售产品与服务过程中的作用（Becker，1982；DiMaggio，1991）。伍斯诺认为，进行互动的个体或组织构成的群体会形成一些基本的思维范畴，他利用“话语场域”（discursive field）一词来概括这种基本思维范畴的特征。正如林恩·斯皮尔曼（Lyn Spillman）所言，“话语场域在结
223 构与有意义的行动之间起调节作用”（Spillman，1995）。而斯诺（Snow，2008：8）也指出，“它们提供了一种背景，而建构意义的活动诸如框架等都嵌入其中”。对于场域结构的象征符号性层面进行概念界定的另一种视角，当然就是制度逻辑视角，对此本书第四章也进行了讨论（Friedland & Alford，1991；Thornton，Ocasio & Lounsbury，2012）。

因此，组织场域概念的提出是一种重要的进步，使组织研究者可以对给定组织的相关环境进行深入的研究，并获得更加一致的看法。学者们通过关注利用网络方法和其他方法可以进一步研究具体的关系连带和活动模式，通过文本和话语分析可以评估意义系统的作用，进而可以比以前的学者更加深入地研究、界定与评估环境概念。正如普拉西亚·弗格森（Priscilla Parkhurst Ferguson）所指出的，场域概念使研究者可以关注有形的产品与明确的目标追求。场域的创造是自下而上与自上而下的过程的结合。弗格森还指出，“一个场域也就建构了一个宇宙，在其中所有的参与者同时既是生产者又是消费者，并处于一个复杂的社会、政治和文化关系网络之中”（Ferguson，1998：598）。约翰·帕吉特（John F. Padgett）和鲍威尔对关于组织场域的各种研究进行了精练的总结，“从短期看，行动者创造关系；从长期看，关系创造行动者”（Padgett & Powell，2012：2）。但是，我想加上一句，“从短期看，行动者创造和修正意义；从长期看，意义创造行动者，既创造组织身份也创造个体身份”。

组织场域概念确实十分有利于我们理解给定组织的环境的性质，但是正如我在前面几章中已经指出的，根据组织场域概念来研究社会系统与过程，本身也是一个新的有价值的分析层次。在过去40年中，很多最杰出的组织研究者已经研究了组织场域的起源、结构化、变迁和衰落。其中一些学者本书前面几章已经提及，本章还将讨论另外一些学者的研究（Fligstein & McAdam，2012；Thornton，et al.，2012；Wooten & Hoffman，2008）。

正如马丁所言，对于场域我们必须具体问题具体分析，一个场域是否存在，只能根据经验事实才能确定。他说：

> 一群个体（或组织）及其活动是否形成了一个无尽塔，是一个经验性的问题，而不是一个定义问题或方法论问题。一个场域中的个人 224
> （或组织）会通过他们之间的人际关系而进行直接交往，或者围绕一个共同的目标而进行间接交往，并以此为基础确定他们的位置（Martin，2011：269－270）。

而场域理论主要适用于这样的情形，我们不能用场域理论去硬套现实，只有真正存在现实的场域，我们才能在理论上使用场域理论对其进行分析。

但是，对场域边界的确定在一定程度上则需要研究者的探索，研究者可以根据自己的兴趣或者研究的主题来确定场域的边界。

组织场域概念宣扬和利用了如下观点，即"地方社会秩序"是建构当代社会系统的砖瓦。其追求的是中观层次的理论，承认这些多多少少受到环境限制的、专门化的领域在建设与维持社会秩序中的核心作用（Fligstein，2001b：107）。学者们用场域概念来分析市场、政策领域以及一些不那么结构化的、更具竞争性的社会运动斗争领域等等，取得了丰硕的成果。这些领域都是一些有确定边界的系统。因此，正如霍夫曼（Hoffman，1997）所言，围绕一个问题、一系列产品或服务都可以创造一个场域。以环境保护为例，相关产业的参与者、政府机构和环境保护积极群体为了影响与反抗其他群体的控制意图会慢慢形成一种环境保护场域。弗利格斯坦等人在把组织研究与社会运动联系起来时采用的正是组织场域概念，并推动了组织场域概念的发展（Fligstein & McAdam，2012）。他们认为，组织场域是一种竞争性的领域，在其中各种博弈者追求自己的利益和保护自己的跑马场（Davis，McAdam，Scott & Zald，2005）。

场域概念还可以使组织研究考虑更大、更宏观的结构，包括部门的、社会的和跨国层次的结构。在现代社会中，组织本身就是主要的行动者，但是为了更深入理解它们的重要性，我们有必要探讨它们在更大的网络与系统中作为博弈者的重要角色。正如我已经指出的，大多数的组织会参与多种场域而非一种场域，受到多重制度逻辑的影响。皮萨罗（Pizarro，2012）认为，组织会在一种"部门或行业场域"中运行，但是也会在一种"竞争性场域"中运行。"部门或行业场域"包括了组织的基本竞争对手、交换伙伴，并且由共同的逻辑界定，而“竞争性场域”还包括具有不同逻辑的多种场域中的其他类型的博弈者，这些博弈者试图影响焦点组织的行为。组织场域不仅反映其中的很多冲突，包括关系性冲突与逻辑性冲突，也会调节和利用这些冲突，成为社会变迁过程的一种关键要素。正如迪马吉奥（DiMaggio，1986：337）所言，“组织场域会作为一个关键的分析单位，弥合关于社会与共同体变迁研究的组织层次与社会层次的分析”。

225 **2. 组织场域的关键要素**

从理论上说，我们可以分析所有组织场域中运行的规制、规范和文化-认知性要素，但是出于经验的目的，我们主要关注场域之间的关键要素。

（1）制度逻辑

本书多处特别是第四章已经指出，制度逻辑研究关注的是为场域参与者的行为提供指引的共同概念框架（Friedland & Alford，1991；Thornton，et al.，2012）。制度逻辑包括了规范性与文化-认知性要素。其中一些制度逻辑为场域建构提供基础，使场域持续保有一种“共同的理解”，但另一些制度逻辑（数量较少）则为不同场域位置中的参与者亚群体提供不同的和竞争性的认知框架（Fligstein & McAdam，2012：10－11）。而且，正如弗利兰德和阿尔弗德特别强调的，在发达社会中存在多重的认知框架，这样的发达社会已经分化出大量的专业化场域，包括政治的、经济的、宗教的、亲属关系的等等场域，每个专业化的场域都由各自不同的逻辑支配（Friedland & Alford，1991）。在这些场域的中观层次运行的组织，经常面临多重的但常常是相互矛盾的逻辑，而这些逻辑都适合于这些组织。弗利兰德和阿尔弗德指出：

> 群体之间、组织之间和阶级之间最重要的斗争之一，就是关于制度之间的适当关系，以及不同的活动通过哪种制度得以调节、这些制度适用于哪些类型的个人等等的斗争。住房和健康是通过市场还是通过政府来进行调节？是由家庭、教会还是政府来控制教育？再生产由政府、家庭还是教会来调节？（Friedland & Alford，1991：256）

因此，不同的制度逻辑其内容会各不相同，特别是相关的信念和假设可能各不相同，不同制度逻辑的渗透能力或“垂直深度”也可能不同

（Krasner，1988）。例如，弗利格斯坦认为，关于如何组织公司或市场的“一般性社会理解”与一个具体的市场如何行动的特定理解之间存在明显的 226
区别（Fligstein，2001a：32）。制度稳定性与影响的最重要指标之一，就是其与相关制度安排相容或互补的程度（Fligstein，2001a：32）。最后，一个场域中的各种制度逻辑的排他性、竞争性也各不相同（Scott，1994a：211）。

研究认知系统的另一个有用概念，就是文化框架概念。戈夫曼最早使用这个概念，他笔下的文化框架指的是“理解或解释图式”，这种理解图式能够使个人“定位、感知、界定与标明”在他们面前发生的、以各种方式确立他们意义的事件。后来，戴维·斯诺及其同事对文化框架概念进行了修正，他们把文化框架视为动词而非名词，强调“文化框架的建构过程”概念，可以改善我们对社会运动的研究（Benford & Snow，2000；Snow，et al.，1986）。正如罗伯特·本弗德（Robert D. Benford）和斯诺所指出的，“文化框架意味着一种积极的、过程性的现象，即意味着在实在建构层次上存在的能动性与目的性。在某些事情正在完成的意义上，文化框架是积极能动性的；在文化框架是一个动态的、演化的过程的意义上，文化框架是过程性的”（Benford & Snow，2000：614）。

对于社会运动理论家们来说，作为动词的文化框架概念确实是有用的，他们认识到社会活动家与改革团体所进行的很多工作都是以各种方式对相关议题和问题进行“重构”，同时指出和揭露非正义之事，并找到和确定各种可能的改进方法（McAdam，1994；Zald，1996）。这一概念很快得到了组织与制度学者的支持。

劳恩斯伯里、万提尼斯卡和赫希（Lounsbury，Ventresca & Hirsch，2003）对回收循环利用产业进行了研究，描述了关于如何管理固体废弃物的两种竞争性主张或争论。其中一种主张提出了化废为能（W-T-E）模式，即通过焚烧垃圾获取可用热能，这种模式在1970年代得到了人们的支持。但是环保主义者反对这种主张，他们提出了一种替代性框架，即主张循环利用模式——收集与分解纸张、玻璃等物质，用来重新制造消费品。这种循环利用模式以前一直是一种志愿者组织的非营利模式，并处于边缘地位；后来由于得到了联邦、州与地方立法机关的支持，人们才开始抵制建立焚

烧炉和推进循环利用，在转变为营利模式之后，这种循环利用模式才逐渐
227 流行开来。他们喜欢使用“框架”概念来指称制度逻辑。因为他们认为，制度逻辑概念“是一个外在于行动者的概念”，而框架概念强调的是场域中的行动者之间发生的、围绕意义与资源而展开的更加积极的斗争（Lounsbury，Ventresca & Hirsch，2003：72）。他们回顾了北美固体废弃物协会各届会议主流话语的变迁、固体废弃物处理的行业杂志以及国会听证会档案文献所讨论话题的变迁，以获得相关行动者是如何思考与讨论那些行业关键问题的认知表象。另外，他们对各种场域中的行动者进行了多种多样的访谈，尽管他们对文化框架的关注强调“意义结构与资源结构之间的相互交织，以及它们所处的更大的文化与政治背景”（Lounsbury & Ventresca，1999）。

各种框架既可以是统一的，也可以是分开的。托马斯·比米什（Thomas Beamish）和尼科尔·毕加特（Nicole Biggart）最近的相关研究，使用了社会启发模式（social heuristic）一词来指称理解框架和决策模型，这些框架和模型体现集体拥有的理解，而这些理解又为行动者的决策提供社会支持的基础（Beamish & Biggart，2012）。它们导致了商业建筑行业中的一种社会启发模式的出现，导致了开发商、金融商、建筑公司、分包商和规制管理者都支持一种“有缺陷的设计”，这种设计体现了开发商业建筑所共有的标准和指南。这种启发式极大地简化了决策，降低了所有相关各方之间的交易成本；但是，这种启发式把这些建筑建构成保守的金融投资，限制和制约考虑那些改进能源利用效率、增强美感的创新性实践，也阻止改进建筑设计。

另一个把文化与社会结构联系起来的有用概念，是首先由梯利引入社会行动分析的。梯利（Tilly，1978：143）是最先提出如下思想的学者之一：即使是明显的去组织化与分裂性行为，也可能采取“参与者熟悉的明确形式，包括罢工、集会与示威等集体行动”；而且“即使人们在原则上可以无数方式来配置其资源以追求共同结果……但是在任何时点上，某个组织种群可以利用的集体行动形式都十分有限”（Tilly，1978：151）。如果我们用这种观点来分析社会运动，认为社会运动往往出现在较少结构化的各种条件下，那么我们需要思考的是，这种观点如何才能更好地解释那些固

定场域中运行的组织的日常生活世界。正如霍夫曼所指出的：

> 制度环境在很大程度上界定了组织实在的范围。公司在设定策略与组织结构的过程中，可能列出所有可能的行动方案，并从中选择一种进行行动。但是那些方案的范围要受到其所处的组织场域中的规制、规范与信念的限制（Hoffman，1997：148）。 228

伊丽莎白·克莱门斯把集体行动思想与组织原型思想（见第五章和本章下面部分）联系起来（Clemens，1996/1997）。她认为任何组织场域都只包括有限的几种组织框架，而这些组织框架又只包括一套有限的、由文化界定的手段或集体行动方案（Swidler，1986）。克莱门斯还认为，组织参与社会运动会导致制度变迁，我们在下面部分还将讨论她的研究。

诸如组织场域中各种可选择的组织原型与集体行动之类的概念，有助于我们更好地理解文化认知模型对社会行动产生制约与赋权作用的方式。各种制度性的框架为建立组织——设计组织结构、策略或程序——提供了明确的模板，并进而限制行动者选择（甚至是考虑）替代性的形式与模式，同时又为组织实施其所选择的活动及其活动者提供支持，并使这种活动更能得到理解、接受和更具合法性。

(2) 行动者

在社会空间中，存在大量各种不同的行动者，并塑造着社会的风景。我们都是这些行动者之中的一员，虽然我们都是生物学上的动物，但我们也是一种社会建构，具有由制度界定的身份，包括能力、权利和责任等。其中发挥作用的制度性要素，首先是文化-认知性要素，它对于人们的建构能力与规范性能力具有重要的影响。深受文化-认知性要素影响的行动者包括：一是个人（例如医疗健康部门中的个人，特别是医生）；二是个人构成的社会团体（例如美国医学会）；三是个人构成的人口群体（例如病人群体、医生群体、护士群体）；四是组织（例如斯坦福大学医院）；五是组织构成的团体（例如由多家医院构成的系统）；六是由组织构成的组织人口群体（例如多家医院或看护中心）（Scott，Ruef，Mendel & Caronna，2000）。

一个典型的组织场域往往只会存在有限的数种组织模式，包括个体行动者（角色）和集体行动者（原型）的组织模式。正如第五章所指出的，格林伍德和赫因斯的组织原型概念，提供了一种有用的方法，有助于我们描述特定的理解图式或概念模式嵌入组织结构及其运行系统的各种方式的
229 特征（Greenwood & Hinings，1993）。当然，组织的活动符合组织原型的程度，是一个需要具体问题具体分析的经验性问题；但是，组织原型提供了模板，各种规则、行政管理系统与关于各种活动的说明都是围绕这种模板建立起来的。格林伍德和赫因斯根据种群生态学家们的引导及其“构形”（configurational）主张（Van de Ven & Drazin，1985），提出场域层次的要求会促使组织采用特定的结构与系统，这些结构与系统体现着某种独特的、基础性的理解图式；组织一旦采用这些结构与系统，就往往会维持同样的原型（Greenwood & Hinings，1993：1058）。[2]

学者们对于组织原型的力量的研究，强调文化-认知性制度要素具有重要的建构作用，认为它们以典型化、脚本、能动性观念的面目出现，能够提供“使我们参与经济、社会行动的认知框架、范畴与理解”（Dacin，Ventresca & Beal，1999：329；DiMaggio，1994：35）。而且，与本书先前各章所指出的一样，这些研究还强调个人和集体行动者都是制度要素的创造者、承载者和传播者，而这些要素包括了逻辑、思维方式和运行方式等。

布迪厄（Bourdieu，1986）指出，行动者会控制资本，为了资本而展开竞争。这些资本包括经济的、社会的和文化的资源等各种形式。何种资本有价值，要取决于场域被建构的方式。正如布迪厄所言，“除了与一种场域相关联外，所谓的资本并不存在”（Bourdieu & Wacquant，1992：101）。弗利格斯坦和麦克亚当强调场域概念是一种竞争性的竞技场，认为场域分析者应该认识到行动者之间最重要的区别在于在位者与挑战者之间的区别，在位者控制着各种最重要的资本，挑战者影响力相对较小，但是会“等待新的机会以挑战系统的结构与逻辑”（Fligstein & McAdam，2011：13）。这一概念强调我们需要考虑边缘性的、从属性的行动者的作用，他们可能会聚在一起进行共谋，开始发起小规模的、初期的社会运动，进而展开斗争和动员来实现集体的行动目标。

大多数组织场域包括了各种不同的组织形式（组织种群），它们建构了

生产性组织（如医疗健康行业或部门提供各种服务的组织、提供高等教育的大学等）的基本模式，以及各种提供重要资源如资金的支持性组织、实施控制的组织的基本模式。此外，很重要的一点是，我们必须看到各种中介组织与职业——如市场中的股票分析师，或者诸如图书馆馆员、计算机科学家等信息经纪人，以及在线数据服务——在大多数场域中发挥着重要的作用。例如，琳达·魏德林（Linda Wcdlin）发现，诸如《金融时报》和《华尔街日报》等媒体组织，通过对商学院进行排名，在建构管理教育的国际场域中发挥了极其重要的作用（Wedlin，2006）。这些排名有助于影响这些课程的地位结构，有助于确立起各种区别，供这些商学院形成它们自己的身份。例如，这些排名极为强调商学院的学术资本与商业资本，欧洲模式与美国模式之间存在区别，认为前者更可能独立进行，后者更可能设在一所大学内部或者挂靠在一所大学名下。魏德林指出，“这种排名不仅是对场域的一种反应，也是创造场域的一部分、创造场域边界的一部分……并会影响场域的精神与社会结构”（Wedlin，2006：170）。 230

我们关于公私合营参与基础设施建设项目的研究，成为揭示中间人或中介在建构场域中具有重要作用的另一个例子（Jooste & Scott，2011）。因为这样的合营关系体现了很多政府机构展开工作的新方式，它们需要支持和帮助，以形成谈判能力和管理复杂合约的能力。其中一些技能可以由公共官僚机构获得并使用，但是我们发现在很多情形下，这些技能主要限于那些急切想参与场域的外部组织，这种由项目参与者形成的场域具有使能或赋权的作用，能够增加场域参与者的能力。这种场域之外的组织，包括了国家与行业规制机构、交易顾问组织、支持性的团体协会，以及地方的、区域的和跨国的开发机构等。

> 当我们谈论一个场域的“结构”在发生变迁时，我们不仅是说主要博弈者之间有了更多的常规化的互动模式，也是说那些以监督、控制、掌舵和调节主要博弈者之间的交易为基本功能的组织数量在增加与重要性在提升（Jooste & Scott，2011：389）。

(3) 关系系统

迪马吉奥和鲍威尔（DiMaggio & Powell，1983）最初的组织场域概念，主要关注的是把组织联结成更大网络的关系系统。正如本书第七章所言，与迪马吉奥和鲍威尔一样，迈耶与斯科特也强调场域或部门层次的关系或结构性特征（Scott & Meyer，1983）。同样，惠特利（Whitley，1992b）也从关系分析角度，分析了公司内部的专业化程度、市场关系具有工具理性特征还是更具关系合同特征，以及系统层次上的各种权威机构与
231 协调机制。与同时代的组织学者们不同的是，弗利格斯坦从社会层次上对公司系统进行研究，但与布迪厄一样，他更加强调权力与控制程序——“某种给定组织或组织集合成功地坚持或指导场域中的行动的能力”——的核心重要性（Fligstein，1990：314）。弗利格斯坦认为，对于大公司而言，相关的关系包括：第一，它与其他类似组织的关系；第二，它与民族-国家之间的关系，后者处于认可、批准解决办法或修正游戏规则的位置（Fligstein，1990：Chapter 1）。其他的一些学者（Podolny，1993；Washington & Zajac，2005）则强调或多或少具有一定声望的行动者影响场域发展的方向时各种地位和身份过程所起的作用。

另一个重要的关系子系统，是运行于场域层次上的治理系统。治理系统是指这样一些“安排，其通过共识所产生的机制，通过合法的等级制权威，或者通过非法的强制性手段，支持某群行动者对另一群行动者进行常规性的控制”（Scott，et al.，2000：21）。每个组织场域都有自己的特征，即都有比较独特的治理系统，这些治理系统是由公共或私人行动者构成的，而这些行动者又会通过规制性、规范性制度要素之间的某种结合来控制场域中的各种行动者及其行动。实施这类功能的行动者，往往包括公共规制机构、行业协会、工会、专业协会与司法系统等。关于场域治理系统的一个经验研究，可以参见布朗森和雅各布森（Brunsson & Jacobsson，2000）关于专业协会设定标准的研究、坎贝尔及其同事关于经济部门的治理的研究（Campbell，Hollingsworth & Lindberg，1991；Campbell & Lindberg，1990/1991）、德利克和夸克（Djelic & Quack，2003b）以及德利克和沙林-安德森（Djelic & Sahlin-Andersson，2006）关于国际规制系统的研究、彼得·霍尔姆（Petter Holm，1995）关于挪威渔业政体的研究，以及斯科特等人关于支配美国医疗保健服务组织的、正在变化的治理系统的研究（Scott，et al.，2000）。

3. 组织场域的边界

与所有的社会系统一样，组织场域从本质上看是一种开放的系统。这意味着，要想确定组织场域的边界，就必须使用一些综合性的方法和技术。正如我们已经指出过的，场域的边界各有不同，但是因为社会系统包括很多要 232
素，分析者必须选择各种重要的指标，才能确定场域的边界（Scott & Davis，2007：152－155）。这些指标包括行动者（成员资格边界）、行动或活动（例如识别共同的项目）、关系（例如互动网络）或者文化标记（例如共同的规范框架，文化信念、争议问题）等。爱德华·劳曼（Edward O. Laumann）等人也确定了两种视角来研究边界场域的建构。一种是“唯实论”视角，即在界定系统边界时采纳行动者自己的观点；另一种是“唯名论”视角，即研究者运用自己出于分析目的而建构的概念框架（Laumann，Marsden & Prensky，1983：21）。还有，场域的时空边界都必须确定，才好研究。

（1）空间边界

行动者都位于特定的空间中，而多年以来，人们都把空间视为一种地理维度上的空间，并根据距离远近来确定空间。对于很多活动而言，具有物理上的接近性，在同一地方空间中运行，是取得成功的重要条件。很多分析者确实也认为，对于理解组织的运行而言，处于共同的空间这一点特别重要（Marquis，Lounsbury & Greenwood，2011）。然而，场域概念的真义之一，就是其承认关系性与文化性联系的重要性，而不考虑这些联系的距离远近。对于当代很多组织来说，非地方性的联系比起地方性的联系更为重要与关键。例如，地方性公司与其总部之间的关系、公司与州或联邦政府机构之间的联系，往往都超越了地方性范畴，但具有十分重要的作用。

在我们高度相互连接的社会世界中，对边界的划定都难免多多少少有一点武断，但是边界的选择必须服务于场域时空边界研究的分析焦点，必须服务于我们讨论的基本问题。有时候，边界被错误地确定。关于这一问题，麦克亚当在回顾自己多年前关于美国公民权利运动的分析（McAdam & Scott，2005）时，就为我们提供了一个极有教益的例子。他指出，他在研究这次运动取得成功的原因时，最初完全关注的是美国国内的变迁过程，根本没有考虑到冷战所产生的重要影响（McAdam，1982）。而后来的相关研究

(Dudziak，1988；McAdam，1999）则强调了与苏联的竞争发挥了重要的作用，促使杜鲁门总统和其他的联邦官员支持《公民权利法案》。因此，要深入而全面地理解这次运动，就必须同时关注国际的和国内的各种关系与价值观念。

233 场域空间边界具有可变性和灵活性或柔性，我们可以用两个例子来说明这一点。正如前文所指出的，弗利格斯坦研究了1929—1989年美国100家最大的非金融行业的公司的组织结构变迁（Fligstein，1990/1991）。他最初采用的是一种相对传统的场域观，通过产品或服务市场来划分场域边界。但是在这60年中，组织逐渐多部门化，逐渐进入多种市场。弗利格斯坦认为，随着时间的推移，这些公司的场域边界发生了转换，以至于这些最大的公司逐渐在一个包括了与它们自己相似的其他行动者的场域中运行。因此他以每十年为期对这100家最大的公司进行了抽样，样本构成随着时间的变化在不断变化。他分析的重要内容之一，就是确定所观察到的样本构成的变化是由这100家最大的公司本身构成的变化引起的，还是由这些公司所做出的结构性调整引起的（本章下文还会详细回顾这项研究）。

另一个设定场域边界的例子，则是斯科特等人对全球基础建设项目的研究（Scott，Levitt & Orr，2011）。在这些研究中，研究者定义了三种相互联系的场域。第一，全球基础设施博弈者场域，包括数量有限的数个跨国公司（它们是这些项目中的主要博弈者）、很少的几家专门从事国际项目建设咨询服务的法律公司、一系列关键的银行家和开发商（诸如提供资金并参与监管的世界银行等国际机构）、形形色色的专业协会或行业团体，以及帮助设立标准、旨在保护环境与人权的非政府组织。第二，在这些项目开始实施时，针对某一特定项目而出现的原住民社区组织场域，包括某一具体项目公司及其附属机构、相关的政府组织（可能包括地方的、区域的和国家层次的政府组织）、项目所在地区的个人和组织、关注环境与人权的社会运动组织，以及项目设施建成后潜在受益者和最终使用者。第三，因项目的存在和发展而创造的新的组织场域，包括随着项目的发展而发展的项目公司、场域中那些随着项目的发展而相应变化的其他博弈者，以及一些随着项目的进行而出现的、支持或反对项目的全新博弈者（Scott，2011）。

简言之，全球性项目在一种十分大的规模上运行，其规模之大使它们 234
足以破坏甚至转变它们进入的场域（Khagram，2004）。正是因为这样的项目具有如此大的侵犯性，会激起新的支持或者抵制，才导致了这类项目有很多最后失败了，要么得不到金融支持，要么无法顺利运行。这要求我们考虑其前前后后的场域状态，而这就自然需要考虑场域的时间边界问题。

（2）时间边界

随着关于制度系统的研究从强调组织与制度结构转向研究组织与制度变迁的性质，研究者们也就面临一个重大的选择，即他们的研究必须确定一个适当的时间框架。坎贝尔（Campbell，2004：Chapter 2）对影响这一选择的诸多因素进行了深入的讨论，其中包括研究所涉及的过程所显示的不同节奏、理论研究的方向、分析的层次、出于研究方法实用性的考虑（例如数据是否可以获得），以及对于影响这些过程的关键事件的关注等等。而最近学术界关于组织场域的研究，大致可以分为两类。其一，在过去几十年的组织与制度研究中那些纵贯研究往往最为深刻也最有影响。其二，其中很多的研究存在研究设计问题，特别是时间跨度太短，因此不能深刻把握其中的各种变迁过程。对于那些研究规范性与文化-认知性制度要素之变迁原因与后果的学者来说，这样的研究设计失误特别致命。正如罗兰（Roland，2014）所言，诸如行政指导或政策规定之类的规制性制度要素，会不断地“快速变化”，而其他的一些制度要素，例如习惯、惯例、传统和逻辑等规范性与文化-认知性要素，变化的速度很慢，往往需要数年、数十年甚至数百年才能慢慢演化。

保罗·皮尔森（Pierson，2004：Chapter 3）对于各种缓慢演化的因果过程进行了深入的研究，为我们提供了一个很好的例子。他对原因的时间范围与结果的时间范围进行了区分。有些原因，诸如导致革命的条件，往往需要相当长的时间才能形成；同样，某些结果，诸如国家的建立，往往会持续特别长的时期。他划分出三种缓慢演化的原因过程：其一，累积性的原因，涉及长期的逐渐增加的累积性的变迁；其二，阈值效应——原因

235 的影响会慢慢增加，直到达到某一关键或临界的水平；其三，原因链条即发展的特定序列对于结果会产生强烈的影响。皮尔森没有对结果的缓慢演变性进行具体的分析，但似乎十分显然的是，在高度制度化的场域中，其中很多安排具有根深蒂固的性质，这种缓慢性的变迁更有可能发生。而格林伍德等人的研究，也可以为我们理解这一点提供帮助（Greenwood & Hinings，1996）。他们指出，制度变迁的速率要受到如下因素的影响：第一，给定场域与相关场域紧密耦合的程度，耦合越紧密，变迁的速率越低；第二，组织内部动态发展变化状况，组织内部能够接近和获得权力的行动者从变迁中获得的好处越多，变化的速率就会越高。

二、场域结构化过程

1. 多层次的制度过程

正如本书第四章所描述的，吉登斯（Giddens，1979/1984）提出了一个相当广义的结构化概念，这个概念指出了社会结构与各种活动之间的相互作用和循环递进。他之所以把名词“结构”转化为动词“结构化”，目的是想提醒我们，只有在持续进行的活动生产与再生产的意义上，结构才存在。迪马吉奥和鲍威尔（DiMaggio & Powell，1983；DiMaggio，1983）分析组织场域时所使用的结构化概念，含义要狭窄得多，指的是在场域层次上出现的互动程度以及组织间结构的性质。正如前文所指出的，评估结构化的指标，包括场域中组织互动的程度、需要处理的信息量的大小、“支配性的组织间结构与共谋模式的出现”，以及“一系列组织的参与者逐渐相互意识到他们在同一事业中”（DiMaggio，1983：148）。当然，我们还可以增加一些指标，如指引场域中的各种活动的制度逻辑之间的一致性程度、场域中组织种群内部结构同形程度（如各个组织都采用和选择有限的数种组织原型、进行各类有限的数种集体活动形式）、场域中组织群体结构等同的程度的日益增加，以及场域边界的日益清晰等（Scott，1994a；Scott，et al.，2000：Chapter 10）。

236 我们先前已经强调，组织场域是处于微观层次的个体行动者和组织分析与处于宏观层次的社会行动者系统和跨社会的行动者行动系统分析之间的中观分析单位。图 8-1 描述了跨层次的制度形式与“制度流”的一般模型。跨社会的或一个社会中的各种制度，为场域提供了一个更大的制度环境，在其中更多的、具体的制度场域与制度形式得以存在和运行，这些具体的制度场域与制度形式又为具体的组织和其他各种集体行动者提供了环境，同样，这些具体的组织与集体行动者又为子群体与个体行动者提供了环境。从上到下的各种结构化过程——从各种制度的建构到制度的扩散、转述、社会化、强制接受、权威化、诱导与铭记等（Scott，1987）——可以使更高层次（更具涵盖性）的结构塑造较低层次的行动者的结构与行动，而这种塑造包括了制约和赋权两个方面。同时，相反的自下而上的结构化过程也在运行，通过这类相反的运行过程，较低层次的行动者与结构塑造——再生产与改变——其所运行的背景。这种自下而上的结构化过程包括选择性关注、理解与意义建构、身份建构、失误、创新、对模式的遵守 237

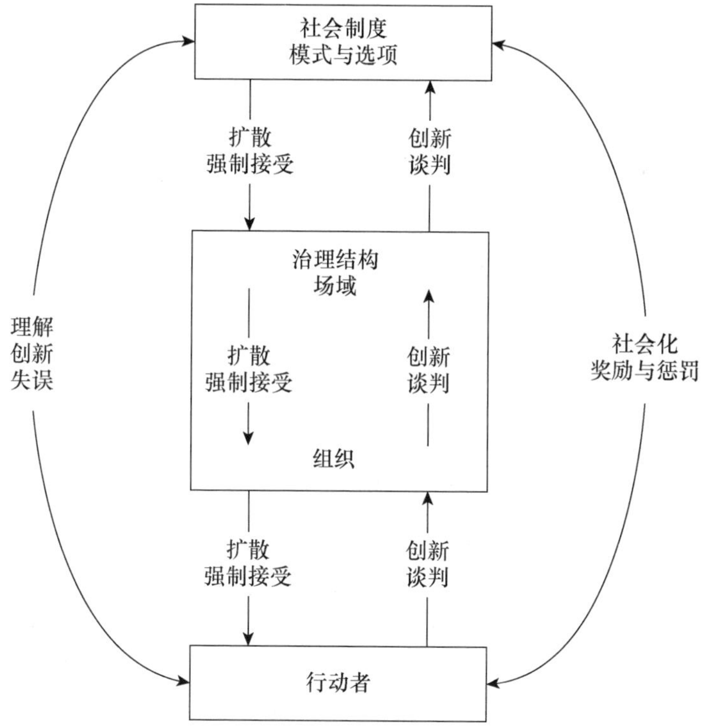

图 8-1　从上到下与自下而上的制度建构与扩散过程

资料来源：Adapted from Scott 1994c (Figure 3.1，p. 37).

与再生产、妥协、回避、抵制以及操控等（Oliver，1991）。马克·施奈伯格和莎拉·索尔（Sarah Soule）对 20 世纪初美国数州实施的、不断变化的火灾保险费率的规制形式进行了研究，认为那些源自被争夺的、涉及多层次之过程的各种政策实际上就是这个国家不同地区形成的竞争性体制（Schneiberg & Soule，2005）。后来，一种中间道路形成了并被广泛采纳，而之所以形成这样一种中间道路，其重要的原因包括州内部相关社团的权力差异、各州对相邻的州所采用的政策的关注，以及美国高级法院在全国层次上做出的裁决。

早期的新制度社会学家们强调从上到下的过程，关注的是制度模式、各种方案选项、规则等等建构与制约组织层次的结构与过程的方式。新制度经济学家们与理性选择政治科学家们仍然关注的是自下而上的过程，认为各种行动者通过设计解决集体行动问题的制度框架，或者通过改进经济交换的绩效，来追求自身的利益。这些学者现在已经与社会运动研究者联合起来，后者的观点极大地拓展了参与制度变迁的行动者的类型、动机和活动。还有，正如本书第四章所指出的，最近有很多社会学家与管理学者的研究极为强调行动者会试图进行“制度运作”，以再生产、挑战或改变既有的结构。另外，还有一些学者强调从上到下过程与自下而上过程之间的相互交织，认为二者共同影响着制度现象（Powell & Colyvas，2008）。例如，我们先前讨论的埃德尔曼等人（Edelman，1992；Edelman，Uggen & Erlanger，1999），以及道宾等人（Dobbin，et al.，1993；Dobbin & Sutton，1998；Dobbin，Sutton，Meyer & Scott，1993）的研究，探讨了由联邦机构发起的、从上到下的规制性过程，如何在人事管理者中激发集体意义建构，他们如何建构新的结构与程序，以及这些结构和程序最后如何通
238 过联邦法院的评估并实现权威化。规制性（联邦法律）、规范性（专业管理守则）和认知性（意义建构）过程相互联系形成复杂而不断变化的综合过程。

彼得·霍尔姆（Holm，1995）提出了一种重复替代、递归循环的制度变迁模型，指出在对那些联系相邻层次的过程进行研究时，非常有必要区分两种相互嵌套的过程，即实际行动过程与政治行动过程。实际行动过程

是在某种特定理解、规范与规制框架中所采取的行动，这种实际行动同时又具有再生产这种制度结构的作用，甚至具有刺激这种制度结构发生渐进变迁的作用。政治行动过程则是要改变支配行动的规则或框架，具有这种目的的人往往会采取这种政治行动。例如，实际上存在支配各种专业体育团队的活动的明确规则，但是专业体育团队的代表与官员会不时碰面，并基于积累的经验或从遇到的特殊问题出发来评论这些规则，对这些规则进行改造。尽管在某些情况下，规则的变迁是以集体动员与冲突为基础的，但是在很多组织化的系统中，正式结构往往会支持对规制系统进行常态性的评估与修正。这类正式化决策与治理系统的创造，有助于制度变迁过程的制度化。

2. 拓展理论框架

制度学者们除了应用多层次的制度过程模型以及制度与行动相互影响、循环递进作用导致变迁的模型来研究制度外，也开始拓展他们的理论框架，借鉴相关领域的思想与理论视角。我在第六章中已经讨论过，法律环境研究者与制度主义者结合起来，对制度研究产生了建设性的影响。埃德尔曼和萨奇曼（Edelman & Suchman，1997）确定了与组织研究相关的法律环境的三个维度。法律系统为各种行动者提供了便捷的环境、工具、程序等平台，使他们可以追求其目标、解决各种争端、控制组织中的和由组织所进行的越轨与犯罪行为（Sitkin & Bies，1994；Vaughn，1999）。它们提供了一种包括一系列“重要的法令，对各个层面的组织生活施加社会权威”的规制性环境（Edelman & Suchman，1997：483；Noll，1985）。最幸运的是，它们提供了一种建构性的环境，“这种环境对于各种类型、各个阶层的组织行动者都具有建构与赋权作用，并确定了行动者之间关系的性质”（Edelman & Suchman，1997：483；Scott，1994c）。埃德尔曼和萨奇曼认 239
为，我们需要更加深入地研究建构组织间关系的法律（例如民事侵权法与破产法）过程的运行方式、建构独特的组织结构形式的法律（例如公司法）过程的运行方式，以及提供“合法性-合理性”的文化逻辑基础的建构性法律过程的运行方式。

正如本章上一部分所指出的，社会运动理论与制度变迁理论出现了迅速的融合趋势。多年来，社会运动理论借鉴了组织理论的很多思想，并产生了丰硕的成果，如迈尔·扎尔德（Mayer Zald）、约翰·麦克卡塞（John McCarthy）、查尔斯·梯利等学者指出，集体运动如果要得到维持，就必须进行资源动员，必须有领导者来创造社会运动组织（Zald & Ash，1966）。当众多的社会运动组织在追求类似的改革时，它们也确定了社会运动场域，在这个场域中，这些类似的组织相互竞争、合作与学习（McCarthy & Zald，1977）。随着社会运动日益组织化，以及随着更敏捷、更灵活的新组织形式日益社会运动化，两个场域之间的思想交流在迅速增加（Davis，et al.，2005）。

研究社会运动的学者对制度理论的贡献之一就是使我们注意到，政治制度或统治结构中存在的矛盾、创造各种新组织的动员过程、使集体行动获得各种新的可能意义与身份之建构过程等等，为被压制群体追求其利益提供了通路与机会（McAdam，McCarthy & Zald，1996：2－3；McAdam & Scott，2005：14－19；Schneiberg & Lounsbury，2008；Snow，Soule & Kriesi，2004）。

上述这些思想，是由克莱门斯在对19世纪末美国妇女政治团体进行分析时提出来的（Clemens，1993/1997）。当时妇女由于不能参与正常的政治活动（如没有投票权），不得不“采用既有的、非政治的组织模式来达到政治目的”（Clemens，1993：758）。她们可能采取集体行动模式——“具体时空中妇女在文化或经验上可利用的一套组织模式”——包括组织工会、俱乐部、协会并开展各种活动。她们围绕新的目标进行动员，以非传统的方式应用这些传统组织模式，导致了制度的重大变迁。

> 在这种制度层次上，妇女团体在美国政治组织框架的大规模重构中发挥了重要作用：导致竞争性政治党派的衰落和选举的大众化，随后出现了以行政管理、规制、议廊游说、立法政治为中心的统治系统（Clemens，1993：760）。

240 此外，还有一个被长期忽视的研究领域，那就是在过渡时期运行的那些制度过程，在这种过渡时期中成功的运动目标“被传递”给立法机关与公共机构，并得以坚持与实施。我们对城市青年成长支持群体的研究，揭示了当行动“从街道转移到套房”时，问题与目标被重构与修正的那些方式（McLaughlin，Scott，Deschenes，Hopkins & Newman，2009）。

如果制度理论能够逐渐与法学家、社会学家、社会运动理论家，以及正在迅猛发展的研究群体如网络理论家（Nohria & Eccles，1992；Smith-Doerr & Powell，2005）、社会统计学家（Hopwood & Miller，1994）、经济社会学家（Dobbin，2004；Smclscr & Swedberg，1994/2005）、国际比较管理学家（Ghoshal & Westney，1993；Guillén，2001b；Hofstede，1991；House，Hanges，Javidan，Dorfman & Gupta，2004；Miller & Lessard，2000；Peng，2003；Scott，et al.，2011）建立起联系，那么将获得很大的收益。我们可以从这些学术群体那里借鉴理解制度及制度变迁过程的理论洞见以及十分有用的方法论。

3. 场域结构化研究

（1）公司结构的演化

目前学术界有几个关于特定时间与空间中的特定场域的研究，非常值得我们关注。如果我们都能够如这些研究一样进行研究，那么我们能更好地理解场域层次变迁过程中的运行机制和发挥作用的因素。我们首先回顾弗利格斯坦关于20世纪美国大公司结构变迁的研究（Fligstein，1990）（见第七章）。该研究深入探讨了场域结构的三个方面：其一，私人权力与公共权力的相互作用；其二，思想观念和物质利益的相互作用；其三，场域逻辑与内部组织过程。下面我们就详细回顾该项研究。

弗利格斯坦研究的是1929—1979年美国100家最大的非金融行业的公 *241*
司（其名单在不断变化）。这些公司在这一时期不断多部门化，但是部分是由于联邦政府机构的政策不断变化，这种多部门化策略也会不断地变化。

正如本书第五章所指出的，小钱德勒对于公司结构的变迁历史进行了深入的探讨，强调市场力量和管理策略决策的重要性（Chandler，1977）。但是，弗利格斯坦则提醒我们注意民族-国家的力量，其不仅批准某个产业中支配性的公司所实施的制度性方案，也能够确立和改变一般性的规则来治理所有公司的竞争性实践与增长策略。对于弗利格斯坦来说，市场不仅仅是竞争性的场域，也是一种组织场域。

> 其成员在政府机构的配合下，会竭力产生一种足够稳定的社会世界，以使他们能够以确保其组织生存的价格销售他们的产品与服务。管理人们与不确定的环境以产生稳定性是一个相当大的任务。……场域理念表明，寻求与竞争者、供应商和工人实现稳定的互动，是市场中社会结构存在的主要原因（Fligstein，2001a：18）。

场域是一种为其成员提供某种稳定性与秩序的设置。

对于思想观念与物质利益相互作用这个问题，弗利格斯坦（Fligstein，2001a：15－20）比起其他大多数分析者来，更强调他所说的“政治-文化路向”的分析，即把文化-认知性制度要素或理解框架与行动者试图获得促进或服务其利益的“支配系统”的权力的能动作用结合起来分析。场域是既有安排中既得利益的职位占有者与寻求改变规则以促进自身物质利益的挑战者之间相互竞争、相互作用的场合。政府也可以看作“一系列的场域”，与作为另一系列的场域的市场之间相互作用，实施规则并确保稳定性。

弗利格斯坦（Fligstein，1991）认为，策略的不断变化反映了关于竞争实践与增长策略的制度逻辑的不断变化。但是，场域逻辑导致组织变迁的这个过程到底是什么呢？该过程的一个明显机制就是环境选择，即不实施促进收益之策略的公司最终会退出100个最大的非金融行业的公司的名单。他还指出，特别是在这一时期的后半段，该过程又出现了另一种机制，那就是场域逻辑的变迁所引起的组织中的政治过程，使公司改变了选择CEO的标准（Fligstein，1991：328）。弗利格斯坦根据CEO所处的背景，把CEO划分为不同的类型，认为“具有制造业工作经历的CEO，往往会从生产的角度来看待和处理组织的各种问题；具有销售或市场营销工作经历的CEO，往往认为其产品市场的性质、规模与范围才是组织生存的关键；具有金融工作经历的CEO，则往往认为公司各种活动的基本营利能力才是公
242 司生存的关键”。他主要从经验研究的角度指出，公司如果雇用具有制造业工作经历的CEO则随后会主要采纳支配某单一市场的策略，公司如果雇用具有销售工作经历的CEO则随后会采纳进入相关市场的多样化策略，公司如果雇用具有金融工作经历的CEO则随后会采纳既进入相关市场又进入不

相关市场的多样化策略。理查德·西尔特（Richard M. Cyert）和马奇（March，1963）认为，组织是具有不同利益的参与者联盟；格林伍德和赫因斯（Greenwood & Hinings，1996）也支持这种看法，并概括了上述主张。他们认为，场域逻辑的变迁往往会促进一些组织相关者的利益，但同时会损害另一些组织相关者的利益。他们通过这种方式，把更为关注组织中的权力过程的老制度主义（如塞尔兹尼克）与强调场域层次的模型和逻辑的新制度主义联系起来。

（2）一个医疗保健场域的去结构化

斯科特及其同事（Scott，et al.，2000）之所以要研究美国提供医疗保健服务的场域，是因为它过去似乎是一个相对固定与稳定的制度场域，但最近数十年来冲突不断，变得越来越不稳定。我们主要以我们的经验数据为基础，关注有限的地理区域——旧金山海湾地区——内的医疗保健服务系统的变迁，而且只对这一变迁进行解释与说明。我们考虑的是州与全国层次上的各种行动者与力量，并收集了从1945—1995年50年间的数据。

为了在经验上抓住这个场域中的变迁，我们选择了场域的三种构成要素，并以此为基础确定：

● 各类社会行动者——个体（角色）与集体（组织）行动者——的类型与数量的历时变化。

例如，我们测量了医生的数量与类型（专科医生）的变化、领导性的专业协会成员资格的变化，以及构成该服务系统的组织形式（原型）如医生群体、医院、家庭保健机构、健康维护组织（HMOs）、肾透析单位以及综合性健康保健系统的变化。我们还对各种组织形式（例如与医院存在合 243
约的诊所和家庭健康保健机构，或者与健康保健系统相结合的医院）之间的、正在变迁的相关联系进行评价（Scott，et al.，2000：Chapter 3）。

我认为，对于研究组织场域中的变迁来说，最好的方法莫过于追踪场域边界内运行的组织的数量与种类的变迁。组织原型是组成场域的核心“要素”之一。在我们所研究的时期内，医疗诊所、家庭保健机构、健康维护组织和专业化的治疗单位如肾透析中心的数量与规模都在急剧扩张，而医院的总体规模与数量则保持了相对的稳定。如果考虑到地区人口总量在这一时期增长了三倍，而医院这种提供医疗服务的传统单位却没有扩张，那么说明医院的功能正在被其他组织类型部分取代。同样重要与显著的是，新的组织类型出现了。新的组织类型如家庭保健机构，其职员主要是那些在家庭中提供服务的护士；HMOs的出现，则确保医生可以避免那些规定他们必须进行的治疗所带来的无法控制的成本风险，并体现了一种根本不同的健康保健服务路径。这些组织形式代表着向早期模型提出挑战的创新性组织原型。

当然，正如格林伍德和赫因斯（Greenwood & Hinings，1993）以及弗利格斯坦（Fligstein，1990）所指出的，既有组织也可能改变其原型，用某种组织模板或“理解图式”来取代另一种组织模板或图式。然而，这两个研究主要关注的都是单一的组织种群、市政府或大公司。而场域层次的研究设计有一个独特的优势，那就是可以拓展研究者的研究视野，允许研究者去观察那些挑战甚至取代既有组织形式的新组织形式是如何出现的。尽管斯科特等人的研究似乎主要关注的是组织结构与关系的变迁，即仅仅关注的是组织，但是实际上他们也关注不断变化的、体现在组织原型之中的文化-认知性信念建构组织的过程。

- 指引该场域中的活动的制度逻辑的历时性变化。

244 斯科特等人运用了多个指标来衡量制度逻辑的变化，包括医疗保健金融模式的变化[3]、州与国家层次上公共政策的变化、消费者医疗保健观念的变化，以及关于医疗导向与健康保健的行政管理杂志中的一些研究论文所使用的专业话语的变化（Scott，et al.，2000：Chapter 6）。这些揭示意义结构（这种意义结构又被用来理解与指导场域参与者的行动）历时变迁的档案资料，为研究文化与结构要素之间的相互依赖，提供了一种很有前景的方法（Ventresca & Mohr，2002）。

我们的复合性指标表明，有三种相互对立的制度逻辑在不同时期支配着该场域。在1960年代中期之前，支配性的逻辑关注保健护理质量，认为这种医疗质量是由医疗提供者决定的。在1960年代中期，强调医疗保健质量的逻辑与强调服务机会平等的政治逻辑结合在一起，这种结合主要体现为1965年《医疗保险-医疗补助法案》的通过，这是一个具有决定性的事件。稍后不久，在 1980 年代早期，另一种逻辑被引入，这种逻辑强调利用市场与行政管理来控制成本的重要性。这三种逻辑——每一种逻辑都与不同的行动者类型相联系——从来不曾完全彼此取代，但它们之间的矛盾与冲突极大地降低了场域结构的一致性、内聚性与稳定性。

- 监督场域中的活动的治理结构的变化。

正如本章先前所界定的，治理结构是场域中实施控制的公共系统与私人系统、正式系统与非正式系统的结合。在我们所研究的时期内，我们发现实施控制的各种行动者及其所应用的机制都发生了急剧的变化。在 20 世纪前半期，健康保健服务场域受到专业团体——内科医生——绝对的支配与控制。道德权威机构在防止各种竞争者试图管辖这个场域之后（Starr，1982），以及在战胜一些附属群体（Freidson，1970）和确保获得美国州政府许可它们实施控制之后，开始支配医疗设施并实施规范性的控制。

正如我们所描述的，到 1960 年代中期，医生利益群体的片段化与民主党人的掌权，使得《医疗保险-医疗补助法案》获得通过，这一法案一夜之间就使联邦政府成为急诊与医院服务最大的买单者。公共机构支付了这笔 245
账单中的很大一部分，这导致了政府日益提高其要求，并在规制健康服务方面越来越积极。在县、州与国家层次上运行的医疗保健规制机构，1945 年还屈指可数，但现在已经增加到 100 多个（Scott，et al.，2000：198）。对医疗设施进行道德规范的权威机构尽管已经弱化，但是仍然还很有力量，并且现在与公共权力规制机构结合在一起了。

自 1980 年代早期开始，控制医疗成本的各种新方法被引入该场域，这些方法建立在新自由主义“商业化与市场化方法更为有效”的各种经济假定的基础之上。营利性的医疗保健服务系统得到许可，这种新的组织的特征，就是组织中行政管理方面的控制力量更加强大，采取一些措施鼓励病人减少医疗服务项目，鼓励医疗保健服务提供者严格限制自己的治疗措施。新的“健康保健计划”出现了，并重新界定了医疗保健的受益者、相关资金的集中支付者和重新招标合格的医疗保健提供者。这样，私人市场与行政管理机构就同专业人员的控制与公共控制混合在一起了（Scott，et al.，2000：217－235）。

迈耶和斯科特不久前曾指出，组织的合法性——“一个组织在理论上的适当性”——会随着支撑组织的文化环境的内聚程度的变化而变化（Meyer & Scott，1983a：201）。这是一种很有用的看法。完全合法的组织，人们不会对其提出任何质疑。从这种观点看，如果考虑到专业的、公立的与私人的监督机构对医疗保健组织所持有的矛盾看法，那么在20世纪后半期美国医疗保健系统的合法性显然在下降。这不仅表现在为了应对多种冲突性要求而在组织层次上出现了过于精细、复杂的管理单元，也表现在金融、规制性单元与基础性服务组织——律师、会计、保健经济学家、保险精算师和保险经纪人——过度膨胀，导致现在这个场域的运行成本非常高，非常混乱。

（3）相似的制度要求，不同的应对策略

毕加特和纪廉对韩国、西班牙和阿根廷三国以及中国台湾地区的汽车产业在面对全球环境日益攀升的竞争压力时所做出的应对策略进行了研究
246 （Biggart & Guillén，1999；Guillén，2001b）。数十年以来，各国制造业场域都主要服务于国内市场，不必考虑其他国家类似场域的生产力或绩效问题。然而近年来，随着政治、技术与经济的发展，先前是“地方性”的产业，现在逐渐必须与遥远的生产者展开竞争才能生存下来（Albrow，1997；Berger & Huntington，2002；ÓRiain，2000）。

毕加特和纪廉的研究应用了一种制度理论，并强调以下方面：

- 这三个国家以及中国台湾地区都有着各种不同的行动者（例如政府、家族、大公司、小公司、商业网络等）；
- 把各种行动者联系起来的社会组织模式（如政府与产业公司之间的关系、大公司与小公司之间的关系、公司与商业网络之间的关系）（Biggart & Guillén，1999：723）；
- 它们各自的组织化逻辑之特征——“组织化的逻辑，不仅限制着其他方面活动的开展，更是独特能力的贮藏处，这些能力使公司或经济行动者能够在全球经济中比其他公司或经济行动者更成功地展开活动，实现目标”（Biggart & Guillén，1999：726）；
- 不同政府奉行的产业政策、不同的民族-国家或地区在实施产业

政策方面以及是否积极干预经济事务方面存在明显的不同。

他们根据加里·格里菲（Gary Gereffi）所提出的划分方法指出：以强政府与公司之间存在较垂直的联系为特征的社会，或者以大公司与从属单元之间存在较垂直的联系为特征的社会，更有可能在生产者推动的、与全球经济相联系的活动中取胜；而由水平联系的小公司构成的经济体则更为灵活，对购买者推动的全球需求更为敏感（Gereffi，2005）。例如韩国由于有着垂直整合的企业集团和强政府关系，所以在汽车装配生产线（生产者推动的）的经营方面更为成功，但在创造具有竞争性的、由制造商构成的系统方面则不是很成功。相反，中国台湾地区由于有着高度发达的小企业经济，对于政府主动倡导的汽车装配工厂比较迟钝，但是在购买者推动的构件方面的制造则有着全球竞争力。西班牙所奉行的政策，则是政府通过建立自己的商业共同体，鼓励外国公司投资和确立直接的所有权关系，使“外国企业可以无限制地进入这个国家”（Guillén，2001b：17）。但是，毕 *247*
加特和纪廉并没有因此认为，这些国家或地区所追求的策略都是同样成功的，而认为那些建立在一个社会既有制度逻辑之上的策略才会更加成功。这种差异并非发展的障碍，相反“恰恰是发展的引擎。……所谓发展，就是在全球经济中寻找到一个独特的生存空间，而不是使差异逐渐消失或者抑制差异”（Guillén，1999：743）。

总之，在此我们遇到了一种与本书第七章所描述的相似情境，在第七章我们讨论了有着不同特征的组织对相似制度要求具有不同的应对策略。组织场域也与组织一样，由于在历史、结构特征与能力方面可能存在实质性的差异，因此当面临相似的挑战时，可能会采取不同而非相似的应对策略。这种观点强调制度的多样化，与某些全球观察者的观点相当不同，后者认为各种社会差异的“抹平”（Friedman，2005）、经济制度与公司结构的快速统一（McKenzie & Lee，1991）是全球化的重要标志。约翰·加里（John Gray）指出，从这个方面看，这种新自由主义主张与早期马克思主义存在一种密切关系，因为它们都认为，“正是技术的进步，促进了经济的发展，促进了塑造社会的经济力量。而政治与文化是第二性的现象”（Gray，2005）。

（4）以身份认同为基础的场域

关于组织场域围绕“身份认同逻辑”而形成的方式，有两个研究值得一提。其一是伊丽莎白·阿姆斯特朗的研究（Elizabeth Armstrong，2002）。阿姆斯特朗对1950—1994年旧金山（男/女）同性恋组织场域的建立过程进行了研究。早期的同性恋群体诸如玛塔辛会社（Mattachine Society）试图宣称同性恋的理由，借用了公共非营利组织的组织形式，作为一种传统的兴趣团体而行动。在1970年代，其组织模式转变成“身份政治”模式，这些群体开始公开支持性别身份修辞，肯定男同性恋身份，并开始具有特殊的功能［例如出现了数字同性恋（Digital Queers）、男同民主俱乐部（Gay Democratic Club）、合法女同（Lesbians in Law）］。这些群体“肯定男同性恋身份认同，宣扬多样性与差异化，并以此取代了社会转型的目标，标志着男同性恋身份认同运动的开始”（Armstrong，2002：371）。他们所
248 采纳的组织模式体现了身份表现与自我表达的机会在不断增多，这些组织模式偏向于小规模、非正式和平等主义，而放弃了更加科层化和专业化的组织形式。阿姆斯特朗描述了在旧金山男同性恋权利大会期间，这种组织场域中的成员们的游行及其多姿多彩、光怪陆离的盛况，并为我们提供了组织场域研究文献的一个鲜活生动的案例。

与阿姆斯特朗一样，拉奥、菲利浦·莫宁（Philippe Monin）、鲁道夫·杜兰德（Rodolphe Durand）把社会运动理论与制度理论创造性地结合起来，并深入地研究了法国高级烹饪世界所发生的“革命性变迁”（Rao，Monin & Durand，2003）。他们研究了那些具有反叛性的厨师如何引进新的烹饪方法来取代传统的烹饪方法。这类新的、日益兴盛的厨师出现在1968年学生反越战抗议运动等政治普遍混乱期间，当然这些混乱不仅仅是由于反对越战，还有很多社会不平等根源。如果反叛性的厨师建立的“革命”组织有什么口号的话，那么应是“全世界厨师联合起来。除了你的调味酱外，你不会失去任何东西！”

拉奥等人认为，新旧两种厨房烹饪方法体现了不同的制度逻辑（烹饪规则、成分类型与命名菜碟的依据），以及厨师相对于侍者来说的两种不同身份。这三位学者追踪新的逻辑过程的方法就是检验一流饭店菜

单的历时变化，对 1970—1997 年所有厨师签名菜碟进行编码，并进行随机抽样。

这三位学者与阿姆斯特朗一样，都利用了社会行动理论提出的“身份政治”不同于“利益群体”的思想。大多数社会运动研究关注的是某些工具性运动及其所追求的利益（如更加公平或平等），而身份运动追求的是实现真实的自我表达的机会，以及展示“我们是谁”的机会。身份运动追求的是自治，而不是社会正义（Armstrong，2002；Taylor & Whittier，1992）。他们通过分析历史资料和深度访谈，研究了那些个人单独挑战现有规则——在某些情况下也是其父辈支持的规则——并转向新的烹饪方法的厨师的传记。然而，那些在运动中扩散的思想还需要“理论化”（见本书第六章）。这个“理论化”过程，在很大程度上是由媒体与专业烹饪杂志作家进行的，他们提出了“十大戒律”—包括“你不应烹煮过度”和“你应使用新鲜的、高品质的材料”——来指导厨师采用新的烹饪方法，促进厨师改进烹饪原理。他们对 1970—1997 年发表的关于新的烹饪的文章数量——此为新烹饪行动的文化-认知合法性指标——进行了系统的统计分析，发现这种文章的数量与列入年度《米其林美食指南》（*Guide Michelin*）的厨师所采纳的行为之间存在相关性。

新烹饪运动的规范合法性的证据或支持指标，主要来自两个方面。其 *249*
一是那些把自己的三碟套菜提供给《米其林美食指南》进行评定的厨师所获得的让人十分垂涎的“星”（即评定的等级）的数量。其二是那些积极践行新烹饪模式的厨师被选为法国厨师专业协会执行委员会成员的数量。这二者都与放弃传统烹饪方法而采纳新烹饪方法之间存在正的相关性。简言之，新的场域逻辑最终得到了相关治理系统的允许和认可。

拉奥及其同事的这项研究特别有价值的地方就在于，他们认识到在场域结构化的过程中，各种中间行动者起着重要的作用。他们的研究设计考虑了那些促进人们关注、建构与扩散新的逻辑的杂志作家们，那些对消费者的口味产生影响的评判者（即《米其林美食指南》的那些对叛逆性的厨师投了重要赞成票的编辑们）的贡献。

（5）生物技术企业集群的结构化

鲍威尔等人对 1988—2004 年美国生物技术企业集群的起源和早期结构

化过程进行了研究（Powell，Koput & Smith-Doerr，1996；Powell & Owen-Smith，2012；Powell，Packalen & Whittington，2012；Powell & Sandholtz，2012）。他们的研究设计比较新颖，因为他们的样本包括了处于世界各地的661家美国生物技术公司，以及这些公司的3 000多家合作伙伴。他们探讨的是美国那些成功的生物技术企业集群的起源即“它们是如何出现的”，并探讨了为什么其中三个区域性的企业集群比起其他地区的公司来会取得如此大的成功。他们的分析高度依赖于网络方法，因为在这一领域中，网络是一个十分重要的元素，这一领域所需要的所有相关能力，单个企业或某一类组织都无法形成。

在鲍威尔等人所研究的时期内，这一组织场域中形成了三个最成功的企业集群。它们是旧金山海湾地区企业集群，在1970年代和1980年代处于领导地位；波士顿地区企业集群，出现于1990年代；圣迭哥地区企业集群，形成速度相对缓慢，也出现得最晚。鲍威尔等人指出，这些相对成功的企业集群之所以出现，有三大重要的原因。其一，多种多样的组织形成并有机联系在一起，进而形成了一个极有生产力的集群。这些组织包括大学、非营利研究中心、研究性的医院、创业公司和风险投资者等等。其二，
250 “龙头”（anchor tenant）的出现。这个组织拥有一种合法性，通过促进和拓展集体资源而与其他组织建立起友好关系，对其他组织起到刺激和催化作用。其三，一些跨网络机制的形成。这些机制使各种思想观念和模式可以从一个领域传播到另一个领域（Powell，Packalen & Whittington，2012：439）。

关于这三个企业集群的案例分析表明，组织场域的成功形成并没有一个单独的、统一的模式可以遵循，创建场域的方式方法也是多种多样的。因此，不同的企业集群，其龙头的身份也可能各不相同。在旧金山海湾地区，企业集群的形成深受风险投资者牵线搭桥的影响；在波士顿地区，公立的研究组织包括大学和研究机构发挥了重要的领导作用；而在圣迭哥地区，生物技术公司——无论是小的初创公司还是成熟的公司都是工具理性的公司——发挥着重要的作用。在圣迭哥地区，一家老公司与一家新公司之间的并购失败促进了这个地区的工作的流动性和信息的共享。在这三种

企业集群中，龙头都能够形成新的组织类型——混合性的形式。这种组织形式允许“跨越边界”，导致各种制度逻辑与实践相互混合，从而允许思想观念从一个领域（基础科学领域）向另一个领域（商业产品的创造）传播扩散。随着职业流动引发的边界瓦解，科学与商业以多种多样的方式相互碰撞，“不断移动的能量就从一个领域进入另一个领域，或者把一个领域的声望与资源转化成另一个新的领域中的积极的、激励性的能量，解除既有的社会束缚和期待，为一种新的形式创造空间”（Powell & Sandholtz, 2012：407）。

在这三个成功的企业集群中都出现了区域性的聚积，其原因是各种各样的组织形式之间形成了一种成功的合作。相反，在他们所研究的八个不那么成功的区域中，只有某一种组织形式处于支配地位，导致了相关的聚集在一起的企业组织无法开展成功的合作，更难以产生新的组织形式。

鲍威尔等人进行的这项研究，与上文提到的场域研究都不同，部分是因为前者所研究的组织与产业会不断变化。在整个 19 世纪和 20 世纪，场域主要是围绕关键的焦点组织人口种群（如医疗保健组织）或职业（如美食厨师）而建构。而 20 世纪晚期到 21 世纪初期出现的新产业的研究者们，则不得不关注相互依赖的组织构成的变化多端的场域；任何单个组织都无法具有决定场域结构及其发展轨迹所必需的知识与技能。而且，这些研究者的关注焦点一直是产业区域（Saxenian，1994）和相关的各种网络系统（Smith-Doerr & Powell，2005）。还有在全球竞争和需求结构快速变迁的时 251
代，即使是那些更加传统的、长期受到福特制支配的产业和垂直融合的公司，也正在解体并逐渐转向各种网络形式，采取灵活的商品链和价值链生产系统（Gereffi，2005；Harrison，1994）。

4. 跨场域的研究

组织场域研究的一个共同主题，就是关于组织的思想观念与模式从一个场域向另一个场域的运动。场域从来都不是自足的；它们总是更大的社会系统的子场域，在当代社会尤其如此，必须在不同程度上考虑邻近场域中的思想观念与活动。这绝非什么新的思想。正如理查德·马仁斯

（Richard Marens）所指出的，马克思关于政治经济的变迁动力的开创性思想，就对各种制度（意识形态，见本书第一章）中存在的矛盾逻辑所具有的作用进行了分析（Marens，2009）。克莱门斯等人就在马克思的思想的基础上，提出了如下的观点，即组织场域中的很多变迁过程都有其“内在的矛盾”根源，即信念和实践共存系统中的内在不稳定性（Clemens & Cook，1999）。塞欧等人阐述了这种主张，就“制度安排创造各种社会系统的矛盾紧张”进而把行动者转变成导致变迁的能动者这一命题，提出了系统的假设并进行了验证（Seo & Creed，2002：223）。

（1）市场逻辑的扩散

上述场域结构化过程研究实际上并不十分深入，但是过去三十年来很多场域研究都揭示了一个共同的主题。这些研究记录了经济逻辑特别是市场逻辑对组织场域的入侵，而这些组织场域先前主要是围绕其他逻辑而组织起来的。具体说来，先前主导和支持组织场域的逻辑主要是专业技术逻辑（包括非营利性逻辑）、公共（政府）逻辑或者手工艺逻辑，现在这些组织场域统统都被新自由主义逻辑入侵和支配。这种逻辑强调竞争、私有化、成本-收入分析，以及突出经济指标的结果测量和考核。其结果之一，就是建立组织的制度模式发生了改变，即平权共治的结构日益让位于垂直等级制安排，自由裁量权与各种权力都从专业技术人员和工艺师之手转移到管理者与金融分析者手中。这就是思想观念之力量！

在1930年代，有一群来自奥地利的经济学家，围绕在弗里德里希·哈
252 耶克（Friedrich Hayek）的周围，猛烈批评政府扩张，特别是攻击社会主义政体（也攻击当时的法西斯），宣扬自由竞争的市场经济，反对政府干预和规制经济。他们的思想后来又得到了米尔顿·弗里德曼（Milton Friedman）以及芝加哥大学其他经济学家的推进，并逐渐形成了芝加哥新自由主义学派，这个学派得到了很多保守的思想群体和政治家的拥挤和支持（Harvey，2005；Prasad，2006）。而各个国家之间的全球竞争的快速扩张，也进一步促进了这种新自由主义的传播，促使各国政府减少对公司的规制和税收，缩减需要以税收来支持的各种公共项目支出，特别是大幅缩减福利支出（Campbell，2004：Chapter 5）。而且，新自由主义成为各大国际多

边金融机构的公共政策的基础和金融投资的指南，诸如世界银行、国际货币基金组织都是如此，这些机构和组织把是否接受新自由主义主张作为对成员国家发放贷款和提供资金的依据和标准（Peet，2009）。

上述场域研究所提及的那些场域都受到了新自由主义思想的入侵，其中最明显的是斯科特等人所研究的医疗保健场域，弗利格斯坦关于多部门公司日益强调金融价值观而放弃制造业价值观的研究以及鲍威尔等人关于生物技术公司商业逻辑逐渐出现并与学术逻辑相互补充和融合的研究也都明显地反映了新自由主义的扩张。另外，还有很多相关研究同样反映了新自由主义的扩张，其中包括：

- 帕特丽夏·桑顿（Thornton，2004）以及桑顿和威廉·奥卡西奥（Thornton & Ocasio，1999）的研究，探讨了高等教育出版产业从一种教育逻辑转变为一种市场逻辑。这种转变体现在个人印记（编辑控制的指标之一）数量的下降，以及公司越来越可能成为多部门公司的一个部门上，也体现在这些公司中经理职位接替标准的变化上。总之，他们的研究表明，专业技术场域与手工艺场域受到了新自由主义的影响。

格林伍德等人的相关研究（Greenwood & Suddaby，2006），探讨了最近几十年法人会计师事务所的变迁，其中很多法人会计师事务所的运行模式从专业技术组织转变成多重服务公司，前者主要坚持一种专业技术伙伴模式，而后者坚持一种行政化的专门业务的形式。其结果就是会计要受到更加集权化的、过度行政化的控制［至于法律、会计、医疗保健场域的其他相关的研究，参见布洛克等人（Brock，Powell & Hinings，1999）］。

- 大量学者进行了关于市场逻辑侵入公共部门的研究。在1970年 253
代，“政府必须像做生意那样运行和经营”之类的主张开始不断出现。政府也进行了各种改革，其中之一就是把政府的服务或功能外包给私人部门，开始大量利用“公共企业”和公私合作伙伴关系（Brooks，Liebman & Schelling，1984；Osborne & Gaebler，1992；Smith，1975）。所谓公共企业，就是不依赖于税收收入的公共组织。而英国及其前殖民地国家、斯堪的纳维亚半岛，掀起了对政府的类似重构，增加政府的责任，强调政府进行输出控制，促进政府采用私人部门的管理模式，把政府权力集中到专门的管理者而不是公务员手中（Greenwood & Hinings，1993；Christensen & Laegreid，2001）。

贝内特·查纳（Bennet Zelner）等人对1980—2001年80多个国家970多个电力设施项目私有化决策进行了研究（Zelner，Henisz & Holburn，2009）。这些国家遭受了强大的意识形态压力，在经济与政治决策者的共同要求下，以及诸如世界银行和国际货币基金组织等多边机构的贷款政策压力下，这些国家不得不出售国有基础设施企业，鼓励私人电力公司的发展。大多数国家会屈服于这些压力，但是有分析指出，在这一时期，37%的国家20%的项目被缩减，在没有正式放弃所采纳的新自由主义的措施的同时恢复了国家中心模式的政治目标。在回应国内社会政治规范与认知力量时，一定数量的国家政府能够推迟新自由主义的“改革”。

- 不仅公共部门，而且非营利和志愿性部门也遭到那些改革者的围堵，他们试图重构这些部门，使其采用更“务实和更有效率”的模式（Powell & Steinberg，2006；Salamon，2002）。黄浩秋和鲍威尔（Hwang & Powell，2009）对最近数十年来发生的这种理性化过程进行了深入的研究，他们对旧金山大都市区的非营利组织进行了抽样调查，发现这些组织面临公共机构和各种基金会极大的压力，不得不引进专门的行政管理人员。志愿者被领取工资的员工取代，行政管理者引入了各种体制来改进组织履行责任的能力，推动标杆管理，引入竞争过程以提高效率。诸如社会工作者、精神健康专家等“重要的专业技术人员”曾经拥有的自由裁量权遭到抑制，以支持更集中化的策略目标设定和行政管理控制。

254 劳恩斯伯里等人的研究也反映了这种新自由主义过程，他们发现回收循环利用系统较早就从志愿者组织形式转变为营利组织形式（Lounsbury，et al.，2003）。此外，还有很多学者研究了诸如建筑、表演艺术以及电影电视制作等文化产业中存在的商业价值观与艺术价值观之间的冲突（Jones & Thornton，2005；Lampel，Shamsie & Lant，2006）。还有学者发现，私人部门采取了一种不同的模式来进入传统上与非营利企业相关的场域，那就是采取社会企业的形式，这是一种混合性的形式，运用传统的商业策略来达成社会目标，诸如改善生活条件与保护环境等（Billis，2010）。

- 最近受到经济逻辑影响的另一个场域，就是高等教育场域。相关的研究很多，我在这里主要列举三个探讨这种变迁的场域研究。我在第六章已经讨论了克拉兹等人关于人文学院组织结构的变迁的研究（Kraatz，Ventresca & Deng，2010），他们指出这些学院引入基于“注册学生数量”的管理模式，突出了招生官员的重要性，这些官员关注的是招收具有学费支付能力的学生。但是，对于学生的选择也重构了人文学科课程的设计。布林特等人的研究（Brint，2002；Brint，Proctor，Murphy & Hanneman，2012）指出这些学校越来越倾向于“市场模式”，学生日益被视为消费者，而消费者的选择应决定课程的结构。其结果就是，在 1980—2000 年，诸如英语、数学之类的制度化的、基础性的知识场域快速地被工商管理、工程设计、健康科学等技术性和实践性研究场域取代。社会捐赠的优先秩序也发生了相应的变化。第三个研究则探讨了大学在研究方面出现的变迁，随着技术传播应用职位的快速增长，大学及其职员可以获得知识创造的经济成果和资金（Colyvas & Powell，2007）。以前大学职员如果把创造的知识据为己有并通过技术传播活动来获取收益，就有可能被开除，但现在这些活动很快得到了大学的接受，导致大学的活动及其与公司的互动之合法性的界限重新划定。

这样的变迁是不可避免的吗？施奈伯格等人从长期的历史视角出发，否认变迁不可避免。他们指出任何具有活力的经济，组织经济活动的各种
模式会共同存在，并无时无刻不在相互竞争。甚至是在 20 世纪之初产业发 255
展最活跃的时期，大批量生产与法人公司形式大行其道，但是也有很多协会式的模式，包括合作性、互惠性团体，社会公用事业等，在很多经济部门中长期繁荣不衰（Berk & Schneiberg，2005；Schneiberg，2007）。在选定情境中，存在的这些替代性的组织模式仍然可行。例如，即使是在当前的新自由主义时代，也存在大量的互惠性存贷团体，这些团体很好地嵌入了它们所在的社区，并成功地抵制了向股份公司形式转化的趋势

(Schneiberg，Goldstein，Kraatz & Moore，2007)。

（2）宗教逻辑的扩散

虽然制度主义研究者很少研究宗教逻辑从其基本支配领域向外扩张的现象，但是这确实是我们当今时代社会变迁的一个主要面相。在更加传统的社会中，宗教信仰和实践常常渗透并强烈影响其他社会领域，诸如政治和教育领域等。因此，今天在穆斯林占主导地位的社会中，宗教教义在教会之外的很多情境中都发挥着重要的作用。最近数十年来，在大多数的当代世俗社会中，这样的渗透和入侵受到了极大的抑制。

尽管哈贝马斯等人对现代主义启蒙运动脱离正轨表示担忧（Habermas，et al.，2010），但很多社会学家实际上都是成长于并已经习惯于世俗化稳定推进过程，因此面对三大主要宗教信仰——基督教、伊斯兰教、犹太教——都出现的宗教极端主义浪潮，他们感到非常吃惊。宗教极端主义试图使世界走向认知和情感的宗教化，并抵制现代化变迁和现代化的意识形态化（Antoun，2001；Emerson & Hartman，2006）。其结果是，宗教极端主义的大量宗教领导者和世俗信众日益积极地把他们的信仰引入亲属体系，以捍卫传统的性别角色；引入政治情境，为特定的论题或候选人提供支持基础；引入教育系统，作为课程修订与选择教职人员的指南。

艾米·宾德（Amy J. Binder）对宗教积极活动家试图影响学校课程设置的意图进行了深入分析。他研究了1981—2000年的四所公立学校，基督
256 教福音派群体极力想把神灵论和宗教创世论引入它们的科学课程。他还对美国路易斯安那、加利福尼亚、堪萨斯三个州中基督教福音派在地方、州和国家层次上的努力以及对各个层次的行动者和各种平台（包括积极分子、学校层次的专业技术人员、州和联邦法院、学校董事、州立法机构）的影响进行了详细的描述。她的研究表明，作为挑战者的宗教团体的努力在有些情况下会更加成功，特别是当他们所支持的变革在让“所有孩子在公立学校感到宾至如归”时，在科学课程上向孩子就科学的好处提供相对“平衡的”科学说明时，也就是在向孩子宣扬科学的好处的同时也向其说明不良后果，需要宗教来平衡和抑制其负面后果时，往往更为成功。而如果宣传科学与宗教信仰融为一体，他们的努力就不会那么成功（Binder，2002：

220)。即便如此，这些宗教极端主义者的努力对政治政策变迁的影响比对学校制度化实践的变迁的影响要大得多。我们需要对制度变迁的这种重要根源做进一步的研究。

三、研究议程与分析框架的修正

戴维斯等人（Davis & Marquis，2005）指出，现在已经是我们必须严肃考虑如下问题的时候了：对于我们社会科学家要讨论的大多数问题以及对于我们试图理解的大多数过程，组织是否还是一个适当的分析层次？那种视“组织”为一个相对独立与自足的行动者会参与资源动员以达成特定目标的观点，可能更适合英美社会，而不太适合欧陆或亚洲，因为在欧陆或亚洲，组织高度嵌入国家层次或者更大的集体系统之中。即使在美国，随着全球相互依赖的增加以及新的产业的出现，“以常规的方式长期稳定地从事某种业务”之公司概念似乎也已经无法适用于大量的经济活动。早在1937年，罗纳德·科斯就已经指出，“在市场经济这种无意识的合作海洋中，我们发现了意识力量的小岛，就像是一桶奶油中凝结着的一块块黄油”（Economica，1937：388)。而且这些凝块似乎在越来越快地融化。

同样，现在有很多社会科学家敦促我们必须把注意力转向过程研究，而不是结构研究，也就是说必须更加关注“组织化”过程，而不是静态地研究组织本身（Scott & Davis，2007：Chapter 14)。前面诸章已经指出，研究者应把关注重点放在结构化过程和制度的运行上，而不是制度本身，应日益关注社会机制。戴维斯等人认为，只有研究场域层次上的过程才可以拯救组织研究，“在21世纪初，对当代资本主义的不断变化的制度进行 257
一种自然的历史分析，才是组织理论的适当抱负”（Davis & Marquis，2005)。我也同意他们的看法，但要加上一点，那就是诸如社会心理学之类的其他学科的研究者也可以参与其中，例如可以研究个体行动者在应对与影响这些制度变迁过程中所发挥的作用。因此，我们可以大胆地说，对于所有社会科学来说，这都是一个适当的研究议程。

霍夫曼等人关于场域研究和自然环境的讨论，就概括和抓住了这些论题（Hoffman & Ventresca，2002)。他们提供的详尽评论，我在此无法回顾。但是我认为，在此列出他们关于拓展环境与场域层次分析要素的表格（见表8-1），对我们将来的研究应有帮助。他们认为，采纳更高的、更具概括性的分析层次有诸多的好处。我们应从结构分析转向过程分析，既要看到制度的使能或赋权作用也要看到制度的制约和限制作用，既要分析结构要素和文化要素也要更加重视权力过程与策略行为的重要作用。

表8-1　　　　拓展环境与场域层次的分析要素

要素	目前的视野	拓展后的视野
分析层次	关注组织层次的活动	关注场域层次的活动
市场活动	持有一种理性导向概念	关注政治对市场活动的影响
场域	关注共同的技术与市场 关注场域的稳定性	关注场域中所争论的各种问题 关注场域中的竞争、冲突与变迁
制度	关注物的层面 强调制度的制约作用 关注认知性的制度	关注过程与机制 机会与限制并重 关注认知的与政治的制度
核心的组织化概念	关注组织同形	关注集体理性
制度与组织	这两个分析层次是分离的	这两个分析层次相互联系
场域-组织间关系	只限于研究场域对组织的影响 强调跨组织背景的统一性	关注场域与组织之间的双向互动 强调组织选择与实施过程的影响
组织活动	根据场域层次的活动来界定 关注策略的惰性、滞后性 关注脚本化的活动 关注同质性的活动	由场域层次的参与者协商确定 关注积极的策略应对 关注企业家创新精神 关注异质性的活动
制度变迁	目前并不深入	日益重视创新对变迁的影响

资料来源：From Organization, Policy, and the Natural Environment: Institutional and Strategic Perspectives by Hoffman, Andrew J., and Marc J. Ventresca, editors.

258 ## 四、小结

组织场域概念拓展了制度分析的框架，使我们的关注涵盖了各种相关行动者、各种制度逻辑、对某一有限社会层面的参与者的行动具有赋权与制约作用的治理结构。组织场域的范围包括了所有那些有意义地卷入集体的事业——提供某种产品或服务，推行某些特殊政策，或者试图解决某个共同的问题——中的相关各方。组织场域概念不仅鼓励我们关注更高（更具涵盖性）的分析层次，也促使我们关注更长时间周期的组织过程。如果要充分地理解那些影响制度变迁或制度稳定性的决定性变量、机制及其影响，就需要注意更长的时间周期。

各种组织场域本身之间存在相当大的差异，而同一组织场域在不同时间中也会发生相当大的变化。场域结构化概念提供了一种有用的分析框架，我们可以用它来评价场域之间的各种差异，探寻场域的文化连贯性程度以及场域结构特征的历时变迁。

尽管从场域层次进行研究似乎可能导致我们不再关注个体组织的行为，但是我认为这绝对是一种错误的看法。正如离开正在上演的戏剧，戏剧中 259
的人物特征及其行为——包括对其他角色的特征与利益、他们之间的关系以及他们的行动逻辑的理解——就不可能得到完全的理解一样，我们也只有把组织放在更大的活动背景中，放在其参与的意义系统中，才能够对组织及其行为进行更加深入的研究。

注释

［1］关于这些努力的回顾和评论可参见斯科特和戴维斯的相关著作（Scott & Davis，2007：8－10）。

［2］后面部分将要讨论一种原型被另一种原型替代的过程。

［3］资金问题从来都不仅仅涉及物质资源的问题。在这种情况中，国会决定民族-国家而非个人有责任为老龄人口与贫困人口提供医疗资金。

第九章
结 论

261 制度性思维作为生活的一种基本取向，其立场主要是接受而不是发明或创造。重点不在于为你自己发明或设计各种事物，而在于考虑周全地接受和利用给予你的一切（Heclo，2008：98）。

——休·赫克洛（Hugh Heclo）

本章是本书的一个简要的结论。首先，我将简要概括关于组织的制度理论的主要特征。其次，我将简要概括过去半个世纪制度理论的发展，我认为这些发展表明制度理论取得了明显进步——制度理论正在成为一个日益成熟的学科领域。再次，我将批评一种特殊的形而上学论调，其认为人们应该防备和抵制制度理论。最后，我想就如何进一步推进制度研究提出我的一点号召。

262 一、关于组织的制度理论的特征

关于组织的制度理论，在很多方面都不同于其他

组织理论，明确这些差异十分重要。其特征主要包括如下方面：

- 制度主义者不会对组织、社会的结构与组织过程进行全盘的、无所取舍的研究。

组织分析的制度视角，比起其他视角来，更强调组织所运行的背景的重要性。关于组织的制度理论常常不把组织本身作为研究焦点，而是强调组织"场所"（环境）的重要性。在很多制度解释中，"组织不仅是嵌入环境之中的，更是为环境所渗透和建构的"（Scott & Christensen，1995：310）。正如本书第八章所指出的，制度理论家们强调比组织更大的场域的重要性，而不是强调个体组织的重要性。打个比方来说就是，制度主义者更加强调组织这个"演员"所参与的整部大戏，而非仅仅强调组织这个"演员"本身。

另外，比起大多数的其他分析者来，关于组织的制度分析者更可能指出制度理论是有条件的，并会明确指出制度理论的适用条件。制度理论并不会寻求普适的社会法则，或者回到早期那种"纯粹的描述与叙事"；相反，它倾向于进行"中观层次"的研究，提供"对所选择的社会现象来说有时是正确的理论"（Coleman，1964：516）。正如瑞士裔法国历史学家与经济学家西斯蒙第（Simonde de Sismondi）在两个世纪之前就指出的：

> 我深信，那些总是想概括与社会科学有联系的所有事物的人，肯定会陷入严重的错误之中。因此，与之相反，最重要的是要详细地研究人类的各种具体条件。我们必须搞清楚当下的一个时期、一个国家与一种职业，才能明确一个人是什么，以及制度如何作用于他（Sismondi，1837：iv）。

这种观点与我们强调组织场域是组织研究与分析的一个重要单位的思想，真的是遥相呼应。

- 制度主义者强调，即便是创新性活动也会利用以前既有的材料，并进入既有的情境，受这些情境的影响，与这些情境相适应。

正如托克维尔所指出的，法国旧君主专制时期存在的各种重要矛盾导致了法国大革命，但其发展后来受到既有社会与政治框架的影响（Tocqueville，1856/1998/2001；见本书第一章）。又如，目前的"数字革命"正 263

在挑战和重构当代高等教育场域（Kamenetz，2010），但是其同样要受到既有场景的制约。新的教育提供模式正在出现，新的教育提供者（虽然仍是大学，但它们大多已经变成营利性的了）也正在出现，但是如果这些新的实践和博弈者想要继续坚持下去，就不得不与既有的、制度化的结构与过程相适应（Scott，forthcoming）。制度主义者强调旧的事物对新的事物、既有的事物对未来的事物的持续影响。

- 制度主义者主张，地方性以及非地方性因素都会对组织产生重要的影响。

制度理论对“情境”（context）概念所做的重要补充，就是不能根据地理边界来界定“情境”（特别是在现代世界）。即使不是全部的组织，也有大量的组织会受到与它们的地方情境相距遥远的因素的影响，并会对这些因素的影响做出反应。其实，这种情况在过去一直就是如此，在交流日益密切的当今世界更是如此（Appadurai，1996）。正如本书第四章关于制度载体的讨论所描述的，各大制度要素具有高度的便携性和扩散性，可以到达咨询顾问人员的公文包或流离失所者的背包中，可以通过雇用的契约劳工、网络或影视中的人物进行传递。

- 制度主义者再次重申，象征符号要素特别是思想观念在组织的运行过程中都发挥着重要的作用。

在当今的组织分析中处于支配地位的各种视角和理论路线，长期以来都强调物质资源、技术发展、交易或权力过程对组织的重要影响。从权变理论到资源依赖理论再到组织人口种群生态学理论，分析者都深入地分析了权力与资源约束，却相对忽视文化因素与认知过程的作用。的确，在整个20世纪的大部分时间里，组织似乎都被视作一种“文化无涉”的系统，由工具性的目标驱使和“自然的”经济法则支配。政治学家的思想长期以来受到理性选择理论模式的支配，这种理论模式认为国家之间或者其他政治行动者之间的关系只不过是现实政治的反映，而所谓现实政治即自利的
264 行动者追求物质利益的活动。不过，政治学家现在也日益强调和重视思想观念对物质利益概念的影响（Goldstein & Keohane，1993）；也就是说，他

们日益认识到，人们对何为物质利益的看法要受到其思想观念的影响。总之，制度理论家扭转了过去的很多看法，认为组织既是人工文化的创造物，也是人工文化的创造者。

- 制度主义者更为关注较长时期中发生的各种影响。

在社会科学中，太多的研究都只关注此时此地的结构与过程。但正如保罗·皮尔森所指出的：

> 很多重要的社会过程都需要花较长的时间——有时需要花特别长的时间——才能充分展开。对于当代社会科学来说，一个值得质疑的事实是，大多数分析者的时间视野日益狭隘。在我们寻求解释的东西与我们对解释的寻求中，我们都关注即时性的过程——我们探讨的是那些暂时的、眼前的原因与结果，即在短时间内迅速展开的原因与结果。这种研究使我们失去了很多东西，其中有些十分重要，但我们根本就没有看到；而我们所看到的即时性的东西，常常都是一种错误的理解（Pierson，2004：79）。

塞尔兹尼克及其学生在 1960 年代和 1970 年代进行了开创性的制度研究，强调制度化是一种历时性的过程（Clark，1960/1970；Selznick，1949；Zald & Denton，1963；也见本书第二章）。这些准历史的研究，探讨了单个组织在相对较长时期中的形成与发展过程。不久后，组织生态学家也开始对组织种群进行纵贯研究，从给定的第一个组织的产生开始，然后探讨其种群的发展。这样的研究强调进行更长期的历史观察的重要性，强调在观念上必须抓住某种给定组织形式的整个历史发展过程（Carroll & Hannan，1989）。不过，尽管卡罗尔和汉南等人的理论路向承认从时间角度进行研究的重要性，但涉及被追踪研究的组织的数据非常少；还有，正如朱克尔（Zucker，1989：544）在评论他们的研究时所强调指出的，组织生态学家主要关注的是正在过去的时间，而不是“历史时间”，并假定此一年与彼一年是完全相同的。

相反，过去 20 多年来，制度主义者发展了万提尼斯卡和莫尔开创的新档案研究传统（Ventresca & Mohr，2002：810）。这种新传统“同样敏感

于历史图解，像历史图解方法一样重视对组织过程那微妙的、充满意义的、
265 行动导向的基础进行研究”。该研究传统的核心特征还包括使用“形式分析方法”，强调对“关系”而非属性进行研究，强调“测量支撑社会组织过程的各种共同的意义形式”，强调产生组织化活动的“构形（configurational）逻辑”。本书第八章所回顾的斯科特等人的研究（Scott，et al.，2000）以及拉奥等人的研究（Rao，Monin & Durand，2002），都体现了上述核心特征。

当然，要深化关于制度过程的时间维度的研究，我们还有很长的路要走。目前在我们关于制度变迁的众多理论模型中，只有在我们的系统之均衡发生中断时，我们才会突然想起时间因素来，而当系统归于稳定和均衡时，我们又不再考虑时间因素了。我们需要认真考虑斯特里克的建议，以充分重视时间的重要性。他说：

> 时间在“所有时间”中都会发挥作用，而不仅仅是偶尔起一下作用，因为社会规则的制定和实施总是不可能尽善尽美，加之环境又极其复杂和难以预测，所以制度变迁基本上是一种无休止的“学习”过程（Streeck，2010）。

- 制度主义者在关注长期的历时性变迁过程的同时，也越来越注重对社会机制的研究。

正如本书第六章所描述的，对于社会机制的关注使我们的注意力从什么事情正在发生转向事情是如何发生的。制度主义者通过关注由环境机制、关系机制或认知机制推动的各种过程，找到了制度变迁过程中存在的能动性的根源（McAdam，Tarrow & Tilly，2001：25－26）。

- 制度主义者支持把研究重点放在同时在多个层次上运行的各种因素之间的相互依赖及其对利益结果的影响上的研究设计。

制度主义者认为，社会是在跨国的过程与结构之中运行的，并受这些过程与结构的影响；各种组织场域则受到社会层次以及组织层次上的现象的影响；组织则运行于对它们具有塑造、制约与赋权作用的各种场域中，并受到利益群体以及组织内部参与者的活动的影响。在我看来，那些关于

从上到下的建构过程与自下而上的建构过程的相互作用及其对我们社会世界的塑造和影响的研究，才是最吸引人的制度研究。

二、制度理论与研究日益成熟[1] 266

大约在30年前，我曾经写过一篇名为《制度理论的青春期》的文章（Scott，1987）。现在回过头来看这篇文章，我认为它准确地——甚至比我意识到的更准确地——描绘了处于形成时期与不成熟状态的制度理论，也准确地预测了制度理论的发展前景与潜能。现在，通过对过往研究的清理，我认为制度理论已经取得了诸多的、重要的进步。在过去的数十年里，我们取得了以下的进步。

- 对制度概念及其特征的把握已经从混乱、随意状态走向一致和严谨。

正如本书第一章所指出的，早期关于制度及其影响的理论可谓是“五花八门”，但是我认为，通过强调少数几个关键的制度要素，以及研究它们相对独特的运行机制，现在我们已经对利益现象有了一个比较一致的概念和看法。我们已经认识到，制度力量的构成要素和表现形式是复杂而多样的，但是我们可以识别它们的各种表现形式，也可以测量它们的行为与影响。

- 已经从决定论走向互动互构论。

早期的新制度理论认为制度具有促进事物走向统一的特征，并且这种特征对于制度的影响与后果具有决定性的作用。早期的新制度理论，寻找的是制度对组织形式与结构产生“影响”的证据。而近年来的研究则认识到，很多组织场域的制度环境都是片段化的、充满了矛盾和冲突；因为组织有着不同的属性和占据着场域中的不同位置，所以那些制度影响远不是统一的或一致的。另外，早期的新制度理论认为组织面对制度要求只能被动接受，但现在的新制度理论日益认为组织具有不同程度的能动性，会以各种不同的方式应对制度要求，其应对策略包括从完全遵守到公开反抗。今天的制度理论，其关注的焦点已经从组织的结构转向制度的运行。

● 已经从大胆断言走向理据实证。

早期的制度主义者——我也是其中之一——常常仅仅是主观断言制度
267 影响的存在，而没有使用数据进行验证。我们对美国公立学校进行的研究，收集了超过40年的数据，来证实组织结构日益增加的统一性与一致性。我们的经验研究显示，这种日益结构化并不是教育资金拨付日益集权化的结果，相反是“组织标准模式的扩散与实施”之产物（Meyer, Scott, Strang & Creighton, 1988: 166）。不过，我们并没有运用数据来证明这一观点的真实性。然而，正如我已经指出的，后来的制度研究者设计了各种复杂而适当的方法，来验证他们的主张。目前我们的研究设计和测量虽然远非完美无缺，但与早期的新制度研究相比，进步已经相当明显。

● 已经从组织中心视角走向组织场域层次的研究。

最初的组织研究，几乎完全关注的是组织的内部运行过程及其成员的行为（Scott & Davis, 2007）。在1960年代，当时学者们已日益明确认识到组织环境的重要性，但大量的研究仍采用一种“组织中心”视角——从单一的焦点组织的立场来看待环境。组织的交换与策略成为关注的焦点。然而，随着组织生态学与制度理论的发展，分析逐渐转向更高的层次，即转向组织种群与场域层次的研究，关注的对象也从环境之中的组织转向组织环境。我认为，组织场域对于应用与检验新制度主义的主张是一个特别适合的场合，对此我在第八章曾经提及，现在我想对这一看法再多说几句。我认为，较宏观的研究视角并不是要替代而是要补充较微观层次的研究视角。正如我已经指出的，那些比较成功的研究设计往往都注重行动者与个体、组织和场域等各个层次上的因素的相互依赖与相互影响。那些既注意从上到下的结构化过程也注意自下而上的结构化过程的研究，已经阐释了组织生活的众多重要面相。

● 已经从制度稳定研究走向制度变迁研究。

根据制度的定义，制度既意味着稳定性，也意味着变迁；因此，不必奇怪的是，早期的组织理论家与制度研究者主要关注既有的稳定制度对组
268 织的影响。然而，不久后，组织研究者开始研究制度框架得以出现的社会

过程，以及更成功的组织方式日益扩散与被接受的社会过程。在 1990 年代，通过对冲突性与竞争性的过程以及趋异性变迁进行开创性的研究，学者们把关于制度建构过程的研究与组织趋同性变迁过程的研究结合在一起。后一研究受到了社会运动研究者的启发。再后来，这两种平行的研究阵营相互交汇并丰富了彼此的研究。

- 已经从对理性行动产生非理性影响的制度概念走向作为理性行动之建构框架的制度概念。

很多早期的制度理论都暗含一种假定，即认为制度会削弱理性决策与行动。诸如神话、仪式与表面遵从等术语，似乎都带有欺诈的意味。很多组织学者都看不起制度主义者，认为后者只是不严肃地处理组织的表层问题。我认为其实这是对早期制度主义的奠基性研究的误解，但这种误解极难克服与消除。

对我而言，制度概念提供了一种手段，我们可以用它来研究任何社会情境都存在的各种理性与非理性要素之间的相互依赖。价值观、信念与物质利益[2]，以及信息、习惯与情感，都是社会行为的关键要素。现在还会有谁主张行动者的决策完全是理性的选择呢？当然，组织不同于日常生活中你我之类较少受到规制的社会行动者。正如本书第四章所讨论的，创造组织形式的思想观念，就是产生“手段-结果链条”（理性化系统的基础）的、“近似于规则的原则”。然而，正如我们所指出的，理性化是一个庞杂的概念。这些理论的经验基础存在很大的差异。

迪马吉奥和鲍威尔关于组织分析的新制度主义的奠基性论文（DiMaggio & Powell，1983）有一个副标题，就是《组织场域中的制度性同形与集体理性》。这篇论文主要关注的是“组织结构的制度性同形”（见本书第七章），但没有充分论述集体理性。然而，集体理性概念更有潜力，也是我如此强调场域层次的分析会为制度理论研究提供重大机会的原因。我已经指出过，正是场域层次上的组织互动建构了它们的“集体理性”。也正是在这 269
一层次上，我们可以更好地理解社会建构信念框架、规则框架与规范框架的过程。也就是说，在这一层次上，我们可以发现各种相互对立的过程，这些过程涉及各种类型的行动者的参与，而这些行动者又有着不同层次的理解与影响，并且总是处于国家的监视之下，甚至有时会受到政府的积极干涉。如果我们纵观构成现代社会的无数场域——银行金融、制造业、精神健康、教育等等场域，那么我们就会发现，存在各种集体理性行动世界，并且每个世界各不相同。每个世界都有自己的物质利益，每个世界也都是由具有独特身份认同的行动者构成的群体。

如果我们再纵观各个社会，我们还可以看到，甚至在同一场域之中，同样的活动也是以理性程度各不相同的方式实施的。道宾关于美、英与法三国在整个19世纪的铁路产业建设的比较研究（Dobbin，1994b），生动地揭示了这一事实。他指出，由于在这些国家存在着他所说的不同的“政治文化”——我则称之为社会场域的观念性制度框架——在发挥作用，所以出现了不同的组织模式、融资模式，政府的干预程度也因此而各不相同。每个国家的制度都建构了一种理性行动场域，在其中个体与集体行动者尽管受到其认知性框架和各种文化预设的指引，但也会以各种不同的竞争或合作方式来追求自己的利益。我们发现，在其中存在一种集体理性，并发挥着重要的作用。

任何一个社会研究领域的进展都会表现为不同的形式，包括理论的厘清与深化、思想和理论的应用范围的拓展、经验研究的改进、研究方法和工具的加强等。此外，社会研究的进展还表现在相关的研究领域逐渐交流融合进而促进研究的深入和知识总量的增加。就制度研究而言，制度研究已经日益与组织生态学、法律和社会理论、社会运动理论以及文化社会学联系在一起。尽管制度研究仍不能满足于现状，但其近年来所取得的成就还是值得庆贺的。

某些观察家质疑制度理论近年来的发展，认为制度理论似乎过度扩大了它应该研究的适当范围（Palmer，Biggart & Dick，2008）。制度理论真的会变得过于宽泛和过于笼统吗？真的存在这样严重的危险吗？制度理论已经过度拓展了其理论与经验研究的范围吗？你也许会这样认为，但我对此持否定态度。我们所使用的制度概念的含义确实非常广泛（但事实上制度本身就是一种复杂的社会系统），而制度理论的分析层次似乎也应是无限
270 制的。但是，没有一项研究会试图在某一次研究设计中就涉及所有的含义

与层次。我们已经提出了一套丰富的概念与方法工具，学者们可以从中选择部分概念和工具来研究和处理他们所关注的问题。我对于我们的研究方向一点都不担心，相反，我们同行的想象力以及他们的研究设计与分析方法的深刻与辩证性一直给我留下深刻的印象，并给予我无穷的力量。该领域最近所取得的丰硕成果，消除了那些持质疑态度的观察家在我头脑中引起的疑虑。

不过，对于下面这种用来建构新的理论主张的重要方法，我确实有一点担心。

三、学科领域的求异分裂与研究的碎片化

安德鲁·阿波特（Abbott，2001）指出，所有的学科领域已经变得越来越复杂，专门的研究领域也越来越分裂。例如，家庭社会学、宗教社会学等等，都是如此。不过，这种现象造成了研究的碎片化。在此过程中，各学科领域非此即彼的求异性和双歧分枝式的发展日益出现，并造成了学科领域之间的区隔，而且这样的区隔不断重复，循环往复，最终造成了学科领域之间的低水平分化。正如阿波特所言，这种过程至少可以回溯到19世纪康德的著作，但是在今天的制度理论的发展过程中仍然存在。图9-1就是关于自治与控制问题的研究日益分裂发展的例子。

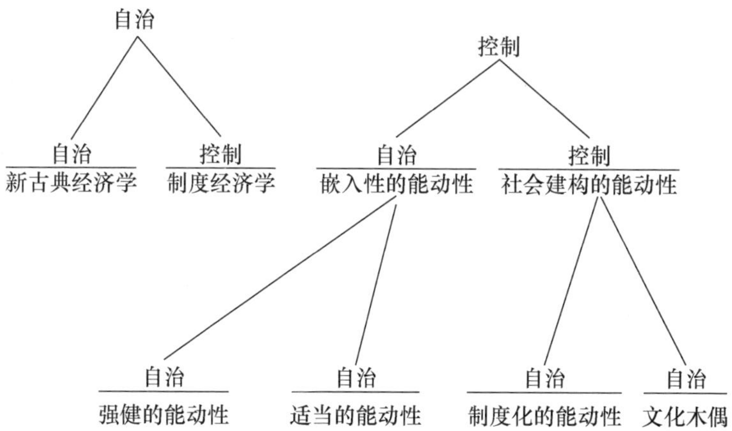

图9-1 学科领域的求异分裂与理论的碎片化

在这种关于自治-控制的研究的双歧分枝分裂过程中，制度理论显然处
271 于控制这一边。其强调稳定性和秩序的根源和作用。然而，正如我所指出的，随着制度研究领域的发展，我们看到该领域也在重复这种双歧分枝分裂过程；因为一些学者强调制度框架中自治的存在与作用，例如强调“嵌入性的能动性”概念（Battilana & D'Aunno，2009），而另一些学者诸如迈耶等人则相反，他们仍然强调能动性与行动者在很大程度上是通过制度过程而“社会地建构的”（Meyer，2008）。随着这种对话的继续，在关注和强调制度之中的自治的学者内部，又爆发了各种争论，他们对这种自治的程度到底有多大难以达成一致的意见，进而分裂为两派。同样，在强调制度之中的控制的学者之间，他们也就这种控制到底有多大难以达成一致，进而分裂成不同的派别（Powell & Colyvas，2008）。如此等等，不一而足。这种分裂最后导致制度研究领域被划分得越来越细，也导致整个制度理论阵营支离破碎。

正如阿波特所指出的，学科领域存在的这种分异化发展模式导致了多重的结果。其一，学者们更关注的是学科领域内或相近的其他学者的思想，而难以关注其他相隔较远的学科领域中的学者的思想。长此以往，学者们就变得越来越偏狭，极易因一丁点儿的差异就画地为牢，使自己远离相关的但比较远的学科领域中的研究。而且，由于事物之间的因果关系是多重性、双向性的而非简单线性的，所以这样的区隔分裂往往会导致学者们误解彼此的主张。

其二，这样的分异化发展还会导致大量重复性的研究。不断细分的区隔过程会确立一些研究领域，而当我们对这些领域的挖掘越来越深入之后，我们又不得不面对某些我们以前已经排除在外、悬置起来的重要因素，并不得不“把它们重新带回来或纳入进来”。这些被重新纳入进来的因素，往往就是那些最重要的社会科学领域各自所考虑的因素。一些学者会重新把人纳入其研究，而另一些学者则会重新把行为纳入其研究；一些学者会重新把社会结构纳入其研究，另一些学者则会重新把文化纳入其研究；一些学者会重新把我们自己纳入其研究，而另一些学者则会重新把背景纳入其研究；一些学者会重新把过程纳入其研究，而另一些学者则会重新把结构

纳入其研究；一些学者会重新把资本家纳入其研究，另一些学者则会重新把工人纳入其研究；一些学者会重新把公司纳入其研究，而另一些学者则会重新把工会纳入其研究。我们只要看一看这些文章，就会发现社会学甚至整个社会科学都普遍地存在“重新纳入”现象。新一代研究者击败了老一代研究者，然后又心平气和地复活后者的思想，并且貌似促进了知识的发展。革命派打倒了守旧派；每一代都是先当革命派，然后又被当成守旧派打倒（Abbott，2001：16－17）。

最后，这种模式既产生变迁又导致稳定。“任何特定群体总是会不断分裂成一些零乱的片段。但是此片段的支配地位要以其继续坚持彼片段的分析框架为前提”（Abbott，2001：21）。简言之，这种理论研究模式为社会科学家带来了稳定的工作，但科学却不一定会进步。

四、一点告诫 272

如果我们检视数百年来伟大的思想长征，那么我们对于思想的历程会获得这样一种认识：关于人类状况的较自由的主张与较保守的主张，存在有规律的循环，轮流起着支配作用。例如，在18—19世纪，欧洲知识分子经历了启蒙运动的狂飙时期，启蒙运动欢呼理性、自由与进步，视之为重要的美德，并得到了诸如伏尔泰、休谟、洛克、卢梭与密尔等思想巨擘的支持。这种令人愉悦的与充满乐观情绪、强调人的主观能动性的运动，后来（特别是在1848年革命失败后）渐渐让位于对理性设计的局限进行冷静的思考，人们认识到单独的个人在面临超个人的力量时是渺小和无力的。诸如伯克、狄尔泰、施莱尔马赫（Friedrich Schleiermacher），特别是黑格尔等学者，强调“历史”具有无法抗拒的力量，认为历史的结构和过程似乎拥有自己的生命（Berlin，1956/2006；Collingwood，1948；Dupri，2004；Robinson，1985）。这类主张逐渐与马克思、涂尔干、韦伯以及施穆勒等早期制度主义者的研究合流，这种早期制度主义强调“历史因素”在人类事务中发挥着更大而重要的作用（见本书第一章）。

进入20世纪，组织理论快速发展，诸如泰勒、加尔布雷思、劳伦斯和洛尔斯以及汤普森等学者对组织相对积极、理性的设计与策略进行了研究；

此外，资源依赖理论家如普费弗和萨兰西克，以及波特的更具权变性的政治学视角，也是如此。但是在1970年代晚期，这些理论都逐渐让位于由组织生态学家与制度理论家提出来的“组织并不能控制其自身命运”的较被动的观点。他们的解释在不同程度上强调铭记与惰性因素的重要性，或者强调促进递增回报、建构承诺忠诚与嵌入性的过程的重要性，或者强调对当前发展路径具有强化作用的客观化过程的重要性。这些观点必然会强调某种意义的限制或制约，而对那些试图干涉或改变制度变迁轨迹的人心存戒备。

简言之，制度主义的解释很容易被认为其支持社会中的保守力量与声音。阿尔伯特·赫希曼对当代经济与政治有着深刻的洞察，他在《守旧的修辞》中指出，保守的批评家正沉着冷静地撰写“无用的论文”，断言因为“社会结构具有十分复杂、难以把握的性质”，所以任何改革意图注定都将
273 失败（Hirschman，1991）。我要澄清的是，本书并非一本关于社会改革的教科书。我并不认为拿起武器来处理社会结构中的不平等与非正义是我们的责任（尽管我们中的一些人会选择这样做）。不过，我们应该明确的是，我们这些学者也不应为那些试图抑制这种改革或革命努力的人提供任何援助与安慰。

要纠正这类偏颇和失衡，就必须承认和宣扬制度是一把双刃剑这种更辩证的观点。我们往往强调制度具有制约选择与行动的作用，却忽视制度也会赋予行动者力量以及对行动具有使能作用。那些希望改变不平等或进行其他改革的人，可以测量和明智地利用一切复杂制度场域都存在的各种图式、资源与机制。制度的力量可能是解放性的，也可能是约束性的。它们既可能促进也可能消解那些寻求变革者的努力。我们必须注意到，在我们的学识中所蕴含着的这些可能性。

五、一点希望

我们中的一些人希望进一步推进制度分析事业。塞尔兹尼克的著作，为我们实现这一点提供了一个很好的模式。他的著作，我们以前已经讨论过了，但是很少有组织理论家会完全遵循这种模式，特别是遵循他的后期

的研究模式，包括他关于田纳西河谷管理局的研究（Selznick，1949）和制度领导者的研究（Selznick，1957；也见本书第二章）所提出的模式。正如我们所指出的，虽然他的早期研究主要关注组织的“黑暗面”——使组织逐渐背离其最初目标或任务的那些因素，但是实际上，如果通观他一生的著作，我们就会发现在他的研究里乐观与悲观、现实与浪漫、失望与希望复杂交织（Kraatz，2009：66）。马丁·克莱格（Martin Krygier）认为，塞尔兹尼克是一个“霍布斯式的理想主义者”，深知干扰社会组织与制度的那些病理原因，并且指出组织分析者和组织的相关参与者的任务，就是要寻找、制定和实施各种措施来增强他们的诚实性（Krygier，2002/2012）。

社会科学是由“人类经验中涉及的价值观”来界定的（Selznick，1992：xiii）。韦伯始终认为，社会生活根据人们所支持拥护和追求奉行的价值观而组织成有意义的各种层面和领域（Friedland，2012）。我在讨论组织场域和制度逻辑时，也指出了这一点。“每个分支学科领域实际上都为了 274
追求个人的或制度的某种价值，其可能表现为经济理性、行政管理理性、民主治理、文明诚实，或者有效的社会化等形式”（Selznick，1992：xiii）。塞尔兹尼克建议，要建立一种“社会科学的规范理论”，认为社会科学不是为了追求某一个人“自己的事物”，相反，它是对世界中存在的各种价值观的研究，是对这些价值观得以实现或者遭受挫折的条件的研究（Selznick，1980：215）。塞尔兹尼克拿医学打比方，认为“对于人类本性的研究，有一个更大的目标，那就是要揭示人的福祉到底是由什么构成的，取决什么因素，又是什么因素会损害这种福祉”（Selznick，1992：120）。克莱格还补充说：“这也是研究者把人、制度或群体作为自己研究对象的原因。”（Krygier，2002：24）

塞尔兹尼克的著作深受美国实用主义哲学的影响，特别是吸收了约翰·杜威的思想（Selznick，1992：Chapter 1）。从这种意义上，我希望我们应严肃对待塞尔兹尼克的研究视角或路径，其具有一种世俗的根源。在世界范围的发展使得我们不再相信我们的制度的时代，这一讯息又变得重要起来（Heclo，2008：Chapter 2；Lipset & Schneider，1987）。我们发现社会紊乱失序越来越严重。例如，政治机构和公共机构的合法性日益降低，越来越失去人们的尊敬；不管是中央政府还是地方政府，其合法性都在下降；金融组织与会计机构劣迹斑斑；公司越来越腐化堕落；宗教机构丑闻频发；家庭和共同体结构日益解组崩溃……

如果我们回顾制度理论家过去半个世纪以来所积累的巨大而丰富的知识体系，那么我们可以确切地说，制度理论可以使我们知道当代组织与制度如何以及为何失效而不能运作，更可以使我们知道如何加强这些制度与组织的建设。[3]但克拉兹的看法似乎充满了批判性，认为制度主义的总体影响就是“使权力失去合法性，揭露各种隐秘的支配形式，揭露组织及其精英的行动的分裂性与伪善性。但是，制度主义对于如何治理、改革或改进任何给定的既有社会制度，却说得很少”（Kraatz，2009：85－86）。他认为制度主义者应更加关注设计和保卫组织结构过程中的制度运行，应更加关注维持“岌岌可危的组织的价值观”的那些“世俗行政管理系统的”关键作用（Kraatz，Ventresca & Deng，2010：1521）。赫克洛指出，同样以塞尔兹尼克为例，我们“应该思考如何在肮脏的组织现实中维持理想的问题”（Heclo，2002：296）。我认为，二者都是正确的，我们的组织需要精心的爱护与照料。如果本书能够告诉我们什么的话，那就是组织是更大系统的子系统。要捍卫、维护和提升对于人类生活十分重要的那些价值观，
275 制度就必须不仅在微观层次上而且在宏观层次——亚群体、组织、组织场域、社会系统——上运行并发挥作用。

注释

［1］该部分参考了斯科特（Scott，2008a）的论文。

［2］赫希曼指出“利益”是一个现代概念，是一种优雅的、净化了的“激情”（Hirschman，1996）。

［3］我认为这一评论特别适用于关于制度的社会学研究，包括我自己和我的团体的制度社会学研究。与经济学家和以理性选择理论为基础的政治学家不同，社会学家长期以来不太愿意对改革或政策调整提出以自己的分析为基础的建议。

参考文献

Abbott, Andrew. 1988. *The System of Professions: An Essay on the Division of Expert Labor.* Chicago: University of Chicago Press.

———. 1992. An old institutionalist reads the new institutionalism. *Contemporary Sociology* 21:754–756.

———. 2001. *Chaos of Disciplines.* Chicago: University of Chicago Press.

Abbott, Kenneth W., Robert O. Keohane, Andrew Moravcsik, Anne-Marie Slaughter, and Duncan Snidal 2001. The concept of legalization. In *Legalization and World Politics,* ed. Judith Goldstein, Miles Kahler, Robert O. Keohane, and Anne-Marie Slaugher (pp. 17–35). Cambridge, MA: MIT Press.

Abegglen, James C. 1958. *The Japanese Factory.* Glencoe, IL: Free Press.

Abell, Peter. 1995. The new institutionalism and rational choice theory. In *The Institutional Construction of Organizations: International and Longitudinal Studies,* ed. W. Richard Scott and Søren Christensen (pp. 3–14). London: Sage.

Abernethy, David B. 2000. *The Dynamics of Global Dominance: European Overseas Empires, 1415–1980.* New Haven, CT: Yale University Press.

Abrahamson, Eric. 1991. Managerial fads and fashions: The diffusion and rejection of innovations. *Academy of Management Review* 16:586–612.

Abzug, Rikki, and Stephen J. Mezias. 1993. The fragmented state and due process protections in organizations: The case of comparable worth. *Organization Science* 4:433–453.

Adler, Paul S. 2009. Marx and organization studies today. In *The Oxford Handbook of Sociology and Organization Studies: Classical Foundations,* ed. Paul S. Adler (62–91). Oxford UK: Oxford University Press.

Ahmadjian, Christina L., and Patricia Robinson. 2001. Safety in numbers: Downsizing and the deinstitutionalization of permanent employment in Japan. *Administrative Science Quarterly* 46:622–654.

Ahrne, Göran, and Nils Brunsson. 2008. *Meta-organizations.* Cheltenham, UK: Edward Elgar.

Albert, Stuart, and David A. Whetten. 1985. Organizational identity. In *Research in Organizational Behavior,* vol. 14, ed. L. L. Cummings and Barry M. Staw (pp. 263–295). Greenwich, CT: JAI.

Albrow, Martin. 1997. *The Global Age*. Stanford, CA: Stanford University Press.

Alchian, Armen A. 1950. Uncertainty, evolution and economic theory. *Journal of Political Economy* 58:211–222.

Alchian, Armen A., and Harold Demsetz. 1972. Production, information costs, and economic organization. *American Economic Review* 62:777–795.

Aldrich, Howard E. 2005. Entrepreneurship. In *The Handbook of Economic Sociology*, 2nd ed., ed. Neil J. Smelser and Richard Swedberg (pp. 451–477). Princeton, NJ: Princeton University Press.

Aldrich, Howard E., and Martin Ruef. 2006. *Organizations Evolving*, 2nd ed. Thousand Oaks, CA: Sage.

Alexander, Ernest R. 1995. *How Organizations Act Together: Interorganizational Coordination in Theory and Practice*. Luxembourg: Gordon and Breach.

Alexander, Jeffrey C. 1983. *Theoretical Logic in Sociology*. vols. 1–4. Berkeley: University of California Press.

Alexander, Victoria D. 1996. Pictures at an exhibition: Conflicting pressures in museums and the display of art. *American Journal of Sociology* 101:797–839.

Alford, Robert R., and Roger Friedland. 1985. *Powers of Theory: Capitalism, the State and Democracy*. Cambridge, UK: Cambridge University Press.

Anderson, Benedict. 1983. *Imagined Communities: Reflection on the Origin and Spread of Nationalism*. London: Verso.

Ansell, Christopher. 2005. *Pragmatism and Organization*. Unpublished paper, Department of Political Science, University of California, Berkeley.

———. 2009. Mary Parker Follett and pragmatist organization. In *The Oxford Handbook of Sociology and Organization Studies: Classical Foundations*, ed. Paul S. Adler (pp. 464–485). Oxford, UK: Oxford University Press.

Antoun, Richard T. 2001. *Understanding Fundamentalism: Christian, Islamic, and Jewish Movements*. Walnut Creek, CA: Alta Mira.

Appadurai, Arjun. 1996. *Modernity at Large*. Minneapolis: University of Minnesota Press.

Armour, Henry O., and David Teece. 1978. Organizational structure and economic performance. *Bell Journal of Economics* 9:106–122.

Armstrong, Elizabeth A. 2002. Crisis, collective creativity, and the generation of new organizational forms: The transformation of lesbian/gay organizations in San Francisco. *Social Structure and Organizations Revisited* 19:361–395.

Aronowitz, Stanley. 1992. *The Politics of Identity: Class, Culture and Social Movements*. New York: Routledge.

Arthur, W. Brian. 1994. *Increasing Returns and Path Dependence in the Economy*. Ann Arbor: University of Michigan Press.

Ashforth, Blake E., and Barrie W. Gibbs. 1990. The double-edge of organizational legitimation. *Organization Science* 1:177–194.

Astley, W. Graham. 1985. The two ecologies: Population and community perspectives on organizational evolution. *Administrative Science Quarterly* 30:224–241.

Astley, W. Graham, and Andrew H. Van de Ven. 1983. Central perspectives and debates in organization theory. *Administrative Science Quarterly* 28:245–273.

Axelrod, Robert. 1984. *The Evolution of Cooperation.* New York: Basic Books.

Barley, Stephen R. 1986. Technology as an occasion for structuring: Evidence from observations of CT scanners and the social order of radiology departments. *Administrative Science Quarterly* 31:78–108.

———. 2008. Coalface institutionalism. In *The Sage Handbook of Organizational Institutionalism,* ed. Royston Greenwood, Christine Oliver, Kerstin Sahlin, and Roy Suddaby (pp. 491–518). Thousand Oaks, CA: Sage.

Barley, Stephen R., and Pamela S. Tolbert. 1997. Institutionalization and structuration: Studying the links between action and institution. *Organization Studies* 18:93–117.

Barnard, Chester I. 1938. *The Functions of the Executive.* Cambridge, MA: Harvard University Press.

Barnett, William, and Glenn R. Carroll. 1993. How institutional constraints affected the organization of early U.S. telephony. *Journal of Law, Economics, and Organization* 9:98–126.

Barney, Jay B. 1991. Firm resources and sustained competitive advantage. *Journal of Management* 17:99–120.

Barney, Jay B., Mike Wright, and David J. Ketchen Jr. 2001. The resource-based view of the firm: Ten years after 1991. *Journal of Management* 27:625–641.

Baron, James N., Frank R. Dobbin, and P. Deveraux Jennings. 1986. War and peace: The evolution of modern personnel administration in U.S. industry. *American Journal of Sociology* 92:350–383.

Baron, James N., Michael T. Hannan, and M. Diane Burton. 1999. Building the iron cage: Determinants of managerial intensity in the early years of organizations. *American Sociological Review* 64:527–547.

Baron, James N., P. Deveraux Jennings, and Frank R. Dobbin. 1988. Mission control? The development of personnel systems in U.S. industry. *American Sociological Review* 53:497–514.

Bartley, Tim. 2003. Certifying forests and factories: States, social movements, and the rise of private regulation in the apparel and forest products field. *Politics & Society* 31:433–464.

Battilana, Julie, and Thomas D'Aunno. 2009. Institutional work and the paradox of embedded agency. In *Institutional Work: Actors and Agency in Institutional Studies of Organizations,* ed. Thomas B. Lawrence, Roy Suddaby, and Bernard Leca (pp. 31–58). Cambridge, UK: Cambridge University Press.

Baum, Joel A. C., and Jane E. Dutton. eds. 1996. The embeddedness of strategy. In *Advances in Strategic Management,* vol. 13, ed. Paul Shrivastava, Anne S. Huff, and Jane E. Dutton. Greenwich, CT: JAI Press.

Baum, Joel A. C., and Christine Oliver. 1992. Institutional embeddedness and the dynamics of organizational populations. *American Sociological Review* 57:540–559.

Baum, Joel A. C., and Walter W. Powell. 1995. Cultivating an institutional ecology of organizations: Comment on Hannan, Carroll, Dundon, and Torres. *American Sociological Review* 60:529–538.

Baum, Joel A. C., and Andrew V. Shipilov. 2006. Ecological approaches to organizations. In *The Sage Handbook of Organization Studies,* 2nd ed., ed. Stewart R. Clegg, Cynthia Hardy, Thomas B. Lawrence, and Walter R. Nord (pp. 55–110). London: Sage.

Beamish, Thomas D., and Nicole Woolsey Biggart. 2012. The role of social heuristics in project centered production networks: Insights from the commercial construction industry. *Engineering Project Organization Journal* 2:57–70.

Becker, Howard. 1974. Art as collective action. *American Sociological Review* 39:767–776.

———. 1982. *Art Worlds*. Berkeley: University of California Press.

Becker, Howard S., Blanche Geer, Everett C. Hughes, and Anselm Strauss. 1961. *Boys in White: Student Culture in Medical School*. Chicago: University of Chicago Press.

Becker, Marcus C., and Thorbjørn Knudsen. 2009. Schumpeter and the organization of entrepreneurship. In *Sociology and Organization Studies: Classical Foundations,* ed. Paul S. Adler (pp. 307–326). Oxford, UK: Oxford University Press.

Bellah, Robert N., Richard Madsen, William M. Sullivan, Ann Swidler, and Steven M. Tipton. 1985. *Habits of the Heart: Individualism and Commitment in American Life*. Berkeley: University of California Press.

Bendix, Reinhard. 1956/2001. *Work and Authority in Industry: Managerial Ideologies in the Course of Industrialization*. New York: John Wiley. [Reprinted by Transaction, 2001]

———. 1960. *Max Weber: An Intellectual Portrait*. Garden City, NY: Doubleday.

Benford, Robert D., and David A. Snow. 2000. Framing processes and social movements: An overview and assessment. *Annual Review of Sociology* 26:611–639.

Berger, Peter L. 1992. Reflections on the twenty-fifth anniversary of The Social Construction of Reality. Perspectives: The Theory Section Newsletter. *American Sociological Association* 15(2): 1–2, 4.

Berger, Peter L., Brigitte Berger, and Hansfried Kellner. 1973. *The Homeless Mind: Modernization and Consciousness*. New York: Random House.

Berger, Peter L., and Samuel P. Huntington, ed. 2002. *Many Globalizations: Cultural Diversity in the Contemporary World*. Oxford, UK: Oxford University Press.

Berger, Peter L., and Hansfried Kellner. 1981. *Sociology Interpreted: An Essay on Method and Vocation*. Garden City, NY: Doubleday Anchor.

Berger, Peter L., and Thomas Luckmann. 1967. *The Social Construction of Reality*. New York: Doubleday Anchor.

Bergesen, Albert J. 2000. A linguistic model of art history. *Poetics* 28:73–90.

———. 2004. Chomsky versus Mead. *Sociological Theory* 22:357–370.

———. 2005. Culture and cognition. In *The Blackwell Companion to the Sociology of Culture*, ed. Mark K. Jacobs and Nancy Weiss Hanrahan (pp. 35–47). Oxford, UK: Blackwell.

Berk, Gerald, and Marc Schneiberg. 2005. Varieties *in* capitalism, varieties of association: Collaborative learning in American industry. *Politics and Society* 13:1–43.

Berkovitz, Nitza. 1999. *From Motherhood to Citizenship.* Baltimore: Johns Hopkins University Press.

Berlin, Isaiah. ed. 1956. *The Age of Enlightenment: The 18th Century Philosophers.* New York: New American Library.

———. 2006. *Political Ideas in the Romantic Age: Their Rise and Influence on Modern Thought.* London: Chatto & Windus.

Berman, Harold J. 1983. *Law and Revolution: The Formation of the Western Legal Tradition.* Cambridge, MA: Harvard University Press.

Biggart, Nicole Woolsey, and Mauro F. Guillén. 1999. Developing difference: Social organization and the rise of the auto industries of South Korea, Taiwan, Spain, and Argentina. *American Sociological Review* 64:722–747.

Biggart, Nicole Woolsey, and Gary G. Hamilton. 1992. On the limits of a firm-based theory to explain business networks: The Western bias of neo-classical economics. In *Networks and Organizations: Structure, Form, and Action,* ed. Nitin Nohria and Robert G. Eccles (pp. 471–490). Boston: Harvard Business School Press.

Bijker, W. E., Thomas Hughes, and Trevor Pinch. eds. 1987. *The Social Construction of Technological Systems: New Directions in the Sociology and History of Technology.* Cambridge, MA: MIT Press.

Bill, James A., and Robert L. Hardgrave Jr. 1981. *Comparative Politics: The Quest for Theory.* Washington, DC: Bell & Howell, University Press of America.

Billis, D. 2010. *Hybrid Organizations in the Third Sector.* Basingstoke, UK: Pelgrave MacMillan.

Binder, Amy J. 2002. *Contentious Curricula: Afrocentrism and Creationism in American Public Schools.* Princeton, NJ: Princeton University Press.

Blake, Judith, and Kingsley Davis. 1964. Norms, values and sanctions. In *Handbook of Modern Sociology,* ed. Robert E. L. Faris (pp. 456–484). Chicago: Rand McNally.

Blau, Peter M. 1955. *The Dynamics of Bureaucracy.* Chicago: University of Chicago Press.

Blau, Peter M., Cecilia McHugh Falbe, William McKinley, and Phelps K. Tracy. 1976. Technology and organization in manufacturing. *Administrative Science Quarterly* 21:20–40.

Blau, Peter M., and W. Richard Scott. 1962/2003. *Formal Organizations: A Comparative Approach.* San Francisco: Chandler. [Reprinted by Stanford University Press, 2003]

Blumer, Herbert. 1969. *Symbolic Interaction: Perspective and Method.* Englewood Cliffs, NJ: Prentice-Hall.

Boas, Franz. 1982. *A Franz Boas Reader: The Shaping of American Anthropology, 1883/1911,* ed. George W. Stocking Jr. Chicago: University of Chicago Press.

Boeker, Warren P. 1989. The development and institutionalization of subunit power in organizations. *Administrative Science Quarterly* 34:388–410.

Boli, John, and George M. Thomas. 1997. World culture in the world polity: A century of international non-governmental organization. *American Sociological Review* 62:171–190.

———. eds. 1999. *Constructing World Culture: International Nongovernmental Organizations Since 1875*. Stanford, CA: Stanford University Press.

Bourdieu, Pierre. 1971. Systems of education and systems of thought. In *Knowledge and Control: New Directions for the Sociology of Education*, ed. M. K. D. Young (pp. 189–207). London: Collier Macmillan.

———. 1973. The three forms of theoretical knowledge. *Social Science Information* 12(1): 53–80.

———. 1977. *Outline of a Theory of Practice*. Cambridge, UK: Cambridge University Press.

———. 1984. *Distinction: A Social Critique of the Judgment of Taste*. Cambridge, UK: Cambridge University Press.

———. 1986. The forms of capital. In *Handbook of Theory and Research for the Sociology of Education*, ed. John G. Richardson (pp. 241–259). New York: Greenwood Press.

———. 1988. *Homo Academicus*. Stanford, CA: Stanford University Press.

Bourdieu, Pierre, and Loïc J. D. Wacquant. 1992. *An Invitation to Reflexive Sociology*. Chicago: University of Chicago Press.

Boxenbaum, Eva, and Stefan Jonsson. 2008. Isomorphism, diffusion, and decoupling. In *The Sage Handbook of Organizational Institutionalism*, ed. Royston Greenwood, Christine Oliver, Kerstin Sahlin, and Roy Suddaby (pp. 78–98). Los Angeles, Sage.

Brint, Stephen. 1994. *In the Age of Experts: The Changing Role of Professionals in Politics and Public Life*. Princeton, NJ: Princeton University Press.

———. 2002. The rise of the "practical arts." In *The Future of the City of Intellect: The Changing American University*, ed. Stephen Brint (pp. 231–259.) Stanford, CA: Stanford University Press.

Brint, Steven, and Jerome Karabel. 1991. Institutional origins and transformations: The case of American community colleges. In *The New Institutionalism in Organizational Analysis*, ed. Walter W. Powell and Paul J. DiMaggio (pp. 337–360). Chicago: University of Chicago Press.

Brint, Stephen, Kristopher Proctor, Scott Patrick Murphy, and Robert A. Hanneman. 2012. The market model and the growth and decline of academic fields in U.S. four-year colleges and universities. *Sociological Forum* 27:275–299.

Brinton, Mary C., and Victor Nee. eds. 1998. *The New Institutionalism in Sociology*. New York: Russell Sage Foundation.

Brock, David, Michael Powell, and C. R. Hinings. eds. 1999. *Restructuring the Professional Organization: Accounting, Health Care and Law.* London: Routledge.

Brogan, Hugh 2006. *Alexis de Tocqueville: A Life.* New Haven, CT: Yale University Press.

Brooks, Harvey, Lance Liebman, and Corinne Schelling. eds. 1984. *Public-Private Partnership: New Opportunities for Meeting Social Needs.* Cambridge, MA: Ballinger.

Brown, John Seely, and Paul Duguid. 1991. Organizational learning and communities-of-practice: Toward a unified view of working, learning, and innovation. *Organization Science* 2:40–57.

———. 2000. *The Social Life of Information.* Boston: Harvard Business School Press.

Brown, Lawrence A. 1981. *Innovation Diffusion: A New Perspective.* London: Methuen.

Brunsson, Nils. 1989. *The Organization of Hypocrisy: Talk, Decisions and Actions in Organizations.* New York: John Wiley & Sons.

Brunsson, Nils, and Bengt Jacobsson. eds. 2000. *A World of Standards.* Oxford, UK: Oxford University Press.

Buchanan, James M., and Gordon Tullock. 1962. *The Calculus of Consent.* Ann Arbor: University of Michigan Press.

Buckley, Walter. 1967. *Sociology and Modern Systems Theory.* Englewood Cliffs, NJ: Prentice Hall.

———. ed. 1968. *Modern Systems Research for the Behavioral Scientist.* Chicago: Aldine.

Burawoy, Michael. 1979. *Manufacturing Consent: Changes in the Labor Process under Monopoly Capitalism.* Chicago: University of Chicago Press.

Burawoy, Michael, and Katherine Verdery. 1999. *Uncertain Transitions: Ethnographies of Change in the Postsocialist World.* Lanham, MD: Rowman & Littlefield.

Burdros, Art. 1997. The new capitalism and organizational rationality: The adoption of downsizing programs, 1979–1994. *Social Forces* 76:229–250.

Burgess, John William. 1902. *Political Science and Comparative Constitutional Law.* Boston: Ginn.

Burke, Peter J., and Donald C. Reitzes. 1981. The link between identity and role performance. *Social Psychology Quarterly* 44:93–92.

Burns, Lawton R., and Douglas R. Wholey. 1993. Adoption and abandonment of matrix management programs: Effects of organizational characteristics and interorganizational networks. *Academy of Management Journal* 36:106–138.

Burrell, Gibson, and Gareth Morgan. 1979. *Sociological Paradigms and Organisational Analysis.* London: Heinemann.

Burt, Ronald S. 1987. Social contagion and innovation: Cohesion versus structural equivalence. *American Journal of Sociology* 92:1287–1335.

———. 1992. *Structural Holes.* Cambridge, MA: Harvard University Press.

Calhoun, Craig. 1991. The problem with identity in collective action. In *Macro-Micro Linkages in Sociology,* ed. Joan Huber (pp. 51–75). Beverly Hills, CA: Sage.

Callon, Michael. ed. 1998. *The Laws of the Markets.* Oxford, UK: Blackwell.

Camic, Charles. 1992. Reputation and predecessor selection: Parsons and the institutionalists. *American Sociological Review* 57:421–445.

Campbell, John L. 2004. *Institutional Change and Globalization*. Princeton, NJ: Princeton University Press.

———. 2005. Where do we stand? Common mechanisms in organizations and social movements research. In *Social Movements and Organization Theory*, ed. Gerald F. Davis, Doug McAdam, W. Richard Scott, and Mayer N. Zald (pp. 41–68). New York: Cambridge University Press.

Campbell, John L., J. Rogers Hollingsworth, and Leon N. Lindberg. eds. 1991. *Governance of the American Economy*. New York: Cambridge University Press.

Campbell, John L., and Leon N. Lindberg. 1990. Property rights and the organization of economic activity by the state. *American Sociological Review* 55:634–647.

———. 1991. The evolution of governance regimes. In *Governance of the American Economy*, ed. John L. Campbell, J. Rogers Hollingsworth, and Leon N. Lindberg (pp. 319–355). New York: Cambridge University Press.

Campbell, John L., and Ove K. Pedersen. eds. 2001. *The Rise of Neoliberalism and Institutional Analysis*. Princeton, NJ: Princeton University Press.

Caronna, Carol. A. 2004. The misalignment of institutional "pillars": Consequences for the U.S. health field. *Journal of Health and Social Behavior* 45:45–58.

Carroll, Glenn R., Jacques Delacroix, and Jerry Goodstein. 1988. The political environments of organizations: An ecological view. In *Research in Organizational Behavior*, vol. 10, ed. Barry M. Staw and L. L. Cummings (pp. 359–392). Greenwich, CT: JAI Press.

Carroll, Glenn R., and Michael T. Hannan. 1989. Density dependence in the evolution of populations of newspaper organizations. *American Sociological Review* 54:524–548.

Casile, Maureen, and Alison Davis-Blake. 2002. When accreditation standards change: Factors affecting differential responsiveness of public and private organizations. *Academy of Management Journal* 45:180–195.

Caves, R. E. 2000. *Creative Industries: Contracts Between Art and Commerce*. Cambridge, MA: Harvard University Press.

Cawson, Alan. ed. 1985. *Organized Interests and the State: Studies in Meso-Corporatism*. Beverly Hills, CA: Sage.

Chandler, Alfred D., Jr. 1962. *Strategy and Structure: Chapters in the History of the American Industrial Enterprise*. Cambridge, MA: MIT Press.

———. 1977. *The Visible Hand: The Managerial Revolution in American Business*. Cambridge, MA: Belknap Press.

———. 1990. *Scale and Scope: The Dynamics of Industrial Capitalism*. Cambridge, MA: Belknap Press.

Child, John. 2000. Theorizing about organization cross-nationally. In *Advances in International Comparative Management*, vol. 13, ed. Joseph C. Cheng and Richard B. Peterson (pp. 27–75). Stamford, CT: JAI Press.

———. 2005. *Organization: Contemporary Principles and Practice*. Malden, MA: Blackwell.

Chomsky, Noam. 1986. *Knowledge of Language*. Westport, CT: Praeger.

Christensen, Søren, Peter Karnøe, Jesper Strandgaard Pedersen, and Frank Dobbin. eds. 1997. Action in institutions. *American Behavioral Scientist* 40:389–538.

Christensen, Tom, and Per Laegreid 2001. *New Public Management: The Transformation of Ideas.* Aldershot, UK: Ashgate.

Cicourel, Aaron V. 1968. *The Social Organization of Juvenile Justice.* New York: Wiley.

Clark, Adele E. 1991. Social worlds/arenas theory as organization theory. In *Social Organization and Social Process: Essays in Honor of Anselm Strauss,* ed. David R. Maines (pp. 119–158). New York: Aldine de Gruyter.

Clark, Burton R. 1960. *The Open Door College.* New York: McGraw-Hill.

———. 1970. *The Distinctive College: Antioch, Reed, and Swarthmore.* Chicago: Aldine.

Clegg, Stewart, and Michael Lounsbury. 2009. Weber: Sintering the iron cage: Translation, domination, and rationality. In *The Oxford Handbook of Sociology and Organization Studies: Classical Foundations,* ed. Paul S. Adler (pp. 118–145). Oxford, UK: Oxford University Press.

Clemens, Elisabeth S. 1993. Organizational repertoires and institutional change: Women's groups and the transformation of U.S. politics, 1890–1920. *American Journal of Sociology* 98:755–798.

———. 1996. Organizational form as frame: Collective identity and political strategy in the American labor movement, 1880–1920. In *Comparative Perspectives on Social Movements: Political Opportunities, Mobilizing Structures, and Cultural Framings*, ed. Doug McAdam, John D. McCarthy, and Mayer N. Zald (pp. 205–226). Cambridge, UK: Cambridge University Press.

———. 1997. *The People's Lobby: Organizational Innovation and the Rise of Interest Group Politics in the United States, 1890–1925*. Chicago: University of Chicago Press.

Clemens, Elisabeth S., and James M. Cook. 1999. Politics and institutionalism: Explaining durability and change. *Annual Review of Sociology* 25:441–466.

Coase, Ronald H. 1937. The nature of the firm. *Economica* 4:385–405.

———. 1972. Industrial organization: A proposal for research. In *Policy Issues and Research Opportunities in Industrial Organization*, ed. Victor R. Fuchs (pp. 59–73). New York: National Bureau of Economic Research.

———. 1983. The new institutional economics. *Journal of Institutional and Theoretical Economics* 140:229–231.

Coburn, Cynthia E. 2004. Beyond decoupling: Rethinking the relationship between the institutional environment and the classroom. *Sociology of Education* 77:211–244.

Cohen, Michael D. 2007. Administrative behavior: Laying the foundation for Cyert and March. *Organization Science* 18:503–506.

———. 2009. Reading Dewey: Some implications for the study of routine. In *The Oxford Handbook of Sociology and Organization Studies: Classical Studies,* ed. Paul S. Adler (pp. 444–463). Oxford, UK: Oxford University Press.

Cohen, Michael D., and Daniel A. Levinthal. 1990. Absorptive capacity: A new perspective on learning and innovation. *Administrative Science Quarterly* 35:128–152.

Cohen, Michael D., James G. March, and Johan P. Olsen. 1972. A garbage can model of organization choice. *Administrative Science Quarterly* 17:1–17.

Cole, Robert E. 1979. *Work, Mobility, and Participation: A Comparative Study of American and Japanese Industry*. Berkeley: University of California Press.

———. 1989. *Strategies for Learning: Small-Group Activities in American, Japanese, and Swedish Industry*. Berkeley: University of California Press.

———. 1999. *Managing Quality Fads: How American Business Learned to Play the Quality Game*. New York: Oxford University Press.

Cole, Robert E., and W. Richard Scott. eds. 2000. *The Quality Movement and Organization Theory*. Thousand Oaks, CA: Sage.

Coleman, James S. 1964. *Introduction to Mathematical Sociology*. New York: Free Press.

———. 1974. *Power and the Structure of Society*. New York: W. W. Norton.

———. 1990. *Foundations of Social Theory*. Cambridge, MA: Belknap Press.

———. 1994. A rational choice perspective on economic sociology. In *The Handbook of Economic Sociology*, ed. Neil J. Smelser and Richard Swedberg (pp. 166–180). Princeton, NJ: Princeton University Press and Russell Sage Foundation.

Collingwood, R. G. 1948. *The Idea of History*. Oxford, UK: Clarendon Press.

Colyvas, Jeannette A., and Stefan Jonsson. 2011. Ubiquity and legitimacy: Disentangling diffusion and institutionalization. *Sociological Theory* 29:27–53.

Colyvas, Jeannette A., and Walter W. Powell. 2007. From vulnerable to venerated: The institutionalization of academic entrepreneurship in the life sciences. In *Research in the Sociology of Organizations* 25:219–259.

Commons, John R. 1924. *The Legal Foundations of Capitalism*. New York: Macmillan.

———. 1950/1970. *The Economics of Collective Action*. Madison: University of Wisconsin Press.

Cooley, Charles Horton. 1902/1956. *Social Organization*. Glencoe, IL: Free Press.

Cooper, David J., Bob Hinings, Royston Greenwood, and John L. Brown. 1996. Sedimentation and transformation in organizational change: The case of Canadian law firms. *Organization Studies* 17:623–647.

Covaleski, Mark A., and Mark W. Dirsmith. 1988. An institutional perspective on the rise, social transformation and fall of a university budget category. *Administrative Science Quarterly* 33:562–587.

Creed, W. E. Douglas, Rich Dejordy, and Jaco Lok. 2010. Being the change: Resolving institutional contradiction through identity work. *Academy of Management Journal* 53:1336–1364.

Cyert, Richard M., and James G. March. 1963. *A Behavioral Theory of the Firm*. Englewood Cliffs, NJ: Prentice Hall.

Czarniawska, Barbara, and Bernward Joerges. 1996. Travels of ideas. In *Translating Organizational Change*, ed. Barbara Czarniawska and Guji Sevón (pp. 13–48). Berlin: Walter de Gruyter.

Dacin, M. Tina. 1997. Isomorphism in context: The power and prescription of institutional norms. *Academy of Management Journal* 40:46–81.

Dacin, M. Tina, and Peter A. Dacin. 2008. Traditions as institutional practice: Implications for deinstitutionalization. In *The Sage Handbook of Organizational Institutionalism*, ed. Royston Greenwood, Christine Oliver, Kerstin Sahlin, and Roy Suddaby (pp. 327–351). Los Angeles: Sage.

Dacin, M. Tina, Jerry Goodstein, and W. Richard Scott. 2002. Institutional theory and institutional change: Introduction to the Special Research Forum. *Academy of Management Journal* 45:43–56.

Dacin, M. Tina, Marc J. Ventresca, and Brent D. Beal. 1999. The embeddedness of organizations: Dialogue and directions. *Journal of Management* 25:317–356.

Daft, Richard, and Karl E. Weick. 1984. Toward a model of organizations as interpretation systems. *Academy of Management Review* 9:284–295.

Dahl, Robert A., and Charles E. Lindblom. 1953. *Politics, Economics, and Welfare.* New York: Harper & Brothers.

D'Andrade, Roy G. 1984. Cultural meaning systems. In *Culture Theory: Essays on Mind, Self, and Emotion*, ed. Richard A. Shweder and Robert A. LeVine (pp. 88–119). Cambridge, UK: Cambridge University Press.

D'Aunno, Thomas, Robert I. Sutton, and Richard H. Price. 1991. Isomorphism and external support in conflicting institutional environments: A study of drug abuse treatment units. *Academy of Management Journal* 14:636–661.

David, Paul A. 1985. Clio and the economics of QWERTY. *American Economic Review* 75:332–337.

———. 1992. *Why are institutions the "carriers of history"? Notes on path-dependence and the evolution of conventions, organizations and institutions.* Paper presented to the Stanford Institute for Theoretical Economics, Stanford University.

———. 2000. Path dependence, its critics, and the quest for "historical economics." In *Evolution and Path Dependence in Economic Ideas: Past and Present*, ed. Pierre Garrouste and Stavros Ionnides. Cheltenham, UK: Edward Elgar.

Davis, Gerald F. 2009. *Managed by the Markets: How Finance Reshaped America.* Oxford, UK: Oxford University Press.

Davis, Gerald F., Kristina A. Diekmann, and Catherine H. Tinsley. 1994. The decline and fall of the conglomerate firm in the 1980s: The deinstitutionalization of an organizational form. *American Sociological Review* 59:547–570.

Davis, Gerald F., and Henrich R. Greve. 1997. Corporate elite networks and governance changes in the 1980s. *American Journal of Sociology* 103:1–37.

Davis, Gerald F., and Christopher Marquis. 2005. Prospects for organization theory in the early 21st century: Institutional fields and mechanisms. *Organization Science* 16:332–343.

Davis, Gerald F., Doug McAdam, W. Richard Scott, and Mayer N. Zald. eds. 2005. *Social Movements and Organization Theory*. Cambridge, UK: Cambridge University Press.

Davis, Kingsley. 1949. *Human Society.* New York: Macmillan.

Deephouse, David L. 1996. Does isomorphism legitimate? *Academy of Management Journal* 39:1024–1039.

Deephouse, David L., and Mark Suchman. 2008. Legitimacy in organizational institutionalism. In *The Sage Handbook of Organizational Institutionalism*, ed. Royston Greenwood, Christine Oliver, Kerstin Sahlin, and Roy Suddaby (pp. 49–77). Los Angeles: Sage.

Dezalay, Yves, and Bryant G. Garth. 1996. *Dealing in Virtue: International Commercial Arbitration and the Construction of a Transnational Legal Order*. Chicago: University of Chicago Press.

Dill, William R. 1958. Environment as an influence on managerial autonomy. *Administrative Science Quarterly* 2:409–443.

DiMaggio, Paul J. 1979. Review essay: On Pierre Bourdieu. *American Journal of Sociology* 84:1460–1474.

———. 1983. State expansion and organizational fields. In *Organizational Theory and Public Policy*, ed. Richard H. Hall and Robert E. Quinn (pp. 147–161). Beverly Hills, CA: Sage.

———. 1986. Structural analysis of organizational fields: A block model approach. In *Research in Organization Behavior*, vol. 8, ed. Barry M. Staw and L. L. Cummings (pp. 335–370). Greenwich, CT: JAI Press.

———. 1988. Interest and agency in institutional theory. In *Institutional Patterns and Organizations: Culture and Environment*, ed. Lynne G. Zucker (pp. 3–21). Cambridge, MA: Ballinger.

———. 1990. Cultural aspects of economic organization and behavior. In *Beyond the Marketplace: Rethinking Economy and Society*, ed. Roger Friedland and A. F. Robertson (pp. 113–136). New York: Aldine de Gruyter.

———. 1991. Constructing an organizational field as a professional project: U.S. art museums, 1920–1940. In *The New Institutionalism in Organizational Analysis*, ed. Walter W. Powell and Paul J. DiMaggio (pp. 267–292). Chicago: University of Chicago Press.

———. 1994. Culture and economy. In *Handbook of Economic Sociology*, ed. Neil J. Smelser and Richard Swedberg (pp. 27–57). Princeton, NJ: Princeton University Press.

———. 1997. Culture and cognition: An interdisciplinary review. *Annual Review of Sociology* 23:263–287.

DiMaggio, Paul J., and Walter W. Powell. 1983. The iron cage revisited: Institutional isomorphism and collective rationality in organizational fields. *American Sociological Review* 48:147–160.

———. 1991. Introduction. In *The New Institutionalism in Organizational Analysis*, ed. Walter W. Powell and Paul J. DiMaggio (pp. 1–38). Chicago: University of Chicago Press.

Djelic, Marie-Laure. 1998. *Exporting the American Model*. Oxford, UK: Oxford University Press.

Djelic, Marie-Laure, and Sigrid Quack. 2003a. Conclusion: Globalization as a double process of institutional change and institution building. In *Globalization and Institutions: Redefining the Rules of the Economic Game,* ed. Marie-Laure Djelic and Sigrid Quack (pp. 302–333). Cheltenham, UK: Edward Elgar.

———. eds. 2003b. *Globalization and Institutions: Redefining the Rules of the Economic Game.* Cheltenham, UK: Edward Elgar.

———. 2003c. Introduction: Governing globalization—bringing institutions back in. In *Globalization and Institutions: Redefining the Rules of the Economic Game,* ed. Marie-Laure Djelic and Sigrid Quack (pp. 1–14). Cheltenham, UK: Edward Elgar.

Djelic, Marie-Laure, and Kerstin Sahlin-Andersson. eds. 2006. *Transnational Governance: Institutional Dynamics of Regulation.* Cambridge, UK: Cambridge University Press.

Dobbin, Frank R. 1994a. Cultural models of organization: The social construction of rational organizing principles. In *The Sociology of Culture: Emerging Theoretical Perspectives,* ed. Diana Crane (pp. 117–141). Oxford, UK: Blackwell.

———. 1994b. *Forging Industrial Policy: The United States, Britain, and France in the Railway Age.* New York: Cambridge University Press.

———. ed. 2004. *The Sociology of the Economy.* New York: Russell Sage Foundation.

———. 2009. *Inventing Equal Opportunity.* Princeton, NJ: Princeton University Press.

Dobbin, Frank R., Lauren B. Edelman, John W. Meyer, W. Richard Scott, and Ann Swidler. 1988. The expansion of due process in organizations. In *Institutional Patterns and Organizations: Culture and Environment,* ed. Lynne G. Zucker (pp. 71–100). Cambridge, MA: Ballinger.

Dobbin, Frank R., and John R. Sutton. 1998. The strength of a weak state: The rights revolution and the rise of human resources management divisions. *American Journal of Sociology* 104:441–476.

Dobbin, Frank R., John R. Sutton, John W. Meyer, and W. Richard Scott. 1993. Equal opportunity law and the construction of internal labor markets. *American Journal of Sociology* 99:396–427.

Dolan, R. J. 2003. Emotion, cognition, and behavior. *Science* 298:1191–1194.

Donald, Merlin. 1991. *Origins of the Modern Mind: Three Stages in the Evolution of Culture and Cognition.* Cambridge, MA: Harvard University Press.

Dore, Ronald. 1973. *British Factory, Japanese Factory: The Origins of National Diversity in Industrial Relations.* Berkeley: University of California Press.

Dornbusch, Sanford M., and W. Richard Scott, with the assistance of Bruce C. Busching and James D. Laing. 1975. *Evaluation and the Exercise of Authority.* San Francisco: Jossey-Bass.

Douglas, Mary. 1982. The effects of modernization on religious change. *Daedalus* (Winter): 1–19.

———. 1986. *How Institutions Think.* Syracuse, NY: Syracuse University Press.

Dowling, John, and Jeffrey Pfeffer. 1975. Organizational legitimacy: Social values and organizational behavior. *Pacific Sociological Review* 18:122–136.

Drori, Gili S., John W. Meyer, and Hokyu Hwang. eds. 2006. *Globalization and Organization: World Society and Organizational Change*. Oxford, UK: Oxford University Press.

Du Gay, Paul 2009. Max Weber and the ethics of office. In *The Oxford Handbook of Sociology and Organization Studies: Classical Foundations*, ed. Paul S. Adler (pp. 146–173). Oxford, UK: Oxford University Press.

Dudziak, Mary L. 1988. Desegregation as a cold war imperative. *Stanford Law Review* 41:61–120.

Dupri, Louis. 2004. *The Enlightenment and the Intellectual Foundations of Modern Culture*. New Haven, CT: Yale University Press.

Durkheim, Émile. 1893/1949. *The Division of Labor in Society*. Glencoe, IL: Free Press.

———. 1901/1950. *The Rules of Sociological Method*. Glencoe, IL: Free Press.

———. 1912/1961. *The Elementary Forms of Religious Life*. New York: Collier Books.

Dutton, Jane E., and Janet M. Dukerich. 1991. Keeping an eye on the mirror: Image and identity in organizational adaptation. *Administrative Science Quarterly* 34:517–554.

Easton, David. 1965. *A Framework for Political Analysis*. Englewood Cliffs, NJ: Prentice Hall.

Eckstein, Harry. 1963. A perspective on comparative politics: Past and present. In *Comparative Politics*, ed. Harry Eckstein and David E. Apter (pp. 3–32). New York: Free Press.

The Economist. 2011, October 29. Review of *Thinking, Fast and Slow*.

Edelman, Lauren B. 1992. Legal ambiguity and symbolic structures: Organi zational mediation of civil rights law. *American Journal of Sociology* 97:1531–1576.

Edelman, Lauren B., and Mark C. Suchman. 1997. The legal environment of organizations. *Annual Review of Sociology* 23:479–515.

Edelman, Lauren B., Christopher Uggen, and Howard S. Erlanger. 1999. The endogeneity of legal regulation: Grievance procedures as rational myth. *American Journal of Sociology* 105:406–454.

Eisenstadt, S. N. 1980. Cultural orientations, institutional entrepreneurs, and social change: Comparative analysis of traditional civilizations. *American Journal of Sociology* 85:840–869.

Ellul, Jacques. 1954/1964. *The Technological Society*. New York: Knopf.

Elsbach, Kimberly D. 1994. Managing organizational legitimacy in the California cattle industry: The construction and effectiveness of verbal accounts. *Administrative Science Quarterly* 39:57–88.

———. 2002. Intraorganizational institutions. In *Blackwell Companion to Organizations*, ed. Joel A. C. Baum (pp. 37–57). Oxford, UK: Blackwell.

Elsbach, Kimberly D., and Robert I. Sutton. 1992. Acquiring organizational legitimacy through illegitimate actions: A marriage of institutional and impression management theories. *Academy of Management Journal* 35:699–738.

Elster, Jon. 1983. *Explaining Technical Change: A Case Study in the Philosophy of Science*. Cambridge, UK: Cambridge University Press.

———. 1986. *An Introduction to Karl Marx*. Cambridge, UK: Cambridge University Press.

———. 1989. *Nuts and Bolts for the Social Sciences*. Chicago: University of Chicago Press.

Emerson, Michael O, and David Hartman. 2006. The rise of religious fundamentalism. *Annual Review of Sociology* 32:127–144.

Emery, Fred E., and E. L. Trist. 1965. The causal texture of organizational environments. *Human Relations* 18:21–32.

Emirbayer, Mustafa, and Ann Mische. 1998. What is agency? *American Journal of Sociology* 103:962–1023.

England, Paula, and George Farkas. 1986. *Households, Employment and Gender: A Social, Economic and Demographic View*. Hawthorn, NY: Aldine.

Ertman, Thomas. 1997. *Birth of the Leviathan: Building States and Regimes in Medieval and Early Modern Europe*. Cambridge, UK: Cambridge University Press.

Espeland, Wendy Nelson, and Michael Sauder. 2007. Rankings and reactivity: How public measures recreate social worlds. *American Journal of Sociology* 113:1–40.

Espeland, Wendy Nelson, and Mitchell L. Stevens. 1998. Commensuration as a social process. *Annual Review of Sociology* 24:313–343.

Evan, William M. 1966. The organization set: Toward a theory of interorganizational relations. In *Approaches to Organizational Design*, ed. James D. Thompson (pp. 173–188). Pittsburgh, PA: University of Pittsburgh Press.

Evans, Peter B., Dietrich Rueschemeyer, and Theda Skocpol. eds. 1985. *Bringing the State Back In*. Cambridge, UK: Cambridge University Press.

Fayol, Henri. 1919/1949. *General and Industrial Management*. London: Pittman.

Feldman, Martha S., and Brian T. Pentland. 2003. Reconceptualizing organizational routines as a source of flexibility and change. *Administrative Science Quarterly* 48:94–118.

Ferejohn, John, and Morris Fiorina. 1975. Purposive models of legislative behavior. *American Economic Review, Papers and Proceedings* 65:407–415.

Ferguson, Priscilla Parkhurst. 1998. A cultural field in the making: Gastronomy in 19th century France. *American Journal of Sociology* 104:597–641.

Fine, Gary Alan, and Lori J. Ducharme. 1995. The ethnographic present: Images of institutional control in second-school research. In *A Second Chicago School? The Development of a Postwar American Sociology*, ed. Gary Allan Fine (pp. 108–135). Chicago: University of Chicago Press.

Finnemore, Martha. 1993. International organizations as teachers of norms: The United Nations Educational, Scientific, and Cultural Organization and Science Policy. *International Organizations* 47:567–597.

Fiol, C. Marlene. 2002. Intraorganizational cognition and interpretation. In *The Blackwell Companion to Organizations*, ed. Joel A. C. Baum (pp. 119–137). Oxford, UK: Blackwell.

Fiss, Peer C., and. Edward J. Zajac. 2004. The diffusion of ideas over contested terrain: The (non)adoption of a shareholder value orientation among German firms. *Administrative Science Quarterly* 29:501–534.

———. 2006. The symbolic management of strategic change: Sensegiving via framing and decoupling. *Academy of Management Journal* 49:1173–1193.

Fligstein, Neil. 1985. The spread of the multidivisional form among large firms, 1919–1979. *American Sociological Review* 50:377–391.

———. 1987. The intraorganizational power struggle: The rise of finance presidents in large corporations, 1919–1979. *American Sociological Review* 52:44–58.

———. 1990. *The Transformation of Corporate Control*. Cambridge, MA: Harvard University Press.

———. 1991. The structural transformation of American industry: An institutional account of the causes of diversification in the largest firms, 1919–1979. In *The New Institutionalism in Organizational Analysis*, ed. Walter W. Powell and Paul J. DiMaggio (pp. 311–336). Chicago: University of Chicago Press.

———. 2001a. *The Architecture of Markets: An Economic Sociology of Twenty-First-Century Capitalist Societies*. Princeton, NJ: Princeton University Press.

———. 2001b. Social skill and the theory of fields. *Sociological Theory* 19:105–125.

Fligstein, Neil, and Doug McAdam. 2011. Toward a general theory of strategic action fields. *Sociological Theory* 29:1–26.

———. 2012. *A Theory of Fields*. Oxford, UK: Oxford University Press.

Frank, David John, Ann Hironaka, and Evan Schofer. 2000. The nation-state and the natural environment over the twentieth century. *American Sociological Review* 65:96–110.

Freidson, Eliot. 1970. *Profession of Medicine*. New York: Dodd, Mead.

———. 2001. *Professionalism: The Third Logic*. Chicago: University of Chicago Press.

Friedland, Roger. 2012. Divine institution: Max Weber's value spheres and institutional theory. Unpublished paper, Department of Religious Studies and Sociology, University of California, Santa Barbara.

Friedland, Roger, and Robert R. Alford. 1991. Bringing society back in: Symbols, practices, and institutional contradictions. In *The New Institutionalism in Organizational Analysis*, ed. Walter W. Powell and Paul J. DiMaggio (pp. 232–263). Chicago: University of Chicago Press.

Friedman, Thomas L. 2005. *The World Is Flat: A Brief History of the Twenty-First Century*. New York: Farrar, Straus and Giroux.

Frost, Peter J., Larry F. Moore, Meryl Reis Louis, Craig C. Lundberg, and Joanne Martin. eds. 1985. *Organizational Culture*. Beverly Hills, CA: Sage.

Gagliardi, Pasquale. 1990. Artifacts as pathways and remains of organizational life. In *Symbols and Artifacts: Views of the Corporate Landscape*, ed. Pasquale Gagliardi (pp. 3–38). New York: Walter de Gruyter.

Galaskiewicz, Joseph. 1979. The structure of community organization networks. *Social Forces* 57:1346–1364.

Galaskiewicz, Joseph, and Wolfgang Bielefeld. 1998. *Nonprofit Organizations in an Age of Uncertainty: A Study of Organizational Change.* New York: Aldine De Gruyter.

Galaskiewicz, Joseph, and Ronald S. Burt. 1991. Interorganizational contagion in corporate philanthropy. *Administrative Science Quarterly* 36:88–105.

Garfinkel, Harold. 1967. *Studies in Ethnomethodology.* Englewood Cliffs, NJ: Prentice Hall.

———. 1974. The origins of the term "ethnomethodology." In *Ethnomethodology: Selected Readings*, ed. Roy Turner (pp. 15–18). Harmondworth, UK: Penguin Books.

Geertz, Clifford. 1971. *Islam Observed: Religious Development in Morocco and Indonesia.* Chicago: University of Chicago Press.

———. 1973. *The Interpretation of Cultures.* New York: Basic Books.

Georgopoulos, Basil S. 1972. The hospital as an organization and problem-solving system. In *Organization Research on Health Institutions*, ed. Basil S. Georgopoulos (pp. 9–48). Ann Arbor: Institute for Social Research, University of Michigan.

Gereffi, Gary. 2005. The global economy: Organization, governance and development. In *The Handbook of Economic Sociology*, 2nd ed., ed. Neil J. Smelser and Richard Swedberg (pp. 160–182). Princeton, NJ: Princeton University Press.

Gergen, Kenneth J., and Keith E. Davis. eds. 1985. *The Social Construction of the Person.* New York: Springer-Verlag.

Ghoshal, Sumantra, and D. Eleanor Westney. eds. 1993. *Organization Theory and the Multinational Corporation.* New York: St. Martin's Press.

Gibbons, Robert 1992. *Game Theory for Applied Economists.* Princeton, NJ: Princeton University Press.

Giddens, Anthony. 1979. *Central Problems in Social Theory: Action, Structure and Contradiction in Social Analysis.* Berkeley: University of California.

———. 1984. *The Constitution of Society.* Berkeley: University of California Press.

Gioia, Dennis A., and Kumar Chittipeddi. 1991. Sensemaking and sensegiving in strategic change initiation. *Strategic Management Journal* 12:433–448.

Glassman, Robert. 1973. Persistence and loose coupling in living systems. *Behavioral Science* 18:83–98.

Glynn, Mary Ann. 2000. When cymbals becomes symbols: Conflict over organizational identity within a symphony orchestra. *Organization Science* 11:285–298.

———. 2008. Beyond constraint: How institutions enable identities. In *The Sage Handbook of Organizational Institutionalism*, ed. Royston Greenwood, Christine Oliver, Kerstin Sahlin, and Roy Suddaby (pp. 413–430). Los Angeles: Sage.

Goffman, Erving. 1961. *Asylums.* Garden City, NY: Doubleday, Anchor Books.

———. 1974. *Frame Analysis.* Cambridge, MA: Harvard University Press.

———. 1983. The interaction order. *American Sociological Review* 48:1–17.

Goldstein, Judith, and Robert O. Keohane. eds. 1993. *Ideas and Foreign Policy: Beliefs, Institutions and Political Change*. Ithaca, NY: Cornell University Press.

Goodrick, Elizabeth, and Gerald R. Salancik. 1996. Organizational discretion in responding to institutional practices: Hospitals and Cesarean births. *Administrative Science Quarterly* 41:1–28.

Gopnik, Alison, Andrew N. Melzoff, and Patricia K. Kuhl. 1999. *The Scientist in the Crib: What Early Learning Tells Us About the Mind*. New York: Morrow.

Gouldner, Alvin W. 1954. *Patterns of Industrial Bureaucracy*. Glencoe, IL: Free Press.

Granovetter, Mark. 1973. The strength of weak ties. *American Journal of Sociology* 78:1360–1380.

———. 1985. Economic action and social structure: The problem of embeddedness. *American Journal of Sociology* 91:481–510.

Gray, John. 2005, August 11. The world is round: Review of "The World Is Flat: A Brief History of the Twenty-First Century" by Thomas L. Friedman. *The New York Review of Books* 52, no. 13.

Greening, Daniel W., and Barbara Gray. 1994. Testing a model of organizational response to social and political issues. *Academy of Management Journal* 37:467–498.

Greenwood, Royston, and C. R. Hinings. 1993. Understanding strategic change: The contribution of archetypes. *Academy of Management Journal* 36:1052–1081.

———. 1996. Understanding radical organizational change: Bringing together the old and the new institutionalism. *Academy of Management Review* 21:1022–1054.

Greenwood, Royston, Mia Raynard, Farah Kodeih, Evelyn R. Micelotta, and Michael Lounsbury 2011. Institutional complexity and organizational responses. *Academy of Management Annals* 5: 317-71.

Greenwood, Royston, and Roy Suddaby. eds. 2006. *Professional Service Firms Research in the Sociology of Organizations*, vol. 24. Amsterdam: Elsevier.

Greenwood, Royston, Roy Suddaby, and C. R. Hinings. 2002. Theorizing change: The role of professional association in the transformation of institutional fields. *Academy of Management Journal* 45:58–80.

Greif, Avner. 2003. Review essay of *The Architecture of Markets: An Economic Sociology of Twenty-First-Century Capitalist Societies* by Neil Fligstein. *Contemporary Sociology* 32:148–152.

———. 2006. *Institutions and the Path to the Modern Economy: Lessons From Medieval Trade*. Cambridge, UK: Cambridge University Press.

Greve, Henrich R. 1995. Jumping ship: The diffusion of strategy abandonment. *Administrative Science Quarterly* 40:444–473.

———. 1998. Managerial cognition and the mimetic adoption of market positions: What you see is what you do. *Strategic Management Journal* 19:967–988.

Griswold, Wendy. 1992. Recent developments in the sociology of culture: Four good arguments (and one bad one). *Acta Sociologica* 35:323–328.

Gronow, Antti. 2008. Not by rules of choice alone: A pragmatist critique of institutional theories in economics and sociology. *Journal of Institutional Economics* 4:351–373.

Guillén, Mauro F. 1994. *Models of Management: Work, Authority, and Organization in a Comparative Perspective*. Chicago: University of Chicago Press.

———. 2001a. Introduction to the transaction edition. In *Reinhold Bendix, Work and Authority in Industry* (pp. xvii–lxv). New Brunswick, NJ: Transaction.

———. 2001b. *The Limits of Convergence: Globalization and Organizational Change in Argentina, South Korea, and Spain*. Princeton, NJ: Princeton University Press.

Gusfield, Joseph R. 1955. Social structure and moral reform: A study of the Women's Christian Temperance Union. *American Journal of Sociology* 61:221–232.

Guthrie, Doug, and Louise Marie Roth. 1999. The state, courts, and maternity policies in U.S. organizations: Specifying institutional mechanisms, *American Sociological Review* 64:41–63.

Habermas, Jürgen, et al. 2010. *An Awareness of What Is Missing: Faith and Reason in a Post-Secular Age*. Oxford, UK: Oxford University Press.

Hall, Peter A. 1986. *Governing the Economy: The Politics of State Intervention in Britain and France*. New York: Oxford University Press.

Hall, Peter A., and David Soskice. 2001a. An introduction to varieties of capitalism. In *Varieties of Capitalism: The Institutional Foundation of Comparative Advantage*, ed. Peter A. Hall and David Soskice (pp. 1–68). Oxford, UK: Oxford University Press.

———. eds. 2001b. *Varieties of Capitalism: The Institutional Foundations of Comparative Advantage*. New York: Oxford University Press.

Hall, Peter A., and Rosemary C. R. Taylor. 1996. Political science and the three new institutionalisms. *Political Studies* 44:936–957.

Hall, Richard H. 1992. Taking things a bit too far: Some problems with emergent institutional theory. In *Issues, Theory and Research in Industrial Organizational Psychology*, ed. Kathryn Kelley (pp. 71–87). Amsterdam: Elsevier.

Hallett, Tim, and Marc J. Ventresca. 2006. Inhabited institutions: Social interactions and organizational forms in Gouldner's *Patterns of Industrial Bureaucracy*. *Theory and Society* 35:213–236.

Halliday, Terence C., Michael J. Powell, and Mark W. Granfors. 1993. After minimalism: Transformation of state bar associations from market dependence to state reliance, 1918 to 1950. *American Sociological Review* 58:515–535.

Hamilton, Gary G., and Misha Petrovic 2009. Thorstein Veblen and the organization of the capitalist economy. In *The Oxford Handbook of Sociology and Organization Studies: Classical Foundations*, ed. Paul S. Adler (pp. 351–374). Oxford, UK: Oxford University Press.

Hanks, William F. 1991. Foreword. In *Situated Learning: Legitimate Peripheral Participation*, Jean Lave and Etienne Wenger (pp. 13–26). Cambridge, UK: Cambridge University Press.

Hannan, Michael T., and Glenn R. Carroll. 1987. The ecology of organizational founding: American labor unions, 1836–1985. *American Journal of Sociology* 92:910–943.

Hannan, Michael T., Glenn R. Carroll, Elizabeth A. Dundon, and John Charles Torres. 1995a. Organizational evolution in a multinational context: Entries of automobile manufacturers in Belgium, Britain, France, Germany, and Italy. *American Sociological Review* 60:509–528.

———. 1995b. Response to Baum and Powell. *American Sociological Review* 57:539–540.

Hannan, Michael T., and John Freeman. 1977. The population ecology of organizations. *American Journal of Sociology* 82:929–964.

———. 1984. Structural inertia and organizational change. *American Sociological Review* 49:149–164.

———. 1989. *Organizational Ecology.* Cambridge, MA: Harvard University Press.

Hannan, Michael T., Laszlo Pólos, and Glenn R. Carroll. 2007. *The Logics of Organizational Theory: Social Codes and Ecologies.* Princeton, NJ: Princeton University Press.

Hargrave, Timothy J., and Andrew H. Van de Ven. 2006. A collective action model of institutional innovation. *Academy of Management Review* 31:864–888.

Harrison, Bennett. 1994. *Lean and Mean: The Changing Landscape of Corporate Power in the Age of Flexibility.* New York: Basic Books.

Harvey, Bruce. 2005. *A Brief History of Neoliberalism.* Oxford, UK: Oxford University Press.

Hasenclever, Andreas, Peter Mayer, and Volker Rittberger. 1997. *Theories of International Regimes.* Cambridge: Cambridge University Press.

Haunschild, Pamela R. 1993. Interorganizational imitation: The impact of interlocks on corporate acquisition activity. *Administrative Science Quarterly* 38:564–592.

Haunschild, Pamela R., and Christine M. Beckman. 1998. When do interlocks matter? Alternative sources of information and interlock influence. *Administrative Science Quarterly* 43:815–844.

Haunschild, Pamela, and David Chandler. 2008. Institution-level learning: Learning as a source of institutional change. In *The Sage Handbook of Organizational Institutionalism,* ed. Royston Greenwood, Christine Oliver, Kerstin Sahlin, and Roy Suddaby (pp. 624–649). Los Angeles: Sage.

Haunschild, Pamela R., and Anne S. Miner. 1997. Modes of interorganizational imitation: The effects of outcome salience and uncertainty. *Administrative Science Quarterly* 42:472–500.

Haveman, Heather A. 1993. Follow the leader: Mimetic isomorphism and entry into new markets. *Administrative Science Quarterly* 38:593–627.

Haveman, Heather A., and Hayagreeva Rao. 1997. Structuring a theory of moral sentiments: Institutional and organizational coevolution in the early thrift industry. *American Journal of Sociology* 102:1606–1651.

Hawley, Amos. 1950. *Human Ecology.* New York: Ronald Press.

———. 1968. Human ecology. *International Encyclopedia of the Social Sciences,* vol. 4, ed. David L. Sills (pp. 328–337). New York, NY: Macmillan.

Hay, Peter. 1993. Royal treatment. *Performing Arts* (March): 70.

Hayek, Friedrich A. 1948. *Individualism and Economic Order.* Chicago: University of Chicago Press.

Hechter, Michael. 1987. *Principles of Group Solidarity.* Berkeley: University of California Press.

Hechter, Michael, Karl-Dieter Opp, and Reinhard Wippler. eds. 1990. *Social Institutions: Their Emergence, Maintenance and Effects.* New York: Aldine de Gruyter.

Heclo, Hugh. 2002. The statesman: Revisiting *Leadership in Administration.* In *Legality and Community: On the Intellectual Legacy of Philip Selznick,* ed. Robert A. Kagan, Martin Krygier, and Kenneth Winston (pp. 295–310). Lanham, MA: Rowman & Littlefield.

———. 2008. *On Thinking Institutionally.* Boulder, CO: Paradigm.

Hegel, Georg W. F. 1807/1967. *The Phenomenology of Mind.* New York: Harper & Row.

Heilbroner, Robert L. 1985. *The Nature and Logic of Capitalism.* New York: W. W. Norton.

Heimer, Carol A. 1999. Competing institutions: Law, medicine, and family in neonatal intensive care. *Law and Society Review* 33:17–66.

Heimer, Carol A., and Lisa R. Staffen. 1998. *For the Sake of the Children: The Social Organization of Responsibility in the Hospital and Home.* Chicago: University of Chicago Press.

Heise, David R. 1979. *Understanding Events: Affect and the Construction of Social Action.* Cambridge, UK: Cambridge University Press.

Helper, Susan, John Paul MacDuffie, and Charles Sabel. 2000. Pragmatic collaborations: Advancing knowledge while controlling opportunism. Unpublished paper, Wharton School, University of Pennsylvania.

Hemenway, David. 1975. *Industrywide Voluntary Product Standards.* Cambridge, MA: Ballinger.

Hernes, Gudmund. 1998. Real virtuality. In *Social Mechanisms: An Analytical Approach to Social Theory*, ed. Peter Hedström and Richard Swedberg (pp. 74–101). New York: Cambridge University Press.

Hirsch, Paul M. 1972. Processing fads and fashions: An organization-set analysis of cultural industry systems. *American Sociological Review* 77:639–659.

———. 1985. The study of industries. In *Research in the Sociology of Organizations,* vol. 4, ed. Sam B. Bacharach and S. M. Mitchell (pp. 271–309). Greenwich, CT: JAI Press.

———. 1997. Review essay: Sociology without social structure: Neoinstitutional theory meets brave new world. *American Journal of Sociology* 102:1702–1723.

Hirsch, Paul M., and Michael D. Lounsbury. 1996. Rediscovering volition: The institutional economics of Douglass C. North. *Academy of Management Review* 21:872–884.

———. 1997. Ending the family quarrel: Toward a reconciliation of "old" and "new" institutionalism. *American Behavioral Scientist* 40:406–418.

Hirschman, Albert O. 1991. *The Rhetoric of Reaction.* Cambridge, MA: Belknap Press.

———. 1996. *The Passions and the Interests: Political Arguments for Capitalism Before its Triumph*. Princeton, NJ: Princeton University Press.

Hodgson, Geoffrey M. 1991. Institutional economic theory: The old versus the new. In *After Marx and Sraffa: Essays in Political Economy*, ed. Geoffrey M. Hodgson (pp. 194–213). New York: St. Martin's Press.

———. ed. 1993. *The Economics of Institutions.* Aldershot, UK: Edward Elgar.

———. 1994. The return of institutional economics. In *The Handbook of Economic Sociology,* ed. Neil J. Smelser and Richard Swedberg (pp. 58–76). Princeton, NJ: Princeton University Press.

Hoffman, Andrew J. 1997. *From Heresy to Dogma: An Institutional History of Corporate Environmentalism.* San Francisco: New Lexington Press.

———. 1999. Institutional evolution and change: Environmentalism and the U.S. chemical industry. *Academy of Management Journal* 42:351–71.

———. 2001. Linking organizational and field level analysis. *Organization & Environment* 14:133–156.

Hoffman, Andrew J., and Marc J. Ventresca. 1999. The institutional framing of policy debates: Economics versus the environment. *American Behavioral Scientist* 42:1368–1392.

———. eds. 2002. *Organizations, Policy, and the Natural Environment: Institutional and Strategic Perspectives*. Stanford, CA: Stanford University Press.

Hofstede, Geert. 1984. *Culture's Consequences: International Differences in Work-Related Values.* Beverly Hills, CA: Sage.

———. 1991. *Culture and Organizations: Software of the Mind.* New York: McGraw-Hill.

Hollingsworth, J. Rogers, and Robert Boyer. eds. 1997. *Contemporary Capitalism: The Embeddedness of Institutions.* Cambridge, UK: Cambridge University Press.

Holm, Petter. 1995. The dynamics of institutionalization: Transformation processes in Norwegian fisheries. *Administrative Science Quarterly* 40:398–422.

Hopwood, Anthony, and Peter Miller. 1994. *Accounting as a Social and Institutional Practice.* Cambridge: Cambridge University Press.

House, Robert J., Paul J. Hanges, Mansour Javidan, Peter W. Dorfman, and Vipin Gupta. 2004. *Culture, Leadership, and Organization: The GLOBE Study of 62 Societies.* Thousand Oaks, CA: Sage.

Hughes, Everett C. 1936. The ecological aspect of institutions. *American Sociological Review* 1:180–189.

———. 1939. Institutions. In *An Outline of the Principles of Sociology*, ed. Robert E. Park (pp. 218–330). New York: Barnes & Noble.

———. 1958. *Men and Their Work.* Glencoe, IL: Free Press.

———. 1962/1971. "Going concerns": The study of American institutions. In *The Sociological Eye: Selected Papers,* ed. Everett C. Hughes (pp. 52–64). Chicago: Aldine.

———. 1984. *The Sociological Eye: Selected Papers*. New Brunswick, NJ: Transaction Books.

Hwang, Hokyu, and Walter W. Powell. 2009. The rationalization of charity: The influences of professionalism in the nonprofit sector. *Administrative Science Quarterly* 54:268–298.

Hybels, Ralph C., and Alan R. Ryan. 1996. The legitimation of commercial biotechnology through the business press, 1974–1989. Presented at the annual meetings of the Academy of Management, Cincinnati, Ohio.

Ingram, Paul. 2002. Interorganizational learning. In *The Blackwell Companion to Organizations*, ed. Joel A. C. Baum (pp. 642–663). Oxford, UK: Blackwell.

Innis, Harold A. 1972. *Empire and Communications*. Toronto: University of Toronto Press.

———. 1995. *Staples, Markets, and Cultural Change: Selected Essays*, ed. Daniel Drache. Montreal: McGill-Queen University Press.

Jacobsson, Bengt, and Kerstin Sahlin-Andersson. 2006. Dynamics of soft regulations. In *Transnational Governance: Institutional Dynamics of Regulation*, ed. Marie-Laure Djelic and Kerstin Sahlin-Andersson (pp. 247–265). Cambridge, UK: Cambridge University Press.

Jacoby, Sanford M. 1990. The new institutionalism: What can it learn from the old? *Industrial Relations* 29:316–359.

Janowitz, Morris. ed. 1966. *W. I. Thomas on Social Organization and Social Psychology*. Chicago: University of Chicago Press.

Jensen, Michael C., and William H. Meckling. 1976. Theory of the firm: Managerial behavior, agency costs, and ownership structure. *Journal of Financial Economics* 3:305–360.

Jepperson, Ronald L. 1991. Institutions, institutional effects, and institutionalization. In *The New Institutionalism in Organizational Analysis*, ed. Walter W. Powell and Paul J. DiMaggio (pp. 143–163). Chicago: University of Chicago Press.

Jepperson, Ronald L., and John W. Meyer. 1991. The public order and the construction of formal organizations. In *The New Institutionalism in Organizational Analysis*, ed. Walter W. Powell and Paul J. DiMaggio (pp. 204–231). Chicago: University of Chicago Press.

Jepperson, Ronald L., and Ann Swidler. 1994. What properties of culture should we measure? *Poetics* 22:359–371.

Johnson, Carthryn, Timothy J. Dowd, and Cecilia L. Ridgeway. 2006. Legitimacy as a social process. *Annual Review of Sociology* 32:53–78.

Johnson, Victoria 2007. What is organizational imprinting? Cultural entrepreneurship in the founding of the Paris opera. *American Journal of Sociology* 113:97–127.

Jones, Candace, and Patricia H. Thornton. eds. 2005. *Transformation in Cultural Industries* in *Research in the Sociology of Organizations*, vol. 23. Amsterdam: Elsevier.

Jooste, Stephan F., and W. Richard Scott 2011. Organizations enabling public-private partnerships: An organization field approach. In *Global Projects:*

Institutional and Political Challenges, ed. W. Richard Scott, Raymond E. Levitt, and Ryan J. Orr (pp. 377–402). Cambridge, UK: Cambridge University Press.

Kahneman, Daniel 2011. *Thinking, Fast and Slow.* New York: Farrar, Straus & Gireaux.

Kalberg, Stephen. 1980. Max Weber's types of rationality: Cornerstones for the analysis of rationalization processes in history. *American Journal of Sociology* 85:1145–1179.

Kalleberg, Arne L., David Knoke, Peter V. Marsden, and Joe L. Spaeth. 1996. *Organizations in America: Analyzing Their Structures and Human Resource Practices*. Thousand Oaks, CA: Sage.

Kamenetz, Anya. 2010. *DIY U: Edupunks, Edupreneurs, and the Coming Transformation of Higher Education.* White River Junction, VT: Chelsea Green.

Kaplan, Marilyn R., and J. Richard Harrison. 1993. Defusing the director liability crisis: The strategic management of legal threats. *Organization Science* 4:412–432.

Karl, Terry Lynn. 1997. *The Paradox of Plenty: Oil Booms and Petro-States*. Berkeley: University of California Press.

Katz, Daniel, and Robert L. Kahn. (1966). *The Social Psychology of Organizations*. New York: Wiley.

Katz, Michael L., and Carl Shapiro. 1985. Network externalities, competition, and compatibility. *American Economic Review* 75:424–440.

Katzenstein, Peter J., Robert O. Keohane, and Stephen D. Krasner. 1998. International organization and the study of world politics. *International Organization* 52:645–686.

Kellogg, Katherine C. 2011. *Challenging Operations: Medical Reform and Resistance in Surgery.* Chicago: University of Chicago Press.

Keohane, Robert O. ed. 1989. *International Institutions and State Power: Essays in International Relations Theory*. Boulder, CO: Westview Press.

Keohane, Robert, and Joseph S. Nye. 1977. *Power and Interdependence: World Politics in Transition.* Boston: Little, Brown.

Kerr, Clark, John T. Dunlop, Frederick Harbison, and Charles A. Myers. 1964. *Industrialism and Industrial Man*, 2nd ed. New York: Oxford University Press.

Khagram, Sanjeev 2004. *Dams and Development: Transnational Struggles for Water and Power.* Ithaca, NY: Cornell University Press.

Kilduff, Martin. 1993. The reproduction of inertia in multinational corporations. In *Organization Theory and the Multinational Corporation,* ed. Sumantra Ghoshal and D. Eleanor Westney (pp. 259–274). New York: St. Martin's Press.

King, Brayden G., Elizabeth S. Clemens, and Melissa Fry. 2011. Identity, realization and organizational forms: Differentiation and consolidation of identities among Arizona's charter schools. *Organization Science* 22:554–572.

Kiser, Larry L., and Elinor Ostrom 1982. The three worlds of action: A metatheoretical synthesis of institutional approaches. In *Strategies of Political Inquiry,* ed. Elinor Ostrom (pp. 179–222). Beverly Hills, CA: Sage.

Knorr-Certina, Karin. 1999. *Epistemic Cultures: How the Sciences Make Knowledge.* Cambridge, MA: Harvard University Press.

Knudsen, Christian. 1993. Modelling rationality: Institutions and processes in economic theory. In *Rationality, Institutions and Economic Methodology,* ed. Uskali Mäki, Bo Gustafsson, and Christian Knudsen (pp. 265–299). London: Routledge.

———. 1995a. The competence view of the firm: What can modern economists learn from Philip Selznick's sociological theory of leadership? In *The Institutional Construction of Organizations: International and Longitudinal Studies,* ed. W. Richard Scott and Søren Christensen (pp. 135–163). Thousand Oaks, CA: Sage.

———. 1995b. Theories of the firm, strategic management, and leadership. In *Resource-Based and Evolutionary Theories of the Firm: Toward a Synthesis,* ed. Cynthia A. Montgomery (pp. 179–217). Boston: Kluwer.

Kostova, Tatiana, and Srilata Zaheer. 1999. Organizational legitimacy under conditions of complexity: The case of the multinational enterprise. *Academy of Management Review* 24:64–81.

Kraatz, Matthew S. 1998. Learning by association? Interorganizational networks and adaptation to environmental change. *Academy of Management Journal* 41:621–643.

———. 2009. Leadership as institutional work: A bridge to the other side. In *Institutional Work: Actors and Agency in Institutional Studies of Organizations,* ed. Thomas B. Lawrence, Roy Suddaby, and Bernard Leca (pp. 59–91). Cambridge, UK: Cambridge University Press.

Kraatz, Matthew S., and Emily S. Block 2008. Organizational implications of institutional pluralism. In *The Sage Handbook of Organizational Institutionalism,* ed. Royston Greenwood, Christine Oliver, Kerstin Sahlin, and Roy Suddaby (pp. 243–275). Los Angeles: Sage.

Kraatz, Matthew S., Marc J. Ventresca, and Lina Deng. 2010. Precarious values and mundane innovations: Enrollment management in American liberal arts colleges. *Academy of Management Journal* 53:1521–1545.

Kraatz, Matthew S., and Edward J. Zajac. 1996. Exploring the limits of the new institutionalism: The causes and consequences of illegitimate organizational change. *American Sociological Review* 61:812–836.

Krasner, Stephen D. ed. 1983. *International Regimes.* Ithaca, NY: Cornell University Press.

———. 1988. Sovereignty: An institutional perspective. *Comparative Political Studies* 21:66–94.

———. 1993. Westphalia and all that. In *Ideas and Foreign Policy,* ed. Judith Goldstein and Robert Keohane (pp. 235–264). Ithaca, NY: Cornell University Press.

Kroeber, Alfred L., and Clyde Kluckhohn. 1952. Culture: A critical review of concepts and definitions. *Peabody Museum Papers* 47. Cambridge, MA: Harvard University Press.

Kroeber, Alfred L., and Talcott Parsons. 1958. The concepts of culture and of social systems. *American Sociological Review* 23:582–583.

Krygier, Martin. 2002. Philip Selznick, normative theory and the rule of law. In *Legality and Community: On the Intellectual Legacy of Philip Selznick*, ed. Robert A. Kagan, Martin Krygier, and Kenneth Winston (pp. 19-48). Lanham, MD: Rowman & Littlefield.

———. 2012. *Philip Selznick: Ideals in the World*. Stanford, CA: Stanford Law Books, Stanford University Press.

Kuhn, Thomas. 1970. *The Structure of Scientific Revolutions*. 2nd ed. Chicago: University of Chicago Press.

Kunda, Gideon. 1992. *Engineering Culture: Control and Commitment in a High-Tech Corporation*. Philadelphia: Temple University Press.

Lampel, Joseph, Jamal Shamsie, and Theresa K. Lant. eds. 2006. *The Business of Culture: Strategic Perspectives on Entertainment and Media*. Mahwah, NJ: Lawrence Erlbaum.

Landy, Marc K., Marc J. Roberts, and Stephen R. Thomas. 1990. *The Environmental Protection Agency: Asking the Wrong Questions*. New York: Oxford University Press.

Langlois, Richard N. 1986a. The new institutional economics: An introductory essay. In *Economics as a Process: Essays in the New Institutional Economics*, ed. Richard N. Langlois (pp. 1–25). New York: Cambridge University Press.

———. 1986b. Rationality, institutions and explanations. In *Economics as a Process: Essays in the New Institutional Economics*, ed. Richard N. Langlois (pp. 225–255). New York: Cambridge University Press.

Lasswell, Harold. 1936. *Politics: Who Gets What, When, and How?* New York: Whittlesey House.

Latour, Bruno. 1986. The powers of association. In *Power, Action, and Belief*, ed. John Law (pp. 164–180). London: Routledge and Kegan Paul.

———. 1987. *Science in Action*. Cambridge, MA: Harvard University Press.

Laumann, Edward O., Joseph Galaskiewicz, and Peter V. Marsden. 1978. Community structure as interorganizational linkage. *Annual Review of Sociology* 4:455–484.

Laumann, Edward O., and David Knoke. 1987. *The Organizational State: Social Choice in National Policy Domains*. Madison: University of Wisconsin Press.

Laumann, Edward O., Peter V. Marsden, and David Prensky. 1983. The boundary specification problem in network analysis. In *Applied Network Analysis*, ed. Ronald S. Burt and Michael J. Minor (pp. 18–34). Beverly Hills, CA: Sage.

Lave, Jean, and Etienne Wenger. 1991. *Situated Learning: Legitimate Peripheral Participation*. Cambridge, UK: Cambridge University Press.

Lawrence, Paul R., and Jay W. Lorsch. 1967. *Organization and Environment: Managing Differentiation and Integration*. Boston: Graduate School of Business Administration, Harvard University.

Lawrence, Thomas B. 2008. Power, institutions and organizations. In *The Sage Handbook of Organizational Institutionalism*, ed. Royston Greenwood, Christine Oliver, Kerstin Sahlin, and Roy Suddaby (pp. 170–197). Los Angeles: Sage.

Lawrence, Thomas B., and Roy Suddaby. 2006. Institutions and institutional work. In *The Sage Handbook of Organization Studies,* 2nd ed., ed. Stewart R. Clegg, Cynthia Hardy, Thomas B. Lawrence, and Walter R. Nord (pp. 215–254). London: Sage.

Lawrence, Thomas B., Roy Suddaby, and Bernard Leca. eds. 2009. *Institutional Work: Actors and Agency in Institutional Studies of Organizations.* Cambridge, UK: Cambridge University Press.

Leblebici, Husayin, Gerald R. Salancik, Anne Copay, and Tom King. 1991. Institutional change and the transformation of interorganizational fields: An organizational history of the U.S. radio broadcasting industry. *Administrative Science Quarterly* 36:333–363.

Lecours, André. 2005. New institutionalism: Issues and questions. In *New Institutionalism Theory and Analysis,* ed. André Lecours. Toronto: University of Toronto Press.

LeDoux, J. E. 1996. *The Emotional Brain.* New York: Simon and Schuster.

Levi-Strauss, Claude. 1966. *The Savage Mind.* Chicago: University of Chicago Press.

Levitt, Barbara, and James G. March. 1988. Organization learning. *Annual Review of Sociology* 14:319–340.

Lewin, Kurt. 1951. *Field Theory in Social Psychology*. New York: Harper.

Lindblom, Charles E. 1977. *Politics and Markets: The World's Political-Economic Systems.* New York: Basic Books.

Lipset, Seymour Martin, and William Schneider. 1987. *The Confidence Gap: Business, Labor, and Government in the Public Mind.* rev. ed. Baltimore: John Hopkins University Press.

Lipset, Seymour Martin, Martin A. Trow, and James S. Coleman. 1956. *Union Democracy.* Glencoe, IL: Free Press.

Lipsky, Martin. 1980. *Street-Level Bureaucracy.* New York: Russell Sage Foundation.

Lounsbury, Michael, Marc J. Ventresca, and Paul M. Hirsch. 2003. Social movements, field frames, and industry emergence: A cultural-political perspective on recycling. *Socio-Economic Review* 1:70–104.

Loya, Thomas A., and John Boli. 1999. Standardization in the world polity: Technical rationality over power. In *Constructing World Culture: International Nongovernmental Organizations Since 1875,* ed. John Boli and George M. Thomas (pp. 169–197). Stanford, CA: Stanford University Press.

Macaulay, Stewart. 1963. Non-contractual relations in business. *American Sociological Review,* 28:55–70.

Macneil, I. 1985. Relational contract: What we do and do not know. *Wisconsin Law Review* 3:483–526.

Maguire, Steve, Cynthia Hardy, and Thomas B. Lawrence. 2004. Institutional entrepreneurship in emerging fields: HIV/AIDS treatment advocacy in Canada. *Academy of Management Journal* 47:657–669.

Maines, David R. 1977. Social organization and social structure in symbolic interactionist thought. *Annual Review of Sociology* 3:235–259.

Mäki, Uskali, Bo Gustafsson, and Christian Knudsen. eds. 1993. *Rationality, Institutions and Economic Methodology*. London: Routledge.

March, James G. ed. 1965. *Handbook of Organizations*. Chicago: Rand McNally.

———. 1981. Decisions in organizations and theories of choice. In *Perspectives on Organization Design and Behavior*, ed. Andrew H. Van de Ven and William F. Joyce (pp. 205–244). New York: John Wiley & Sons.

———. 1994. *A Primer on Decision Making: How Decisions Happen*. New York: Free Press.

March, James G., and Johan P. Olsen. 1984. The new institutionalism: Organizational factors in political life. *American Political Science Review* 78:734–749.

———. 1989. *Rediscovering Institutions: The Organizational Basis of Politics*. New York: Free Press.

March, James G., and Herbert A. Simon. 1958. *Organizations*. New York: Wiley.

Marens, Richard. 2009. It's not just for communists anymore: Marxian political economy and organization theory. In *The Oxford Handbook of Sociology and Organization Studies: Classical Foundations*, ed. Paul S. Adler (pp. 92–117). Oxford, UK: Oxford University Press.

Markus, Hazel, and R. B. Zajonc. 1985. The cognitive perspective in social psychology. In *The Handbook of Social Psychology*, vol. 1, 3rd ed., ed. Gardner Lindzey and Elliot Aronson (pp. 137–230). New York: Random House.

Marquis, Christopher, Michael Lounsbury, and Royston Greenwood. eds. 2011. *Communities and Organizations*. Bingley, UK: Emerald Group.

Martin, Joanne. 1992. *Cultures in Organizations: Three Perspectives*. New York: Oxford University Press.

———. 1994. The organization of exclusion: The institutionalization of sex inequality, gendered faculty jobs, and gendered knowledge in organizational theory and research. *Organizations* 1:401–431.

———. 2002. *Organizational Culture: Mapping the Terrain*. Thousand Oaks, CA: Sage.

Martin, John Levi. 2011. *The Explanation of Social Action*. Oxford, UK: Oxford University Press.

Marx, Karl. 1844/1972. Economic and philosophic manuscripts of 1944: Selections. In *The Marx-Engels Reader*, ed. Robert C. Tucker (pp. 52–106). New York: W. W. Norton.

———. 1845–1846/1972. The German ideology: Part I. In *The Marx-Engels Reader*, ed. Robert C. Tucker (pp. 110–164). New York: W. W. Norton.

———. 1852/1963. *The Eighteenth Brumaire of Louis Bonaparte*. New York: International.

Masten, Scott E. 1986. The economic institutions of capitalism: A review article. *Journal of Institutional and Theoretical Economics* 142:445–451.

———. 1994. Culture and social movements. In *New Social Movements*, ed. Enrique Laraña, Hank Johnson, and Joseph R. Gusfield (pp. 36–57). Philadelphia, PA: Temple University Press.

Mayo, Elton 1945. *The Social Problems of an Industrial Civilization*. Boston: Graduate School of Business Administration, Harvard University.

McAdam, Doug 1982. *Political Process and the Development of Black Insurgency 1930–1970*. Chicago: University of Chicago Press.

———. 1996. The framing function of movement tactics: Strategic dramaturgy in the American civil rights movement. In *Comparative Perspectives on Social Movements*, ed. Doug McAdam, John D. McCarthy, and Mayer N. Zald (pp. 338–355). Cambridge, UK: Cambridge University Press.

———. 1999. Introduction. In *Political Process and the Development of Black Insurgency 1930–1970* (2nd ed., pp. vii–xlii). Chicago: University of Chicago Press.

McAdam, Doug, John D. McCarthy, and Mayer N. Zald. 1996. Introduction: Opportunities, mobilizing structures, and framing processes—Toward a synthetic, comparative perspective on social movements. In *Comparative Perspectives on Social Movements: Political Opportunities, Mobilizing Structures, and Cultural Framings*, ed. Doug McAdam, John D. McCarthy, and Mayer N. Zald (pp. 1–22). Cambridge, UK: Cambridge University Press.

McAdam, Doug, and W. Richard Scott. 2005. Organizations and movements. In *Social Movements and Organization Theory*, ed. Gerald F. Davis, Doug McAdam, W. Richard Scott, and Mayer N. Zald (pp. 4–40). Cambridge, UK: Cambridge University Press.

McAdam, Doug, Sidney Tarrow, and Charles Tilly. 2001. *Dynamics of Contention*. Cambridge, UK: Cambridge University Press.

McCarthy, John D., and Mayer N. Zald. 1977. Resource mobilization and social movements: A partial theory. *American Journal of Sociology* 82:1212–1241.

McDonough, Patricia M., Marc J. Ventresca, and Charles Outcalt. 2000. Field of dreams: Organization field approaches to understanding the transformation of college access, 1965–1995. In *Higher Education: Handbook of Theory and Research*, vol. 15, ed. John C. Smart (pp. 371–405). New York: Agathon Press.

McKelvey, Bill. 1982. *Organizational Systematics*. Berkeley: University of California Press.

McKenzie, Richard B., and Dwight R. Lee. 1991. *Quicksilver Capital*. New York: Free Press.

McKenzie, Roderick D. 1926/1983. The scope of human ecology. In *Origins of Human Ecology*, ed. Gerald L. Young (pp. 35–48). Stroudsburg, PA: Hutchinson Ross.

McLaughlin, Milbrey W. 1975. *Evaluation and Reform: The Elementary and Secondary Education Act of 1965*. Cambridge, MA: Ballinger.

McLaughlin, Milbrey, W. Richard Scott, Sarah Deschenes, Kathryn Hopkins, and Anne Newman. 2009. *Between Movement and Establishment: Organizations Advocating for Youth*. Stanford, CA: Stanford University Press.

Mead, George Herbert. 1934. *Mind, Self and Society*. Chicago: University of Chicago Press.

Mehler, Jacques, and Emmanuel Dupoux. 1994. *What Infants Know: The New Cognitive Science of Early Development*. Oxford, UK: Blackwell.

Melnick, R. Shep. 1983. *Regulation and the Courts: The Case of the Clean Air Act*. Washington, DC: Brookings Institution.

Menand, Louis. ed. 1997. *Pragmatism: A Reader*. New York: Vintage Books.

———. 2001. *The Metaphysical Club: A Story of Ideas in America.* New York: Farrar, Straus and Giroux.

Menger, Carl. 1883/1963. *Problems of Economics and Sociology,* ed. Louis Schneider. Urbana: University of Illinois Press.

Merton, Robert K. 1936. The unanticipated consequences of purposive social action. *American Sociological Review* 1:894–904.

———. 1940/1957. Bureaucratic structure and personality. In *Social Theory and Social Structure,* 2nd ed., ed. Robert K. Merton (pp. 195–206). Glencoe, IL: Free Press.

Merton, Robert K., Ailsa P. Gray, Barbara Hockey, and Hanan C. Selvin. eds. 1952. *Reader in Bureaucracy*. Glencoe, IL: Free Press.

Meyer, Heinz-Dieter 2003. Tocqueville's cultural institutionalism. *Journal of Classical Sociology* 3:197–220.

Meyer, John W. 1983. Conclusion: Institutionalization and the rationality of formal organizational structure. In *Organizational Environments: Ritual and Rationality,* ed. John W. Meyer and W. Richard Scott (pp. 261–282). Beverly Hills, CA: Sage.

———. 1994. Rationalized environments. In *Institutional Environments and Organizations: Structural Complexity and Individualism,* ed. W. Richard Scott and John W. Meyer (pp. 28–54). Thousand Oaks, CA: Sage.

Meyer, John W. 1996. "Otherhood": The transmission of ideas in the modern organizational environment. In *Translating Organizational Change,* ed., Barbara Czarniawsky and Guji Sevon (pp. 241–252). Berlin: Walter de Gruyter.

———. 2008. Reflections on institutional theories of organizations. In *The Sage Handbook of Organizational Institutionalism,* ed. Royston Greenwood, Christine Oliver, Kerstin Sahlin, and Roy Suddaby (pp. 790–811). Los Angeles: Sage.

Meyer, John W., John Boli, and George M. Thomas. 1987. Ontology and rationalization in the Western cultural account. In *Institutional Structure: Constituting State, Society, and the Individual,* ed. George M. Thomas, John W. Meyer, Francisco O. Ramirez, and John Boli (pp. 12–37). Newbury Park, CA: Sage.

Meyer, John W., John Boli, George M. Thomas, and Francisco O. Ramirez. 1997. World society and the nation state. *American Journal of Sociology* 103:144–181.

Meyer, John W., Gili S. Drori, and Hokyu Hwang. 2006. World society and the proliferation of formal organization. In *Globalization and Organization: World Society and Organizational Change,* ed. Gili S. Drori, John W. Meyer, and Hokyu Hwang (pp. 25–49). Oxford, UK: Oxford University Press.

Meyer, John W., and Brian Rowan. 1977. Institutionalized organizations: Formal structure as myth and ceremony. *American Journal of Sociology* 83:340–363.

Meyer, John W., and W. Richard Scott. 1983a. Centralization and the legitimacy problems of local government. In *Organizational Environments: Ritual and Rationality,* ed. John W. Meyer and W. Richard Scott (pp. 199–215). Beverly Hills, CA: Sage.

Meyer, John W., and W. Richard Scott, with the assistance of Brian Rowan and Terrence E. Deal. 1983b. *Organizational Environments: Ritual and Rationality.* Beverly Hills, CA: Sage. (Updated in 1992)

Meyer, John W., W. Richard Scott, and David Strang. 1987. Centralization, fragmentation, and school district complexity. *Administrative Science Quarterly* 32:186–201.

Meyer, John W., W. Richard Scott, David Strang, and Andrew L. Creighton. 1988. Bureaucratization without centralization: Changes in the organizational system of U.S. public education, 1940–80. In *Institutional Patterns and Organizations: Culture and Environment,* ed. Lynne G. Zucker (pp. 139–168). Cambridge, MA: Ballinger.

Meyer, Renate E., Kerstin Sahlin, Marc Ventresca, and Peter Walgenbach. 2009a. Ideology and institutions: Introduction. In *Institutions and Ideology: Research in the Sociology of Organizations,* vol. 27, ed. Renate E. Meyer, Kerstin Sahlin, Marc Ventresca, and Peter Walgenbach (pp. 1–15). Bingley, UK: Emerald.

———. ed. 2009b. *Institutions and Ideology: Research in the Sociology of Organizations,* vol. 27. Bingley, UK: Emerald.

Mezias, Stephen J. 1990. An institutional model of organizational practice: Financial reporting at the Fortune 200. *Administrative Science Quarterly* 35:431–457.

———. 1995. Using institutional theory to understand for-profit sectors: The case of financial reporting standards. In *The Institutional Construction of Organizations: International and Longitudinal Studies,* ed. W. Richard Scott and Soren Christensen (pp. 164–196). London: Sage.

Michels, Robert. 1915/1949. *Political Parties.* Tr. Eden and Cedar Paul. Glencoe, IL: Free Press.

Micklethwait, John, and Adrian Wooldridge. 2003. *The Company: A Short History of a Revolutionary Idea.* New York: Modern Library, Random House.

Miles, Robert H. 1982. *Coffin Nails and Corporate Strategy.* Englewood Cliffs, NJ: Prentice Hall.

Milgrom, Paul, and John Roberts. 1992. *Economics, Organization and Management.* Englewood Cliffs, NJ: Prentice Hall.

Miller, Jon. 1994. *The Social Control of Religious Zeal: A Study of Organizational Contradictions.* New Brunswick, NJ: Rutgers University Press.

Miller, Roger, and Donald Lessard. 2000. *The Strategic Management of Large Engineering Projects: Shaping Institutions, Risks, and Governance.* Cambridge, MA: MIT Press.

Mindl, James R., Charles Stubbart, and Joseph F. Porac. 1996. *Cognition Within and Between Organizations.* London: Sage.

Miner, Anne S. 1991. The social ecology of jobs. *American Sociological Review* 56:772–785.

Moe, Terry M. 1984. The new economics of organization. *American Journal of Political Science* 28:739–777.

———. 1989. The politics of bureaucratic structure. In *Can the Government Govern?* ed. John Chubb and Paul Peterson (pp. 267–329). Washington, DC: Brookings Institution.

———. 1990a. Political institutions: The neglected side of the story. *Journal of Law, Economics and Organizations* 6:213–253.

———. 1990b. The politics of structural choice: Toward a theory of public bureaucracy. In *Organization Theory: From Chester Barnard to the Present and Beyond,* ed. Oliver E. Williamson (pp. 116–153). New York: Oxford University Press.

Mohr, John W. 1994. Soldiers, mothers, tramps and others: Discourse roles in the 1907 New York City Charity Directory. *Poetics* 22:327–357.

———. Forthcoming. Implicit terrains: Meaning, measurement, and spatial metaphors in organization theory. In *Constructing Industries and Markets,* ed. Joseph Porac and Marc Ventresca. Amsterdam: Elsevier.

Mohr, John W., and Vincent Duquenne. 1997. The duality of culture and practice: Poverty relief in New York City, 1888–1917. *Theory and Society* 26:305–356.

Mohr, Lawrence B. 1982. *Explaining Organizational Behavior.* San Francisco: Jossey-Bass.

Morgenthau, Henry J. 1948. *Politics Among Nations: The Struggle for Power and Peace.* New York: Knopf.

Morrill, Calvin. Forthcoming. Institutional change through interstitial emergence: The growth of alternative dispute resolution in American law, 1965–1995. In *How Institutions Change,* ed. Walter W. Powell and Daniel L. Jones. Chicago: University of Chicago Press.

Mörth, U. ed. 2004. *Soft Law in Governance and Regulation.* Cheltenham, UK: Edward Elgar.

National Commission on Excellence in Education. 1983. *A Nation at Risk: The Imperative for Educational Reform.* Washington, DC: Government Printing Office.

Nee, Victor. 1998. Sources of the new institutionalism. In *The New Institutionalism in Sociology,* ed. Mary C. Brinton and Victor Nee (pp. 1–16). New York: Russell Sage Foundation.

Nee, Victor, and Peng Lian. 1994. Sleeping with the enemy: A dynamic model of declining political commitment to state socialism. *Theory and Society* 23:253–296.

Nelson, Richard R., and Sidney G. Winter. 1982. *An Evolutionary Theory of Economic Change.* Cambridge, MA: Belknap Press.

Nisbett, Richard, and Lee Ross. 1980. *Human Inference: Strategies and Shortcomings of Social Judgment.* Englewood Cliffs, NJ: Prentice Hall.

Nohria, Nitin, and Robert G. Eccles. eds. 1992. *Networks and Organizations: Structure, Form, and Action.* Boston: Harvard Business School Press.

Noll, Roger T. ed. 1985. *Regulatory Policy and the Social Sciences.* Berkeley: University of California Press.

North, Douglass C. 1989. Institutional change and economic history. *Journal of Institutional and Theoretical Economics* 145:238–245.

———. 1990. *Institutions, Institutional Change and Economic Performance.* Cambridge, UK: Cambridge University Press.

———. 2005. *Understanding the Process of Economic Change*. Princeton, NJ: Princeton University Press.

North, Douglass C., and Robert Paul Thomas. 1973. *The Rise of the Western World: A New Economic History*. Cambridge: Cambridge University Press.

Ó Riain, Seán. 2000. States and markets in an era of globalization. *Annual Review of Sociology* 26:187–213.

Oliver, Christine. 1991. Strategic responses to institutional processes. *Academy of Management Review* 16:145–179.

———. 1992. The antecedents of deinstitutionalization. *Organization Studies* 13:563–588.

Orlikowski, Wanda J. 1992. The duality of technology: Rethinking the concept of technology in organizations. *Organization Science* 3:398–427.

Orr, Ryan J., and W. Richard Scott 2008. Institutional exceptions on global projects: A process model. *Journal of International Business Studies* 38:562–588.

Orren, Karen, and Stephen Skowronek. 1994. Beyond the iconography of order: Notes for "new" institutionalism. In *The Dynamics of American Politics*, ed. Lawrence C. Dodd and Calvin Jillson (pp. 311–332). Boulder, CO: Westview.

Orton, J. Douglas, and Karl E. Weick. 1990. Loosely coupled systems: A reconceptualization. *Academy of Management Review* 15:203–223.

Osborne, David, and Ted Gaebler. 1992. *Reinventing Government: How the Entrepreneurial Spirit Is Transforming the Public Sector From Schoolhouse to Statehouse, City Hall to the Pentagon*. Reading, MA: Addison-Wesley.

Ostrom, Elinor 2005. *Understanding Institutional Diversity*. Princeton, NJ: Princeton University Press.

Ouchi, William G. 1981. *Theory Z: How American Business Can Meet the Japanese Challenge*. New York: Addison-Wesley.

Owen-Smith, Jason. Forthcoming. *Structural components of institutional change: Science and commerce in academe*. Unpublished paper, University of Michigan.

Owen-Smith, Jason, and Walter W. Powell. 2008. Networks and institutions. In *The Sage Handbook of Organizational Institutionalism*, ed. Royston Greenwood, Christine Oliver, Kerstin Sahlin, and Roy Suddaby (pp. 596–623). Los Angeles: Sage.

Oxley, Joanne E. 1999. Institutional environment and the mechanisms of governance: The impact of intellectual property protection on the structure of inter-firm alliances. *Journal of Economic Behavior & Organization* 38:283–309.

Pache, A., and Filipe Santos. 2010. When worlds collide: The internal dynamics of organizational responses to conflicting institutional demands. *Academy of Management Review* 35:455–476.

Padgett, John F., and Christopher K. Ansell. 1993. Robust action and the rise of the Medici, 1400–1434. *American Journal of Sociology* 98:1259–1318.

Padgett, John F., and Walter W. Powell. 2012. The problem of emergence. In *The Emergence of Organizations and Markets*, ed. John F. Padgett and Walter W. Powell (pp. 1–29). Princeton, NJ: Princeton University Press.

Palmer, Donald, Nicole Biggart, and Brian Dick. 2008. Is the new institutionalism a theory? In *The Sage Handbook of Organizational Institutionalism,* ed. Royston Greenwood, Christine Oliver, Kerstin Sahlin, and Roy Suddaby (pp. 739–768). Los Angeles: Sage.

Palmer, Donald A., P. Devereaux Jennings, and Xueguang Zhou. 1993. Late adoption of the multidivisional form by large U.S. corporations: Institutional, political, and economic accounts. *Administrative Science Quarterly* 38:100–131.

Park, Robert E., and Ernest Burgess. 1921. *Introduction to the Science of Sociology.* Chicago: University of Chicago Press.

Parsons, Talcott. 1934/1990. Prolegomena to a theory of social institutions. *American Sociological Review* 55:319–339.

———. 1937. *The Structure of Social Action.* New York: McGraw-Hill.

———. 1951. *The Social System.* New York: Free Press.

———. 1953. A revised analytical approach to the theory of social stratification. In *Class, Status and Power: A Reader in Social Stratification,* ed. Reinhard Bendix and Seymour Martin Lipset (pp. 92–129). Glencoe, IL: Free Press.

———. 1956/1960a. A sociological approach to the theory of organizations. In *Structure and Process in Modern Societies* (pp. 16–58). Glencoe, IL: Free Press.

———. 1956/1960b. Some ingredients of a general theory of formal organization. In *Structure and Process in Modern Societies* (pp. 59–96). Glencoe, IL: Free Press.

Parsons, Talcott, Robert F. Bales, and Edward A. Shils. 1953. *Working Papers in the Theory of Action.* Glencoe, IL: Free Press.

Pedersen, Jesper Strandgaard, and Frank Dobbin. 1997. The social invention of collective actors: On the rise of the organization. *American Behavioral Scientist* 40:431–443.

Peet, Richard. 2009. *Unholy Trinity: The IMF, World Bank and WTO.* 2nd ed. London: Zed Books,

Peng, Mike. 2003. Institutional transitions and strategic choices. *Academy of Management Review* 28:275–296.

Penrose, Edith. 1959/1995. *The Theory of the Growth of the Firm.* Oxford, UK: Oxford University Press.

Perrow, Charles. 1961. The analysis of goals in complex organizations. *American Sociological Review* 26:854–866.

———. 1985. Review essay: Overboard with myth and symbols. *American Journal of Sociology* 91:151–155.

———. 1986. *Complex Organizations: A Critical Essay,* 3rd ed. New York: Random House.

Peters, B. Guy. 1999. *Institutional Theory in Political Science: The "New Institutionalism."* London: Pinter.

Peterson, Paul E., Barry G. Rabe, and Kenneth K. Wong. 1986. *When Federalism Works.* Washington, DC: Brookings Institution.

Pfeffer, Jeffrey. 1981. Management as symbolic action: The creation and maintenance of organizational paradigms. In *Research in Organizational Behavior,* vol. 13, ed. Barry M. Staw and L. L. Cummings (pp. 1–52). Greenwich, CT: JAI Press.

———. 1992. *Managing With Power: Politics and Influence in Organizations.* Boston: Harvard Business School Press.

Pfeffer, Jeffrey, and Yinon Cohen. 1984. Determinants of internal labor markets in organizations. *Administrative Science Quarterly* 29:550–572.

Pfeffer, Jeffrey, and Gerald Salancik. 1978. *The External Control of Organizations.* New York: Harper & Row.

Phillips, Nelson, and Namrata Malhotra. 2008. Taking social construction seriously: Extending the discursive approach in institutional theory. In *The Sage Handbook of Organizational Institutionalism,* ed. Royston Greenwood, Christine Oliver, Kerstin Sahlin, and Roy Suddaby (pp. 702–720). Los Angeles: Sage.

Pierson, Paul. 2004. *Politics in Time: History, Institutions, and Social Analysis.* Princeton, NJ: Princeton University Press.

Pizarro, Rodrigo Gariazzo. 2012. The global diffusion of conservation policy: An institutional analysis. Unpublished doctoral dissertation, Interdisciplinary Program in Environment and Resources, Stanford University.

Podolny, Joel M. 1993. A status-based model of market competition. *American Journal of Sociology* 98:829–872.

Porac, Joseph F., James B. Wade, and Timothy G. Pollock. 1999. Industry categories and the politics of the comparable firm in CEO compensation. *Administrative Science Quarterly* 44:112–144.

Powell, Walter W. 1988. Institutional effects on organizational structure and performance. In *Institutional Patterns and Organizations: Culture and Environment,* ed. Lynne G. Zucker (pp. 115–136). Cambridge, MA: Ballinger.

———. 1990. Neither market nor hierarchy: Network forms of organization. In *Research in Organizational Behavior,* vol. 12, ed. Barry M. Staw and L. L. Cummings (pp. 295–336). Greenwich, CT: JAI Press.

———. 1991. Expanding the scope of institutional analysis. In *The New Institutionalism in Organizational Analysis,* ed. Walter W. Powell and Paul J. DiMaggio (pp. 183–203). Chicago: University of Chicago Press.

———. 1999. The social construction of an organizational field: The case of biotechnology. *International Journal of Biotechnology* 1:42–66.

Powell, Walter W., and Jeannette A. Colyvas. 2008. Microfoundations of institutional theory. In *The Sage Handbook of Organizational Institutionalism,* ed. Royston Greenwood, Christine Oliver, Kerstin Sahlin, and Roy Suddaby (pp. 276–298). Thousand Oaks, CA: Sage

Powell, Walter W., and Paul J. DiMaggio. eds. 1991. *The New Institutionalism in Organizational Analysis.* Chicago: University of Chicago Press.

Powell, Walter W., Kenneth W. Koput, and Laurel Smith-Doerr. 1996. Interorganizational collaboration and the locus of innovation: Networks of learning in biotechnology. *Administrative Science Quarterly* 41:116–145.

Powell, Walter W., and Jason Owen-Smith. 2012. An open elite: Arbiters, catalysts, or gatekeepers in the dynamics of industry evolution? In *The Emergence of Organizations and Markets,* ed. John F. Padgett and Walter W. Powell (pp. 466–495). Princeton, NJ: Princeton University Press.

Powell, Walter W., Kelley Packalen, and Kjersten Whittington. 2012. Organizational and institutional genesis: The emergence of high-tech clusters in the life sciences. In *The Emergence of Organizations and Markets,* ed. John F. Padgett and Walter W. Powell (pp. 434–465). Princeton, NJ: Princeton University Press.

Powell, Walter W., and Kurt Sandholtz. 2012. Chance, nécessité, et naïveté. In *The Emergence of Organizations and Markets,* ed. John F. Padgett and Walter W. Powell (pp. 379–433). Princeton, NJ: Princeton University Press.

Powell, Walter W., and R. Steinberg. eds. 2006. *The Nonprofit Sector.* 2nd ed. New Haven, CT: Yale University Press.

Powell, Walter W., Doug White, Kenneth Koput, and Jason Owen-Smith. 2005. Network dynamics and field evolution: The growth of interorganizational collaboration in the life sciences. *American Journal of Sociology* 110:1132–1205.

Prasad, Monica. 2006. *The Politics of Free Markets: The Rise of Neoliberal Economic Policies in Britain, France, Germany and the United States.* Chicago: University of Chicago Press.

Pratt, John W., and Richard J. Zeckhauser. eds. 1985. *Principals and Agents: The Structure of Business.* Boston: Harvard Business School Press.

President's Research Committee on Social Trends. 1934. *Recent Social Trends in the United States.* New York: McGraw-Hill.

Rao, Hayagreeva. 1998. Caveat emptor: The construction of nonprofit consumer watchdog organizations. *American Journal of Sociology* 103:912–961.

Rao, Hayagreeva, and Martin Kenney. 2008. New forms as settlements. In *The Sage Handbook of Organizational Institutionalism,* ed. Royston Greenwood, Christine Oliver, Kerstin Sahlin, and Roy Suddaby (pp. 352–370). Los Angeles: Sage.

Rao, Hayagreeva, Philippe Monin, and Rodolphe Durand. 2003. Institutional change in Toque Ville: Nouvelle cuisine as an identity movement in French gastronomy. *American Journal of Sociology* 108:795–843.

Rao, Havagreeva, and Kumar Sivakumar. 1999. Institutional sources of boundary-spanning structures: The establishment of investor relations departments in the Fortune 500 industrials. *Organization Science* 10:27–42.

Reddy, Michael. 1979. The conduit metaphor. In *Metaphor and Thought,* ed. Andrew Ortney (pp. 284–324). New York: Cambridge University Press.

Reed, Michael. 1985. *Redirections in Organizational Analysis.* London: Tavistock.

Richardson, Richard, Jr., and Mario Martinez. 2009. *Policy and Performance in American Higher Education: An Examination of Cases across State Systems.* Baltimore, MD: Johns Hopkins University Press.

Ridley, Matt. 2003. *Nature via Nurture: Genes, Experience and What Makes Us Human.* New York: HarperCollins.

Riker, William. 1980. Implications from the disequilibrium of majority rules for the study of institutions. *American Political Science Review* 74:432–447.

Rittberger, V. 1993. *Regime Theory and International Relations.* Oxford, UK: Clarendon Press.

Rivers, W. H. R. 1914. *The History of Melanesian Society.* Cambridge, UK: Cambridge University Press.

Robinson, Paul. 1985. *Opera and Ideas: From Mozart to Strauss.* Ithaca, NY: Cornell University Press.

Roethlisberger, Fritz J., and William J. Dickson. 1939. *Management and the Worker.* Cambridge, MA: Harvard University Press.

Rogers, Everett. 1995. *Diffusion of Innovation.* 4th ed. New York: Free Press.

Roland, Gérard. 2004. Understanding institutional change: Fast-moving and slow-moving institutions. *Studies in Comparative International Development* 4:109–131.

Rorty, Richard. 1989. *Contingency, Irony and Solidarity.* New York: Cambridge University Press.

Rosenberg, Morris. 1979. *Conceiving the Self.* New York: Basic Books.

Rosenberg, Nathan, and L. E. Birdzell Jr. 1986. *How the West Grew Rich: The Economic Transformation of the Industrial World.* New York: Basic Books.

Rowan, Brian. 1982. Organizational structure and the institutional environment: The case of public schools. *Administrative Science Quarterly* 27:259–279.

Roy, Donald. 1952. Quota restriction and goldbricking in a machine shop. *American Journal of Sociology* 57:427–442.

Roy, William G. 1997. *Socializing Capital: The Rise of the Large Industrial Corporation in America.* Princeton, NJ: Princeton University Press.

Ruef, Martin, and Michael Lounsbury. 2007a. Introduction: The sociology of entrepreneurship. In *The Sociology of Entrepreneurship, Research in the Sociology of Organizations,* vol. 25, ed. Martin Ruef and Michael Lounsbury (pp. 1–29). Amsterdam: Elsevier.

———. eds. 2007b. *The Sociology of Entrepreneurship, Research in the Sociology of Organizations,* vol. 25. Amsterdam: Elsevier.

Ruef, Martin, and W. Richard Scott. 1998. A multidimensional model of organizational legitimacy: Hospital survival in changing institutional environments. *Administrative Science Quarterly* 43:877–904.

Sahlin, Kerstin, and Linda Wedlin. 2008. Circulating ideas: Imitation, translation and editing. In *The Sage Handbook of Organizational Institutionalism,* ed. Royston Greenwood, Christine Oliver, Kerstin Sahlin, and Roy Suddaby (pp. 218–242). London: Sage.

Sahlin-Andersson, Kerstin. 1996. Imitating by editing success: The construction of organization fields. In *Translating Organizational Change,* ed. Barbara Czarniawska and Bernward Joerges (pp. 69–92). New York: Walter de Gruyter.

Sahlin-Andersson, Kerstin, and Lars Engwall. eds. 2002. *The Expansion of Management Knowledge: Carriers, Flows and Sources.* Stanford, CA: Stanford University Press.

Salaman, Graeme. 1978. Toward a sociology of organisational structure. *The Sociological Review* 26:519–554.

Salamon, Lester. ed. 2002. *The State of Nonprofit America.* Washington, DC: Bookings Institution.

Saxenian, Annalee. 1994. *Regional Advantage: Culture and Competition in Silicon Valley and Route 128*. Cambridge, MA: Harvard University Press.
Scharpf, Fritz W. 1997. *Games Real Actors Play: Actor-Centered Institutionalism in Policy Research*. Boulder, CO: Westview Press.
Schein, Edgar H. 1985. *Organization Culture and Leadership*. San Francisco: Jossey-Bass.
Schmitter, Philippe. 1990. Sectors in modern capitalism: Models of governance and variations in performance. In *Labour Relations and Economic Performance*, ed. Renato Brunetta and Carlo Dell'Aringa (pp. 3–39). Houndmills, UK: Macmillan.
Schmitter, Philippe C., and Gerhard Lehmbruch. eds. 1979. *Trends Toward Corporatist Intermediation*. Beverly Hills, CA: Sage.
Schmoller, Gustav von. 1900–1904. *Grundriss der Allgemeinen Volkswirtschaftslehre*. Leipzig: Duncker & Humbolt.
Schneiberg, Marc. 2002. Organizational heterogeneity and the production of new forms: Politics, social movements and mutual companies in American fire insurance, 1900–1930. In *Social Structure and Organizations Revisited: Research in the Sociology of Organizations*, vol. 19 (pp. 39–89). Amsterdam: Elsevier.
———. 2007. What's on the path? Path dependence, organizational diversity and the problem of institutional change in the U.S. economy, 1900–1950. *Socio-Economic Review* 5:47–80.
Schneiberg, Marc, and Elisabeth S. Clemens. 2006. The typical tools for the job: Research strategies in institutional analysis. *Sociological Theory* 24:195–227.
Schneiberg, Marc, Adam Goldstein, Matt Kraatz, and James Moore. 2007. Embracing market liberalism? Community embeddedness and mutual savings and loan conversions to stock company form. Unpublished paper.
Schneiberg, Marc, and Michael Lounsbury. 2008. Social movements and institutional analysis. In *The Sage Handbook of Organizational Institutionalism*, ed. Royston Greenwood, Christine Oliver, Kerstin Sahlin, and Roy Suddaby (pp. 650–672). Los Angeles: Sage.
Schneiberg, Marc, and Sarah Soule. 2005. Institutionalization as a contested multilevel process. In *Social Movements and Organization Theory*, ed. Gerald F. Davis, Doug McAdam, W. Richard Scott, and Mayer N. Zald (pp. 122–160). Cambridge, UK: Cambridge University Press.
Schneider, David. 1976. Notes toward a theory of culture. In *Meaning in anthropology*, ed. Keith M. Basso and Henry L. Silby (pp. 197–220). Albuquerque: University of New Mexico Press.
Schoonhoven, Claudia Bird, and Frank Dobbin, ed. 2010. *Stanford's Organization Theory Renaissance, 1970–2000, Research in the Sociology of Organizations*, vol. 28. Bingley, UK: Emerald.
Schotter, Andrew 1986. The evolution of rules. In *Economics as a Process: Essays in the New Institutional Economics*, ed. Richard N. Langlois (pp. 117–134). New York: Cambridge University Press.
Schrödinger, Erwin. 1945. *What Is Life?* New York: Cambridge University Press.
Schumpeter, Joseph A. 1926/1961. *The Theory of Economic Development*. New York: Oxford University Press.

———. 1942/1975. *Capitalism, Socialism and Democracy*. 2nd ed. New York: Harper and Row.

Schutz, Alfred. 1932/1967. *The Phenomenology of the Social World*, tr. George Walsh and Frederick Lehnert. Evanston, IL: Northwestern University Press.

Scott, W. Richard. 1987. The adolescence of institutional theory. *Administrative Science Quarterly* 32:493–511.

———. 1992. *Organizations: Rational, Natural, and Open Systems*. 3rd ed. Englewood Cliffs, NJ: Prentice Hall.

———. 1994a. Conceptualizing organizational fields: Linking organizations and societal systems. In *Systemrationalitat und Partialinteresse* [Systems Rationality and Partial Interests], ed. Hans-Ulrich Derlien, Uta Gerhardt, and Fritz W. Scharpf (pp. 203–221). Baden-Baden, Germany: Nomos Verlagsgesellschaft.

———. 1994b. Institutions and organizations: Toward a theoretical synthesis. In *Institutional Environments and Organizations: Structural Complexity and Individualism,* ed. W. Richard Scott and John W. Meyer (pp. 55–80). Thousand Oaks, CA: Sage.

———. 1994c. Law and organizations. In *The Legalistic Organization,* ed. Sim B. Sitkin and Robert J. Bies (pp. 3–18). Thousand Oaks, CA: Sage.

———. 2003a. Institutional carriers: Reviewing modes of transporting ideas over time and space and considering their consequences. *Industrial and Corporate Change* 12:879–894.

———. 2003b. *Organizations: Rational, Natural and Open Systems*, 5th ed. Upper Saddle River, NJ: Prentice Hall.

———. 2005. Institutional theory: Contributing to a theoretical research program. In *Great Minds in Management: The Process of Theory Development,* ed. Ken G. Smith and Michael A. Hitt (pp. 460–484). Oxford, UK: Oxford University Press.

———. 2008a. Approaching adulthood: The maturing of institutional theory. *Theory and Society* 37:427–442.

———. 2008b. Lords of the dance: Professionals as institutional agents. *Organization Studies* 29:219–238.

———. 2010. Entrepreneurs and professionals: The mediating role of institutions. In *Institutions and Entrepreneurship, Research in the Sociology of Work,* vol. 21, ed. Westley D. Sine and Robert J. David (pp. 27–49). Bingley, UK: Emerald.

———. 2011. The institutional environment of global projects. In *Global Projects: Institutional and Political Challenges,* ed. W. Richard Scott, Raymond E. Levitt, and Ryan J. Orr (pp. 52–85). Cambridge, UK: Cambridge University Press.

———. Forthcoming. Higher education in America: Multiple field perspectives. In *Remaking College: Broad-Access Higher Education for a New Era,* ed. Mitchell L. Stevens and Michael W. Kirst. Stanford, CA: Stanford University Press.

Scott, W. Richard, and Elaine V. Backman. 1990. Institutional theory and the medical care sector. In *Innovations in Health Care Delivery: Insights for Organization Theory,* ed. Stephen S. Mick (pp. 20–52). San Francisco: Jossey-Bass.

Scott, W. Richard, and Søren Christensen. eds. 1995. *The Institutional Construction of Organizations: International and Longitudinal Studies.* Thousand Oaks, CA: Sage.

Scott, W. Richard, and Gerald F. Davis. 2007. *Organizations and Organizing: Rational, Natural, and Open System Perspectives.* Upper Saddle River, NJ: Pearson Prentice Hall.

Scott, W. Richard, Sarah Deschenes, Kathryn Hopkins, Anne Newman, and Milbrey McLaughlin. 2006. Advocacy organizations and the field of youth development: Dynamics of early stages of field structuration. *Nonprofit and Voluntary Sector Quarterly* 35:691–714.

Scott, W. Richard, Raymond E. Levitt, and Ryan J. Orr. eds. 2011. *Global Projects: Institutional and Political Challenges.* Cambridge, UK: Cambridge University Press.

Scott, W. Richard, and John W. Meyer. 1983. The organization of societal sectors. In *Organizational Environments: Ritual and Rationality*, ed. John W. Meyer and W. Richard Scott (pp. 129–153). [Revised version in *The New Institutionalism in Organizational Analysis*, ed. Walter W. Powell and Paul J. DiMaggio (pp. 108–140). Chicago: University of Chicago Press, 1991.]

———. 1987. Environmental linkages and organizational complexity: Public and private schools. In *Comparing Public and Private Schools,* vol 1, ed. Thomas James and Henry M. Levin (pp. 128–160). New York: Falmer Press.

———. eds. 1994. *Institutional Environments and Organizations: Structural Complexity and Individualism.* Thousand Oaks, CA: Sage.

Scott, W. Richard, Martin Ruef, Peter J. Mendel, and Carol A. Caronna. 2000. *Institutional Change and Healthcare Organizations: From Professional Dominance to Managed Care.* Chicago: University of Chicago Press.

Scully, Maureen A., and W. E. Douglas Creed. 2005. Subverting our stories of subversion. In *Social Movements and Organization Theory,* ed. Gerald F. Davis, Doug McAdam, W. Richard Scott, and Mayer N. Zald (pp. 310–332). Cambridge, UK: Cambridge University Press.

Searle, John R. 1995. *The Construction of Social Reality.* New York: Free Press.

Seashore, Stanley E. 1954. *Group Cohesiveness in the Industrial Work Group.* Ann Arbor: Institute for Social Research, University of Michigan.

Seavoy, Ronald E. 1982. *The Origins of the American Business Corporation, 1784–1855: Broadening the Concept of Public Service during Industrialization.* Westport, CT: Greenwood Press.

Selznick, Philip. 1948. Foundations of the theory of organization. *American Sociological Review* 13:25–35.

———. 1949. *TVA and the Grass Roots.* Berkeley: University of California Press.

———. 1957. *Leadership in Administration.* New York: Harper & Row.

———. 1969. *Law, Society, and Industrial Justice.* New York: Russell Sage Foundation.

———. 1980. Jurisprudence and social policy: Aspirations and perspectives. *California Law Review* 68:206–220.

———. 1992. *The Moral Commonwealth: Social Theory and the Promise of Community.* Berkeley: University of California Press.

———. 1996. Institutionalism "old" and "new." *Administrative Science Quarterly* 41:270–277.

Seo, Myeong-Gu, and W. E. Douglas Creed. 2002. Institutional contradictions, praxis, and institutional change: A dialectical perspective. *Academy of Management Review* 27:222–247.

Sewell, William H., Jr. 1992. A theory of structure: Duality, agency, and transformation. *American Journal of Sociology* 98:1–29.

Shank, Roger C., and Robert P. Abelson. 1977. *Scripts, Plans, Goals, and Understanding: An Inquiry into Human Knowledge Structures.* Hillsdale, NJ: Lawrence Erlbaum.

Shenhav, Yehouda. 1995. From chaos to systems: The engineering foundations of organizational theory, 1879–1932. *Administrative Science Quarterly* 40:557–586.

———. 1999. *Manufacturing Rationality: The Engineering Foundations of the Managerial Revolution.* Oxford, UK: Oxford University Press.

Shepsle, Kenneth A. 1989. Studying institutions: Lessons from the rational choice approach. *Journal of Theoretical Politics* 1:131–147.

Shepsle, Kenneth A., and Barry Weingast. 1987. The institutional foundations of committee power. *American Political Science Review* 81:85–104.

Sherif, Muzafer. 1935. A study of some social factors in perception. *Archives of Psychology,* 187:1–60.

Shibutani, Tomatsu. 1955. Reference groups as perspectives. *American Journal of Sociology* 60:562–569.

Shonfield, Alfred. 1965. *Modern Capitalism.* London: Oxford University Press.

Silverman, Brian S. 2002. Organizational economics. In *The Blackwell Companion to Organizations,* ed. Joel A. C. Baum (pp. 477–493). Oxford, UK: Blackwell.

Silverman, David. 1971. *The Theory of Organisations: A Sociological Framework.* New York: Basic Books.

———. 1972. Some neglected questions about social reality. In *New Directions in Sociological Theory,* ed. Paul Filmer, Michael Phillipson, David Silverman, and David Walsh (pp. 165–182). Cambridge, MA: MIT Press.

Silverman, David, and Jill Jones. 1976. *Organizational Work: The Language of Grading and the Grading of Language.* London: Macmillan.

Simon, Herbert A. 1945/1997. *Administrative Behavior: A Study of Decision-Making Processes in Administrative Organization.* New York: Macmillan. [Reprinted by Free Press, 1997]

———. 1991. *Models of My Life.* New York: Basic Books.

Simonde de Sismondi, J. C. L. 1837. *Études sur L'économie Politique,* vol. 1. Paris: Treuttel et Würtz.

Simons, Tal, and Paul Ingram. 1997. Organization and ideology: Kibbutzim and hired labor, 1951–1965. *Administrative Science Quarterly* 42:784–813.

Sine, Wesley D., and Robert J. David. eds. 2010. *Institutions and Entrepreneurship, Research in the Sociology of Work,* vol. 21. Bingley, UK: Emerald.

Sine, Wesley D., and Pamela S. Tolbert. 2006. *Institutions in Action: Tenure Systems and Faculty Employment in Colleges and Universities.* Unpublished paper, Cornell University, Ithaca, NY.

Singh, Jitendra V., David J. Tucker, and Robert J. House. 1986. Organizational legitimacy and the liability of newness. *Administrative Science Quarterly* 31:171–193.

Sitkin, Sim B., and Robert J. Bies. eds. 1994. *The Legalistic Organization.* Thousand Oaks, CA: Sage.

Sjöstrand, Sven-Erik. 1995. Toward a theory of institutional change. In *On Economic Institutions: Theory and Applications*, ed. John Groenewegen, Christos Pitelis, and Sven-Erik Sjöstrand (pp. 19–44). Aldershot, UK: Edward Elgar.

Skocpol, Theda. 1979. *States and Social Revolutions.* Cambridge, UK: Cambridge University Press.

———. 1985. Bringing the state back in: Strategies of analysis in current research. In *Bringing the State Back In*, ed. Peter B. Evans, Dietrich Rueschemeyer, and Theda Skocpol (pp. 3–37). Cambridge, UK: Cambridge University Press.

Skowronek, Stephen. 1982. *Building a New American State: The Expansion of National Administrative Capacities, 1877–1920.* Cambridge, UK: Cambridge University Press.

Smelser, Neil J., and Richard Swedberg. eds. 1994. *The Handbook of Economic Sociology.* Princeton, NJ: Princeton University Press.

———. eds. 2005. *The Handbook of Economic Sociology.* 2nd ed. Princeton, NJ: Princeton University Press.

Smith, Bruce L. ed. 1975. *The New Political Economy.* New York: John Wiley.

Smith, Jackie. 2005. Globalization and transnational social movement organizations. In *Social Movements and Organization Theory,* ed. Gerald F. Davis, Doug McAdam, W. Richard Scott, and Mayer N. Zald (pp. 226–248). Cambridge, UK: Cambridge University Press.

Smith-Doerr, Laurel, and Walter W. Powell. 2005. Networks and economic life. In *The Handbook of Economic Sociology*, ed. Neil J. Smelser and Richard Swedberg (pp. 379–402). Princeton, NJ: Princeton University Press.

Snow, David A. 2008. Elaborating the discursive contexts of framing: Discursive fields and spaces. In *Symbolic Interaction: A Research Annual,* vol. 30, ed. Norman K. Denzin (pp. 3–28). Bingley, UK: Emerald.

Snow, David A., and Robert D. Benford. 1992. Master frames and cycles of protest. In *Frontiers in Social Movement Theory,* ed. Aldon Morris and Carol McClurg Mueller (pp. 133–155). New Haven, CT: Yale University Press.

Snow, David A., E. Burke Rochford Jr., Steven K. Worden, and Robert D. Benford. 1986. Frame alignment processes, micromobilization, and movement participation. *American Sociological Review* 51:464–481.

Snow, David A., Sarah A. Soule, and Hanspeter Kriesi. eds. 2004. *The Blackwell Companion to Social Movements.* Oxford, UK: Blackwell.

Somers, Ann R. 1969. *Hospital Regulation: The Dilemma of Public Policy.* Princeton, NJ: Industrial Relations Section.

Somers, Margaret R., and Gloria Gibson. 1994. Reclaiming the epistemological "other": Narrative and the social constitution of identity. In *Social Theory and the Politics of Identity,* ed. Craig Calhoun (pp. 37–99). Oxford, UK: Basil Blackwell.

Sorokin, Peterim A. 1937–1941. *Social and Cultural Dynamics.* New York: American Book.

Spencer, Herbert. 1876, 1896, 1910. *The Principles of Sociology*, vols 1–3. London: Appleton-Century-Crofts.

Spillman, Lyn. 1995. Culture, social structure and discursive fields. In *Current Perspectives in Social Theory,* vol. 15, ed. Ben Agger (pp. 129–154). Greenwich, CT: JAI.

Stark, David. 1996. Recombinant property in East European capitalism. *American Journal of Sociology* 101:993–1027.

Starr, Paul. 1982. *The Social Transformation of American Medicine.* New York: Basic Books.

Steinmo, Sven, Kathleen Thelen, and F. Longstreth. 1992. *Structuring Politics: Historical Institutionalism in Comparative Analysis.* Cambridge, UK: Cambridge University Press.

Stern, Robert N. 1979. The development of an interorganizational control network: The case of intercollegiate athletics. *Administrative Science Quarterly* 24:242–266.

Stigler, George J. 1968. *The Organization of Industry.* Homewood, IL: Richard D. Irwin.

Stinchcombe, Arthur L. 1965. Social structure and organizations. In *Handbook of Organizations,* ed. James G. March (pp. 142–193). Chicago: Rand McNally.

———. 1968. *Constructing Social Theories.* Chicago: University of Chicago Press.

———. 1997. On the virtues of the old institutionalism. *Annual Review of Sociology* 23:1–18.

Strang, David. 2010. *Learning by Example: Imitation and Innovation at a Global Bank.* Princeton, NJ: Princeton University Press.

Strang, David, and John W. Meyer. 1993. Institutional conditions for diffusion. *Theory and Society* 22:487–511.

Strang, David, and Wesley D. Sine. 2002. Interorganizational institutions. In *The Blackwell Companion to Organizations,* ed. Joel A. C. Baum (pp. 497–519). Oxford, UK: Blackwell.

Strang, David, and Sarah A. Soule. 1998. Diffusion in organizations and social movements: From hybrid corn to poison pills. *Annual Review of Sociology* 24:265–290.

Strauss, Anselm L. 1978. A social worlds perspective. In *Studies in Symbolic Interaction,* vol. 1, ed. Norman Denzin (pp. 119–128). Greenwich, CT: JAI Press.

———. 1993. *Continual Permutations of Action.* New York: Aldine de Gruyter.

Strauss, Anselm L., Leonard Schatzman, Rue Bucher, Danuta Erlich, and Melvin Sabshin. 1964. *Psychiatric Ideologies and Institutions.* Glencoe, IL: Free Press.

Streeck, Wolfgang. 2010. Institutions in history: Bringing capitalism backing in. In *The Oxford Handbook of Comparative Institutional Analysis,* ed. Glenn Morgan, John L. Campbell, Colin Crouch, Ove Kaj Pedersen, and Richard Whitley (pp. 659–686). Oxford, UK: Oxford University Press.

Streeck, Wolfgang, and Philippe C. Schmitter. 1985. Community, market, state—and associations? The prospective contribution of interest governance to social order. In *Private Interest Government: Beyond Market and State*, ed. Wolfgang Streeck and Philippe C. Schmitter (pp. 1–29). Beverly Hills, CA: Sage.

Stryker, Robin. 1994. Rules, resources and legitimacy processes: Some implications for social conflict, order, and change. *American Journal of Sociology* 99:847–910.

———. 2000. Legitimacy processes as institutional politics: Implications for theory and research in the sociology of organizations. In *Research in the Sociology of Organizations*, vol. 17, ed. Samuel B. Bacharach (pp. 179–223). Greenwich, CT: JAI Press.

Stryker, Sheldon. 1980. *Symbolic Interactionism: A Social Structural Version*. Menlo Park, CA: Cummings.

Suchman, Mark C. 1995a. Localism and globalism in institutional analysis: The emergence of contractual norms in venture finance. In *The Institutional Construction of Organizations: International and Longitudinal Studies*, ed. W. Richard Scott and Søren Christensen (pp. 39–63). Thousand Oaks, CA: Sage.

———. 1995b. Managing legitimacy: Strategic and institutional approaches. *Academy of Management Review* 20:571–610.

———. 2003. The contract as social artifact. *Law & Society Review* 37:91–142.

Suchman, Mark C., and Mia L. Cahill. 1996. The hired-gun as facilitator: The case of lawyers in Silicon Valley. *Law and Social Inquiry* 21:837–874.

Suchman, Mark C., and Lauren B. Edelman. 1997. Legal rational myths: The new institutionalism and the law and society tradition. *Law and Social Inquiry* 21:903–941.

Suchman, Mark C., Daniel J. Steward, and Clifford A. Westfall. 2001. The legal environment of entrepreneurship: Observations on the legitimation of venture finance in Silicon Valley. In *The Entrepreneurship Dynamic: Origins of Entrepreneurship and the Evolution of Industries*, ed. Claudia Bird Schoonhoven and Elaine Romanelli (pp. 349–382). Stanford, CA: Stanford University Press.

Sumner, William Graham. 1906. *Folkways*. Boston: Ginn.

Sutton, John R., Frank R. Dobbin, John W. Meyer, and W. Richard Scott. 1994. The legalization of the workplace. *American Journal of Sociology* 99:944–971.

Swedberg, Richard. 1991. Major traditions of economic sociology. *Annual Review of Sociology* 17:251–276.

———. 1998. *Max Weber and the Idea of Economic Sociology*. Princeton, NJ: Princeton University Press.

———. 2009. Tocqueville as a pioneer in organization theory. In *Oxford Handbook of Sociology and Organizations: Classical Foundations*, ed. Paul S. Adler (pp. 39–61). Oxford, UK: Oxford University Press.

Swidler, Ann. 1986. Culture in action: Symbols and strategies. *American Sociological Review* 51:273–286.

Tate, Jay. 2001. National varieties of standardization. In *Varieties of Capitalism,* ed. Peter A. Hall and David Soskice (pp. 442–473). Oxford, UK: Oxford University Press.

Taylor, Frederick Winslow. 1911. *The Principles of Scientific Management.* New York: Harper.

Taylor, Serge. 1984. *Making Bureaucracies Think: The Environment Impact Statement Strategy of Administrative Reform.* Stanford, CA: Stanford University Press.

Taylor, Verta, and Nancy Whittier. 1992. Collective identity in social movement communities: Lesbian feminist mobilization. In *Frontiers in Social Movement Theory,* ed. Aldon D. Morris and Carol McClurg Mueller (pp. 104–130). New Haven, CT: Yale University Press.

Teece, David J. 1981. Internal organization and economic performance: An empirical study of the profitability of principal firms. *Journal of Industrial Economics* 30:173–200.

———. 1982. Toward an economic theory of the multiproduct firm. *Journal of Economic Behavior and Organization* 3:39–63.

———. 2009. *Dynamic Capabilities and Strategic Management: Organizing for Innovation and Growth.* Oxford, UK: Oxford University Press.

Thelen, Kathleen. 1999. Historical institutionalism in comparative politics. *Annual Review of Political Science* 2:369–404.

Thelen, Kathleen, and Sven Steinmo. 1992. Historical institutionalism in comparative politics. In *Structuring Politics: Historical Institutionalism in Comparative Analysis,* ed. Sven Steinmo, Kathleen Thelen, and Frank Longstreth (pp. 1–32). Cambridge: Cambridge University Press.

Thoits, Peggy A. 1989. The sociology of emotions. *Annual Review of Sociology* 15:317–342.

Thomas, George M., John W. Meyer, Francisco O. Ramirez, and John Boli. eds. 1987. *Institutional Structure: Constituting State, Society, and the Individual.* Newbury Park, CA: Sage.

Thomas, William I., and Dorothy Swaine Thomas. 1928. *The Child in America.* New York: Knopf.

Thompson, James D. 1967/2003. *Organizations in Action.* New York: McGraw-Hill. [Reprinted by Transaction Publishers, 2003]

Thompson, John B. 1996. *Ideology and Modern Culture.* Cambridge, MA: Polity Press.

Thornton, Patricia H. 2002. The rise of the corporation in a craft industry: Conflict and conformity in institutional logics. *Academy of Management Journal* 45:81–101.

———. 2004. *Markets From Culture: Institutional Logics and Organizational Decisions in Higher Education Publishing*. Stanford, CA: Stanford University Press.

Thornton, Patricia H., Candace Jones, and Kenneth Kury. 2005. Institutional logics and institutional change: Transformation in accounting, architecture, and publishing. In *Research in the Sociology of Organizations,* ed. Candace Jones and Patricia Thornton (*Transformation in Cultural Industries,* vol. 23: 125–170). Greenwich, CT: JAI Press.

Thornton, Patricia H., and William Ocasio. 1999. Institutional logics and the historical contingency of power in organizations: Executive succession in the higher education publishing industry, 1958–1990. *American Journal of Sociology* 105:801–843.

———. 2008. Institutional logics. In *The Sage Handbook of Organizational Institutionalism,"* ed. Royston Greenwood, Christine Oliver, Kerstin Sahlin, and Roy Suddaby (pp. 99–129). Los Angeles: Sage.

Thornton, Patricia H., William Ocasio, and Michael Lounsbury. 2012. *The Institutional Logics Perspective: A New Approach to Culture, Structure, and Process.* Oxford, UK: Oxford University Press.

Tilly, Charles. 1978. *From Mobilization to Revolution.* Reading, MA: Addison-Wesley.

———. 1984. *Big Structures, Large Processes, Huge Comparisons.* New York: Russell Sage Foundation.

Tocqueville, Alexis de. 1835–1840/1969. *Democracy in America,* trans. George Lawrence, ed. J. P. Mayer. New York: Doubleday, Anchor Books.

———. 1835/2004. *Democracy in America,* tr. Arthus Goldhammer. New York: Library of America.

———. 1856/1998, 2001. *The Old Regime and the Revolution,* vols. 1–2, tr. A. S. Kahan. Chicago: University of Chicago Press.

Tolbert, Pamela S. 1988. Institutional sources of organizational culture in major law firms. In *Institutional Patterns and Organizations: Culture and Environment,* ed. Lynne G. Zucker (pp. 101–113). Cambridge, MA: Ballinger.

Tolbert, Pamela S., and Lynne G. Zucker. 1983. Institutional sources of change in the formal structure of organizations: The diffusion of civil service reform, 1880–1935. *Administrative Science Quarterly* 28:22–39.

———. 1996. The institutionalization of institutional theory. In *Handbook of Organization Studies,* ed. Stewart R. Clegg, Cynthia Hardy, and Walter R. Nord (pp. 175–190). London: Sage.

Trank, Christine Quinn, and Marvin Washington. 2009. Maintaining an institution in a contested organizational field: The work of the AACSB and its constituents. In *Institutional Work: Actors and Agency in Institutional Studies of Organizations,* ed. Thomas B. Lawrence, Roy Suddaby, and Bernard Leca (pp. 236–261). Cambridge, UK: Cambridge University Press.

Trice, Harrison M., and Janice M. Beyer. 1993. *The Cultures of Work Organizations.* Englewood Cliffs, NJ: Prentice Hall.

Tucker, Robert C. 1972. Introduction: The writings of Marx and Engels. In *The Marx-Engels Reader*, ed. Robert C. Tucker (pp. xv–xxiv). New York: Norton.

Tullock, Gordon. 1976. *The Vote Motive*. London: Institute for Economic Affairs.

Turner, Roy. ed. 1974. *Ethnomethodology: Selected Readings.* Harmondsworth, UK: Penguin.

Tushman, Michael L., and Philip Anderson. 1986. Technological discontinuities and organizational environments. *Administrative Science Quarterly* 31:439–465.

Tversky, Amos, and Daniel Kahneman. 1974. Judgment under uncertainty. *Science* 185:1124–1131.

Uzzi, Brian D. 1996. The sources and consequences of embeddedness for the economic performance of organizations: The network effect. *American Sociological Review* 61:674–698.

Van de Ven, Andrew H. 1993. The institutional theory of John R. Commons: A review and commentary. *Academy of Management Review* 18:129–152.

Van de Ven, Andrew H., and Robert Drazin. 1985. The concept of fit in contingency theory. In *Research in Organizational Behavior*, vol. 7, ed. L. L. Cummings and Barry M. Staw (pp. 171–222). Greenwich, CT: JAI Press.

Van de Ven, Andrew, and Raghu Garud. 1986. A framework for understanding the emergence of new industries. *Research on Technological Innovation Management and Policy* 4:195–225.

———. 1994. The coevolution of technical and institutional events in the development of an innovation. In *Evolutionary Dynamics of Organizations*, ed. Joel A. C. Baum and Jitendra Singh (pp. 425–443). New York: Oxford University Press.

Van de Ven, Andrew H., and George P. Huber. 1990. Longitudinal field research methods for studying processes of organizational change. *Organization Science* 1:213–219.

Van Dijk, T. A. 2001. Discourse, ideology and context. *Folio Linguistica* 25:11–40.

Vanberg, Viktor. 1989. Carl Menger's evolutionary and John R. Commons' collective action approach to institutions: A comparison. *Review of Political Economy* 1:334–360.

Vaughn, Diane. 1996. *The Challenger Launch Decision: Risky Technology, Culture, and Deviance at NASA*. Chicago: University of Chicago Press.

———. 1999. The dark side of organizations: Mistakes, misconduct, and disaster. *Annual Review of Sociology* 25:271–305.

Veblen, Thorstein B. 1898. Why is economics not an evolutionary science? *Quarterly Journal of Economics* 12:373–397.

———. 1909. The limitations of marginal utility. *Journal of Political Economy* 17:235–245.

———. 1919. *The Place of Science in Modern Civilization and Other Essays*. New York: B. W. Huebsch.

Ventresca, Marc J., and Willam N. Kaghan 2008. Routines, "going concerns" and innovation: Towards an evolutionary economic sociology. In *Handbook of Organizational Routines*, ed. M. Becker (pp. 52–86). Cheltenham, UK: Edward Elgar.

Ventresca, Marc J., and John W. Mohr. 2002. Archival research methods. In *The Blackwell Companion to Organizations*, ed. Joel A. C. Baum (pp. 805–828). Oxford, UK: Blackwell.

Ventresca, Marc J., Dara Szliowicz, and M. Tina Dacin. 2003. Innovations in governance: Global structuring and the field of public exchange-traded markets. In *Globalization and Institutions: Redefining the Rules of the Economic Game*, ed. Marie-Laure Djelic and Sigrid Quack (pp. 243–277). Cheltenham, UK: Edward Elgar.

Vogus, Timothy J., and Gerald F. Davis. 2005. Elite mobilization for antitakeover legislation, 1982–1990. In *Social Movements and Organization Theory*, ed. Gerald F. Davis, Doug McAdam, W. Richard Scott, and Mayer N. Zald (pp. 96–121). New York: Cambridge University Press.

Voronov, Maxim, and Russ Vince. 2012. Integrating emotions into the analysis of institutional work. *Academy of Management Review* 37:58–81.

Walker, Gordon, and David Weber. 1984. A transaction cost approach to make-or-buy decisions. *Administrative Science Quarterly* 29:373–391.

Wallerstein, Immanuel. 1974. *The Modern World System,* vol. 1. New York: Academic Press.

———. 1979. From feudalism to capitalism: Transition or transitions. In *The Capitalist World-Economy: Essays by Immanuel Wallerstein* (pp. 138–151). Cambridge: Cambridge University Press.

Warren, Roland L. 1967. The interorganizational field as a focus for investigation. *Administrative Science Quarterly* 12:396–419.

———. 1972. *The Community in America.* Chicago: Rand McNally.

Warren, Roland L., Stephen M. Rose, and Ann F. Bergunder. 1974. *The Structure of Urban Reform: Community Decision Organizations in Stability and Change.* Lexington, MA: Lexington Books.

Washington, Marvin, and Ed J. Zajac. 2005. Status evolution and competition: Theory and evidence. *Academy of Management Journal* 48:282–296.

Weber, Max. 1904–1918/1949. *The Methodology of the Social Sciences*, tr. and ed. Edward A. Shils and Henry A. Finch. Glencoe, IL: Free Press.

———. 1906–1924/1946. *Max Weber: Essays in Sociology*, tr. and ed. Hans H. Gerth and C. Wright Mills. New York: Oxford University Press.

———. 1924/1947. *The Theory of Social and Economic Organization*, tr. and ed. A. M. Henderson and Talcott Parsons. New York: Oxford University Press.

———. 1924/1968. *Economy and Society: An Interpretive Sociology*, vols. 1–3, ed. Guenther Roth and Claus Wittich. New York: Bedminister Press.

Wedlin, Linda. 2006. *Ranking Business Schools: Forming Fields, Identities and Boundaries in International Management Education.* Cheltenham, UK: Edward Elgar.

Weick, Karl E. 1969/1979. *The Social Psychology of Organizing*. 2nd ed. Reading, MA: Addison-Wesley.

———. 1976. Educational organizations as loosely coupled systems. *Administrative Science Quarterly* 21:1–19.

———. 1995. *Sensemaking in Organizations*. Thousand Oaks, CA: Sage.

———. 2000. Quality improvement: A sensemaking perspective. In *The Quality Movement and Organization Theory*, ed. Robert E. Cole and W. Richard Scott (pp. 155–172). Thousand Oaks, CA: Sage.

Weingast, Barry R. 1989. The political institutions of representative government. *Working Papers in Political Science P-89–14.* Stanford, CA: Hoover Institution, Stanford University.

———. 2002. Rational choice institutionalism. In *The State of the Discipline,* ed. Ira Katznelson and Helen Milner (pp. 660–692). New York: W. W. Norton.

Westney, D. Eleanor. 1987. *Imitation and Innovation: The Transfer of Western Organizational Patterns to Meiji Japan.* Cambridge, MA: Harvard University Press.

Westphal, James D., Ranjay Gulati, and Stephen M. Shortell. 1997. Customization or conformity? An institutional and network perspective on the content and consequences of TQM adoption. *Administrative Science Quarterly* 42:366–394.

Westphal, James D., and Edward J. Zajac. 1994. Substance and symbolism in CEOs' long-term incentives plans. *Administrative Science Quarterly* 39:367–390.

———. 1998. The symbolic management of stockholders: Corporate governance reforms and shareholder reactions. *Administrative Science Quarterly* 43:127–153.

Whetten, David A., and Paul C. Godfrey. eds. 1999. *Identity in Organizations: Building Theory Through Conversations.* Thousand Oaks, CA: Sage.

White, William D. 1982. The American hospital industry since 1900: A short history. In *Advances in Health Economics and Health Services Research*, vol. 3, ed. Richard M. Scheffler (pp. 143–170). Greenwich, CT: JAI Press.

Whitley, Richard D. 1987. Taking firms seriously as economic actors: Toward a sociology of firm behaviour. *Organisation Studies* 8:125–147.

———. 1992a. *Business Systems in East Asia: Firms, Markets, and Societies.* London: Sage.

———. 1992b. The social construction of organizations and markets: The comparative analysis of business recipes. In *Rethinking Organizations: New Directions in Organization Theory and Analysis*, ed. Michael Reed and Michael Hughes (pp. 120–143). Newbury Park, CA: Sage.

———. 1992c. Societies, firms, and markets: The social structuring of business systems. In *European Business Systems: Firms and Markets in Their National Contexts*, ed. Richard Whitley (pp. 5–44). London: Sage.

———.1999. *Divergent Capitalisms: The Social Structuring and Change of Business Systems.* Oxford, UK: Oxford University Press.

Widmaier, Wesley, Mark Blyth, and Leonard Seabrooke. 2007. Exogenous shocks or endogenous constructions? The meaning of wars and crises. *International Studies Quarterly* 51:747–759.

Wiley, Mary Glenn, and Mayer N. Zald. 1968. The growth and transformation of educational accrediting agencies: An exploratory study in social control of institutions. *Sociology of Education* 41:36–56.

Williamson, Oliver E. 1975. *Markets and Hierarchies: Analysis and Antitrust Implications.* New York: Free Press.

———. 1981. The economics of organization: The transaction cost approach. *American Journal of Sociology* 87:548–577.

———. 1985. *The Economic Institutions of Capitalism.* New York: Free Press.

———. 1991. Comparative economic organization: The analysis of discrete structural alternatives. *Administrative Science Quarterly* 36:269–296.

———. 1994. Transaction cost economics and organization theory. In *The Handbook of Economic Sociology*, ed. Neil J. Smelser and Richard Swedberg (pp. 77–107). Princeton, NJ: Princeton University Press and Russell Sage Foundation.

———. 2005. Transaction cost economics: The process of theory development. In *Great Minds in Management: The Process of Theory Development*, ed. Ken G. Smith and Michael A. Hitt (pp. 485–508). Oxford, UK: Oxford University Press.

Willoughby, Westel Woodbury. 1896. *An Examination of the Nature of the State.* New York: Macmillan.

———. 1904. *The American Constitutional System.* New York: Century.

Wilson, James Q. ed. 1980. *The Politics of Regulation.* New York: Basic Books.

Wilson, Woodrow. 1889. *The State and Federal Governments of the United States.* Boston: D. C. Heath.

Winter, Sidney F. 1964. Economic "natural selection" and the theory of the firm. *Yale Economic Essays* 4:225–272.

———. 1990. Survival, selection, and inheritance in evolutionary theories of organization. In *Organizational Evolution: New Directions*, ed. Jitndra V. Singh (pp. 269–297). Newbury Park, CA: Sage.

———. 2005. Developing evolutionary theory for economics and management. In *Great Minds in Management: The Process of Theory Development*, ed. Ken G. Smith and Michael A. Hitt (pp. 509–546). Oxford, UK: Oxford University Press.

Womack, James P., Daniel T. Jones, and Daniel Roos. 1991. *The Machine That Changed the World: The Story of Lean Production.* New York: HarperCollins.

Woodward, Joan. 1958. *Management and Technology.* London: H.M.S.O.

Wooten, Melissa, and Andrew J. Hoffman. 2008. Organizational fields: Past, present, and future. In *The Sage Handbook of Organizational Institutionalism,* ed. Royston Greenwood, Christine Oliver, Kerstin Sahlin, and Roy Suddaby (pp. 130–147). Los Angeles: Sage.

Wuthnow, Robert. 1987. *Meaning and Moral Order: Explorations in Cultural Analysis.* Berkeley: University of California Press.

———. 1989. *Communities of Discourse: Ideology and Social Structure in the Reformation, the Enlightenment and European Socialism.* Cambridge, MA: Harvard University Press.

———. 2005. *America and the Challenge of Religious Diversity.* Princeton, NJ: Princeton University Press.

Wuthnow, Robert, James Dividson Hunter, Albert J. Bergesen, and Edith Kurzwell. 1984. *Cultural Analysis: The Work of Peter L. Berger, Mary Douglas, Michel Foucault, and Jurgen Habermas.* Boston: Routledge & Kegan Paul.

Zajac, Edward J., and James D. Westphal. 2002. Intraorganizational economics. In *The Blackwell Companion to Organizations*, ed. Joel A. C. Baum (pp. 233–255). Oxford, UK: Blackwell.

Zald, Mayer N. 1996. Culture, ideology and strategic framing. In *Comparative Perspectives on Social Movements*, ed. Doug McAdam, John D. McCarthy, and Mayer N. Zald (pp. 261–274). Cambridge, UK: Cambridge University Press.

Zald, Mayer N., and Roberta Ash. 1966. Social movement organizations: Growth, decay, and change. *Social Forces* 44:327–340.

Zald, Mayer N., and Patricia Denton. 1963. From evangelism to general service: The transformation of the YMCA. *Administrative Science Quarterly* 8:214–234.

Zelditch, Morris, Jr., and Henry A. Walker. 1984. Legitimacy and the stability of authority. In *Advances in Group Processes* vol. 1, ed. Edward J. Lawler (pp. 1–25). Greenwich, CT: JAI Press.

Zelner, Bennet A., Witold J. Henisz, and Guy L. F. Holburn. 2009. Contentious implementation and retrenchment in neoliberal policy reform: The global electric power industry, 1989–2001. *Administrative Science Quarterly* 54:379–412.

Zilber, Tammar B. 2002. Institutionalization as an interplay between actions, meanings, and actors: The case of a rape crisis center in Israel. *Academy of Management Journal* 45:234–254.

Zimmerman, Donald H. 1969. Record-keeping and the intake process in a public welfare agency. In *On Record: Files and Dossiers in American Life*, ed. Stanton Wheeler (pp. 319–354). New York: Russell Sage Foundation.

Znaniecki, Florian. 1945. Social organization and institutions. In *Twentieth Century Society*, ed. Gerges Gurvitch and Wilbert E. Moore (pp. 172–217). New York: Philosophical Library.

Zuboff, Shoshana. 1985. Technologies that informate: Implications for human resource management in the computerized industrial workplace. In *Human Resources, Management Trends and Challenges*, ed. Richard E. Walton and Raul R. Lawrence (pp. 103–139). Boston: Harvard Business School Press.

———. 1988. *In the Age of the Smart Machine*. New York: Basic Books.

Zucker, Lynne G. 1977. The role of institutionalization in cultural persistence. *American Sociological Review* 42:726–743.

———. 1983. Organizations as institutions. In *Research in the Sociology of Organizations*, vol. 2, ed. Samuel B. Bacharach (pp. 1–47). Greenwich, CT: JAI Press.

———. ed. 1988a. *Institutional Patterns and Organizations: Culture and Environment*. Cambridge, MA: Ballinger.

———. 1988b. Where do institutional patterns come from? Organizations as actors in social systems. In *Institutional Patterns and Organizations: Culture and Environment*, ed. Lynne G. Zucker (pp. 23–49). Cambridge, MA: Ballinger.

———. 1989. Combining institutional theory and population ecology: No legitimacy, no history (Comment on Carroll and Hannan, 1989). *American Sociological Review* 54:542–545.

———. 1991. Postscript: Microfoundations of institutional thought. In *The New Institutionalism in Organizational Analysis*, ed. Walter W. Powell and Paul J. DiMaggio (pp. 103–106). Chicago: University of Chicago Press.

Zuckerman, Ezra W. 1999. The categorical imperative: Securities analysts and the illegitimacy discount. *American Journal of Sociology* 104:1398–1438.

Zysman, John. 1983. *Governments, Markets and Growth: Finance and the Politics of Industrial Change*. Ithaca, NY: Cornell University.

索　引

（索引中的页码为原书页码）

A

B

C

E

F

G

I

J

K

L

M

O

P

S

T

U

V

W

Z

译后记

与第 3 版相比，本书第 4 版有了很大的改动，特别是各章都增加了很多新的段落以反映最近的研究进展，同时作者对原文进行了通篇的修正，删除了前版一些不确切的说法，增补了学界对本书的评论以及作者自己的回应。在翻译过程中，中国人民大学出版社的盛杰女士为本书的翻译和出版工作提供了很多宝贵意见和具体的建议。译者在此谨表谢忱！当然，文责由译者自负，若有错漏之处，恳请读者不吝批评指正（邮箱：531139998@qq.com）。

本书翻译分工如下：

姚伟（西南科技大学），第一、九章；

姚明宇（北京电子科技学院），第二、三、四章；

廖承中（西南科技大学），第五、六章；

熊敏丽（西南科技大学），第七、八章。

由姚伟负责全书的统译统校。

姚　伟

2020 年 2 月于四川绵阳科大花园

Institutions and Organizations：Ideas，Interests，and Identities，Fourth Edition by W. Richard Scott 制度与组织：思想观念、利益偏好与身份认同，第 4 版

图书在版编目（CIP）数据

制度与组织：思想观念、利益偏好与身份认同：第 4 版/（美）W. 理查德·斯科特（W. Richard Scott）著；姚伟等译. --北京：中国人民大学出版社，2020.4
（社会学译丛. 理论前沿系列）
ISBN 978-7-300-27969-5

Ⅰ.①制… Ⅱ.①W… ②姚… Ⅲ.①组织管理-制度-理论 Ⅳ.①C936

中国版本图书馆 CIP 数据核字（2020）第 034648 号

社会学译丛·理论前沿系列
制度与组织
思想观念、利益偏好与身份认同（第 4 版）
［美］W. 理查德·斯科特 著
姚伟 等 译
Zhidu yu Zuzhi

出版发行	中国人民大学出版社		
社　　址	北京中关村大街 31 号	**邮政编码**	100080
电　　话	010－62511242（总编室）		010－62511770（质管部）
	010－82501766（邮购部）		010－62514148（门市部）
	010－62515195（发行公司）		010－62515275（盗版举报）
网　　址	http://www.crup.com.cn		
经　　销	新华书店		
印　　刷	天津鑫丰华印务有限公司		
开　　本	720 mm×1000 mm　1/16	**版　　次**	2020 年 4 月第 1 版
印　　张	24.25 插页 2	**印　　次**	2024 年 11 月第 4 次印刷
字　　数	351 000	**定　　价**	79.00 元